Battenberg Antiquitäten-Katalog

Sammlertassen

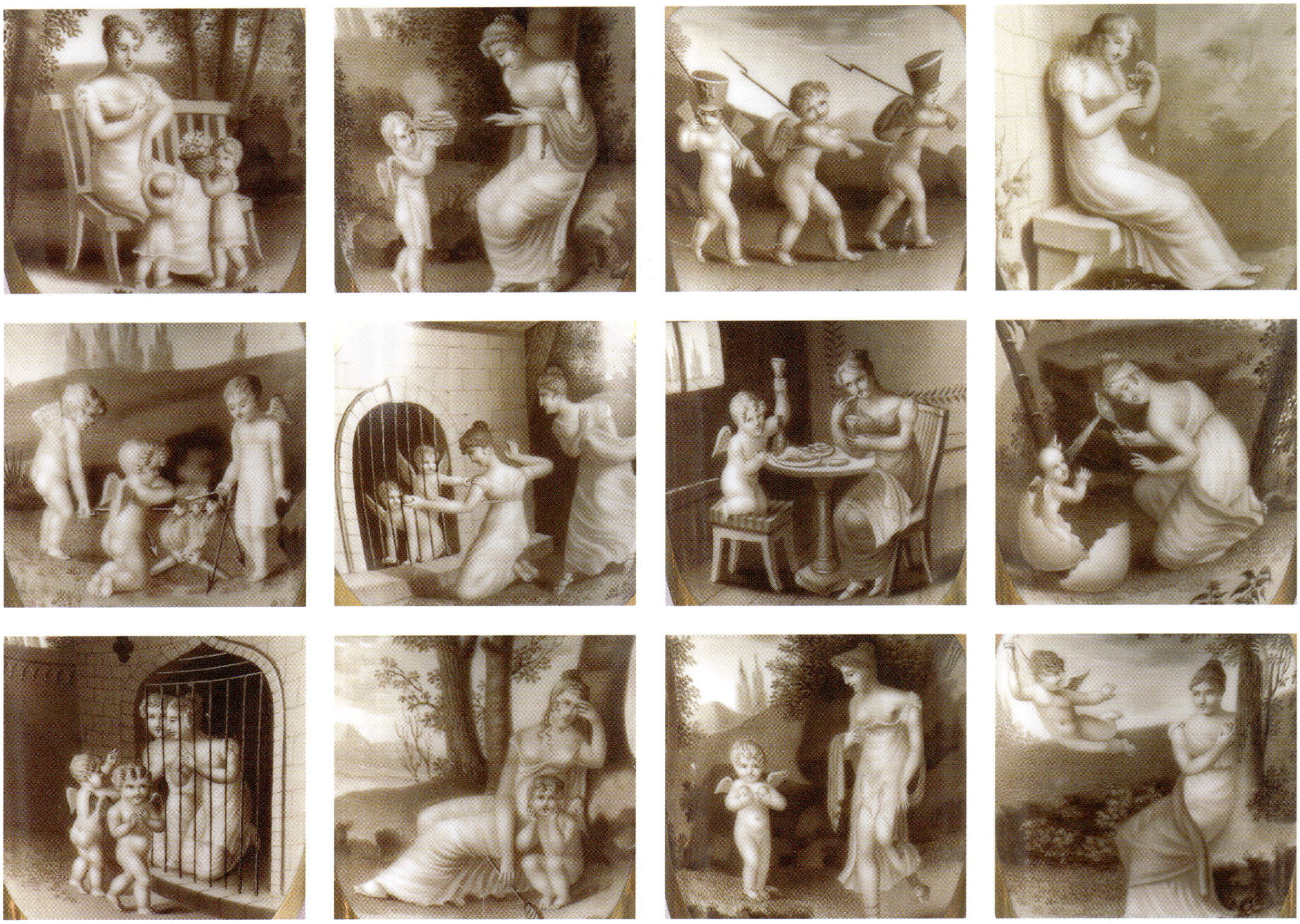

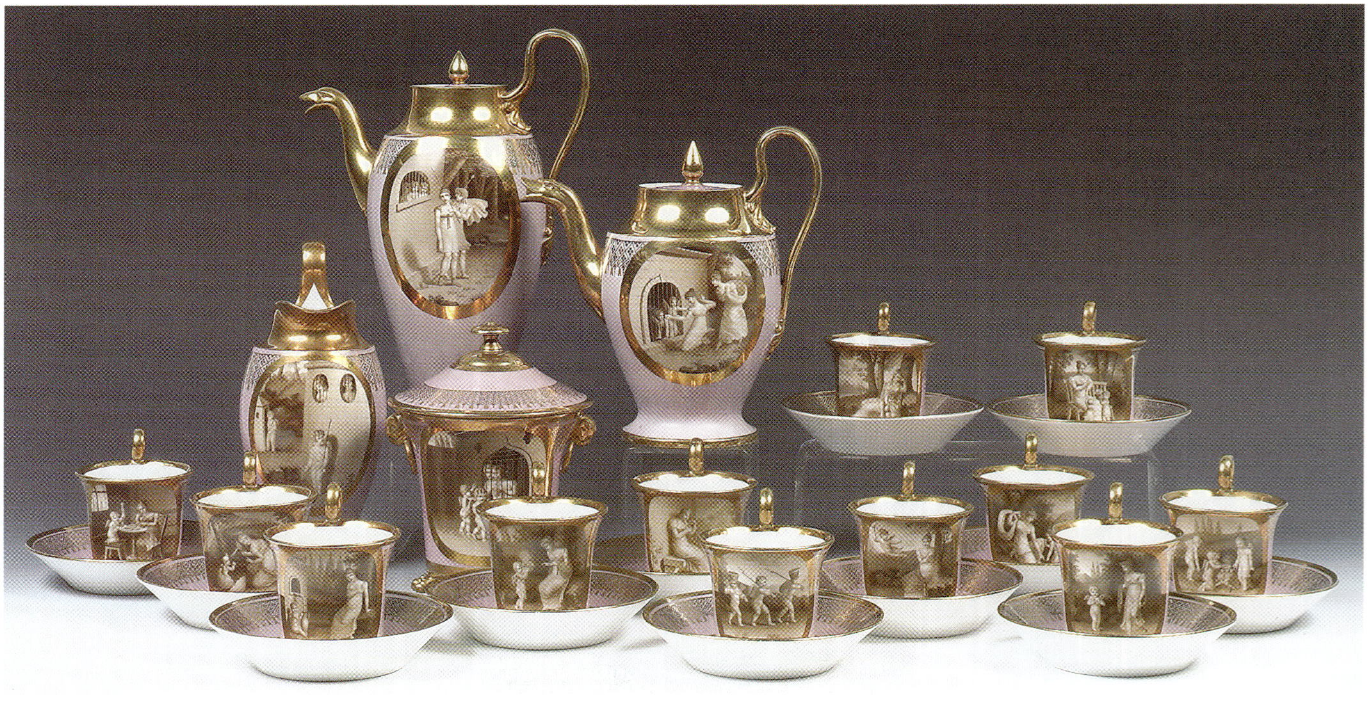

Battenberg Antiquitäten-Katalog

Sammlertassen

von Uwe Jourdan, Josef Pokorny
und Michael Trautmann

BATTENBERG

Titelabbildung: Katalognummern 22 bis 24

Abbildungen auf Seite 2 (Frontispiz):
Paris, Boulevard Poissonière, Dagoty, um 1800
Komplettes Kaffee- und Teeservice für 12 Personen.
Die Tassen mit konischer Wandung; hochgezogener, vergoldeter Henkel. Fliederfarbener Fond, begrenzt von Goldrändern, schauseitig goldgerahmte Ovalreserven mit Sepiamalerei-Darstellungen aus dem Leben Amors (siehe Details).
Gestempelte, eisenrote Marke »Dagoty à Paris«.

Die Manufaktur Dagoty wurde protegiert von Kaiserin Joséphine Bonaparte.
Provenienz: Stuttgarter Kunstauktionshaus Dr. Fritz Nagel

Abbildung Umschlagrückseite: Katalognummer 195

Die Deutsche Bibliothek – CIP-Einheitsaufnahme

Sammlertassen : bürgerliche Sammelkunst von 1800 bis 1900 / von Uwe Jourdan/Josef Pokorny/Michael Trautmann. [Red.: Eva-Maria Müller]. - Augsburg : Battenberg, 1996
(Battenberg–Antiquitäten–Katalog)
ISBN 3-89441-290-9
NE: Jourdan, Uwe; Pokorny, Josef; Trautmann, Michael; Müller, Eva–Maria [Red.]

Gedruckt auf 115 g umweltfreundlich chlorfrei gebleichtem Papier.

BATTENBERG VERLAG AUGSBURG

Umschlaggestaltung: Zemb'sch Werkstatt, München
Digitale Fotografie: Kat Mäckle
Redaktion: Eva-Maria Müller, Augsburg
Satz und Layout: Armin Tichacek, Battenberg Verlag, Augsburg
Reproduktionen: Druckerei Himmer, Augsburg
Druck und Bindung: Hofmann-Druck, Augsburg
Printed in Germany

ISBN 3-89441-290-9

Inhalt

Einführung in das Sammelgebiet

Ratschläge für Sammler

Katalog

Anhang

Einführung in das Sammelgebiet

Warum Tassen sammeln?

Die Tradition des Sammelns und Besitzens von Porzellan in Europa war mit dem Moment begründet, als das aus China kommende »weiße Gold« erstmals Europa erreichte. Sie geht also schon auf die Epoche der Renaissance, das 16. Jahrhundert zurück, als an europäischen Höfen Kunstsammlungen und Kunstkammern entstanden. Über die Jahrhunderte hinweg ist ein kaum überschaubarer Reichtum an Formen in Porzellan entstanden, der diejenigen des häuslichen Gebrauchs weit überschreitet. Im Mittelpunkt der Porzellanherstellung standen jedoch immer Gebrauchsgegenstände für Tisch und Tafel, d. h. Geschirre für Speisen und Getränke. Während die Speiseservice seit jeher fast immer zusammengehörige Ensembles bildeten, nahmen die Trinkgefäße schon bald eine Sonderstellung ein. Sie wurden schon in der frühen Periode europäischer Porzellanherstellung als Einzelstücke, unabhängig von kompletten Speiseservicen entworfen und ausgeführt. Darüberhinaus wurden spezielle Zusammenstellungen wie das Solitaire, das Tête-à-Tête oder Reisegarnituren entwickelt. Diese Sonderstellung behielten die Trinkgefäße auch in späteren Zeiten bei. Porzellangefäße für warme Getränke hatten also immer, bis in das 20. Jahrhundert hinein, mehr den Charakter von Kleinkunstwerken, die auch für sich alleine betrachtet werden konnten. Aus diesem Grund kann die Entwicklung der Trinkgefäße separiert verfolgt werden. In ihr spiegeln sich die Geschichte des europäischen Porzellans, die Geschichte Europas seit dem 17. Jahrhundert mit seiner geistesgeschichtlichen und gesellschaftlichen Entwicklung, kunsthistorische Perioden und nicht zuletzt auch modische Entwicklungen wider. (Zum Verständnis einzelner Tassendekore in ihrem historischen, kunstgeschichtlichen und gesellschaftlichen Kontext ist die Lektüre von Hertha Wellensiecks »Hundert alte Tassen«, München o.J., sehr zu empfehlen.) Dies macht den Reiz des Sammelns von Tassen aus, deren Siegeszug mit der Verbreitung des Porzellans einherging.

Geschichtlicher Überblick

Freilich stand hinter dem Sammeln von Porzellan in früher Zeit eine andere Motivation. Das Porzellan kam aus China, war exotisch und kostbar, es kam zusammen mit edlen und teuren Gewürzen, mit Tee und später auch mit Schokolade und Kaffee – zunächst ein Luxus, der nur im höfischen Leben einen Platz einnehmen konnte. Die mittelalterlichen Speise- und Trinkgewohnheiten hatten sich im 16. und 17. Jahrhundert überlebt. Übermäßiger Genuß von Bier und Wein, getrunken aus großen Zinn-, Keramik- oder Glasbehältnissen und gereicht zu opulenten Mahlzeiten, entsprach nicht mehr der sich verändernden Lebensweise. Die höfische Gesellschaft des 17. Jahrhunderts distanzierte sich von jenen Bevölkerungsgruppen, deren Leben von harter körperlicher Arbeit bestimmt wurde. In diese Entwicklung paßten warme Getränke wie Tee oder heiße Schokolade. Zunächst als Medikamente betrachtet, fanden sie schnelle Verbreitung, nachdem der Handel – zunächst mit China, dann mit Japan – aufblühte. Naturgemäß waren es die großen europäischen Hafenmetropolen, von denen die neue Mode ausging. Jedoch schon lange bevor chinesisches und japanisches Porzellan in größeren Stückzahlen Europa erreichte, müssen einzelne Stücke den Ehrgeiz europäischer Töpfer geweckt haben, diese Gegenstände nachzuformen. Dies wurde schon in früher Zeit von höfischer Seite unterstützt: Unter Francesco Maria de Medici (1574 bis 1587), Großherzog von Toskana, gelang es 1575 erstmals, aus der weißen Erde von Vicenza Keramik anzufertigen, die dem chinesischen Vorbild sehr ähnelte. Ihr fehlte noch ein wichtiger Bestandteil, das Kaolin; trotzdem eignete sich das Material zur Herstellung von Gefäßen in der Manier ostasiatischer Vorbilder. Jedoch gelang in Italien keine Fortentwicklung, und eine eigene Porzellanherstellung sollte dort erst im 18. Jahrhundert entstehen. Allerdings verbreiteten sich auch in anderen europäischen Ländern die asiatischen Dekore auf den Erzeugnissen der Keramik-Manufakturen.

Der Handel mit Luxusgütern aus China lag in den Händen der Reeder. Im Jahre 1602 wurde von Niederländern die Ostindische Kompagnie gegründet und damit ein regelmäßiger, umfangreicher Handel etabliert. Ab 1610 gab es die ersten Teelieferungen in größeren Mengen. Schon um die Mitte des 17. Jahrhunderts entstanden, vorwiegend in den großen

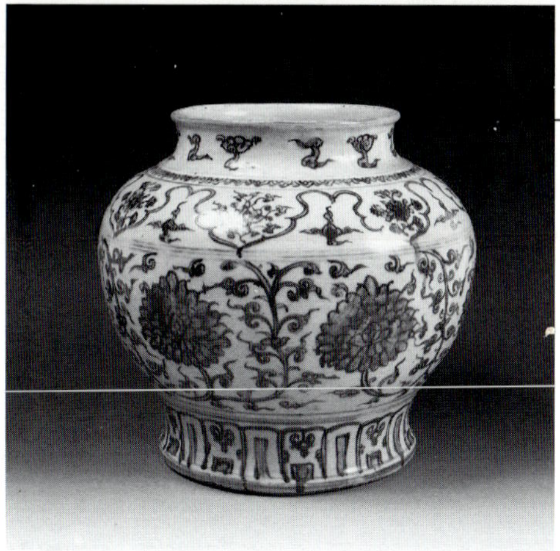

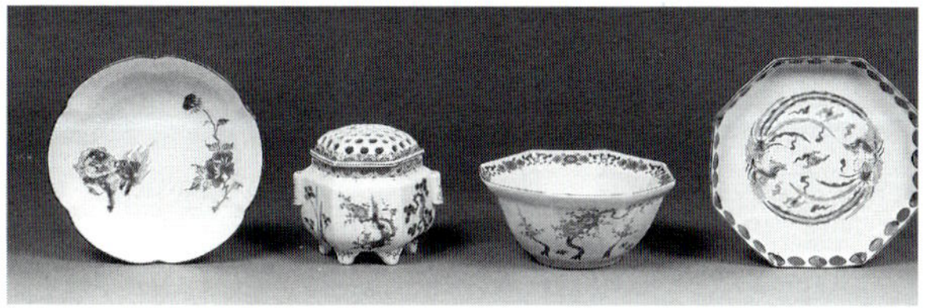

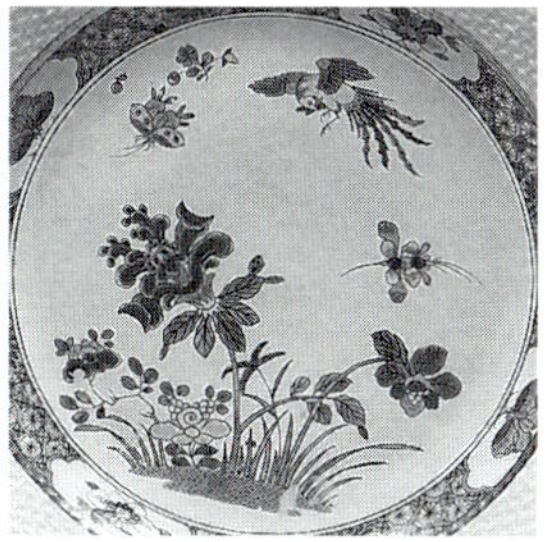

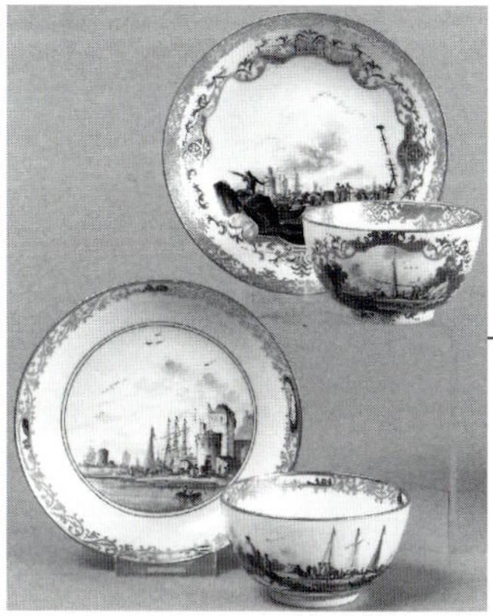

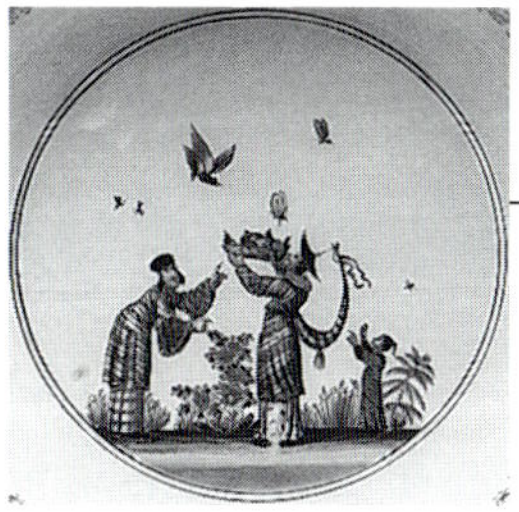

6./7. Jahrhundert Entwicklung des Porzellans in der chinesischen Dynastie

1368 bis 1643 Chinesische Ming-Dynastie, eine der Blütezeiten chinesischen Porzellans

Ende 16. Jahrhundert Beginn der Barock-Zeit

1610 Gründung der Ostindischen Kompagnie

1600

Anfang 17. Jahrhundert
Gründung der ersten Kaffehäuser:
1643 Paris
1645 Venedig
1652 London
1671 Marseille
1677 Hamburg
1683 Wien

1662 Einführung der Teestunden am englischen Hofe

1708 Erste Porzellanproben durch Ehrenfried von Tschirnhaus und Johann Friedrich Böttger

1700

1710 Gründung der Manufaktur Meißen

1710 bis 1719 Meißen: „Böttger-Zeit“

1713 Beginn der Meißner Porzellanherstellung in größeren Stückzahlen

1719 bis 1731 Höroldt-Zeit

1718 Gründung der Manufaktur Du Paquier in Wien

um 1720 bis 1770/80 Rokoko

1720 Der Maler Johann Gregorius Höroldt, Wegbereiter des Chinoiserie-Dekors, geht von Wien nach Meißen

ab 1720 Herstellung von Meißner Porzellanen mit unterglasurblauem Dekor erstmals in größeren Stückzahlen

ab 1723 Verwendung der Schwertermarke in Meißen

ab 1723 Erste Vorkommen japanischer Dekore in Meißen

ab 1723 Einführung der Kauffahrtei-Dekore

ab 1725 Lieferung von undekorierten Meißner Porzellanen an die Augsburger „Hausmaler“

1731 bis 1763 Höroldt-Kändler-Zeit

1737 Der Auftrag für das Brühlsche Schwanenservice wird erteilt

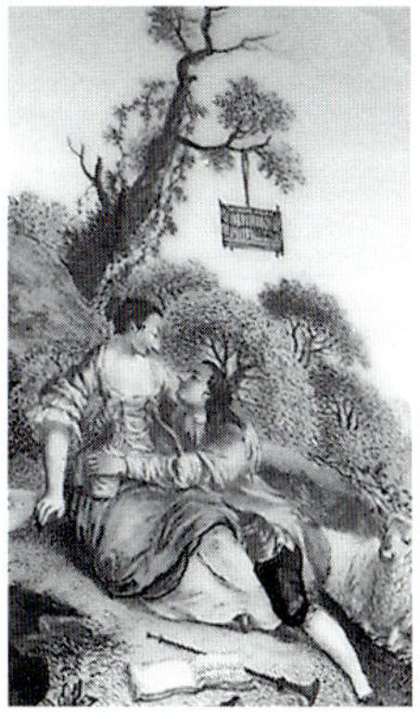

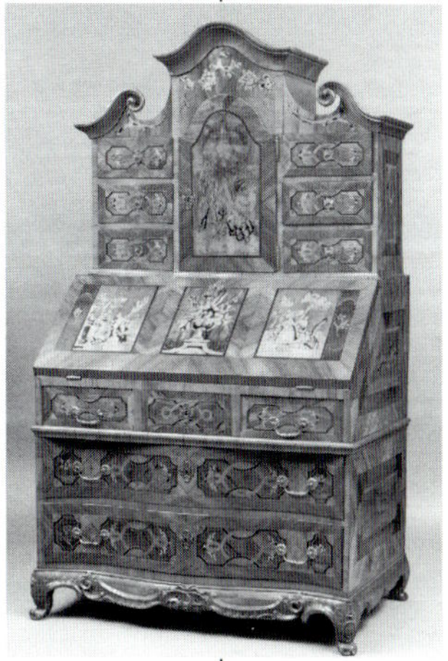

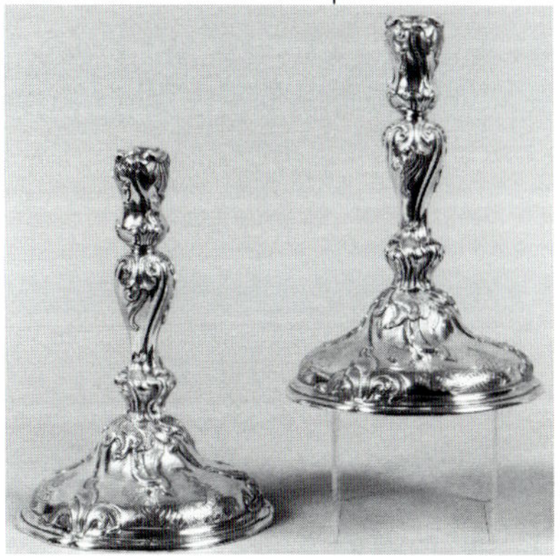

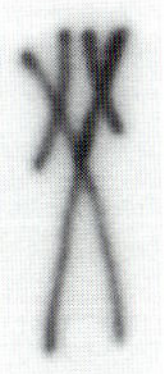

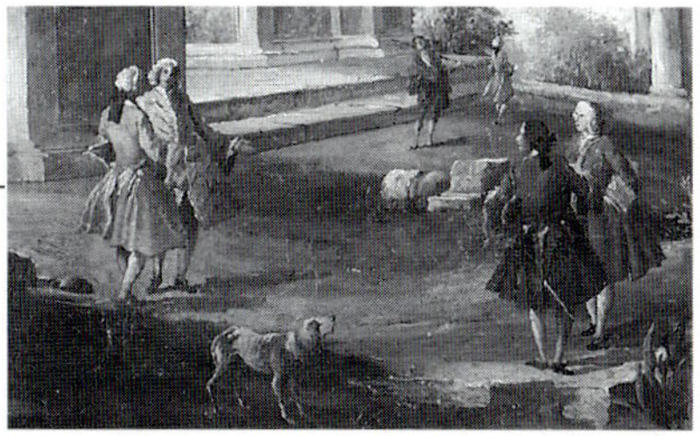

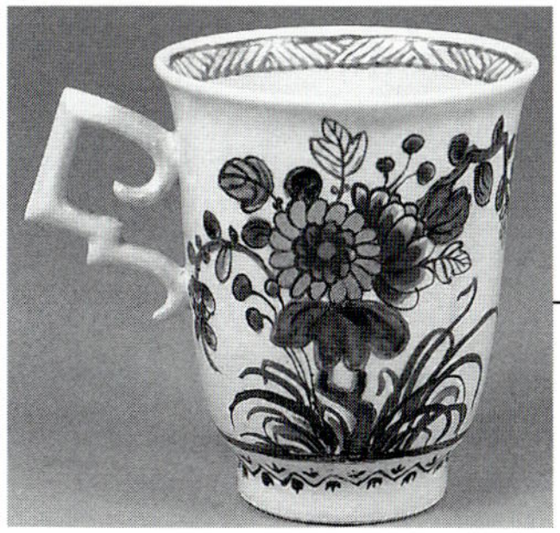

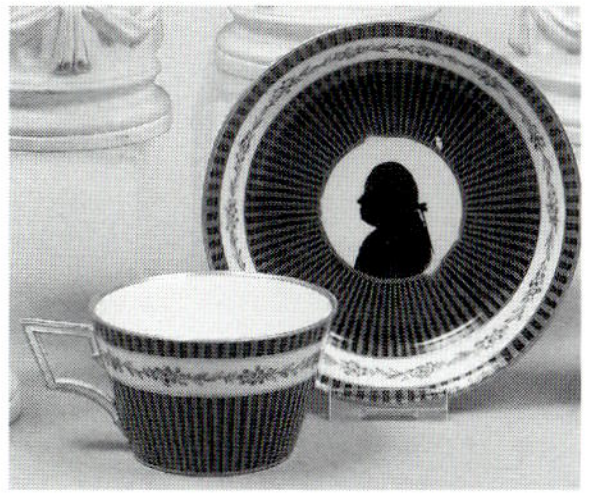

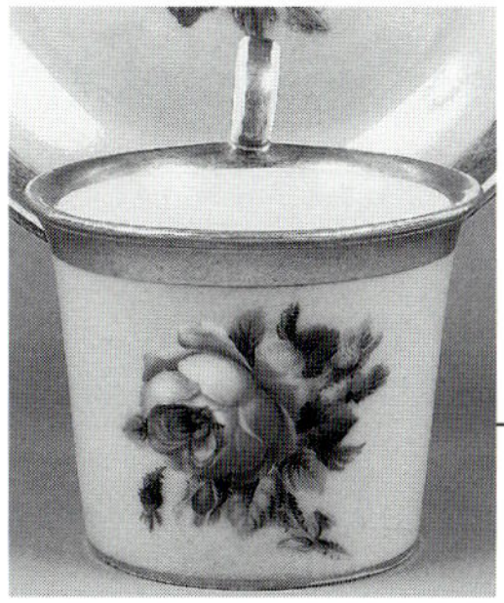

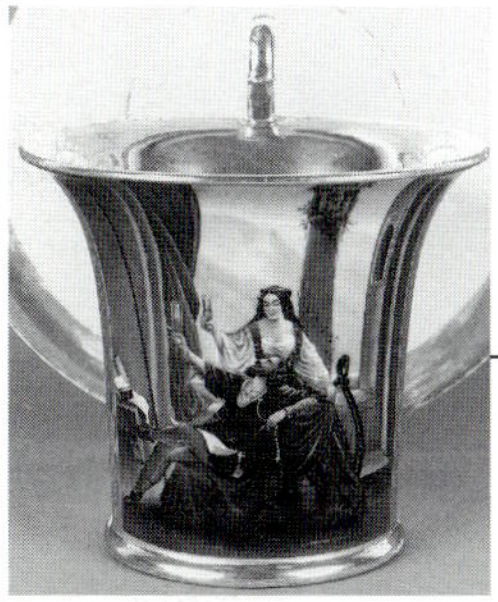

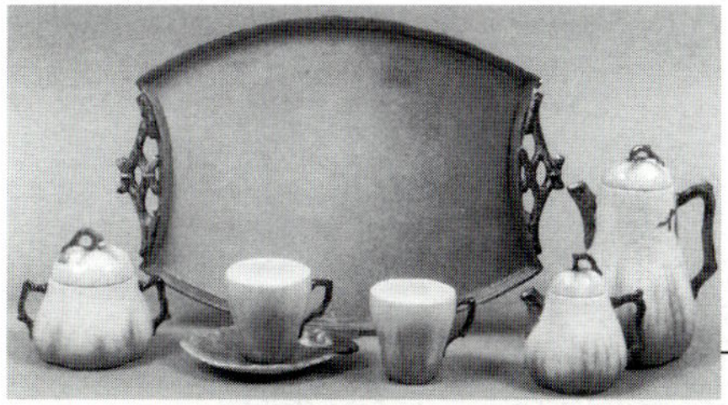

ab 1735 Meißner Geschirre mit plastischem Blumen- und Blattwerk

1730/40 Entwicklung der einhenkeligen Tasse

1743 Gründung der Manufaktur Capodimonte Neapel

1744 Du Paquier verkauft die Manufaktur, Gründung der Staatlichen Wiener Manufaktur

1746 Gründung der Höchster Manufaktur

1747 Gründung der Manufaktur Fürstenberg

1747 Gründung der Manufaktur Nymphenburg

1748 Gründung der Manufaktur Ludwigsburg

1749 Einführung des unterglasurblauen Bindenschildes als Marke der Wiener Porzellanmanufaktur (zuvor als Preßmarke oder auf Glasur)

1755 Gründung der Manufaktur Frankenthal

1756 Gründung der Manufaktur Sèvres, Frankreich

1757 Erste nachweisbare Druckdekore bei Worcester-Porzellanen

1759 Erste Druckdekore in Unterglasurblau

1763 Übernahme der Manufaktur Gotzkowsky durch Friedrich den Großen
Gründung der Porzellanmanufaktur Berlin
Einführung der unterglasurblauen Zeptermarke

1800

1774 Meißen Marcolini-Periode (bis 1814)

um 1770 bis 1830 Klassizismus

1815 bis 1848 Biedermeier-Periode

1784 bis 1809 Wien Sorgenthal-Periode

Mitte 19. Jahrhundert Historismus

Mitte 19. Jahrhundert Erste Porzellane mit fotomechanischem Dekor

Mitte 19. Jahrhundert Einführung neuer, billigerer Dekortechniken:
Druckverfahren für Ornamentdekore
lithographischer Golddruck

1900

1864 Endgültige Schließung der Wiener Manufaktur

ab 1880 sogenanntes „Drittes Rokoko"

ab 1895 Jugendstil

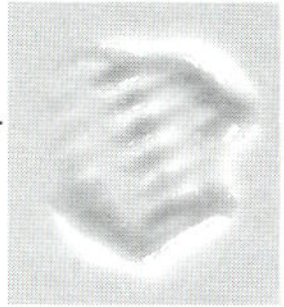

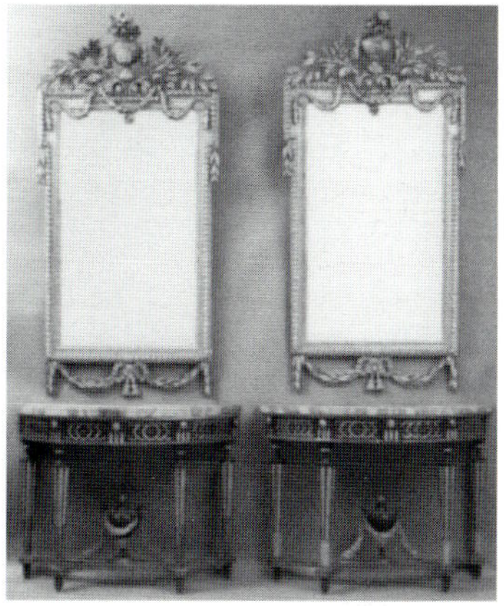

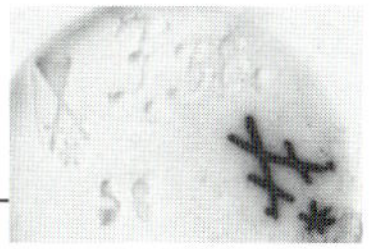

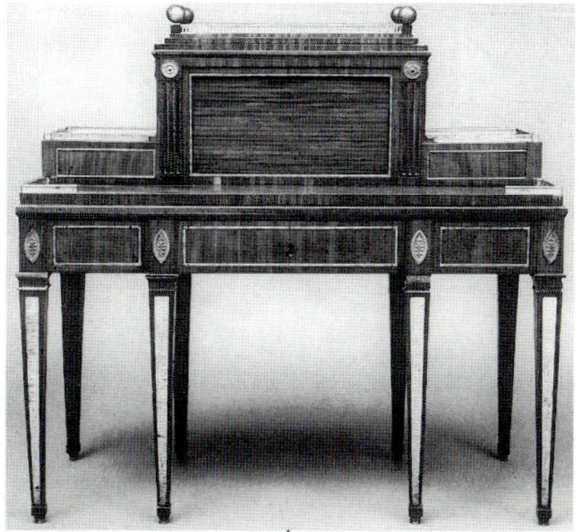

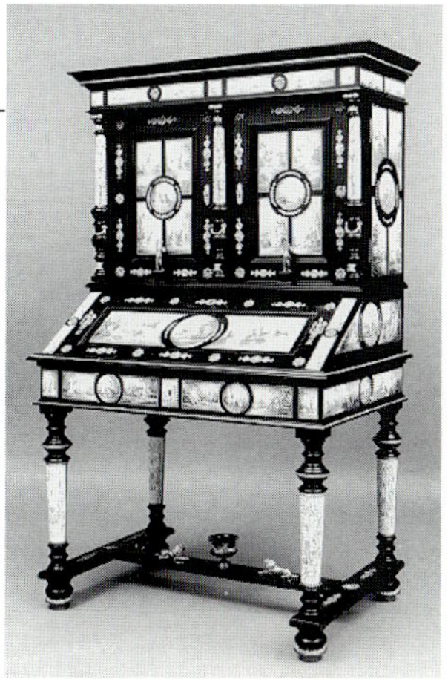

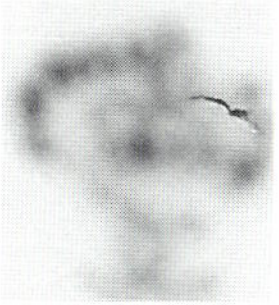

Hafenstädten, auch die ersten Kaffeehäuser. Zur gleichen Zeit wurde der Import von japanischem *Arita-Porzellan* verstärkt. Von einer eigenen europäischen Porzellanherstellung war man jedoch noch weit entfernt. Nur ein halbes Jahrhundert dauerte es, bis sich der Genuß von Tee, Kaffee und Schokolade nicht nur an europäischen Höfen verbreitet hatte, sondern auch die oberen bürgerlichen Schichten erreichte.

1708 gelang es in Meißen, die ersten Porzellanproben herzustellen. Der Alchimist *Johann Friedrich Böttger* und der Naturwissenschaftler *Ehrenfried von Tschirnhaus* – bezeichnenderweise auf der Suche nach dem Schlüssel zur Herstellung von Gold – waren die Erfinder des europäischen Porzellans. Böttger stand – nicht ganz freiwillig – unter dem »Schutz« von August dem Starken, Kurfürst von Sachsen und König von Polen. Schon 1710 kam es zur Gründung der Porzellanmanufaktur Meißen. Jedoch dauerte es noch einige Jahre, bis Porzellane in größeren Stückzahlen hergestellt werden konnten. Zunächst entstanden Keramikgefäße aus bräunlichem Steinzeug, dem sogenannten *Böttger-Steinzeug*. Die Formen orientierten sich sowohl an asiatischen Vorbildern als auch an den europäischen Silberarbeiten. Die ersten Porzellan-Trinkgefäße für Tee waren kleine, henkellose Schälchen, die Koppchen. Für den Genuß von Schokolade fand die hohe Becherform mit seitlich angesetztem Doppelhenkel Eingang in das Formenrepertoire. Auch heiße Brühe war ein beliebtes Getränk und wurde in gebauchten Gefäßen gereicht. Getrunken wurde aber zumeist nicht aus dem Behältnis selbst, sondern aus der Untertasse, in die der Inhalt umgefüllt wurde.

Der »Prototyp« der Tasse mit einem Henkel entstand erst in den 30er Jahren als Koppchenform mit Ohrenhenkel. Auch die Bezeichnung »Tasse«, abgeleitet aus dem arabischen »tassah« bzw. dem italienischen »tazza«, fand erst später Eingang in den Sprachgebrauch. Zunächt war die Rede von »Schalen« oder »Schälchen«.

Die Dekore der frühen Meißener Porzellane entwickelten sich aus den chinesischen und japanischen Vorbildern (siehe Katalog S. 24 bis 33). Sie zeigten beispielsweise Szenen mit Chinesen in exotischen Landschaften, die sogenannten *Chinoiserien*. Ein Meister dieser Dekore war Johann Gregorius Höroldt, der 1720 nach Meißen gekommen war. Ebenso beliebt waren die Malereien nach japanischen *Kakiemon*-Vorbildern. In gleicher Geschwindigkeit wie das Formenrepertoire entwickelte sich die Palette der Dekore: Landschaftsmalerei, naturalistische Dekore mit Blumen und Insekten, Kauffartei-Szenen, Wappendekore, unterglasurblaue Dekore etc. etc. wurden Bestandteile eines festen Repertoires, das in Meißen schon in der Mitte des 18. Jahrhunderts voll ausgereift war.

Die Suche nach der geheimgehaltenen Rezeptur für die Herstellung des Porzellans, die aufwendige Ausformung, die Prozedur des Brennens, die Beschäftigung von Weißdrehern, Malern, Vergoldern, all das machte die Gründung und Etablierung von Manufakturen zu einem riskanten Unternehmen, das zumeist nur unter fürstlichem Protektorat möglich wurde. Die Verbindung des sächsischen Hofes mit der Manufaktur Meißen wurde jedoch für andere Herrscher bald zum Vorbild, so daß die meisten wichtigen Manufakturen mit Unterstützung der Fürsten in Europa noch im 18. Jahrhundert gegründet werden konnten. 1718 hatte Du Paquier in Wien die erste Porzellanmanufaktur errichtet, und 1746 entstand diejenige von Höchst.

Die Porzellanherstellung bis zum ausgehenden 18. Jahrhundert war aufgrund dieser Konstellationen vorwiegend höfisch orientiert. Mit den gesellschaftlichen und politischen Entwicklungen und dem Aufstreben des Bürgertums wurde das Porzellan jedoch auch Gegenstand des Interesses bürgerlicher Haushalte. Dieser Zeitraum – das »bürgerliche Zeitalter« seit dem späten 18. Jahrhundert bis um 1900 –, widergespiegelt in den Formen und Dekoren der Tasse, ist Gegenstand dieses Katalogs.

Tassen des 19. Jahrhunderts

Herstellungs- und Dekorationsverfahren

Schon im frühen 19. Jahrhundert begann sich die Tasse zum eigenständigen Kunstobjekt zu entwickeln, losgelöst von einer tradierten Konzeption der Zusammenstellung, beispielsweise der des Services. Natürlich wurden weiterhin Service, Déjeuners, Tête-à-Têtes mit Tassen hergestellt, jedoch nahm der Verkauf als einzelnes Vitrinenobjekt immer mehr zu. Dazu bedurfte es keiner großen Veränderung in der internen Organisation der Manufakturen. Die Ausformung der Porzellane und die Dekoration können fast als voneinander unabhängige Prozesse betrachtet werden, mit denen verschiedene Verantwortliche betraut waren. Dies unterscheidet den Herstellungs- und Dekorationsprozeß ganz deutlich vom heutigen »Design«.

Die wichtigsten Bestandteile der Porzellanmasse sind Kaolin, Feldspat und Quarz. Im Ofen wurden diese Mineralien ausgeglüht, dann gemahlen und gereinigt, anschließend die Grundstoffe gemischt. Zuständig für die Bestimmung des Mischverhältnisses war der *Arkanist*. Danach wurde der Massebrei bis zu einem Jahr gelagert, wodurch sich seine Eigenschaften hinsichtlich Formbarkeit und Brand verbesserten. Nach der Lagerung wurde er mühevoll geknetet, um ihn von Luftblasen zu befreien.

In die Zuständigkeit des *Modellmeisters* fällt der Entwurf der Formen, die von den ihm unterstehenden *Bildhauern* in Gips-, Ton- oder Wachsmodelle umgesetzt wurden. Der Porzellanbrei und die Modelle wurden dem sogenannten »weißen Korps« übergeben, der sich aus den *(Weiß-)Drehern*, *Formern* und *Bossierern* zusammensetzte. Für die Herstellung der Tassen verwendete der Weißdreher ein Model mit der Außenform der Tasse, in welche der Porzellanbrei gedrückt wurde. Damit konnten auch schon flache Reliefs an der Außenwand gebildet werden. Um die gewünschte Form der inneren Wandung zu erhalten, kam eine Messingschablone zur Verwendung. Henkel, Knäufe und hoch reliefierte Dekore wurden in separaten Modeln geformt und angesetzt. Das Zusammenfügen der Teile fiel meist in den Aufgabenbereich des Bossierers. Auch Unterteller wurden mit Hilfe von Modeln geformt. Eine Scheibe der Porzellanmasse wurde auf ein Model gepreßt und mit einem zweiten Model abgedreht. Vor dem *Glühbrand* – dem ersten Brand bei einer Temperatur von 900°C – wurden die fertigen Formen an der Luft getrocknet. Malereien in Unterglasurfarben brachte man noch vor dem zweiten Brand an, wofür in den großen Manufakturen spezialisierte *Maler* zuständig waren. Dann wurden die Porzellanteile vor dem zweiten Brand darüberhinaus glasiert. Dies geschah durch Eintauchen der Teile in eine Glasurmilch (oder Begießen mit Glasurmilch), deren wichtige Ingredenzien der Porzellanmasse ähnlich sind. Der zweite Brand, der *Garbrand*, erfolgt bei einer Temperatur von 1450°C, wobei das Material die eigentliche Konsistenz des Hartporzellans erhält. Ausformung, Unterglasur-Bemalung und Brand stellten sensible Vorgänge dar, dementsprechend war die Ausschußrate sehr hoch.

Auch die Aufglasur-Dekorverfahren waren spezialisierten Kräften zugewiesen. Der *Vergolder* war für das »Poliergold« oder das »Reliefgold« zuständig. Bei letzterem wurde der zu vergoldende Grund zunächst ockerfarben vorgebrannt. Die Erfindung des Glanzgoldes im Jahre 1827 machte ein Polieren der Goldpartien später unnötig. Der *Goldmaler* kümmerte sich um ornamentale Golddekore. Seiner Kunstfertigkeit oblagen auch die radierten Golddekore, bei denen Matt- und Glanzgold vereinigt sind. Den *Porzellanmalern* schließlich war zugewiesen die Dekoration in polychromen Schmelzfarben. Das Gros der Porzellanmaler führte ihnen vorgelegte Entwürfe in Form von Zeichnungen und Stichen aus. Seltener hatten sie die Möglichkeit, kreativer zu arbeiten und eigene Ideen zu verwirklichen. In der Regel wurden für die Maler weiße Stücke aus dem Depot und die Malvorlagen ausgewählt. So kommt es, daß analoge Tassenformen mit verschiedenen Dekoren entstehen konnten. Der Brand der Tasse konnte darüberhinaus etliche Jahre zurückliegen, bevor sie zum Bemalen bestimmt wurde. In großen Manufakturen gab es auch spezialisierte Maler, wie z. B. *Blumenmaler* oder *Schriftenmaler*. Anspruchsvolle Malerei, wie z. B. die Gemäldereproduktion war besonders erfahrenen und begabten Malern vorbehalten.

Die Herstellung und Dekoration wird von einem dritten Brand abgeschlossen, dem sogenannten *Dekorbrand*, der in einem Muffelofen bei maximal 900°C erfolgte.

Entwicklung der Tassenformen

Tassenformen im 18. und frühen 19. Jahrhundert

Wiener Glockenbechertassen

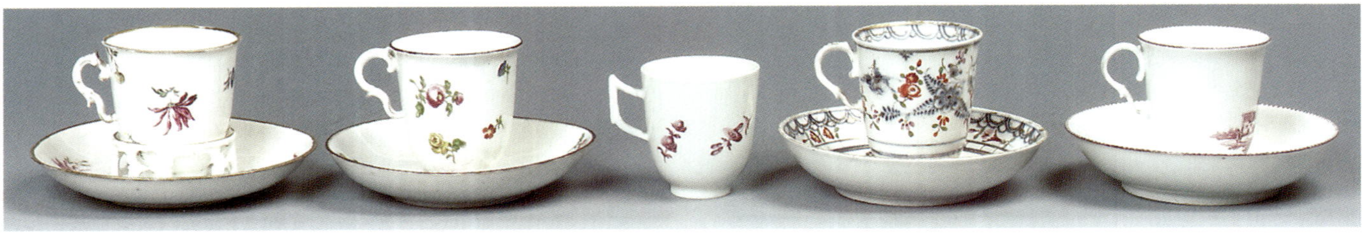

Trembleuse, um 1755 — um 1760/65 — um 1780 — vor 1784 — 1803

Wiener Koppchen

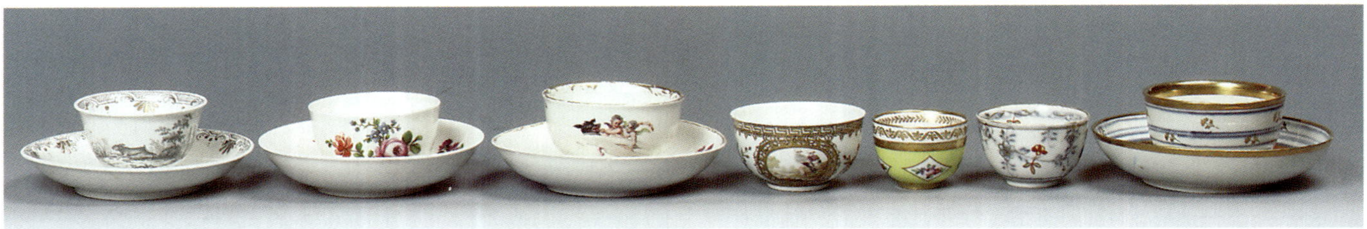

um 1755/60 — um 1765 — um 1770 — vor 1784 — 1800 — 1805 — 1821

Die wichtigsten Zentren und Manufakturen

	Gründung	Schließung	Marken	Anmerkungen
Meißen	1710	–	Schwertermarke	–
Berlin	1751	–	Zeptermarke	–
Frankenthal	1755	1800	diverse	–
Fürstenberg	1753	–	F	–
Nymphenburg	1747	–	Rautenschild	–
Ludwigsburg	1758	–	bekröntes Doppel-C	–
Thüringen	Mitte 18. Jh.	–	diverse	zahlreiche kleine Manufakturen
Wien	1717	1864	Bindenschild	–
Schlaggenwald, Böhmen	1783	–	S, Schlaggenwald	–
Böhmen	Mitte 18. Jh.	–	diverse	zahlreiche kleine Manufakturen
Paris	–	–	diverse	zahlreiche Stadtmanufakturen
Sèvres, Frankreich	1738	–	diverse	–
Doccia, Italien	1737	–	diverse	–
Neapel	1771	1834	bekröntes N	–
Herend, Ungarn	1839	–	diverse	–
Nyon, Schweiz	1781	1813	Fischmarke	–
St. Petersburg, Rußland	1744	–	diverse	–
Gardner, Rußland	1766	–	GARDNER (lat. o. kyrill.)	–
Kopenhagen	1772	–	diverse	–
England	1. Hälfte 18. Jh.	–	diverse	bedeutende Porzellanproduktion

Halbkugelförmige Schalen

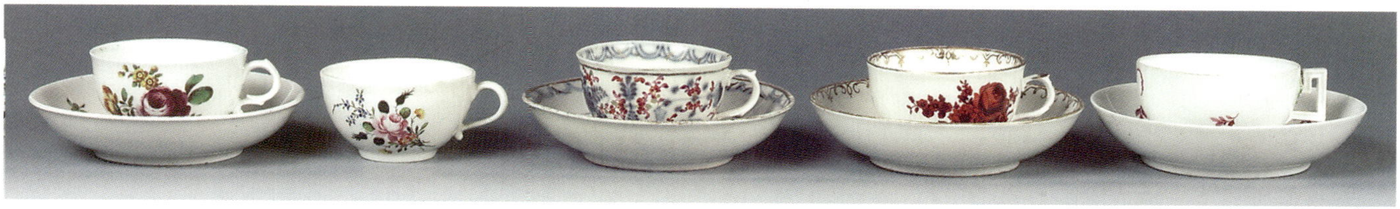

Wien, um 1765 | Nymphenburg, 1765/70 | Wien, 1770 | Wien, 1765/70 | Meißen, Marcolini

Doppelt gebauchte Tassen, Wien

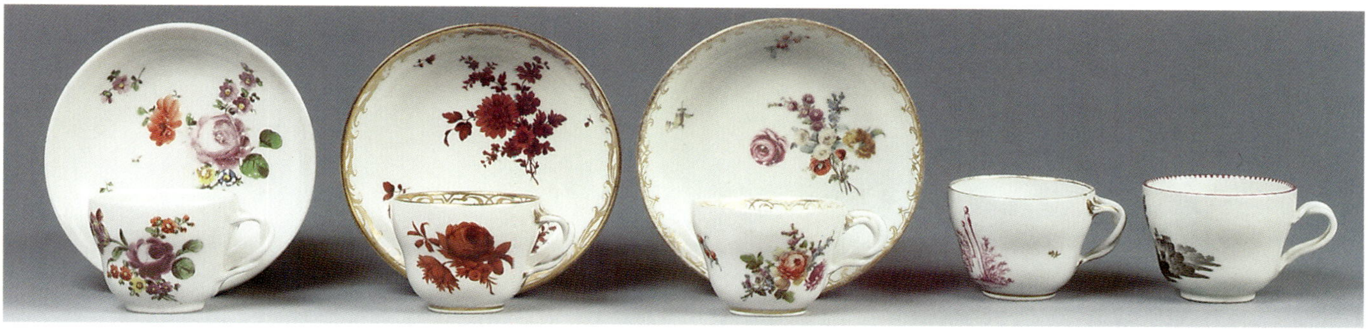

um 1765 | um 1770/75 | um 1765/70 | um 1770 | 1809

U-förmige Tassen, leicht gebaucht, Wien

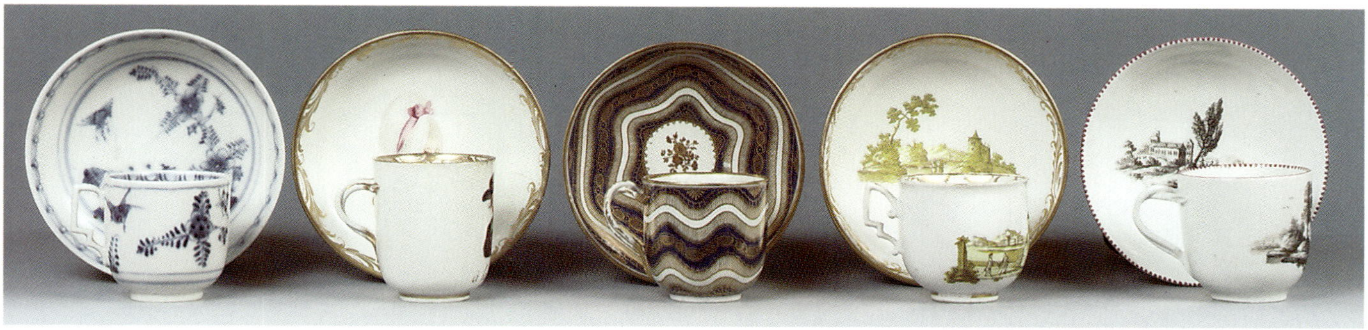

um 1760 | 1775/80 | 1775/80 | vor 1784 | 1800

Weitere Entwicklung

Die Entwicklung der Tassenformen im 18. und frühen 19. Jahrhunderts setzte sich, so veranschaulichen es die voranstehenden Abbildungen, behäbig voran. Formal stand die Funktionalität der Tasse bis ins Empire im Vordergrund. Dementsprechend gab es nur relativ wenige Tassen- und Henkelformen (z. B. Ast-, J-, Ohren-, Rocaillenhenkel). Die Vielfalt lag in der Oberflächengestaltung (z. B. Reliefdekore der Tassenwand) und der Dekoration, die mit den Dekoren von Servicen einherging (z. B. asiatische, Indianische, Kauffahrtei-, Bataillen- und Watteau-Dekore). Mit der Periode des Biedermeier setzte jedoch eine Vergrößerung der Formenzahl ein, die schließlich im ausgehenden Biedermeier in eine »Explosion« der Formen mündet. Es entstand eine unglaubliche Vielfalt an Formen – sowohl in der Gestaltung des Tassenkörpers, als auch bei den Henkelausbildungen. Während sich das frühe Biedermeier noch stark an den »klassischen« strengen Formen orientiert, sind später alle denk- und realisierbaren Formen angefertigt worden. Gleichzeitig haben sich einige Formen über viele Jahrzehnte hinweg gehalten, so z. B. die Tassenformen der Berliner Porzellanmanufaktur, denen eigene Namen gegeben wurden (siehe S. 14). Tassenformen und auch Dekore wurden von allen Manufakturen kopiert, manchmal wurden Modelle auch offiziell weiterverkauft.

1

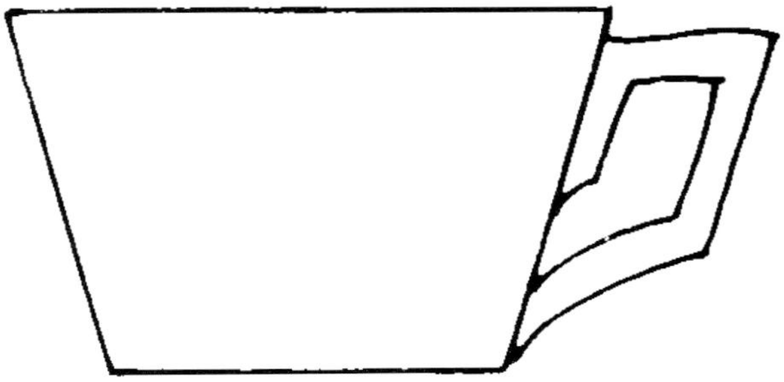

2

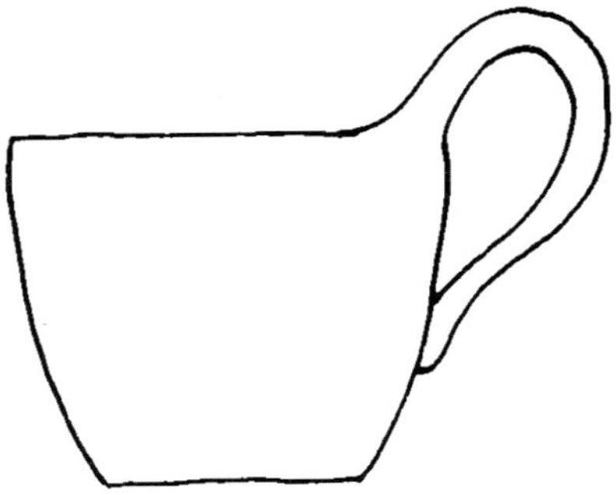

3

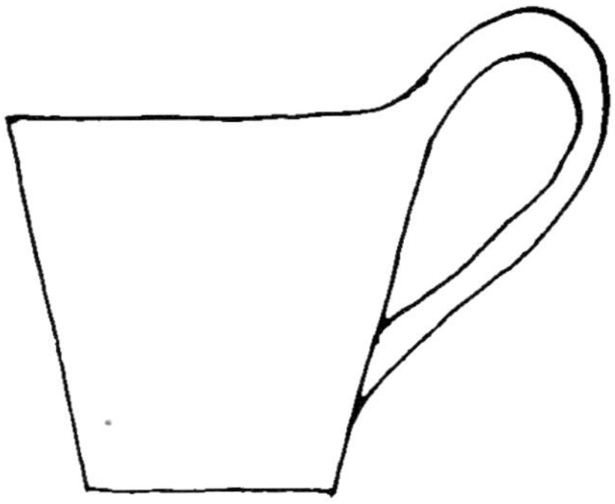

4

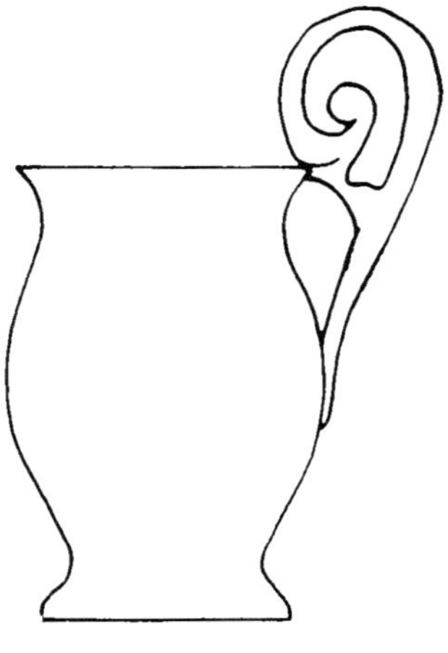

5

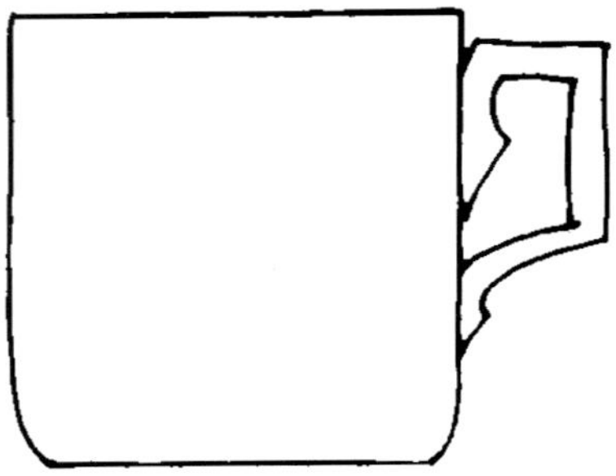

6

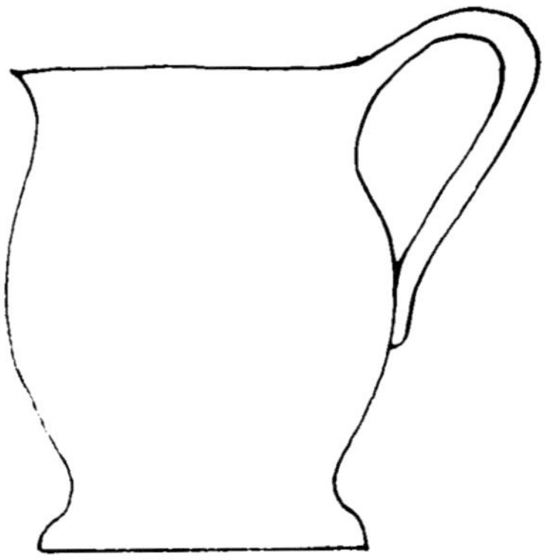

7

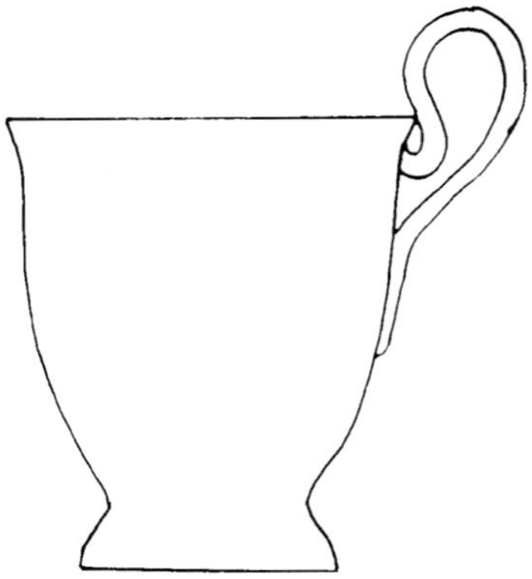

Die Tassenformen der Berliner Manufaktur und ihre Bezeichnungen:

1 Konisch
2 Campanerform
3 Konisch mit Campanerhenkel
4 Blüchertasse
5 Antique glatt
6 Etrurisch
7 Luisentasse

Dekore und Themen

Mit Erstarkung des Bürgertums im frühen 19. Jahrhundert hält das Porzellan auch Einzug in das bürgerliche Heim. Im 18. Jahrhundert noch kostbares Luxusgut, das dem Adel vorbehalten war, löst es sich nun vom höfischen Geschmack und wird zunächst zum Gegenstand der Erbauung für den Bürger der Biedermeier-Zeit.

Insbesondere die Tassenmode begann für eine breite Schicht von Konsumenten eine Rolle zu spielen: Tassen werden zum künstlerisch gestalteten Sammel- und Vitrinenobjekt, zum Mitteilungsträger des bürgerlichen Selbstverständnisses. Die Dekore wandern auf die frontale Schauseite, sollen also nicht mehr beim Trinken gezeigt, sondern ausgestellt werden. In ihren Themen und Typen werden Tassen zum Spiegelbild des Zeitgeists, ständig bemüht, der wachsenden Schnellebigkeit modischer Tendenzen zu folgen. Um den enorm gestiegenen Bedarf zu decken, entstehen zahlreiche kleine Manufakturen, verstärkt in Böhmen und Thüringen, welche die Erzeugnisse der großen nachahmten, aber auch eigene Formen und Dekore entwickelten und zu erschwinglichen Preisen auf den Markt brachten.

Auf der Tasse als Kleinmonument demonstriert das Bürgertum seine geistigen Fundamente: Als Statussymbol und zur Selbstdarstellung des Besitzers übernimmt sie eine wesentliche Funktion. Beispielsweise wies sie den Besitzer als Kenner der Flora aus (siehe Kat.-Nr. 105, 106) oder als belesenen Schöngeist, der sich an einer Szenendarstzellung aus einem Drama oder einem Roman erfreute. Klassische Bildung manifestiert sich in antikisierenden Formen und Dekoren, das Interesse für die Naturwissenschaften – Biologie, Botanik, Mineralogie – wird in Form von ausgereiften Darstellungen nach wissenschaftlich exakten Vorlagen präsentiert. **Porträttassen** zeigen Berühmtheiten aus Geschichte, Kunst und Politik und dokumentieren damit politische und philosophische Positionen. Aber auch die Porträts ganzer Familien wurden auf Tassen gebannt, und nicht zuletzt übernimmt die Tasse eine Rolle als ganz persönlicher Mitteilungsträger. In Form der **Geschenktasse** zum Beispiel werden klare oder verschlüsselte Botschaften übermittelt, Gefühle für den Empfänger manifestiert. Zu dieser Gruppe gehören etwa Tassen mit Rätseln wie Kat.-Nr. 134: Die Lösung des Blumenrätsels ist der Name einer Beschenkten, der sich aus den Anfangsbuchstaben der gemalten Blumen erschließt. Und in den **Freundschaftstassen,** die mit Allegorien und Symbolen der Freundschaft und Liebe dekoriert sind, spiegelt sich die »Empfindsamkeit« der Periode.

Eine weitere Gruppe bilden die **Erinnerungstassen.** Erinnert wurde an wichtige persönliche Ereignisse – Jubiläen, Geburtstage etc. –, mit **Souvenirtassen** werden Orte vergegenwärtigt, die der Erwerber besucht hatte; andere erinnerten an geschichtliche Ereignisse, wie zum Beispiel die immer wieder auftauchenden Tassen mit dem Schlachtenplan der »Völkerschlacht zu Leipzig«. Großer Beliebtheit erfreuten sich auch die **Ansichten-** oder **Vedutentassen,** die berühmte Gebäude, Stadtansichten und Landschaften darstellen.

Ab der Mitte des 19. Jahrhunderts gewinnt der Historismus, besonders in Form einer Hinwendung zum Mittelalter, an Einfluß. Schon während der Biedermeier-Periode hatte es eine Art von Ritter-Romantik gegeben, nun jedoch fand man Gefallen an der Neo-Gotik und der Neo-Renaissance. Sogar der Geschmack der zweiten Hälfte des 18. Jahrhunderts lebt in Form des Neo-Rokoko erneut wieder auf.

In Tassen des 19. Jahrhunderts spiegelt sich auf lebendige und vielfältigste Weise der Geist einer Zeit, in der wichtige Grundsteine für das Jahrhundert gelegt wurden, in dem wir leben. Daß sie uns einen so unmittelbaren Blick auf das Zeitgeschehen und oftmals auch auf Einzelpersonen eröffnen, trägt viel zum Sammelreiz von Stücken dieser Epoche bei. Jede Tasse ist ein individuell ausdrucksstarkes und kunsthandwerklich sorgfältig ausgearbeitetes Objekt, dem im Vergleich zur Tasse des 20. Jahrhunderts eine andere Qualität zukommt: Mit der Einführung industrieller Herstellungsmethoden entwickelte sich diese zunehmend zum Massenprodukt, das vorwiegend funktionale und dekorative Bedürfnisse befriedigt.

Ratschläge für Sammler

Informations- und Bezugsquellen

Dem Neuling auf dem Gebiet des Tassensammelns stehen eine ganze Reihe von Möglichkeiten zur Verfügung, um zu dem Thema Zugang zu finden:

Bedingt durch die eingangs beschriebene Entstehungsgeschichte europäischer Manufakturen ist das Material in *Museen* und öffentlichen *Sammlungen* sehr umfangreich. Das Verzeichnis auf S. 20 nennt die wichtigsten Museen und Sammlungen im deutschsprachigen Raum.

Sehr umfangreich ist auch die *Bibliographie* zum europäischen Porzellan, aus der im Literaturverzeichnis S. 156f. wichtige Titel in Auswahl vorgestellt werden. Leider ist ein Teil der älteren Literatur vergriffen und wird antiquarisch sehr hoch bewertet. Die Kenntnis der einschlägigen Literatur ist mit die Grundlage für eine freudebringende und erfolgreiche Sammeltätigkeit.

Kunsthandel, Messen und *Märkte* gehören zu den wichtigsten Bezugsquellen für den Sammler. Informationen über Termine und Veranstaltungsorte werden regelmäßig in Kunstmagazinen und -zeitungen veröffentlicht, wo regelmäßig Berichte über Ausstellungen zu finden sind. Natürlich gilt immer abzuwägen, ob man es mit einem seriösen Geschäftspartner zu tun hat.

Solchen Veröffentlichungen sind auch die Termine für *Versteigerungen* in Kunstauktionshäusern zu entnehmen. Die Gewährleisung beim Kauf über die Auktion ist in der Regel beschränkt, weshalb es sich empfiehlt, seriöse Häuser auszuwählen, die für wissenschaftliche und zuverlässige Katalogisierung der Gegenstände bekannt sind.

Wer zielstrebig eine Sammlung aufbauen möchte, sollte eine Vorinvestition in die Anschaffung und das Studium der Fachliteratur nicht scheuen. Schon gute theoretische Kenntnisse können später vor Fehlkäufen bewahren. Auch Ausflüge in die Museen und zu *Ausstellungen* sind immer lehrreich, geben Möglichkeiten für neue Erkenntnisse und schulen das Auge. Nicht nur reine Porzellanausstellungen sind interessant, sondern beispielsweise auch solche, die allgemein einer Kunstperiode gewidmet sind. Sicherlich wird der Tassenliebhaber in einer guten Biedermeier-Ausstellung einige Stücke entdecken und hat darüberhinaus die Möglichkeit, den Bezug zu anderen Sparten des Kunsthandwerkes der Zeit herzustellen. Auch Besuche von Ausstellungen darstellender Kunst sind empfehlenswert. Für einen Tassenliebhaber könnte zum Beispiel die Kenntnis des Werkes von Angelika Kauffmann (1741 bis 1807) sehr hilfreich sein, deren Arbeiten als Vorlagen für Tassendekore zeitweise sehr beliebt waren.

Anders als in Museen und Ausstellungen hat der Sammler bei Vorbesichtigungen zu Kunstauktionen oder im Handel die Gelegenheit, die Gegenstände auch in die Hand zu nehmen. Er sollte sich nicht scheuen, sich die Vitrinen öffnen zu lassen, die Exponate in Ruhe zu studieren und auch das Gespräch mit Experten zu suchen. Die gute Verbindung zu einem/r Museumsexperten/in kann sachlich und menschlich nur gewinnbringend sein.

Mit Hilfe der Schätzpreise und Ergebnislisten der Auktionshäuser kann der Sammler schließlich sein Preisgefühl schulen und aktuelle Preistendenzen ermitteln.

Sammlungskonzeption

Im günstigsten Fall hat sich der Sammler schon vor den ersten Ankäufen Gedanken über die Sammlungskonzeption gemacht. Da die Mittel in der Regel nicht unbegrenzt sind, kann er im allgemeinen seine Sammeltätigkeit weder nur auf absolute Spitzenobjekte hin ausrichten, noch Tausende von Stücken erwerben, die ein zu weit gestecktes Sammelgebiet hinreichend repräsentieren würden. Zunächst werden also persönliche Vorlieben die Entscheidung über Kriterien des Sammelgebietes herbeiführen. Mut zum eigenen Geschmack war der Grundstein vieler bedeutender Sammlungen. Eingrenzungen nach Entstehungszeit, nach Manufakturen und deren Herstellungsperioden, nach Dekoren, Formen etc. seien als Möglichkeiten genannt.

Außerdem wird der Sammler sich zu einer Gewichtung seiner Bewertungskriterien entschließen müssen: Ist es ihm zum Beispiel wichtig, nur makellose Stücke zu erwerben, oder kommt er zu der Erkenntnis, daß eine Beschädigung die künstlerische und dokumentarische Qualität des Stücks nicht mindert? Zielt er auf eine eventuelle Wertsteigerung ab, oder geht es ihm ausschließlich um die Freude an den Objekten zum jetzigen Zeitpunkt?

Grundsätzlich ist zu sagen, daß die Investition in ein qualitätvolles und in der Regel deshalb auch teureres Stück besser dazu angetan ist, sich als wertbeständig zu erweisen, als es mehrere billigere, aber qualitativ minderwertigere Stücke sein könnten.

Zur Problematik von Restaurierungen

Der Sammler sollte auch zu einer persönlichen Entscheidung zum Problem der Restaurierung finden. Er kann es grundsätzlich ablehnen, seine Stücke restaurieren zu lassen, weil er unrestaurierte Tassen als ehrlicher empfindet. Oder aber das Ziel der Wiederherstellung des originalen Erscheinungsbildes erscheint wichtiger. Vielleicht mindern ihm Mängel an den Objekten auch ihren Genuß, weshalb er »kosmetisch« restaurierten Stücken den Vorzug gibt. Mit berücksichtigt werden sollte auf jeden Fall, daß die Investition in eine Restaurierung keinen proportionalen Wertzuwachs mit sich bringt.

Tips für den Kauf – Checkliste

Gerüstet für den Kauf eines Objekts ist der Sammler nicht nur durch seine Kenntnisse. In seinem Eifer und beeinflußt durch die Umstände der Kaufsituation kann leicht sogar Wichtiges übersehen werden. Daher sei geraten, sich eine geistige Checkliste mit Kriterien vorzubereiten, die zur Bestimmung von Echtheit und Wert einer Tasse herangezogen werden müssen. Eine solche Checkliste könnte wie folgt aussehen:

- **Prüfung der Marken:**
  Dadurch Identifikation der Manufaktur, der Entstehungszeit, eventuell auch der Maler. Gegebenenfalls Prüfung von Unstimmigkeiten in der Kombination mehrerer Marken und Klärung der Frage, ob die zeitliche Markenbestimmung mit den Dekoren übereinstimmt. Beispielsweise sollte ein unterglasurblauer Bindenschild mit der geprägten Jahreszahl »830« für 1830 sofort Verdacht erregen. In dieser Periode wurde in Wien der blindgeprägte Bindenschild verwendet, so daß die Tasse eigentlich nur in einer die Wiener Arbeiten imitierenden Manufaktur entstanden sein kann. Auch muß eine sogenannte Augustus-Rex-Marke (AR) auf einer Tasse mit Bearbeitungsfehlern kein Stück sein, das der Verwendung am Hofe Augusts des Starken vorbehalten war.

  Zur Markenprüfung gehört auch die Prüfung ihrer Originalität. Allerdings tauchen Nachsignierungen und neuzeitliche, aufwertende Marken oder Malerzeichen erfreulicherweise nur selten auf.

  Als Übungsmaterial für die Markenbestimmung eignen sich Tassen in Museen und Ausstellungen, deren Zuordnung gesichert ist. Markenhandbücher sind unentbehrlich, zeigen jedoch die Marken meist nur in Form von Skizzen, was nicht immer eindeutig ist. Spezialisierte Literatur wie Dr. Waltraud Neuwirths Bücher zum Thema »Original, Kopie, Verfälschung, Fälschung« von Wiener und Meißener Porzellan sind verdienstvolle und sehr hilfreiche Informationsquellen.

- **Prüfung der Zusammengehörigkeit von Tasse und Untertasse:**
  Die Zusammengehörigkeit ist selbstverständlich ein wichtiges Bewertungskriterium. Es kann durchaus möglich sein, daß die Jahreszahlen auf Tasse und Untertasse nicht identisch sind. Bei Tassen der Wiener Manufaktur kommt dies sogar sehr häufig vor, da Tasse und Untertasse aus dem Lagerbestand ausgewählt wurden und die Entstehung im gleichen Jahr für die Maler keine Rolle spielte. Abweichungen von mehreren Jahren sind daher nicht zwangsläufig ein Hinweis auf Nicht-Zusammengehörigkeit.

  Unstimmigkeiten der Dekore sind jedoch sehr kritisch zu betrachten, denn in den Blütezeiten der Manufakturen wurde auf exakte Übereinstimmung großer Wert gelegt. Ein sechspassiger Dekor auf der Tasse wäre nicht mit einem achtpassigen auf dem Teller kombiniert worden. Ebenso wichtige Hinweise sind der Scherben, Glasur und Dekorfarben.

  Natürlich kann es sich bei Tasse oder Untertasse auch um eine Nachbestellung zu einem Original handeln: Ging eines der beiden Stücke zu Bruch, kam es nicht selten vor, daß ein Ersatz in Auftrag gegeben wurde, entweder in jener Manufaktur, die einst das Original schuf, oder auch in einer anderen. So gab es Manufakturen, die sich ausschließlich auf die Anfertigung solcher Nachbestellungen spezialisiert hatten. Eine gute, in der Zeit gearbeitete Nachbestellung kann auch ein sammlerisch reizvolles Objekt sein.

Andere Manufakturen haben sich sogar auf die Anfertigung sehr qualitätvoller Nachbildungen spezialisiert, wie die französische Manufaktur Samson. Diese kopierte u. a. auch außereuropäische Keramik; zuweilen können deren Arbeiten nur von Spezialisten als solche identifiziert werden.

- **Überprüfung der Originalität der Dekore:** Was für die Marken so wichtig ist, gilt auch für die Dekore. Der Sammler muß vor nicht originalen Dekoren oder Dekorelementen auf der Hut sein. Erfreulicherweise sind im Bereich der Tassen des 19. Jahrhunderts keine Fälschungen in größerem Umfang bekannt. Die Herstellung von überzeugenden neuzeitlichen Fälschungen ist zu aufwendig.

  Allzu spektakuläre Objekte ohne gesicherte Provenienz oder aus dubiosen Quellen müssen jedoch unbedingt geprüft werden. Es ist bekannt, daß im hochpreisigen Bereich zuweilen Porzellane auf den Markt kommen, deren Bemalung neuzeitlich ist. Hierfür wird altes, undekoriertes Porzellan verwendet. Diese neuzeitlichen Verfälschungen haben natürlich wenig gemein mit der alten Tradition der »Hausmalerei«: Auch hier wurden von privaten oder berufsmäßigen Malern, aber auch kleineren Manufakturen, die weißen Porzellane der großen Manufakturen benutzt – allerdings, um eigene Dekore zu verwirklichen. Zur Prüfung der Dekore gehört auch die Prüfung der *Dekortechniken*. Bei genauerer Betrachtung kann sich eine polychrome Malerei als eingebranntes Abziehbild erweisen, das vielleicht noch zusätzlich übermalt wurde und schon im 19. Jahrhundert technisch so angebracht wurde, daß eine Identifikation auf den ersten Blick nicht möglich ist. Auch waren Drucktechniken schon recht früh beliebt. Sie sind in der Regel mit einer Lupe leicht zu erkennen.

  Im übrigen sollte auch die *Vergoldung* geprüft werden. Sie kann gemalt oder ebenfalls drucktechnisch angebracht sein, aus der Zeit stammen oder später hinzugefügt worden sein – entweder um das Stück aufzuwerten, oder in der unlöblichen Absicht, eine aufwendige originale Vergoldung aus der Zeit vorzutäuschen.

- **Überprüfung des Zustandes:** Erhaltung und Originalität des Zustandes einer alten Sammeltasse sind ein weiteres wichtiges Bewertungskriterium. Restaurierungen können sehr gekonnt ausgeführt sein. Eine einfache Nähnadel ist ein beliebtes Instrument zur Prüfung, weil sie – vorsichtig über die Oberfläche geführt – auch geringe Unebenheiten spürbar macht. Auf intakter Glasur gleitet die Nadel, an restaurierten Stellen bleibt sie hängen. Eine weiteres einfaches Mittel ist die Klangprobe.
  Auch eine gründliche Untersuchung der Oberfläche nach Farbabweichungen wie z. B. gelb verfärbten Stellen ist empfehlenswert. Aufwendiger und selten in Situationen der Kaufentscheidung praktisch durchführbar ist die Oberflächenuntersuchung mit einer UV-Lampe, unter welcher sich Restaurierungen in Gips-Weiß von den blau-violett erscheinenden Originalpartien abheben.

Letztlich aber noch wichtiger als diese Mittel zur Bestimmung ist das Gespür, das ein Sammler nach und nach entwickelt. Wenn das Gesamtbild des Objekts nicht stimmig erscheint, ist erhöhte Sorgfalt geboten. Der erfahrene Sammler entwickelt einen Instinkt, der ihm Unstimmigkeiten signalisiert.

Beispiele für Porzellanmarken

1 Meißen, unterglasurblaue Schwertermarke mit Punkt, um 1924 bis 1934
2 Meißen, unterglasurblaue Schwertermarke mit Beizeichen, 1730 bis 1735
3 Meißen, unterglasurblaue Schwertermarke mit Punkt und Beizeichen, um 1765
4 Meißen, gepreßte und blaue Schwertermarke mit Stern, Periode Marcolini, um 1800
5 Meißen, unterglasurblaue Merkurstabmarke, um 1730
6 Sèvres, Stempelmarken in Eisenrot: Château des Tuileries, um 1846
7 Ludwigsburg, Blaumarke, bekröntes »CC«, um 1765 bis 1770

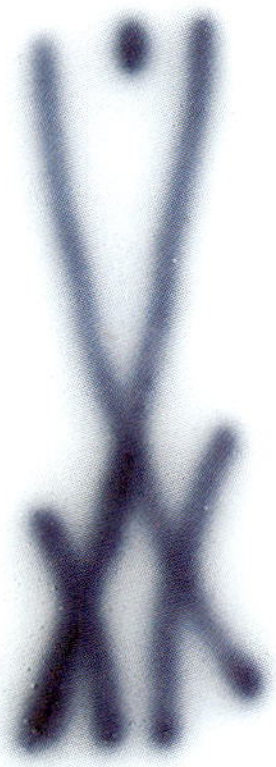

1

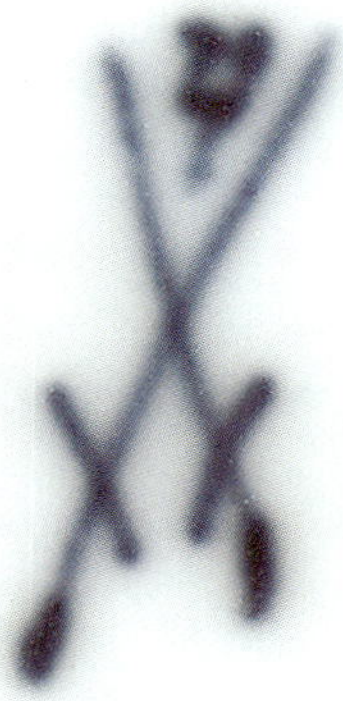

2

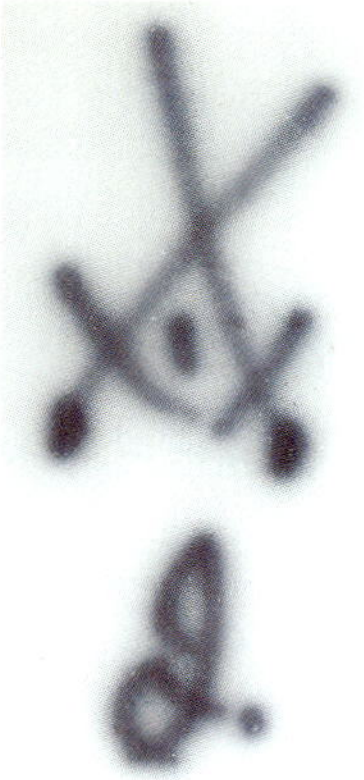

3

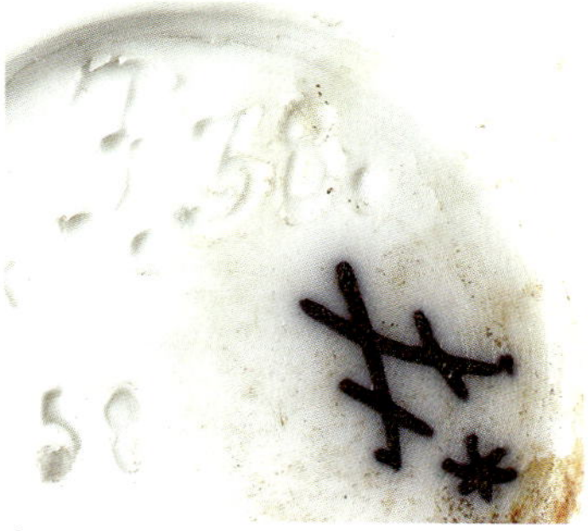

4

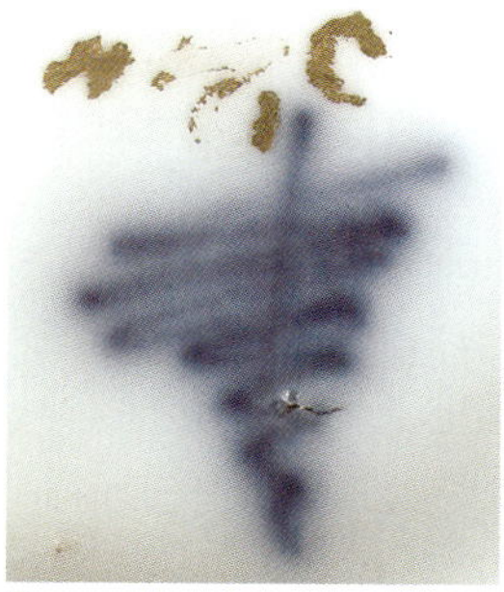

5

6

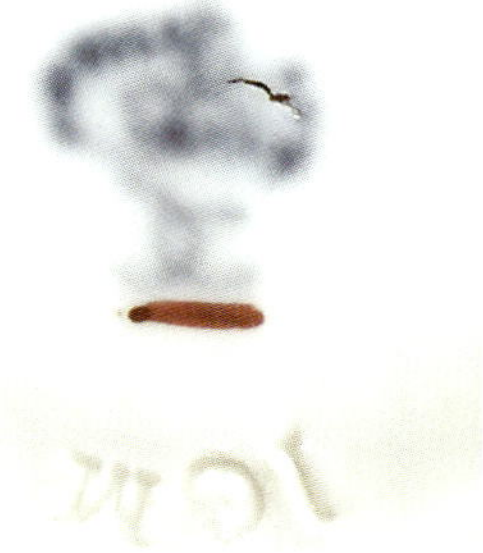

7

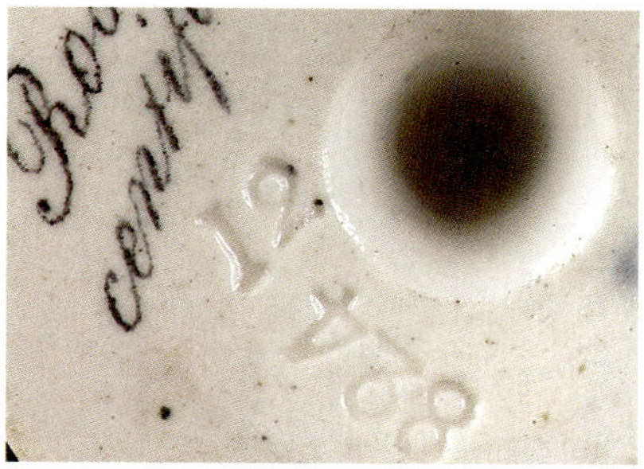

8

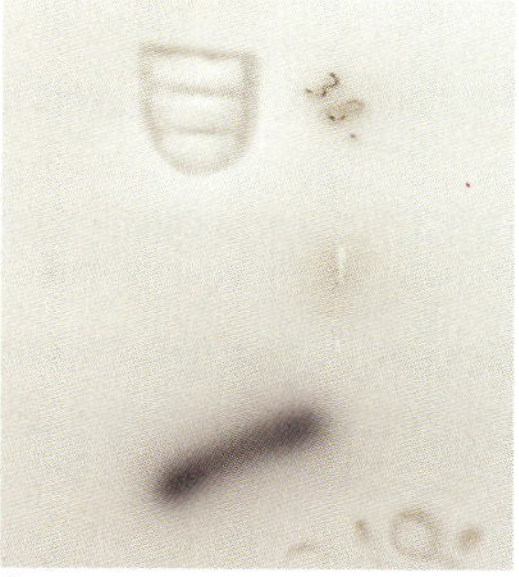

9

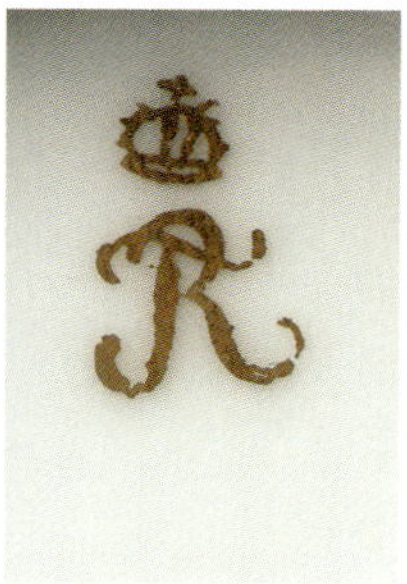

10

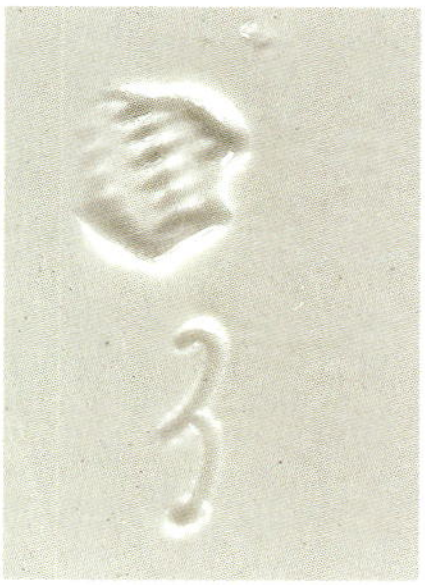

11

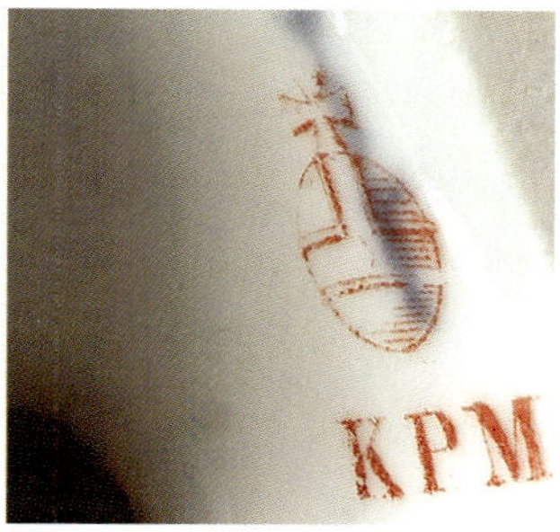

12

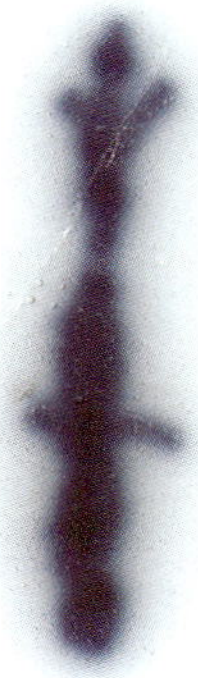

13

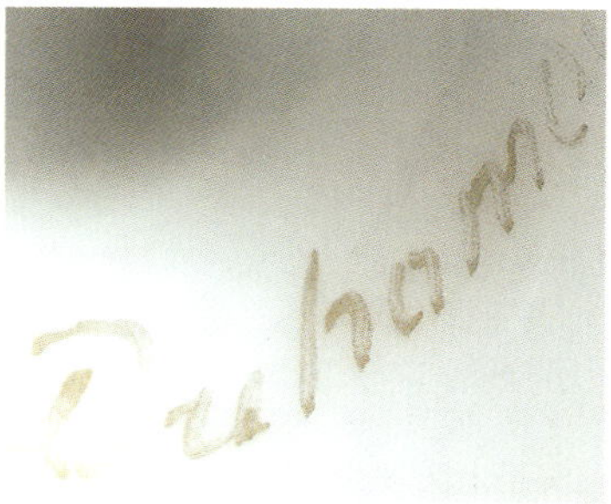

14

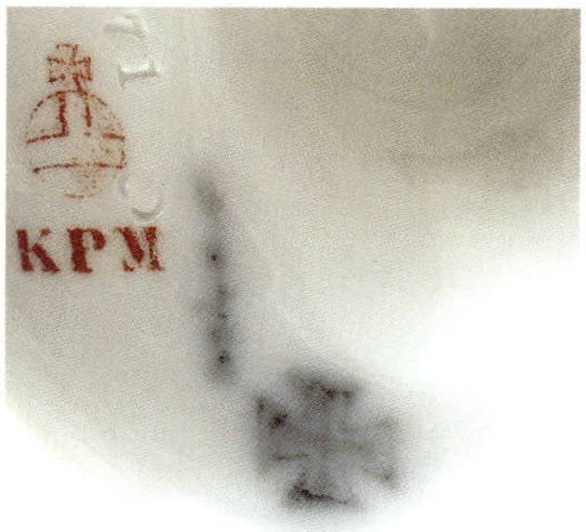

15

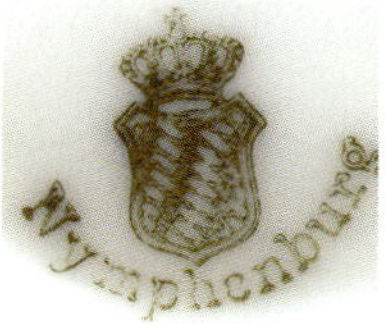

16

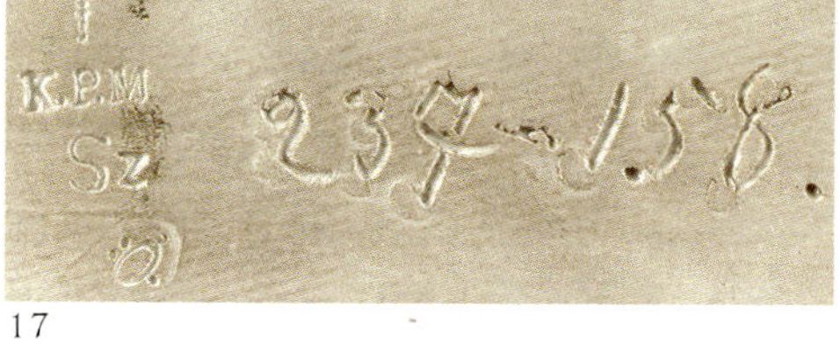

17

8 Wien, unterglasurblauer Bindenschild, Jahreszahl (1)824
9 Wien, geprägter Bindenschild, Jahreszahl (1)848
10 Ludwigsburg, Goldmarke, bekröntes FR (ligiert), 1806 bis 1816
11 Nymphenburg, geprägter Rautenschild, 20. Jahrhundert
12 Berlin, KPM, Zepter- und Reichsapfelmarke, 19. Jh.
13 Berlin, KPM, Zeptermarke, um 1800
14 Paris, Goldbezeichnung »Duhamel«, um 1800
15 Berlin, KPM, Zepter-, Kriegs- und Reichsapfelmarke, 1914 bis 1918
16 Nymphenburg, grün gestempelter Rautenschild, 20. Jahrhundert
17 Berlin, KPM, gepreßte Zeptermarke mit »K.P.M.«, Ritzmarke, 20. Jahrhundert

Porzellansammlungen im deutschsprachigen Raum

Deutschland:

Amorbach, Fürstliche Leiningensche Sammlungen/Heimatmuseum

Aschach, Graf-Luxemburg-Museum

Berlin, Berlin Museum

Berlin, Kunstgewerbemuseum Schloß Köpenick

Berlin, Museum Berliner Porzellan, Kunstgewerbemuseum Schloß Charlottenburg

Bremen, Bremer Landesmuseum, Focke-Museum

Darmstadt, Großherzogliche Porzellansammlung

Dresden, Porzellansammlung im Zwinger

Eisenach, Thüringer Museum

Frankfurt, Museum für Kunsthandwerk

Hamburg, Museum für Kunst und Gewerbe

Hamm, Gustav-Lübcke-Museum

Karlsruhe, Badisches Landesmuseum

Köln, Kunstgewerbemuseum

Leipzig, Museum des Kunsthandwerks, Grassi-Museum

Ludwigsburg, Schloßmuseum

Meißen, Schauhalle der Porzellanmanufaktur Meißen

München, Bayerisches Nationalmuseum

Nürnberg, Germanisches Nationalmuseum

Nürnberg, Gewerbemuseum

Oberschleißheim, Meißener Porzellansammlung, Stiftung Ernst Schneider

Rastatt, Schloß Favorite

Rudolstadt, Museum Heidelsburg

Stuttgart, Baden-Württembergisches Landesmuseum, Altes Schloß

Wiesbaden, Museum Wiesbaden

Worms, Kunsthaus Heylshof

Österreich/Schweiz:

Bern, Bernisches Historisches Museum, Sammlung Kocher

Wien, Historisches Museum der Stadt Wien

Wien, Hoftafel und Silberkammer

Wien, Österreichisches Museum für angewandte Kunst

Zum Katalog und zu den Preisen

Mit den abgebildeten Stücken wird ein repräsentativer Querschnitt zur Tassenentwicklung des 19. Jahrhunderts geboten. Die Tassen stammen aus einer privaten Sammlung, die in den letzten 20 Jahren zusammengetragen wurde – im Kunsthandel, auf Messen, Märkten und Kunstauktionen. Nicht nur zeigt sich hier die Vielfalt der Formen und Dekore, sondern auch das Angebot, dem der Interessierte und Sammler heute auf dem Markt begegnet.

Die Sammlung umfaßt vorwiegend Originale, aber auch Nachahmungen, Kopien, Verfälschungen und Fälschungen, was für den interessierten Laien wie auch für den versierten Sammler von besonderem Interesse sein dürfte. Auch eignet sie sich als Leitfaden für Tassen des 19. Jahrhunderts dadurch in besonderem Maße, daß ein großer Anteil aus der Wiener Porzellanmanufaktur stammt. Diese hat schon sehr früh, nämlich 1784, ein Datierungssystem eingeführt, welches uns heute erlaubt, die Tassen genau und zuverlässig zu datieren. Dadurch wird auch eine Chronologie der stilistischen Entwicklungen für die Wiener Manufaktur möglich.

Um jedoch direkte und weiterführende Vergleiche zu ermöglichen, wurde im Katalog auf eine rein chronologische Anordnung verzichtet. Auch sind Formen und Dekore in den seltensten Fällen so zuzuordnen, daß sich eine eindeutige Klassifizierung nach Typen ergäbe. Fast jede Tasse gehört gleichzeitig mehreren Kategorien an, d. h. daß eine Tasse in Campanerform durch ihren Dekor zum Beispiel auch als Porträttasse bezeichnet werden kann. Umgekehrt gibt es Vedutentassen in zylindrischer, konischer, Glockenbecherform u. v. m. Eine verbindliche Systematik ist daher nicht möglich – was mit zum Reiz von Tassen dieser Zeit beitragen kann.

Der Sammlung werden im Katalogteil einige Abbildungen mit Beispielen früher Porzellane vorangestellt, welche die Porzellankunst des 18. Jahrhunderts repräsentieren und in die Darstellung der Entwicklung im 19. Jahrhundert einleiten sollen.

Beispiel zur Bestimmung der Marken bei Wiener Porzellan

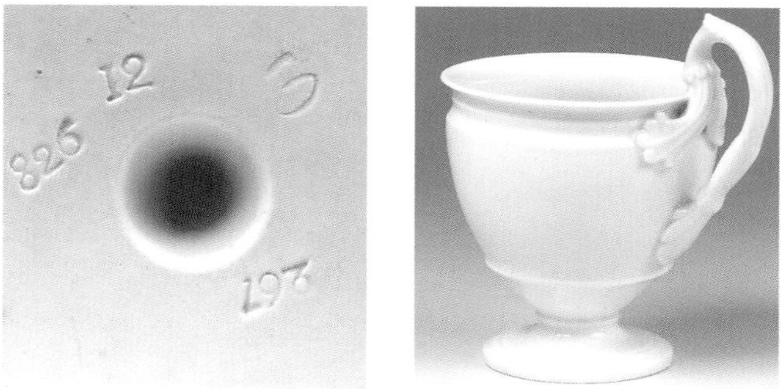

Mustertasse (H. 10 cm) aus dem Nachlaß der Wiener Porzellanmanufaktur. Aus einem Porzellanfund, den Waltraud Neuwirth in »Biedermeiertassen«, München 1982, beschreibt. (Vgl. Neuwirth, S. 88, Abb. 120 bis 122.)
Marken:
Jahresziffer: 826 (für 1826)
Weißdrehernummer: 12 (Michael Neubrich)
Formnummer: 267
Masseritzzeichen: 3

Die Preise

Die abgebildeten Tassen sind zumeist Unikate.
Die angegebenen Preise verstehen sich als Einzelhandelspreise (inkl. MwSt.) im etablierten Fachhandel und beziehen sich nur auf das abgebildete Stück – wobei der jeweilige Zustand mit in den Schätzpreis eingegangen ist, d. h. Wertminderungen durch Beschädigungen und Restaurierungen wurden berücksichtigt.

Die Schätzpreise orientieren sich am ursprünglichen Gestehungspreis im Kunsthandel oder auf Kunstauktionen, berücksichtigen aber auch aktuelle Preistendenzen.

Hinweise zum Text

H.: Höhe der Tasse inklusive Henkel ohne Tassendeckel
D.: Durchmesser der Untertasse
KPM: Königlich-Preußische Manufaktur (Berlin)
Sofern keine weiteren Angaben gemacht sind, beziehen sich die Zahlen in den Katalogtexten auf Jahreszahl (z. B. 826 = 1826) oder Weißdrehernummer (z. B. 14).

Katalog

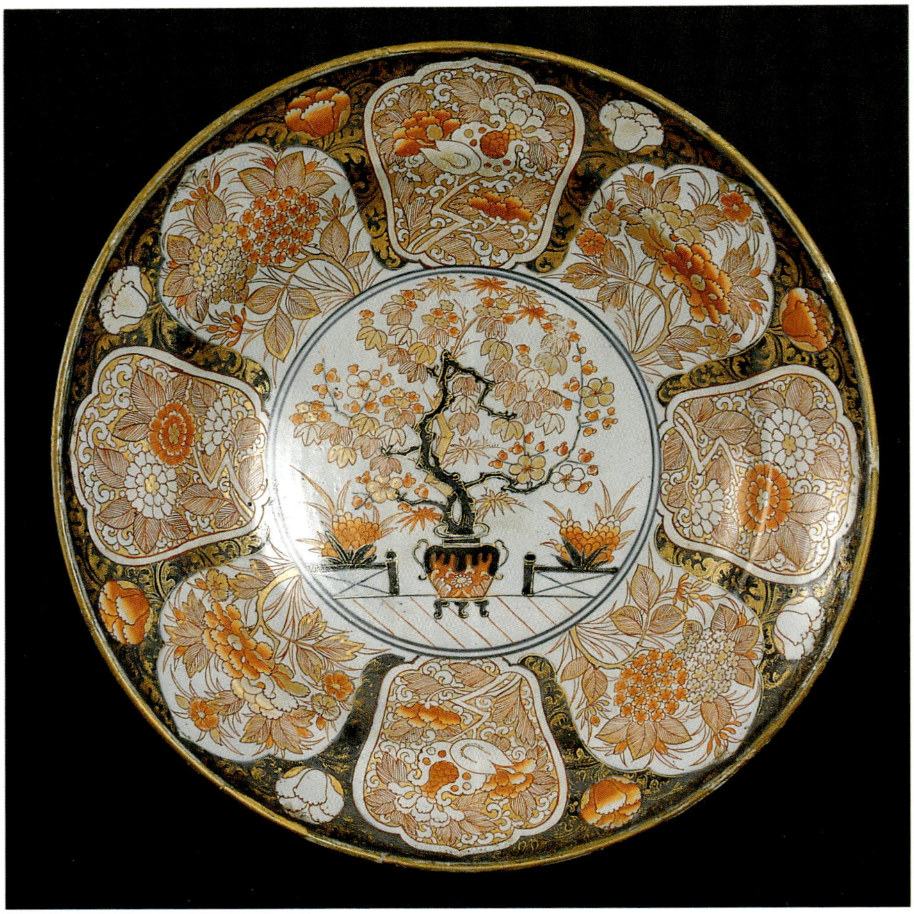

A

Große Rundplatte
Japan, Imari
Ende 17. Jahrhundert
Gebauchte Wandung mit abgesetzter, schräger Fahne auf kurzem Standring. Im Spiegel zentral in einem Doppelring dekorierter Henkeltopf mit blühendem Pflaumenzweig und Bambus. Auf Wandung und Fahne achtpassige Reserven mit Chrysanthemen-, Päonien- oder Granatapfelblüten dekoriert, die von einem unterglasurblauen Fond mit Rankwerk in Gold eingerahmt werden. Auf der Rückseite sechs Päonienblüten zwischen Rankwerk. Dekor in Eisenrot, dunklem Unterglasurblau und Gold.
D. 54 cm

DM 8000,–/9000,–

In großem Stil wurden Porzellane dieser Art ab dem 16. Jahrhundert in Japan für den Export hergestellt und in Arita verschifft.

Stuttgarter Kunstauktionshaus Dr. Fritz Nagel

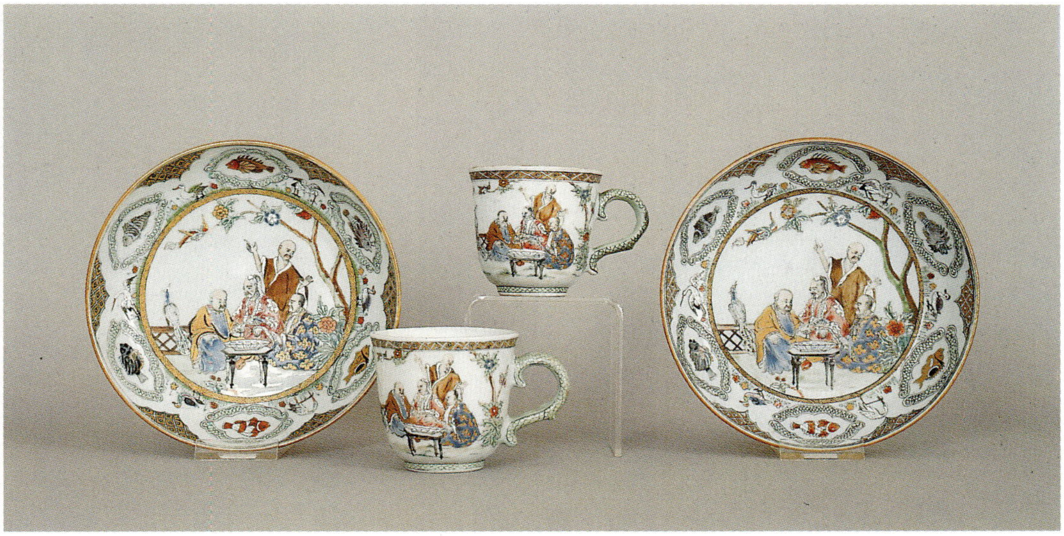

B

Paar Tassen mit Untertassen

China, um 1738

Nach dem Entwurf »Doctor's Visit« des holländischen Zeichners Cornelis Pronk dekorierte Tassen. Die Untertassen mit zentraler Darstellung von drei Figuren, an einem Tisch sitzend, auf welchem ein unterglasurblauer Teller steht. Die zentrale Figur hält einen Fisch. Eine vierte Figur in brauner Robe zeigt auf einen exotischen Vogel, der auf einem Ast sitzt. Links ein Pfau auf einem Zaun. Auf der Fahne in sechs geschwungenen Kartuschen exotische Tiere unter Gittermustern, Dekor in polychromen Emailfarben und Gold. Entsprechend dekorierte Tassen, grün dekorierte Henkel mit Schuppendekor.

H. 6,5 cm/D. 15,2 cm

DM 22 000,–/28 000,–

Cornelis Pronk entwarf 1735 »Doctor's Visit« als zweiten Dekor für die »Dutch East India Company« nach dem ersten »la dame au parasol« von 1734. Bei der Ausführung dieses Dekors beschränkte sich die Bestellung in Kanton auf nur 5 Speiseservice und 54 Kamingarnituren. 1738 wurden nochmals 10 Speise-, 10 Teeservice und 20 Vasen geordert. Die erste Ladung wurde Ende 1738 auf der Hogersmilde nach Holland transportiert.

Stuttgarter Kunstauktionshaus Dr. Fritz Nagel

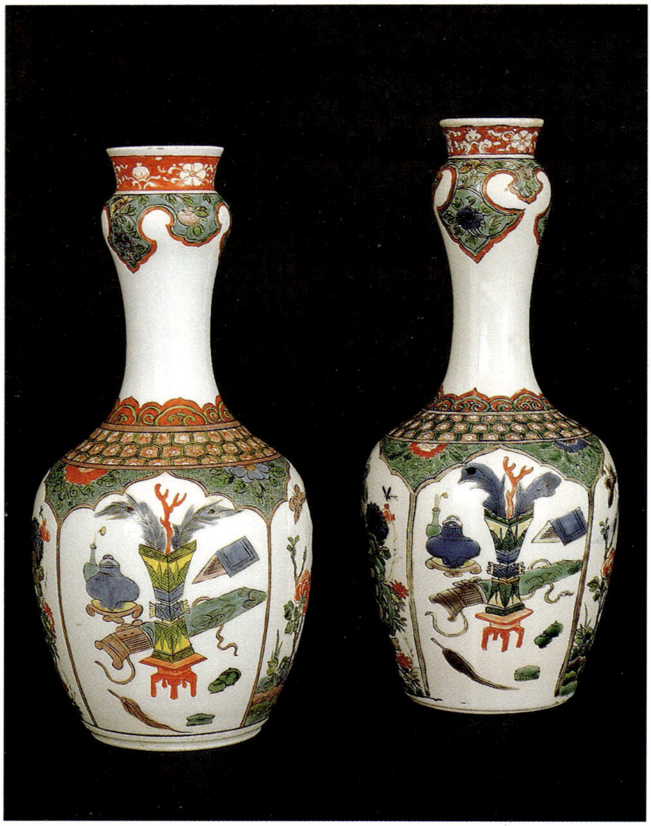

C

Ungewöhnliches Vasenpaar

China, Kangxi-Periode und Meißen, um 1730
Eiförmige Wandung; hoher, leicht eigezogener Hals, ausgestellter Mündungsrand. Bunter Dekor in den Farben der »famille verte« mit Emailblau. Vier grau eingerahmte, nischenförmige Reserven mit abwechselnd zwei bunten, sogenannten indianischen Blütenstauden, von Insekten und Schmetterlingen umgeben, und zwei asiatischen Stilleben mit Vasen, Schriftrollen und verschiedenen Gegenständen dekoriert. Auf der Schulter umlaufende, grau gerahmte Wabengitter-Bordüre, darüber Jui-Bordüre. Auf Mündung und Hals florale Bordüre mit angehängten, eisenrot gerahmten Lambrequins, gefüllt mit Blütenzweigen auf grünem Fond.
Die linke Meißener Vase mit unterglasurblauer Schwertermarke.
H. 25/26,2 cm

DM 60 000,–/80 000,–

Stuttgarter Kunstauktionshaus Dr. Fritz Nagel

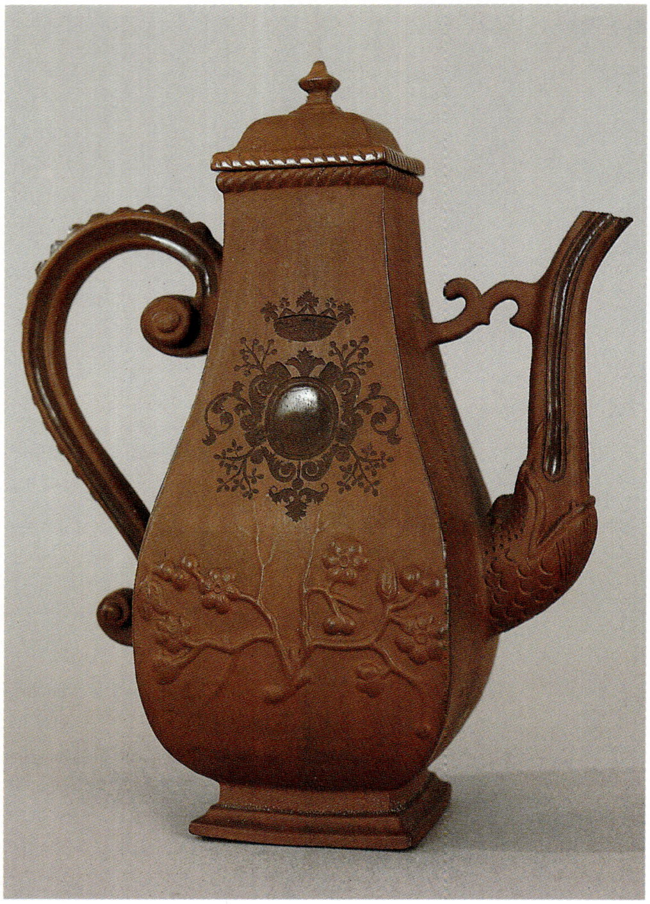

D

Teekännchen

Meißen, um 1710 bis 1713
Vierkantige Birnkanne auf ausgestelltem profilierten, viereckigen Fuß, entsprechende Ausgußtülle, die aus einem Fischmaul erwächst und durch einen geschweiften Quersteg mit dem Kannenkörper verbunden ist. S-förmiger Henkel mit Volutenenden und Diamantquader-Relief auf dem Rücken, viereckiger profilierter Deckel mit Balusterknauf. Vorder- und Rückseite mit Schnitt- und Reliefdekor: fein polierte Ovalreserve, von zartem Rankwerk gerahmt, darüber Adelskrone. Im unteren Bereich reliefierte Prunus-Zweige. Rotbraunes Böttger-Steinzeug, partiell poliert. H. 15,5 cm **DM 50 000,–/60 000,–**

Der Goldschmid Johann Jakob Irminger (1635–1724) entwarf das Modell zu diesem Kännchen, wohl noch in starker Anlehnung an asiatische Vorbilder. So erkennt man zum Beispiel die viereckig gebauchte Form der chinesischen Sake-Flasche, und auch die Idee, die Ausgußtülle aus einem Fischmaul herauswachsen zu lassen, ist bei chinesischen Kannen vorgebildet.
Stuttgarter Kunstauktionshaus Dr. Fritz Nagel

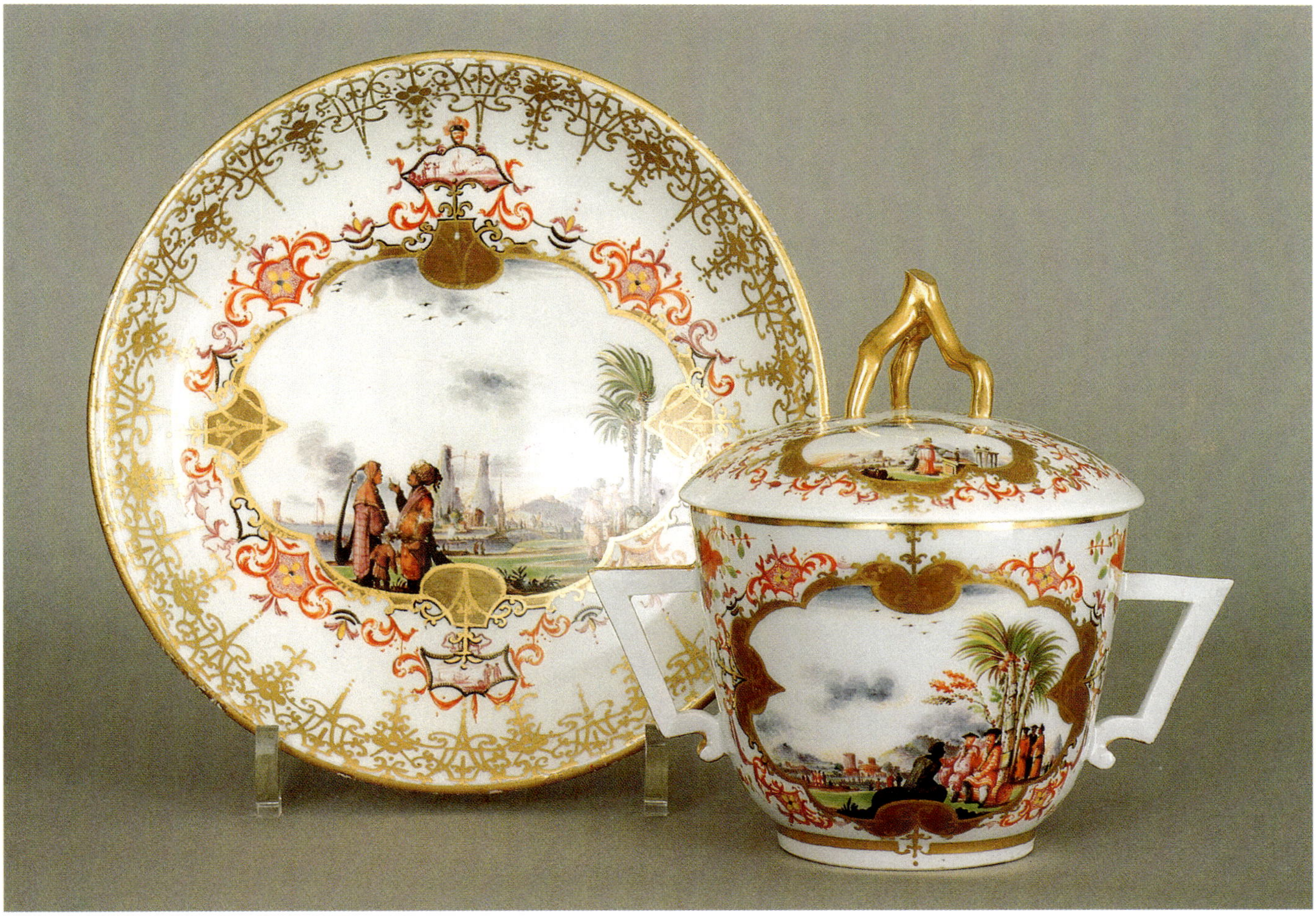

E

Deckelschale mit Presentoir

Meißen, um 1725

Konische, nach unten eingezogene Wandung auf Standring, zwei kantige, am Rücken vergoldete und unten aufgerollte Henkel, leicht gewölbter Deckel mit plastischem vergoldeten Astknauf. Runder Untersatz mit glattem Rand. Auf dem Deckel drei, auf der Außenwandung zwei und auf der Untertasse eine passige Reserve mit ungewöhnlich feiner, figurenreicher chinesischer Szene in prächtigem Goldrankenrahmen mit Goldlüsterfeldern, umrahmt von äußerst fein und aufwendig gemalten bunten Ranken mit eingefaßten kleinen Masken und Purpurlandschaften. Zwischen den Reserven bunte indianische Blütenzweige. Der innere Rand des Presentoirs mit feiner Goldrankenbordüre.

Vergoldermarke 16, Schwertermarke teils mit vier Punkten.

H. 15,5/D. 20 cm

DM 85 000,–/95 000,–

Chinesen-Szenerien in dieser Virtuosität und malerischen Meisterhaftigkeit werden Johann Gregorius Höroldt (1669–1775) zugeschrieben.

Stuttgarter Kunstauktionshaus Dr. Fritz Nagel

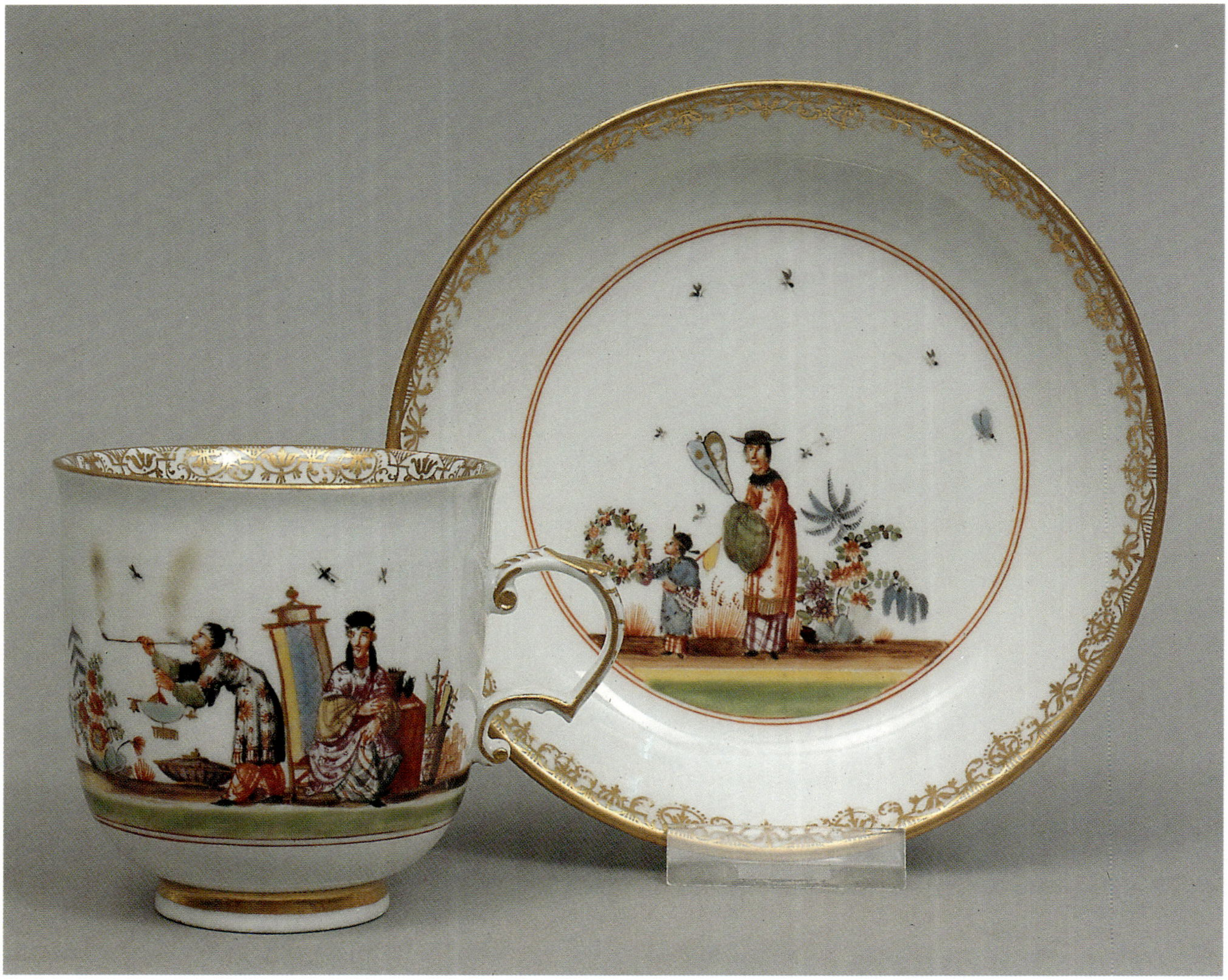

F

Tasse mit Untertasse
Meißen, 1720 bis 1730
Hohe Becherform, leicht ausgestellter Standring, Blattrelief- und goldstaffierter Volutenhenkel. Auf eisenroter, umlaufender Doppelring-Linie bunte Chinesen-Szenen in asiatischem Garten. Entsprechende Szene, von doppelter Eisenrot-Linie gerahmt, im Fond der Untertasse. Innenkante mit zarter Goldspitzenbordüre.
Preßmarke 2, Vergolderziffer 71, Schwertermarke.
DM 16 000,–/19 000,–

Malerei wohl von Johann Gregorius Höroldt (1696 bis 1775).

Stuttgarter Kunstauktionshaus Dr. Fritz Nagel

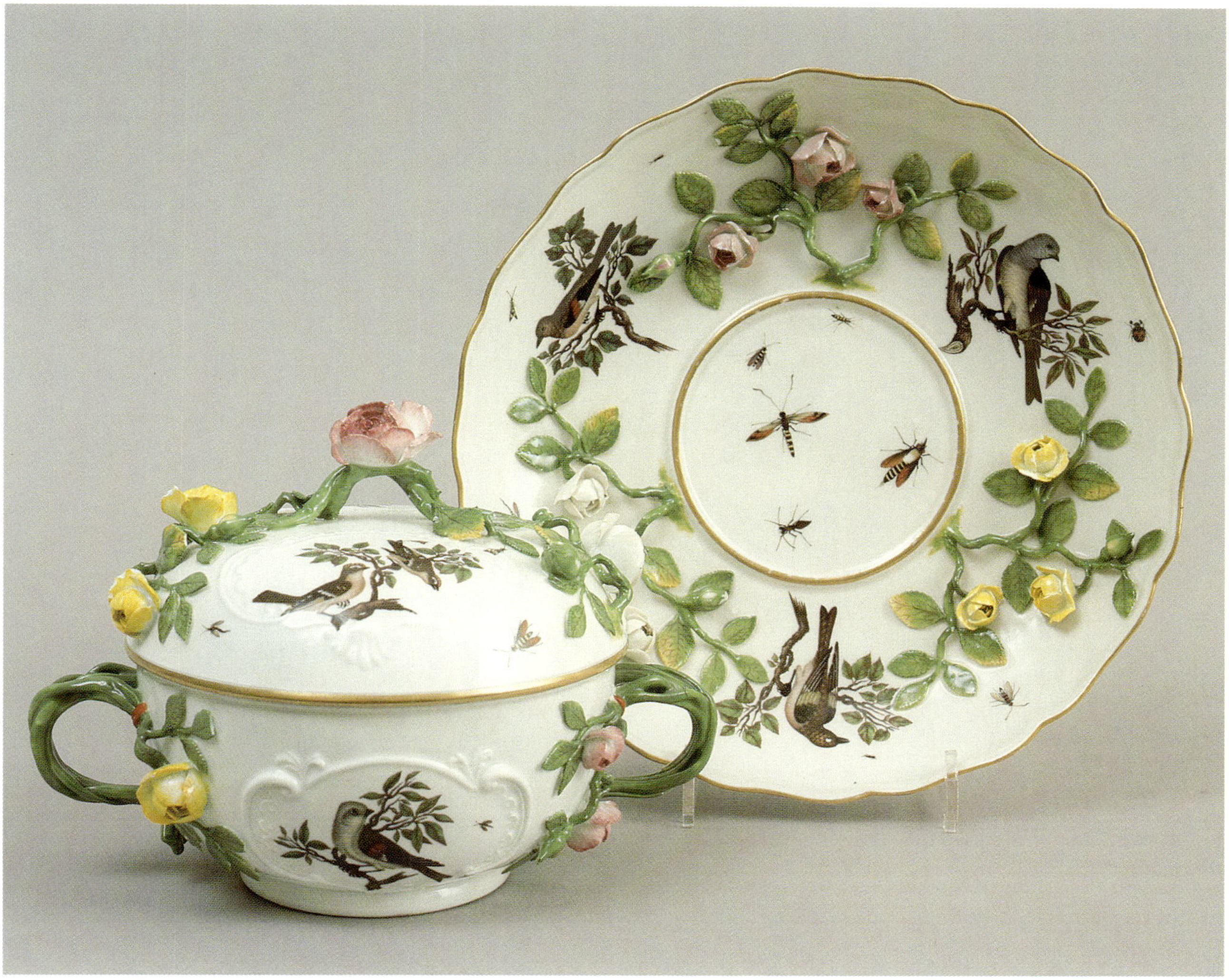

G

Kleine, runde Deckelterrine auf Untersatz

Meißen, 1740 bis 1745

Gebauchte Wandung auf wulstigem Standring, zwei seitliche Handhaben in Form von verschlungenen Ästen, übergehend in naturalistisch staffierte, plastisch aufgelegte Rosenzweige. Gewölbter Deckel mit entsprechend naturalistisch staffiertem Rosenknauf, dessen Ansätze bis an den äußeren Rand verlaufen. Unterschale mit gewelltem Goldrand, entsprechend goldgeränderter Wulstring in der Mitte, von dem drei plastisch aufgelegte Rosenzweige bis zum äußeren Rand ausgehen. Zwischen den Applikationen, teils in zarten Rocaillekartuschen, feine Vogelmalerei, umgeben von Insekten.

Preßmarke 6, Schwertermarke.
D. 13,5/23 cm

DM 20 000,–/24 000,–

Stuttgarter Kunstauktionshaus Dr. Fritz Nagel

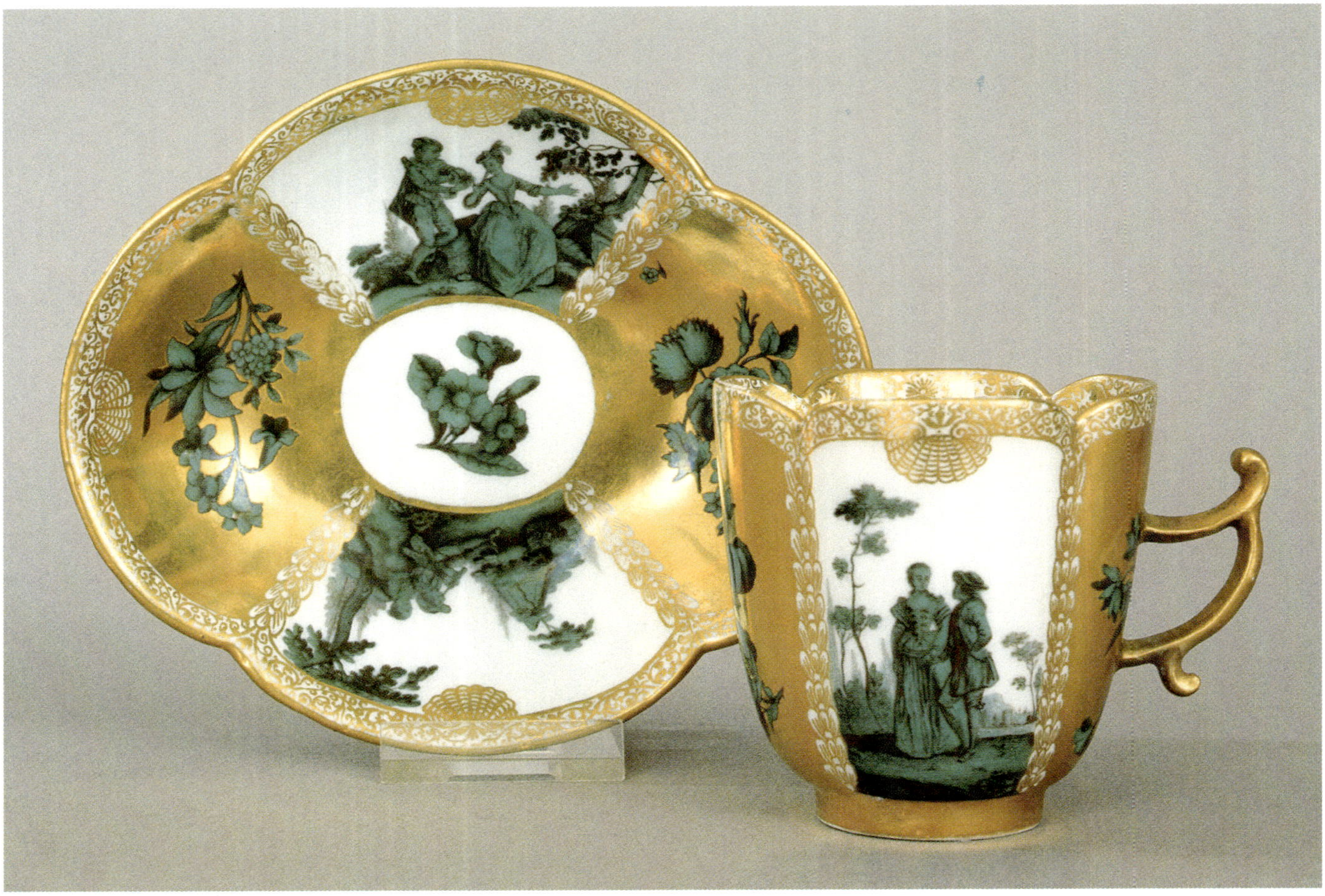

H

Tasse mit Untertasse
Meißen, um 1745
Vierpassige, nach unten eingezogene Becherform auf Standring. Abwechselnd durch Goldranken gerahmte grüne Watteau-Szenen und feinste grüne Holzschnitt-Blüten auf Goldfond. Am Tassen-Innenrand und Untertassen-Außenrand feine Goldrankenbordüren. Preßmarken, Schwertermarke.

DM 18 000,–/22 000,–

Die Geschirrteile mit den grünen Watteau-Szenen waren ausschließlich dem sächsischen Hof vorbehalten.

Stuttgarter Kunstauktionshaus Dr. Fritz Nagel

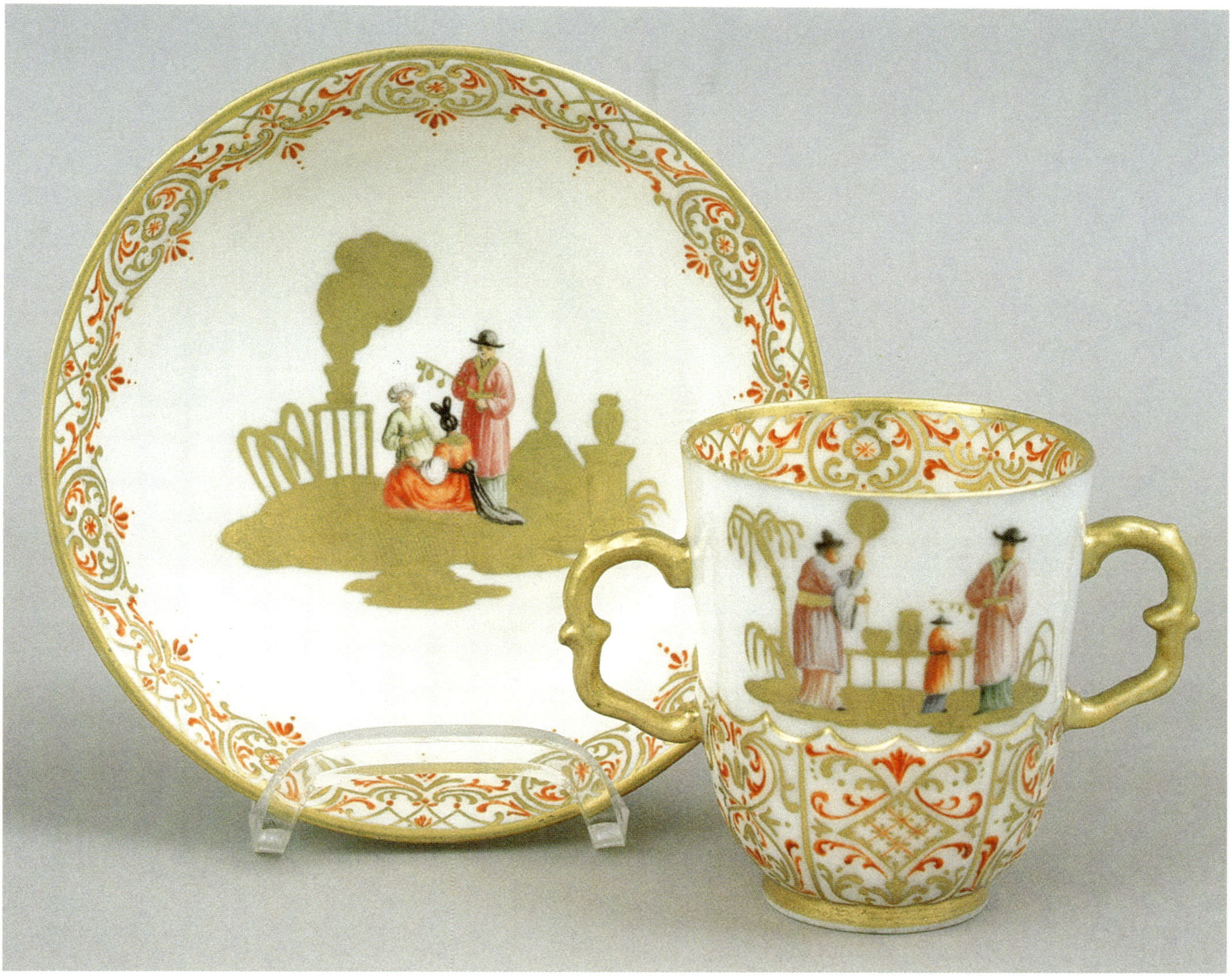

I

Doppelhenkeltasse mit Untertasse
Capodimonte, um 1750
Hohe, konische Bechervase auf Standring; zwei seitliche Volutenhenkel. Im unteren Bereich der Wandung aufgelegtes ornamentales Relief. Vorder- und Rückseite und Untertassenfront zeigen eine Landschaftsinsel in radiertem Gold mit bunten Chinesen-Szenen. Das Relief und die Innenränder mit feinen Goldspitzenbordüren und eisenroten Blättchen.
Die Untertasse mit Blaumarke.

DM 12 000,–/15 000,–

Stuttgarter Kunstauktionshaus Dr. Fritz Nagel

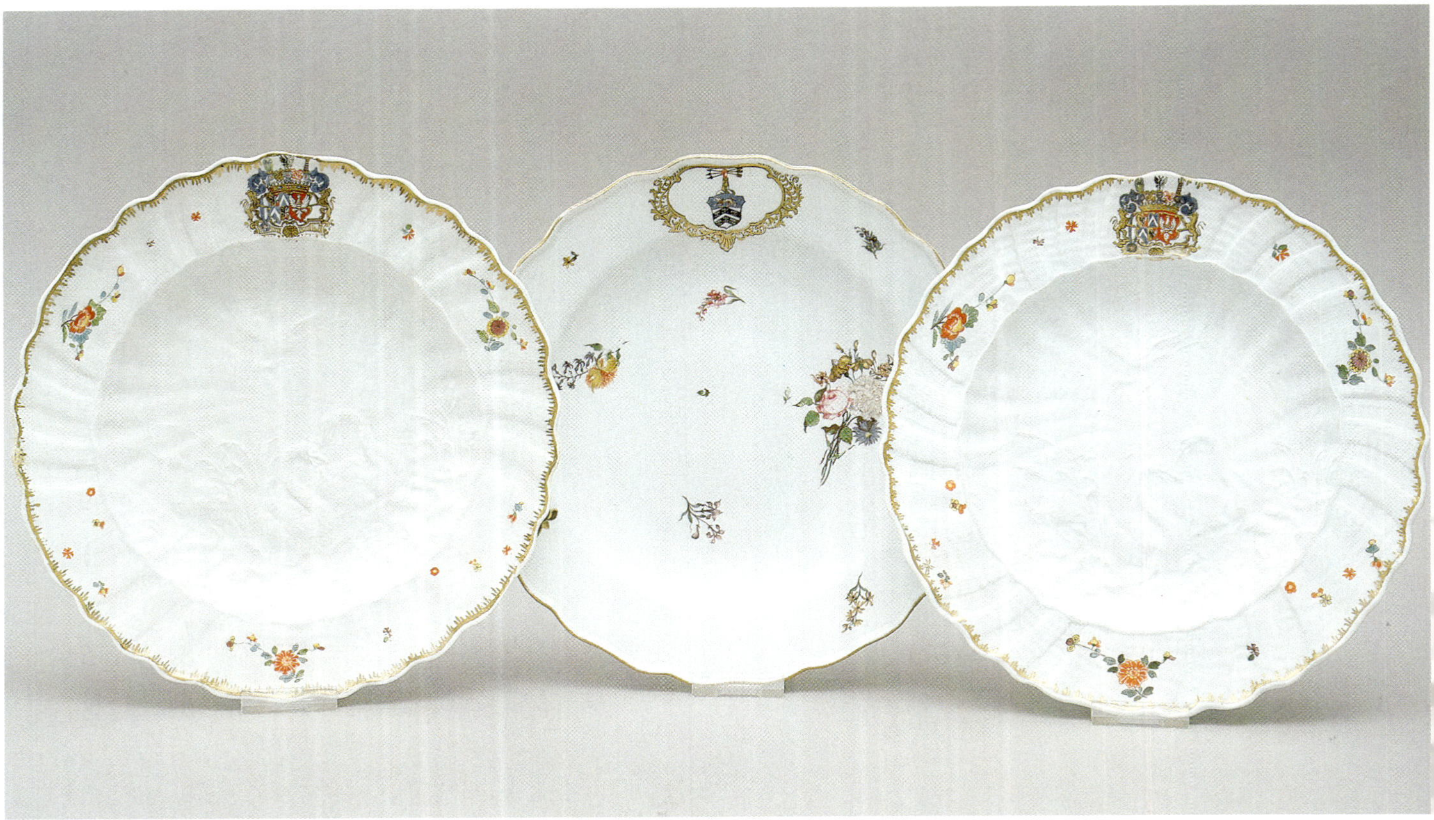

J

346/459

Teller aus dem Schwanenservice

Meißen, 1737–1741

Gewellter Rand mit Goldzackenbordüre. Muschelreliefiert, im Fond zwei Schwäne und Reiher im Schilf, darüber fliegender Reiher. Der Rand dekoriert mit indianischen Streublumen und dem Allianzwappen des Grafen Heinrich von Brühl und der Gräfin Franziska von Kolowrat-Krakowski.

Formerzeichen: Zwei Punkte. Schwertermarke.

D. 24 cm

DM 25 000,–/35 000,–

Das Schwanenservice gilt als größtes Porzellanservice des 18. Jahrhunderts. Es umfaßte ursprünglich 2200 Stücke, von denen 1945 noch 1400 im Besitz der Familie auf Schloß Pförten/Oberlausitz waren. Sie wurden bald nach Kriegsende geplündert und zum größten Teil zerschlagen. Das Service entstand nach einem Modell von J. J. Kaendler (1737–1741). Das Programm basiert auf der Verherrlichung des Namens Brühl (feuchter Platz). Die Darstellung beruht auf einer Stichvorlage aus dem um 1700 im Nürnberger Verlag des Johann Leonard Buggl erschienenen »Neuvollständigen Reiss-Buch«. Neben Kaendler waren an der Ausfertigung Johann Friedrich Eberlein und spätestens seit 1742 J. G. Eder beteiligt.

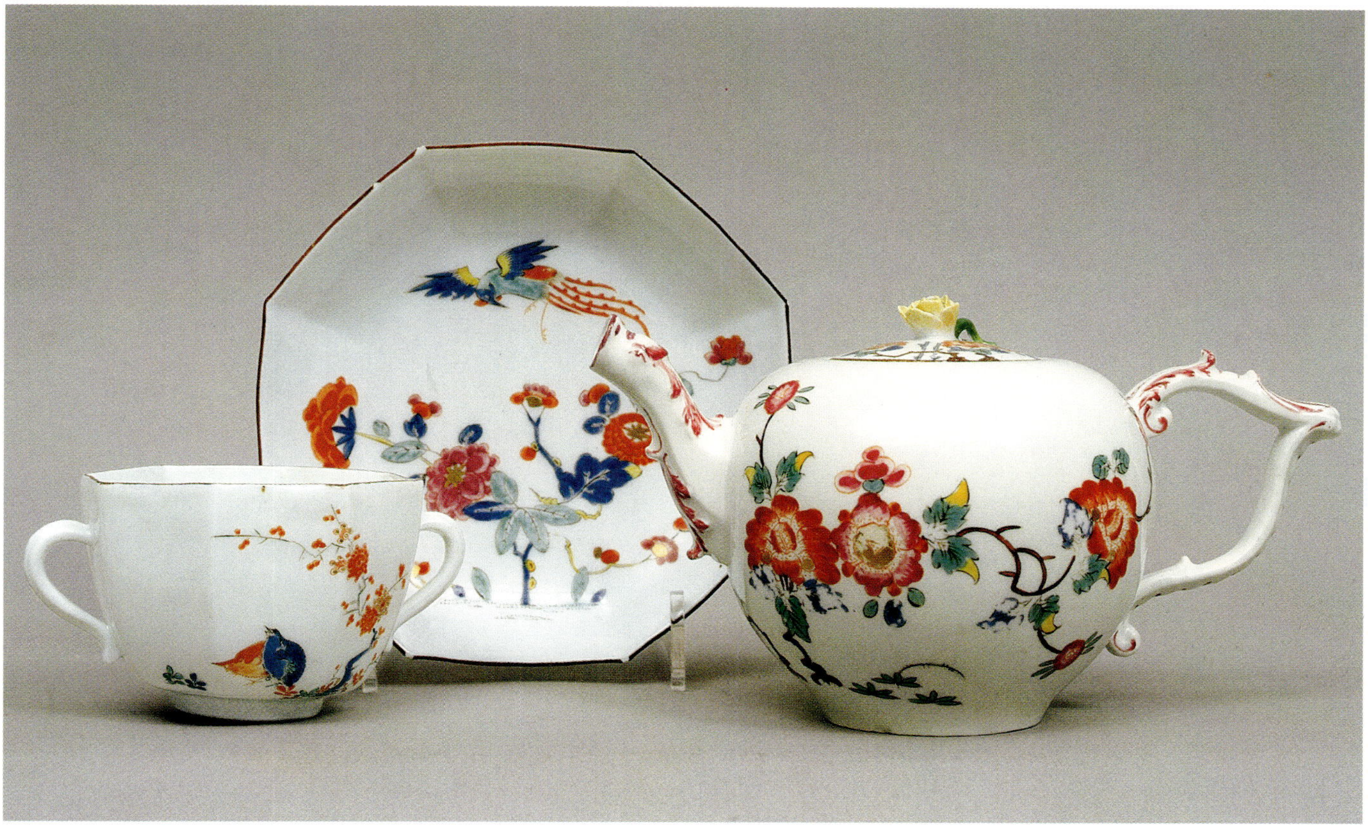

K

Tasse mit Untertasse
Meißen, um 1730
Achtkantig auf Standring, zwei seitliche Ohrenhenkel; entsprechende Untertasse. Tassenfront mit buntem Dekor nach Kakiemon-Vorbild: rote und blaue Wachteln unter einem Prunus-Baum, Rückseite mit entsprechender Blütenstaude. Untertassenfond mit fliegendem Phönix über Blütenstaude.
Preßmarken: Zwei Punkte; Schwertermarken in Überglasurblau.

DM 5000,–/6000,–

Stuttgarter Kunstauktionshaus Dr. Fritz Nagel

L

Teekanne
Meißen, um 1735
Kugelförmig, nach unten eingezogener, purpurstaffierter und blattreliefierter J-Henkel; flacher Deckel mit plastischem, naturalistisch staffiertem Blütenknospen-Knauf. Bunte, blühende Prunus-Zweige nach Kakiemon-Vorbild mit leichter Goldhöhung.
Schwertermarke.
H. 11 cm

DM 8000,–/9500,–

Stuttgarter Kunstauktionshaus Dr. Fritz Nagel

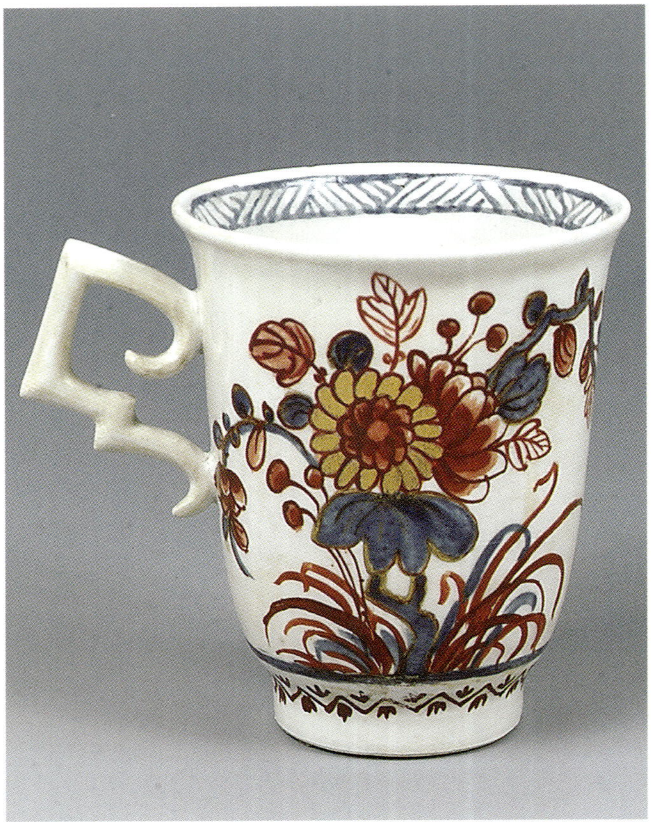

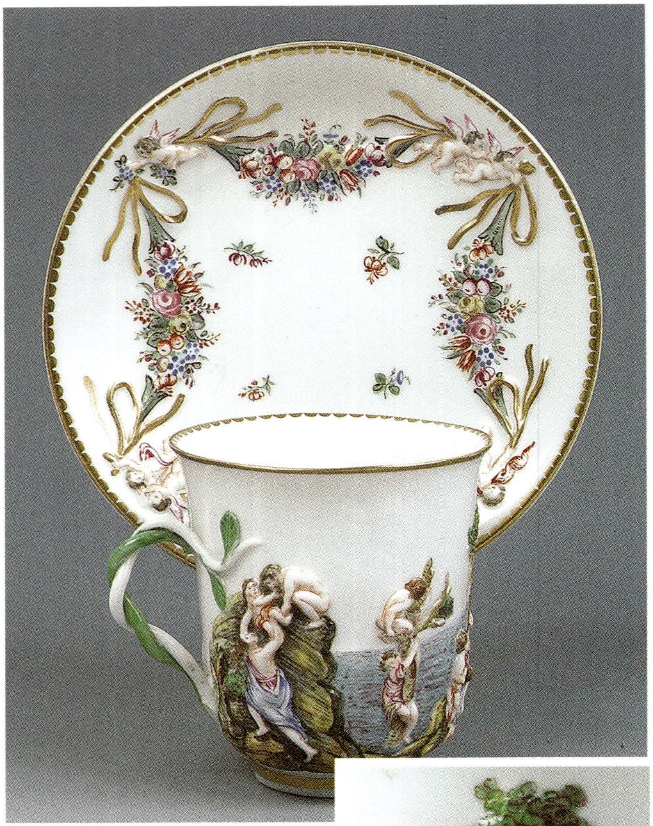

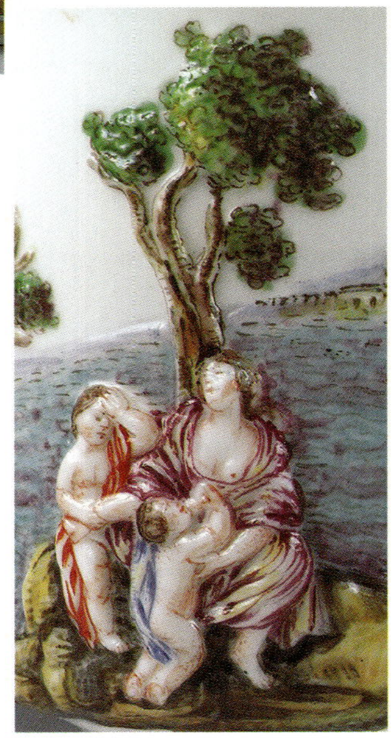

1

Wien, Du Paquier, um 1730/35
Glockenbecher. Auf geradem Standring leicht geweiteter Mundrand; winklig geknickter Asthenkel. Auf der Wandung goldgehöhte indianische Blumen in Blau und Rot, geometrische Borte am Innenrand. Ritzzeichen Z.
H. 7 cm

DM 1700,–/2000,–

Die Identifizierung der Tasse als Arbeit aus der Manufaktur Du Paquier wird bestätigt durch ein Vergleichsstück mit analog ausgeformtem Gefäßkörper und identischer Henkelform, abgebildet bei G. Weiß, Ullstein Porzellanbuch, Berlin 1977, S. 133.

2

Doccia, um 1750
Glockenbecherform auf eingezogenem vergoldeten Standring; geflochtener grün-weißer Asthenkel. Auf der Wandung mehrfigurige Reliefdarstellung der Sintflut, farbig staffiert.
Dazugehörige Untertasse:
Gemuldet. Goldrand, Reliefdekor, Putti halten Blumenfestons, farbig staffiert und vergoldet.
Geprägter sechszackiger Stern.
H. 7,5 cm/D. 13,5 cm

DM 3500,–/4000,–

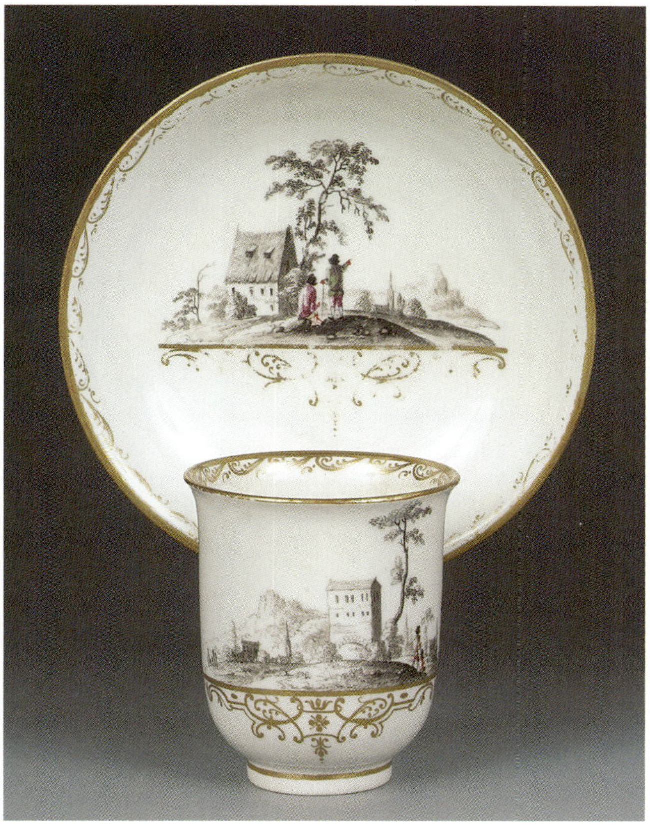

3

Wien, 2. Hälfte 18. Jahrhundert
Hoher Glockenbecher mit ausgestellter, vergoldeter Mundkante; kleiner Asthenkel. Schauseitig Landschaft mit Architektur in Grisaillemalerei, staffiert mit zwei polychromen Figuren, darunter goldener Bandelwerk-Sockel, Goldränder, innen goldenes Kantenornament.
Unterglasurblauer Bindenschild, Prägeziffer 7.
Dazugehörige Untertasse:
Vergoldete Kante mit Goldornament, im Spiegel Landschaft mit Architektur in Grisaillemalerei, staffiert mit zwei polychromen Figuren, darunter goldener Bandelwerk-Sockel.
Unterglasurblauer Bindenschild, Prägeziffer 12.
H. 7,5 cm/D. 13 cm

DM 2000,–/2200,–

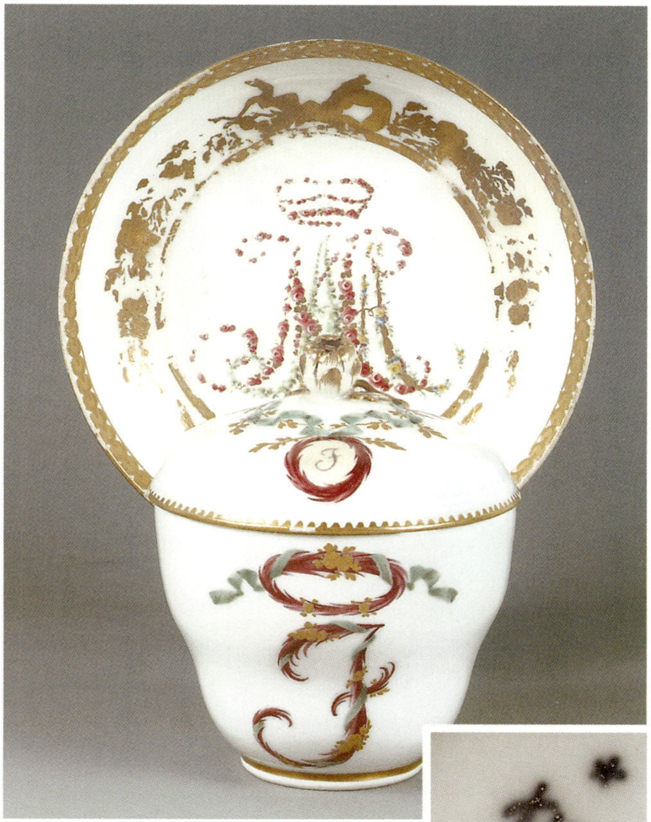

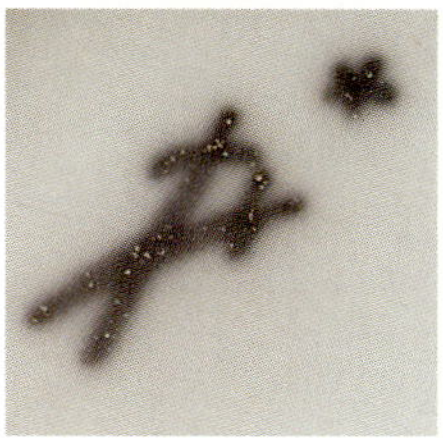

4

Meißen, um 1780
Geschwungene Wandung; geflochtener Asthenkel, Deckel mit plastischem Knospenknauf. Schauseitig violettes, rocailleförmiges »J« mit Kranz und Festons, der Deckel mit grünem Feston und goldenem Lorbeer sowie dem Monogramm »J« in violetter Reserve. Unterglasurblaue Meißener Schwertermarke mit Stern.
Untertasse (nicht dazugehörig):
Radierter Goldrand, im Spiegel Blumenmonogramm »MAA«, von einem Herzoghut bekrönt.
Unterglasurblaue Meißener Schwertermarke mit Punkt.
H. 10,5 cm/
D. 13,5 cm
DM 1000/1200,–

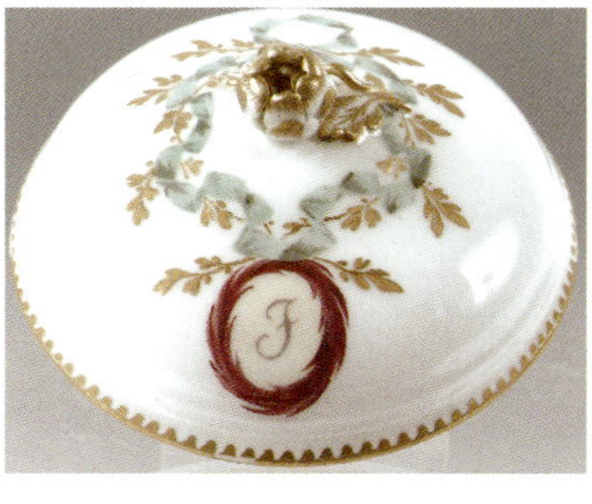

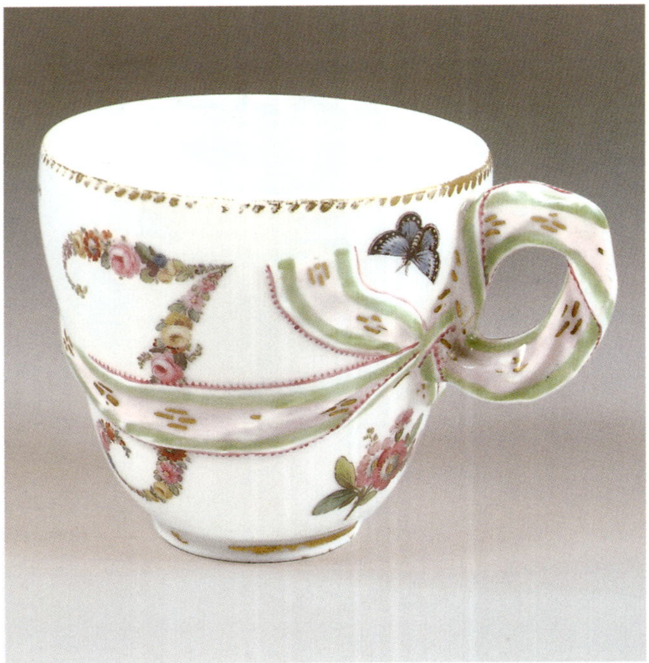

5

Berlin, um 1780

Geschwungene, tulpenförmige Wandung, umschlungen von reliefiertem Band, welches schleifenförmig den Henkel bildet. Das Band gehöht in Gold, Grün und Rosé, auf der Wandung großes, aus Blumen geformtes »J«, umlegt von Blumensträußen und Schmetterlingen.
Unterglasurblaue Berliner Zeptermarke, magentafarbene Malernummer 12.
H. 6,5 cm

DM 800,–/1000,–

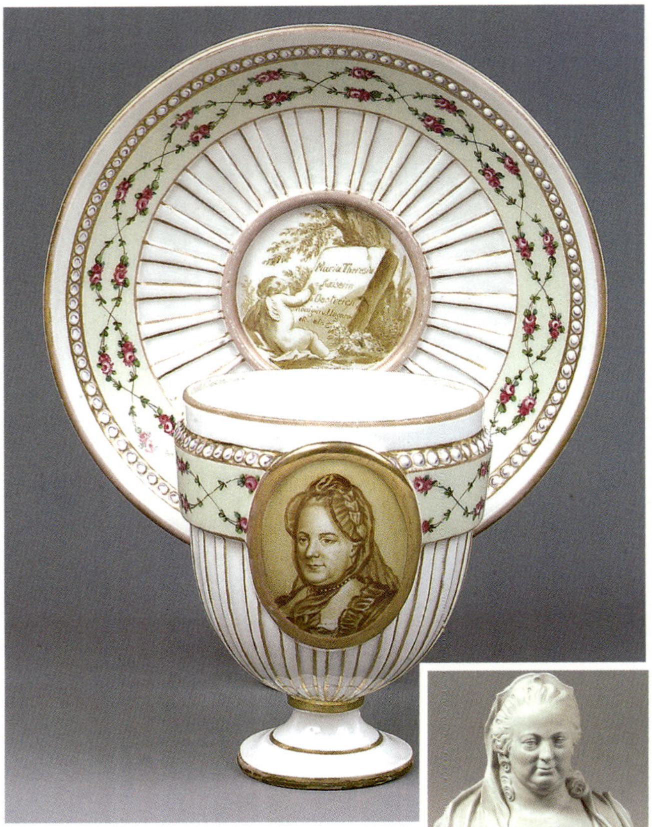

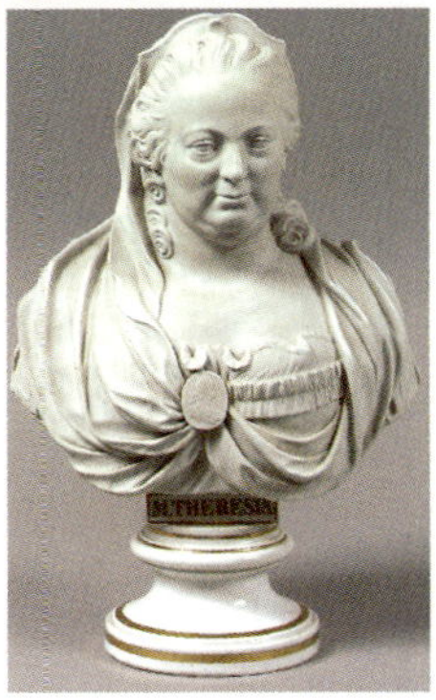

Büste der Maria Theresia, Bisquitporzellan. Wien, um 1800

6

Volkstedt, vor 1787

Tulpenförmig auf ausgestelltem Standring, kantiger Henkel. Kannelierte, goldgehöhte Wandung, oben begrenzt durch einen erhabenen Fries mit gegenläufigen Blüten-Wellenranken über blassem Grün, flankiert von einem Perlstabfries, schauseitig ein abgesetztes, goldgerahmtes Ovalmedaillon mit Porträt der Maria Theresia in Witwentracht – in brauner Camaieu-Malerei.
Dazugehörige Untertasse:
Korrespondierender Dekor, im Spiegel Darstellung eines Putto, der unter einem Baum sitzend auf eine Steintafel schreibt: »Maria Theresia Kaiserin von Österreich, Königin von Ungarn, etc. etc.« – in brauner Camaieu-Malerei.
Unterglasurblaue Marke in Form gekreuzter Gabeln.
H. 8,7 cm/D. 14,5 cm

DM 2600,–/2800,–

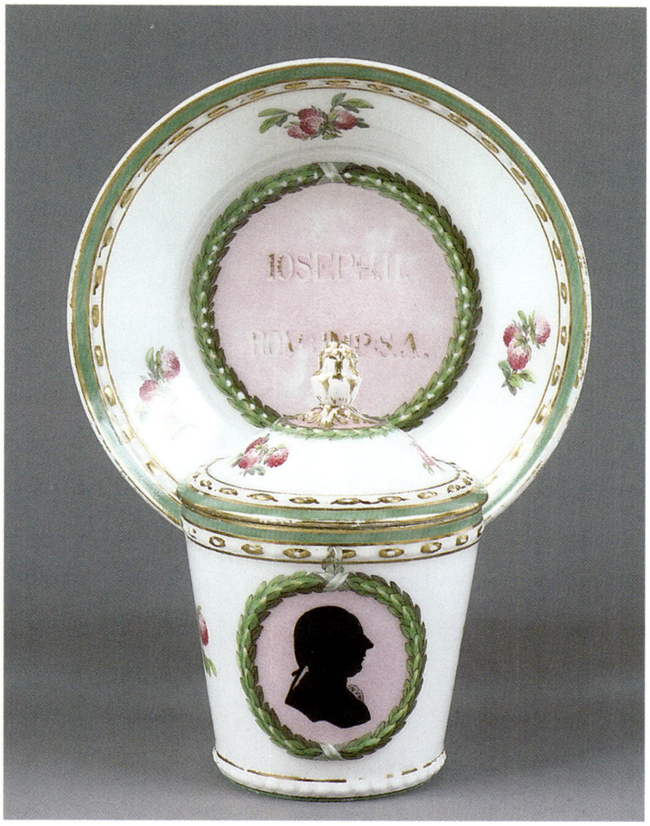

7

Berlin, KPM, 1775 bis 1800
Konisch mit Ohrenhenkel und flach gewölbtem Deckel mit plastischem goldgehöhten Zapfenknauf. Umlaufende Reliefbordüren, schauseitig lorbeerkranzgerahmte Silhouettenbüste Kaisers Josef II. über blaß roséfarbenem Grund, seitlich Blütenzweige; Mundrand und Deckelrand mit hellgrüner Borte, Blüten auf der Deckelschräge.
Unterglasurblaue Berliner Zeptermarke, purpurfarbene Malernummer 10.
Dazugehörige Untertasse:
Hell grüngrundiger Rand, goldgehöhte Reliefborte, drei Blütenzweige; lorbeerumrankter, hell roséfarbener Spiegel mit Goldinschrift »Joseph II. Rom: Imp: S. A.«.
Unterglasurblaue Berliner Zeptermarke, purpurfarbene Malernummer 10.
H. 10 cm/D. 13 cm

DM 4000,–/4400,–

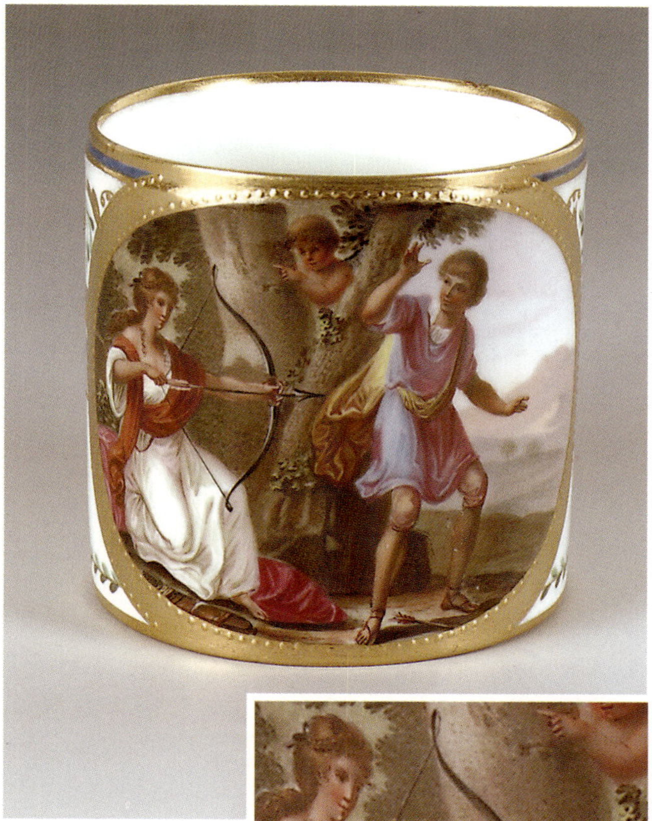

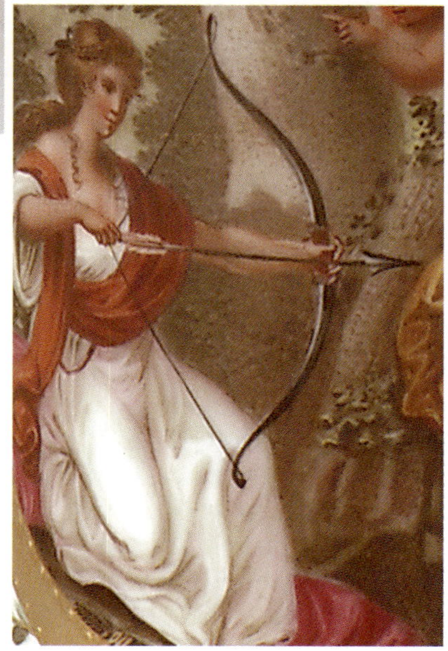

8

Wien, 1809
Zylindrisch; kantiger, vergoldeter Henkel.
Schauseitig goldgerahmte reliefierte Ovalreserve mit polychromer mythologischer Darstellung einer Knienden in antikem Gewand, die Pfeil und Bogen auf einen Jüngling richtet. Zwischen den Baumstämmen wird sie beobachtet von einem Putto (Amor).
Unterglasurblauer Bindenschild, 809, Weißdrehernummer 47, Goldmalernummer 116.

DM 1000,–/1100,–

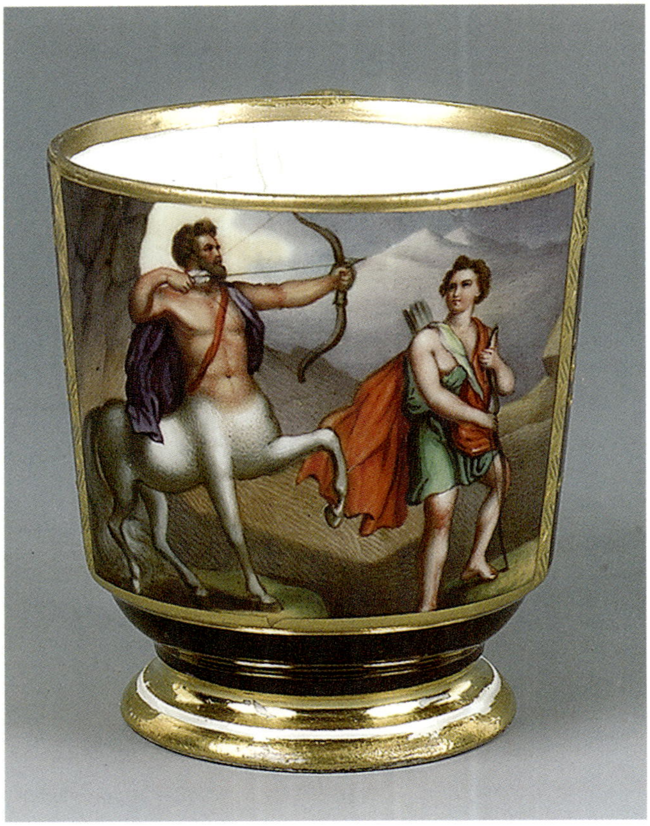

9

Wien, 1811

Leicht konisch auf eingezogenem Standring; glatter Henkel. Violettbrauner Fond, reiche florale Reliefgoldbordüre, schauseitige Rechtecksreserve mit polychromer mythologischer Darstellung eines Kentauren mit gespanntem Bogen und eines Jünglings mit Pfeil und Bogen in Felslandschaft: wohl Achill und sein Lehrer Chiron.
Unterglasurblauer Bindenschild, Ritzziffer 2, Prägezahlen 811, 59.
H. 7,2 cm

DM 900,–/1000,–

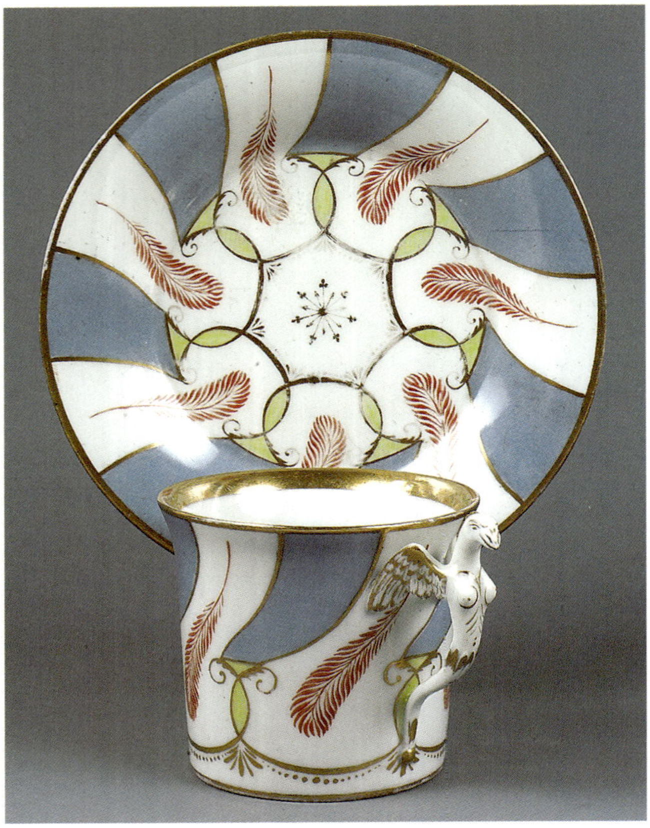

10

Wien, 1809

Zylindrische Wand, leicht geweiteter, innen vergoldeter Lippenrand, flacher, unglasierter Boden; plastischer Henkel in Form einer Harpye. Goldgehöht gegliederte Wandung, hellblaue Felder, dazwischen sind rote Federn eingestellt.
Unterglasurblauer Bindenschild, Preßzahlen 59, 34, 809.
Dazugehörige Untertasse:
Geschwungene Fahne, flacher Spiegel, sechspassiges Ornament mit eingestellten Federn.
Unterglasurblauer Bindenschild, Preßnummern 66, 25, 809.
H. 6,5 cm/D. 15 cm

DM 1800,–/2000,–

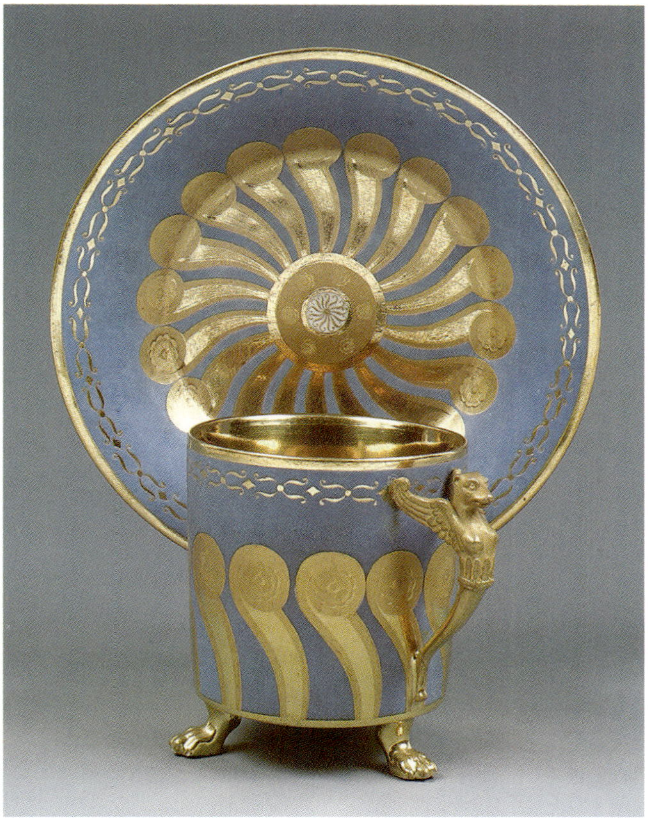

11

Wien, 1809

Zylindrischer Korpus auf drei vergoldeten Klauenfüßen; angesetzter Henkel in Form einer Harpye. Vergoldeter Innenrand, auf mattiertem hellblauen Fond radierte, bogenförmige Goldornamente, unter dem Lippenrand Goldborte.
Unterglasurblauer Bindenschild, Preßnummern 809, 59, 33, Buntmalernummer 130 (Karl Hinterberger, 1801 bis 1839).
Dazugehörige Untertasse: Korrespondierender Dekor. Unterglasurblauer Bindenschild, Preßnummern 808, 25, 60, Buntmalernummer 130 (Karl Hinterberger, 1801 bis 1839).
H. 8 cm/D. 15 cm

DM 3300,–/3600,–

Vormals Slg. Heinz Weck.

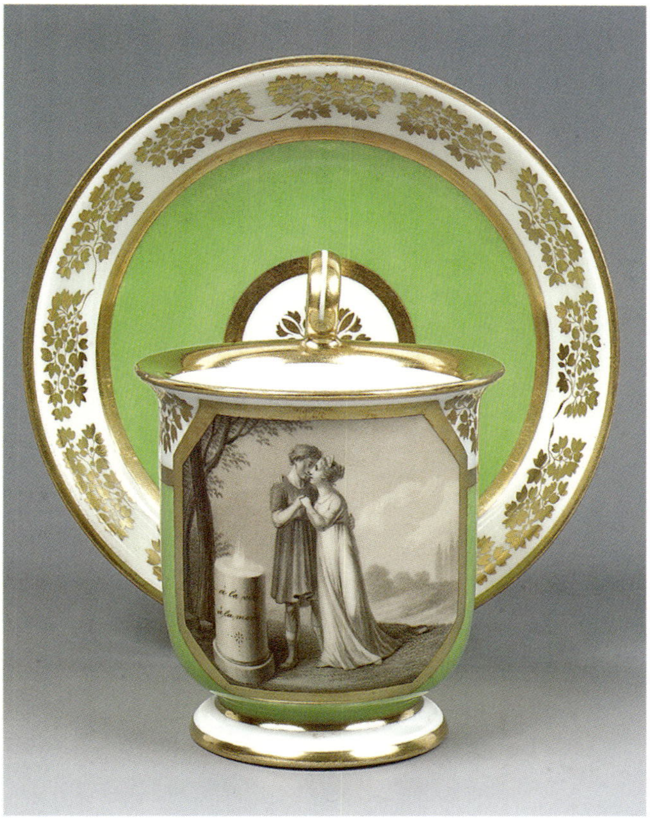

12

Wien, 1817

Glockenform auf eingezogenem vergoldeten Standring, ausgestellter, vergoldeter Lippenrand; goldgehöhter Ohrenhenkel mit Blattansatz. Lindgrüner Fond, oben begrenzt durch goldene Blattbordüren, schauseitig goldgerahmte achteckige Reserve mit Grisaillemalerei: ein stehendes Liebespaar an einem Opferaltar.
Unterglasurblauer Bindenschild, 817, 36, Ritzzeichen 7, goldene Malernummer 108.
Dazugehörige Untertasse:
Geschwungene Fahne, glatter Spiegel. Auf der Fahne Goldblattbordüre auf Weiß, im Spiegel lindgrüner Fond, zentrale Goldrosette.
Unterglasurblauer Bindenschild, 816, 26.
H. 8 cm/D. 18,8 cm

DM 2400,–/2700,–

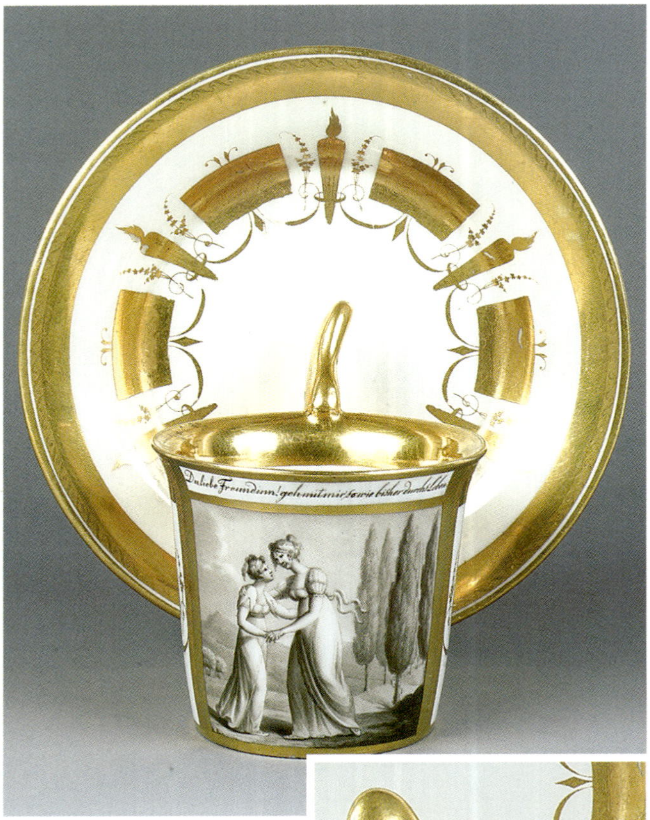

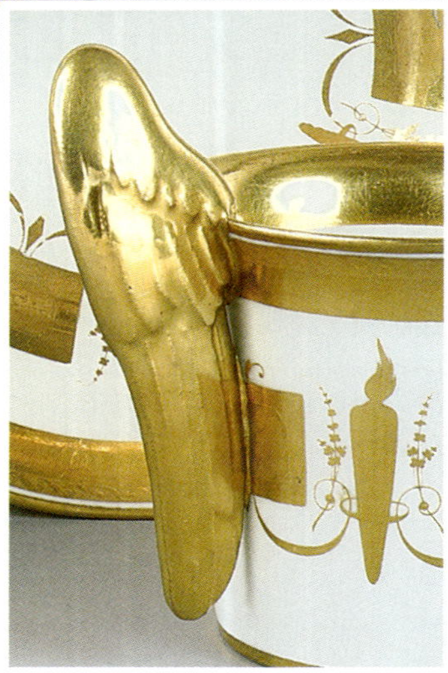

13

Wien, 1808

Konische Form, geweiteter, vergoldeter Lippenrand; hochgezogener, vergoldeter Flügel als Henkel. Golddekor auf weißem Porzellan, matt poliert, z. T. radiert. Grisaille-Reserve mit zwei Frauen in einer Landschaft, darüber Devise »Du liebe Freundin! Geh mit mir so wie bisher durchs Leben«.
Kleiner unterglasurblauer Bindenschild, Malernummer schwarz 137, Prägezahlen 21, 39, 808.
Dazugehörige Untertasse:
Korrespondierender Golddekor auf Fahne und Spiegel.
Unterglasurblauer Bindenschild, Malernummer schwarz 137, Prägezahlen 25, 60, 808.
H. 6,3 cm/D. 15 cm

DM 2600,–/2800,–

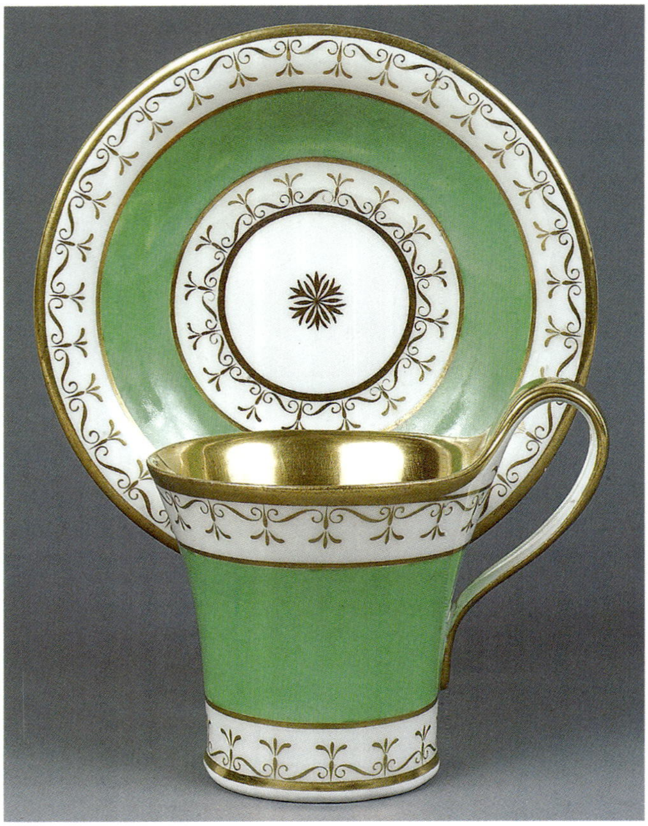

14

Berlin, KPM, um 1810

Kalathosform mit Campanerhenkel. Wandung mit hellgrünem Fond, flankiert von Goldcrnamenten auf Weiß.
Berliner Zeptermarke, unterglasurblau, dreizackförmige Marke und Ziffer 8.
Dazugehörige Untertasse:
Geschwungene Form. Korrespondierender Dekor mit zentraler Rosette.
Berliner Zeptermarke, unterglasurblau, dreizackförmige Marke und Ziffer 8.
H. 8,5 cm/D. 13,5 cm

DM 2000,–/2300,–

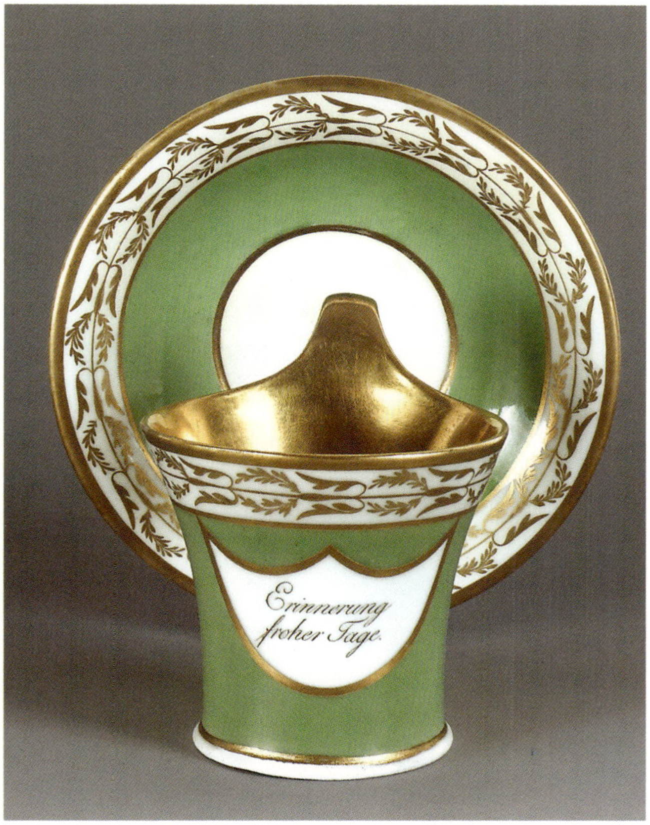

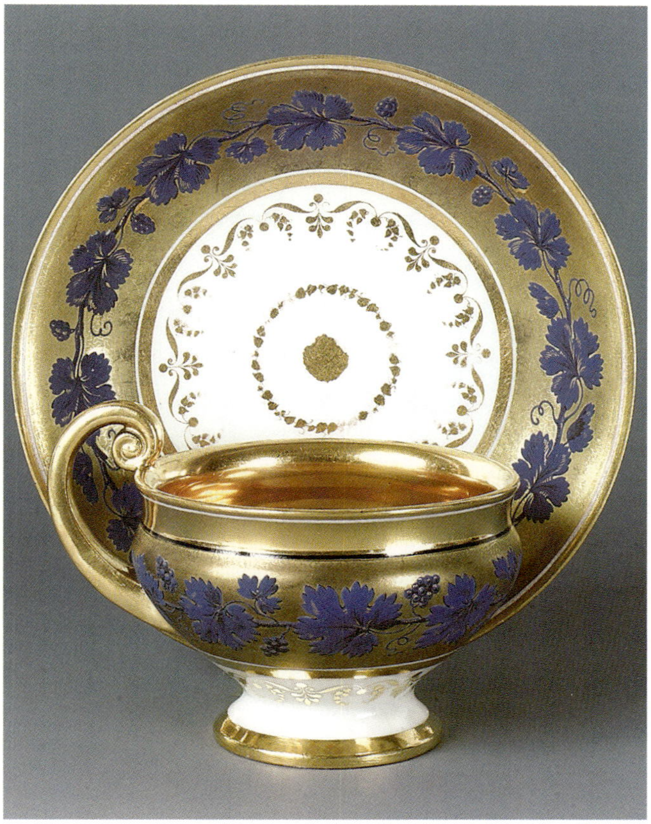

15

Berlin, um 1810
Kalathosform; hochgezogener Henkel.
Apfelgrüner Fond, oben begrenzt durch florale Goldbordüre, schauseitig halbmondförmige Reserve mit Inschrift »Erinnerung froher Tage«.
Unterglasurblaue Berliner Zeptermarke.
Dazugehörige Untertasse:
Geschwungene Fahne, vertiefter Spiegel. Am Rand florale Goldbordüre, apfelgrüner Fond, weißer Spiegel mit Goldrosette.
Unterglasurblaue Berliner Zeptermarke,
Preßmarke 2, magentafarbene Malermarke.
H. 8,7 cm/D. 13,5 cm

DM 2000,–/2200,–

16

Wien, 1813
Flache, gebauchte Schale auf hohem, eingezogenem Standring mit Goldornament und Goldrand.
Leicht ausgestellter Mundrand, hochgezogener, vergoldeter Volutenhenkel. Die Wandung mit blauer Weinblattranke auf mattgoldenem Fond, innen glanzvergoldet.
Unterglasurblauer Bindenschild,
Prägezahlen 813, 12, Malernummer 77.
Dazugehörige Untertasse:
Gemuldet. Mattvergoldete Fahne mit blauer Weinblattranke, flacher Spiegel mit floralem Golddekor.
Unterglasurblauer Bindenschild,
Prägezahlen 813, 60.
H. 5,8 cm/D. 14,2 cm

DM 1700,–/2000,–

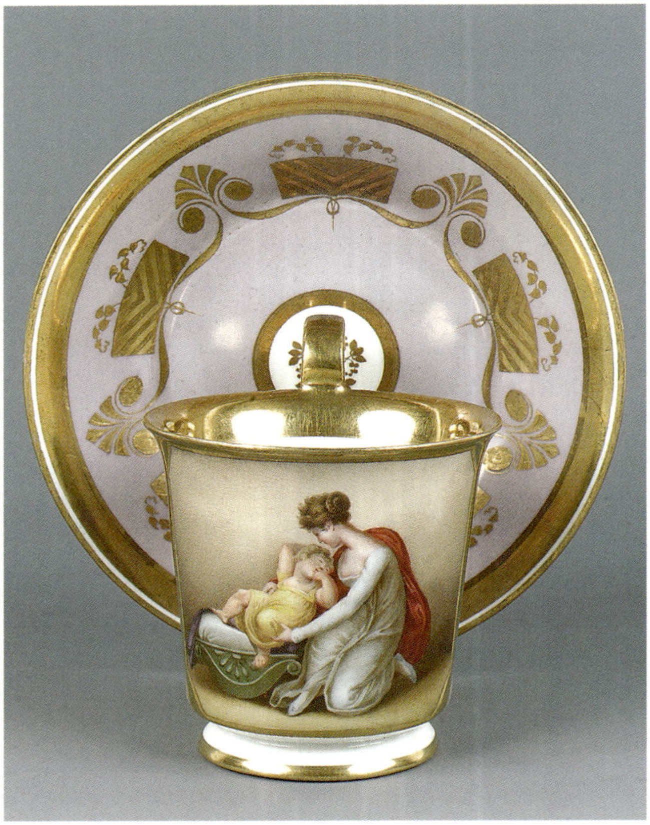

17

Wien, 1817
Konischer Becher mit eingeschnürtem Rundfuß, ausgestellter Lippenrand; hochgezogener Volutenhenkel mit Blattansatz. Fliederfarbener Fond, schauseitig goldgerahmte Achtecksreserve mit polychromer Darstellung einer Mutter in Empiretracht an einer Wiege mit Kind.
Unterglasurblauer Bindenschild, 815, 36, Malernummer undeutlich 11.
Dazugehörige Untertasse:
Geschwungene Fahne, Goldrand, fliederfarbener Fond mit fünfpassigem goldradierten Palmettendekor, goldene Mittelrosette.
Unterglasurblauer Bindenschild, 817, 27. Malernummer 11, dritte Ziffer nicht deutbar.
H. 8,7 cm/D. 14,3 cm

DM 4800,–/5300,–

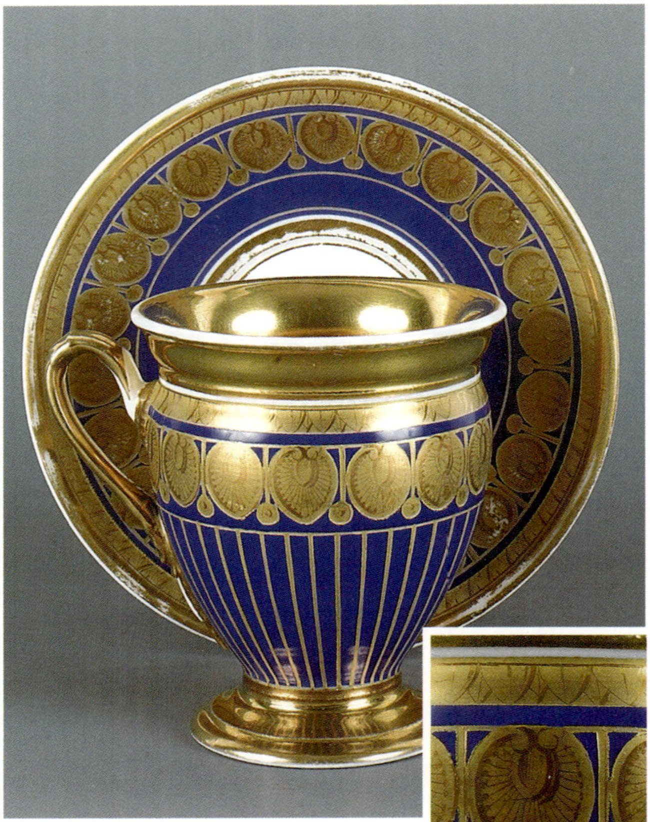

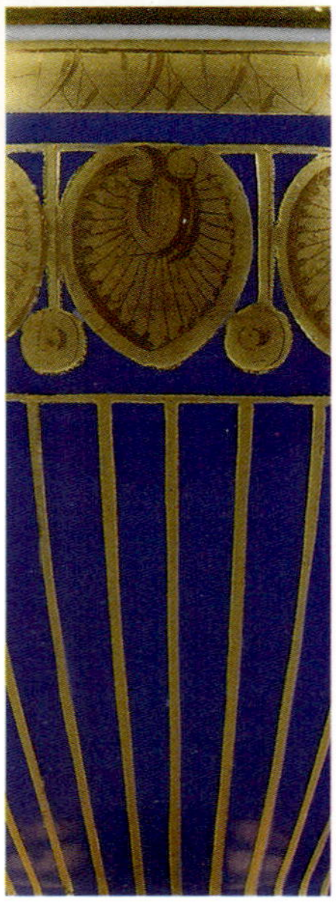

18

Wohl Paris, 1830 bis 1840
Birnform auf getrepptem vergoldeten Standring; eingezogener Hals, vergoldeter Ohrenhenkel.
Königsblauer Fond mit Goldstäben, umlaufender, radierter Golddekor. Innen vergoldet.
Dazugehörige Untertasse:
Spiegel mit konzentrischen goldenen Kreisen,
Fahne mit blauem Fond, Golddekor mit Stäben und radierten Ovalen, radierter Goldrand, Golddekor leicht verrieben.
H. 8 cm/D. 12,2 cm

DM 1300,–/1500,–

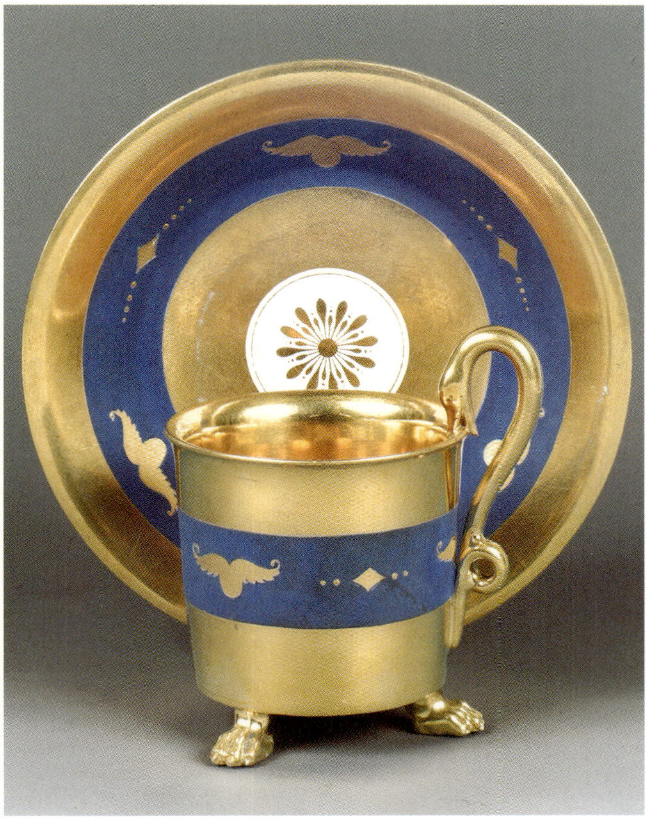

19

Wien, 1807
Konisch, auf drei vergoldeten Löwentatzen. Geweiteter Lippenrand; hochgezogener, vergoldeter Schlangenhenkel. Innen Sternrosette in Gold auf weißem Tassenboden; außen und innen poliert vergoldet, auf der Außenwandung mattblauer Mittelfries mit Merkurköpfen.
Unterglasurblauer Bindenschild,
Prägeziffern 28, 59, 807.
Dazugehörige Untertasse:
Korrespondierender Dekor, vergoldete Fahne mit mattblauem Ring, darin drei goldradierte Merkurköpfe.
Unterglasurblauer Bindenschild,
Prägeziffern 60, 95, 807.
H. 10 cm/D. 15,5 cm

DM 3000,–/3300,–

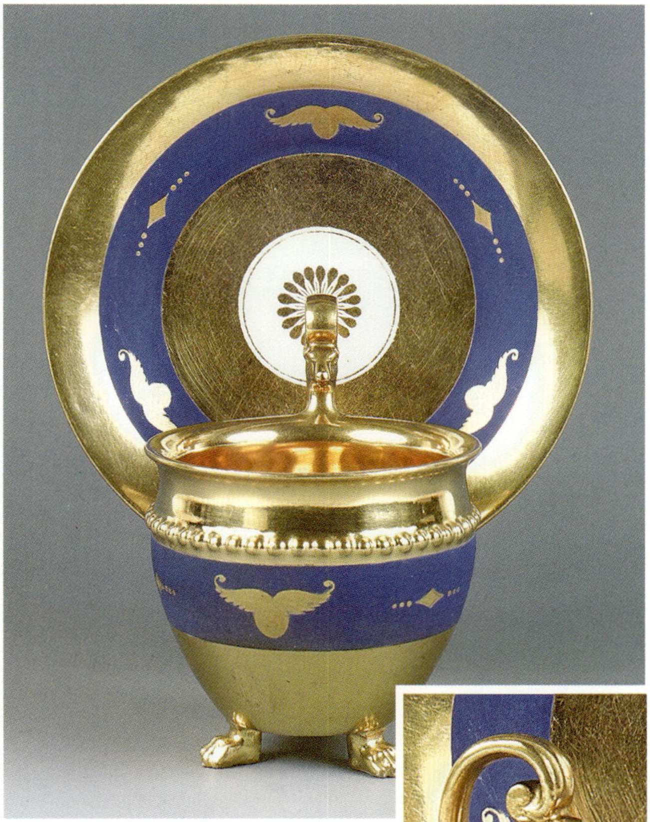

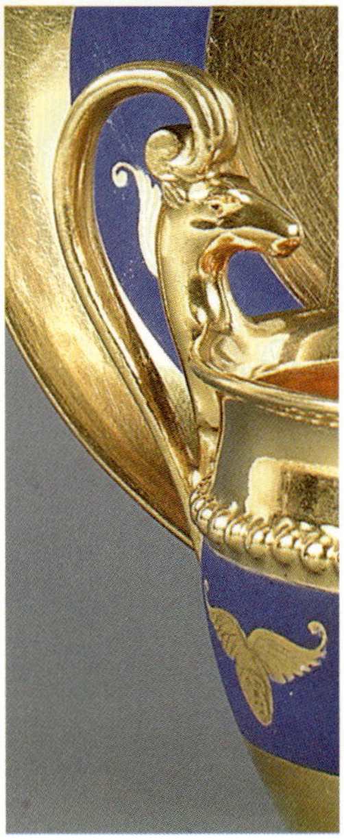

20

Wien, 1807
Gebauchte Form, auf drei Löwentatzen ruhend, Perlstabrelief, Lippenrand eingeschnürt; hochgezogener Henkel mit plastischem Hirschkopf. Außen und innen poliert vergoldet, mattblauer Mittelfries mit Merkurköpfen.
Unterglasurblauer Bindenschild,
Prägezahlen 26, 59, 807.
Dazugehörige Untertasse:
Korrespondierender Dekor, vergoldete Fahne mit mattblauem Ring, darin drei goldradierte Merkurköpfe.
Unterglasurblauer Bindenschild,
Prägezahlen 26, 59, 807.
H. 8 cm/D. 15,2 cm

DM 3000,–/3300,–

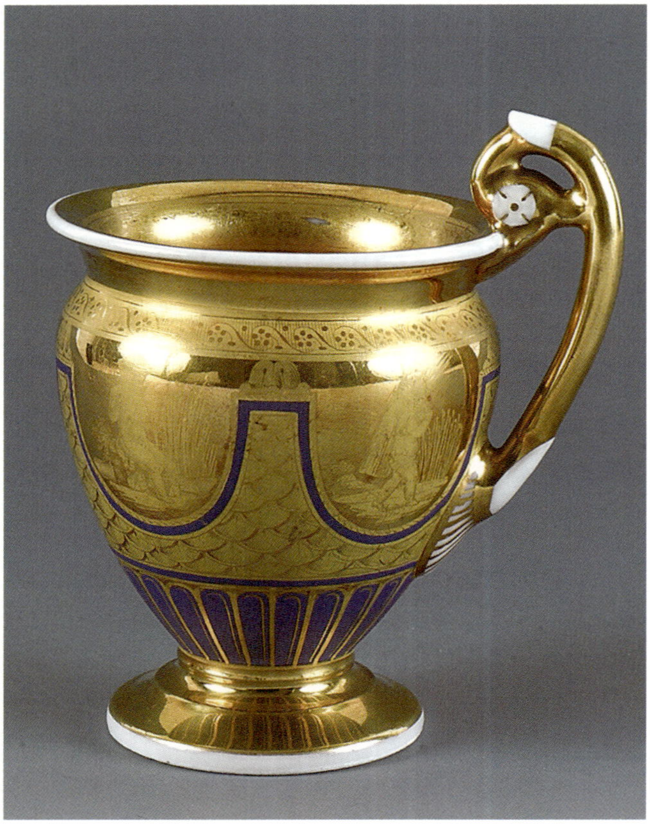

21

Wohl Paris, um 1840

Eiförmig auf getrepptem Stand. Ausgestellter Lippenrand, hochgezogener, vergoldeter Volutenhenkel. Unten blaue Kannelur, darüber radierte Goldschuppen und fünf halbkreisförmige Reserven mit Darstellungen von Putti bei der Kornernte, radiert auf Glanzgold, darüber Schulterband mit floralem Ornament.
H. 8,7 cm

DM 1200,–/1500,–

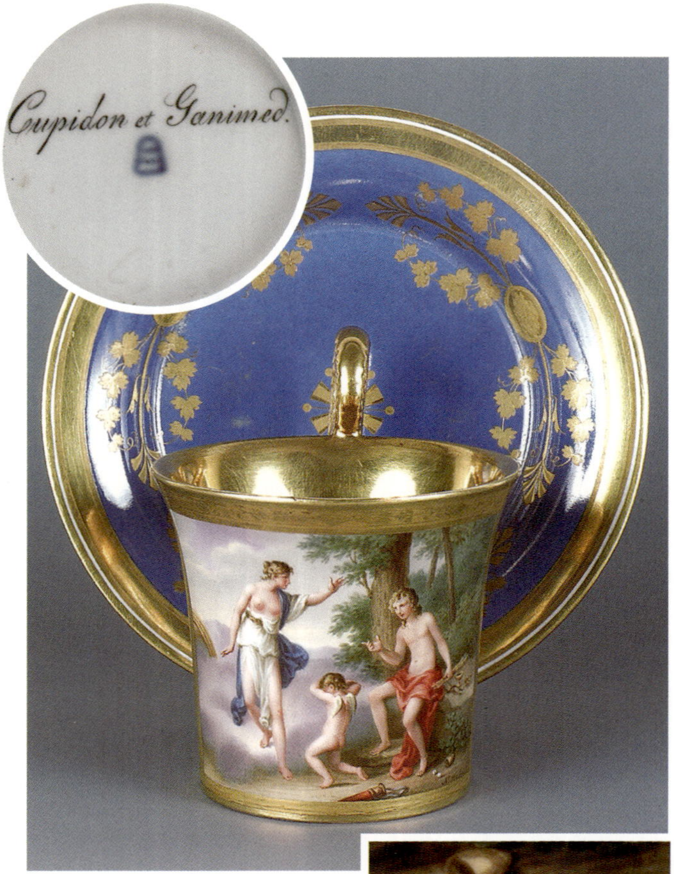

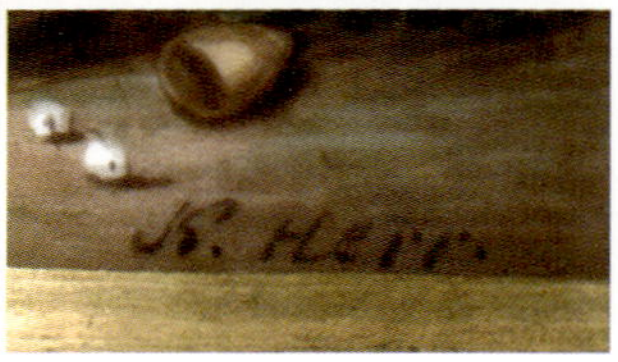

22

Wien, 1814

Konisch geweitet; hochgezogener Schlangenhenkel, Innenrand vergoldet, blauer Fond mit goldenen Blattranken. Mythologische Szene, bezeichnet am Tassenboden »Cupidon et Ganimed«, signiert »K. Herr« (Johann Claudius Herr, siehe Anmerkung zu Nr. 24).
Unterglasurblauer Bindenschild, Prägezahlen 814, 36, Ritzzeichen 3, goldene Malernummer 77 (Georg Gmendt).
Dazugehörige Untertasse:
Blauer Spiegel mit Gold, Weinlaubdekor und breitem Goldrand.
Unterglasurblauer Bindenschild, Prägezahlen 814 und 60. Ritzzeichen C oder 3, goldene Malernummer 137 (Joseph Geyer).
H. 7 cm/D. 15,2 cm

DM 6000,–/7000,–

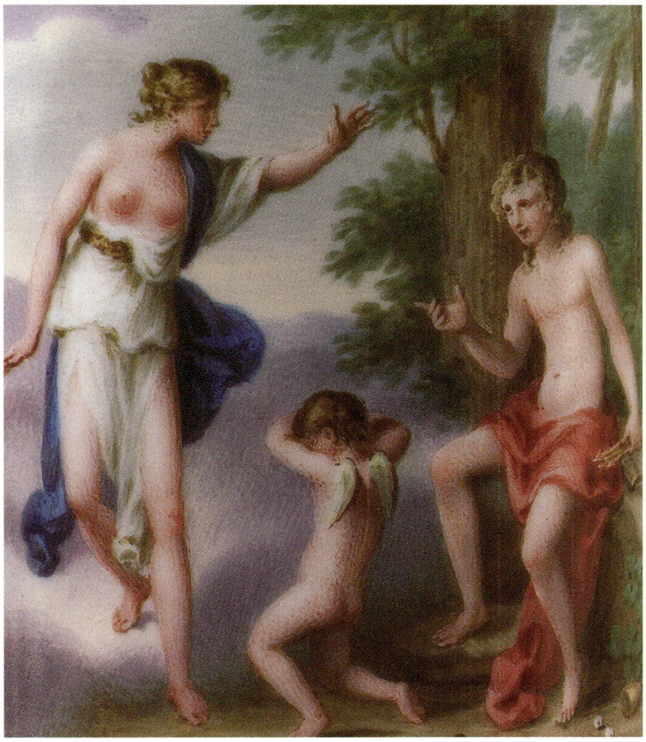

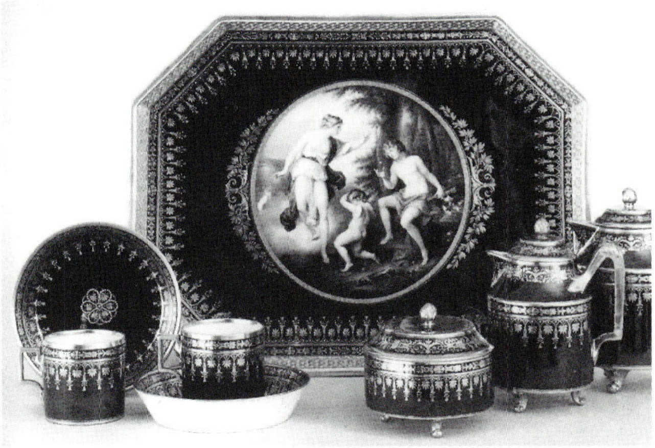

Dejeuner, Wien um 1795. Im Spiegel der Anbietplatte Purpur-Camaieumalerei mit der Bestrafung Amors nach identischer Vorlage; signiert: Lamprecht f.

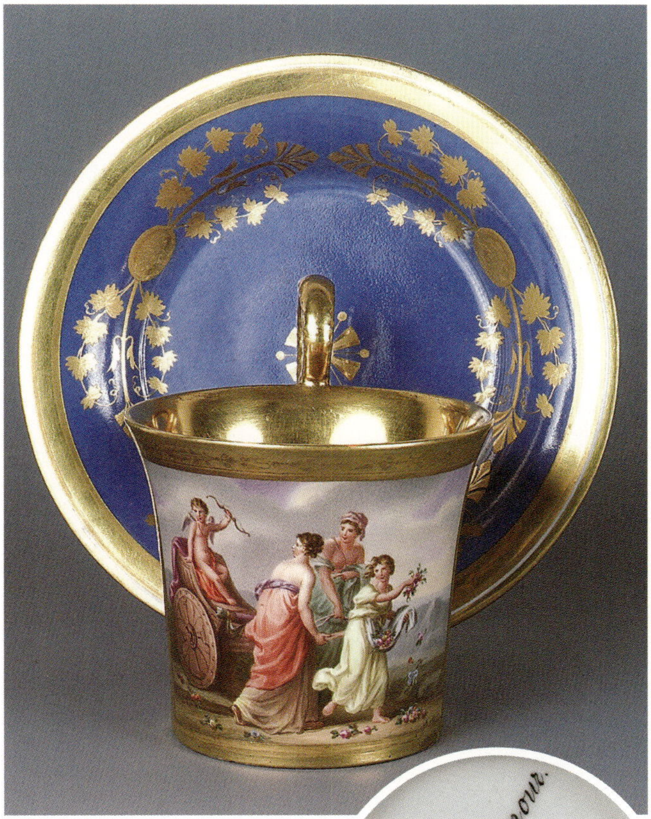

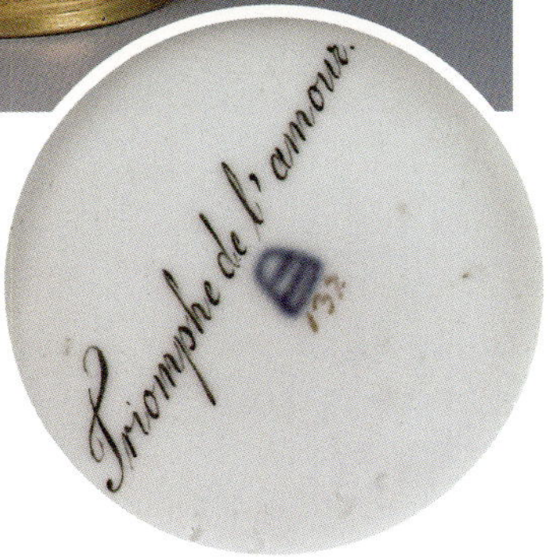

23

Wien, 1814
Konisch geweitet; hochgezogener Schlangenhenkel, Innenwand vergoldet, blauer Fond mit goldenen Weinlaubranken. Mythologische Szene. Bezeichnet am Tassenboden »Triomphe de l'amour«, Triumphwagen mit Amor, gezogen von drei blumenstreuenden Mädchen, signiert »K. Herr«. Unterglasurblauer Bindenschild, Blindprägezahlen 814 und 36, goldene Malernummer 137 (Joseph Geyer).
Dazugehörige Untertasse:
Blauer Spiegel mit goldenem Weinlaubdekor und breitem Goldrand.
Unterglasurblauer Bindenschild, Prägezahl 814 und 60. Ritzzeichen C und goldene Malernummer 77 (Georg Gmendt).
H. 7 cm/D. 15,2 cm

DM 6000,–/7000,–

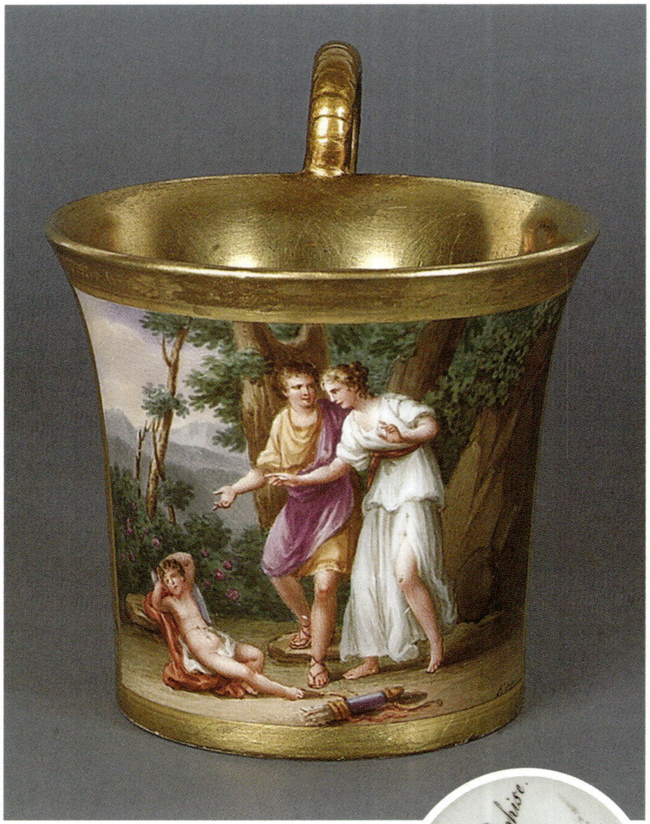

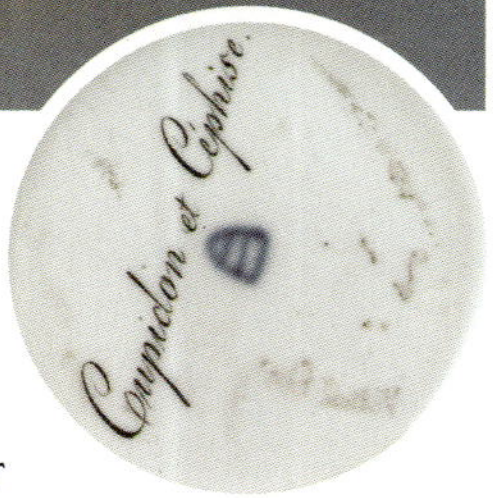

24

Wien, 1814

Konisch geweitet; hochgezogener vergoldeter Schlangenhenkel. Innenwand vergoldet, blauer Fond mit goldradiertem Weinlaubdekor, schauseitige Rechtecksreserve mit polychromer, mythologischer Szene: Ein Jüngling und ein Mädchen in antiken Gewändern betrachten einen schlafenden Amorknaben in Waldlandschaft. Signiert »K. Herr«.
Unterglasurblauer Bindenschild, Prägezahl 814, bezeichnet »Cupidon et Céphise«.
H. 9 cm **DM 2000,–/2300,–**

Vgl. Mrazek/Neuwirth, Wiener Porzellan, Wien 1970: »Johann Claudius Herr (geb. Wien 1775), Historien- und Landschaftsmaler (Nr. 72), 1791 bis um 1838 an der Manufaktur (...)« – S. 57: »(...) gibt es zahlreiche Porzellane, die eine volle Malersignatur tragen. Diese wurden vor allem von den prominenten Figuren-, Blumen- und Landschaftsmalern zur Kennzeichnung ihrer Arbeit verwendet...«.

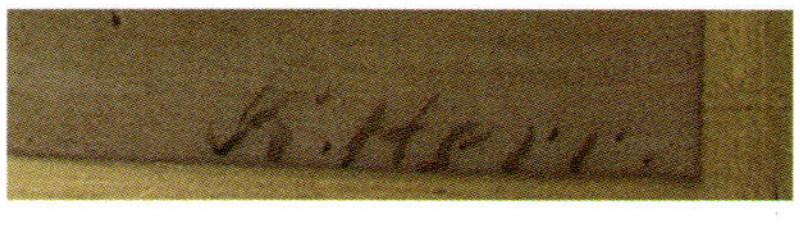

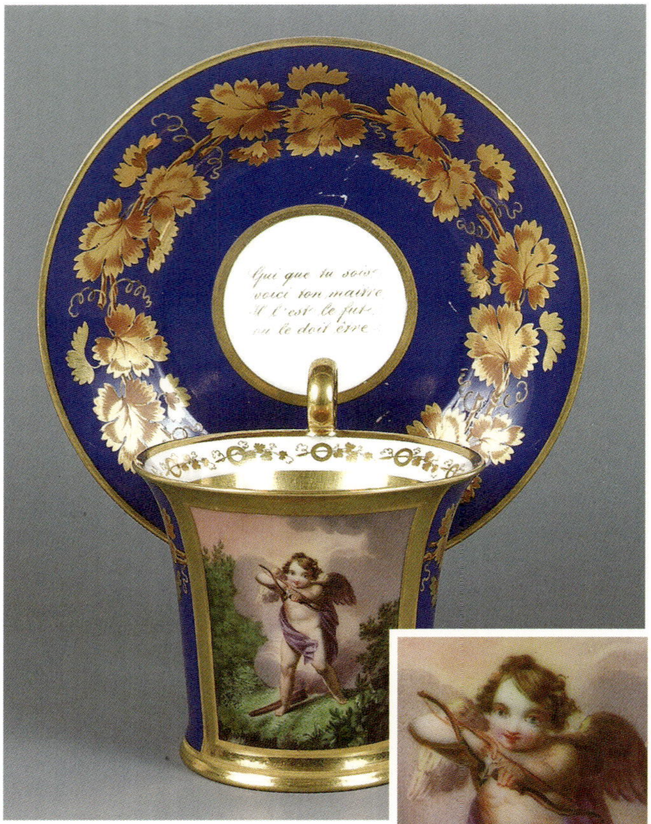

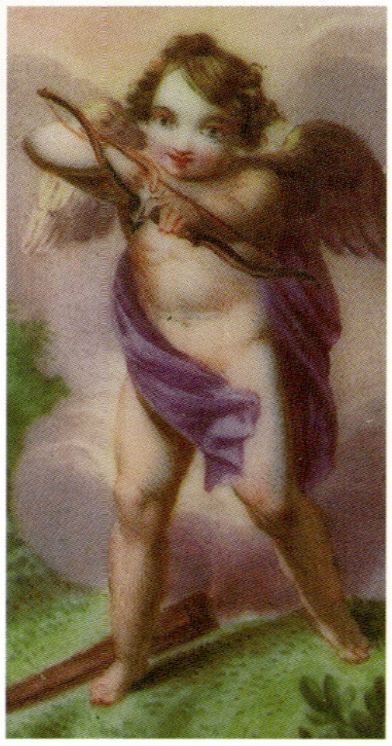

25

Wien, 1817

Konisch, auf leicht ausgestelltem, vergoldetem Stand. Geweiteter, vergoldeter Mundrand, hochgezogener, vergoldeter Henkel. Blauer Fond mit Weinblattranken in Gold und Bronze, schauseitig goldgerahmte, polychrome Rechteckskartusche mit der Darstellung des Amor, mit dem Bogen zielend. Innenwandung zum Teil vergoldet, oben Goldblättchenbordüre.
Unterglasurblauer Bindenschild, 817, Malernummer 154 (Ignaz Obenbiegler), Weißdrehernummer 26.
Dazugehörige Untertasse:
Goldrand, blauer Fond mit Weinblattranke, mittige Inschrift »Qui que tu sois, / voici ton maître / Il l'est le fut, / ou le doit être.«
Unterglasurblauer Bindenschild, 817, Malernummer 154 (Ignaz Obenbiegler), Weißdrehernummer 49.
H. 9,6 cm/D. 15,6 cm

DM 5000,–/5500,–

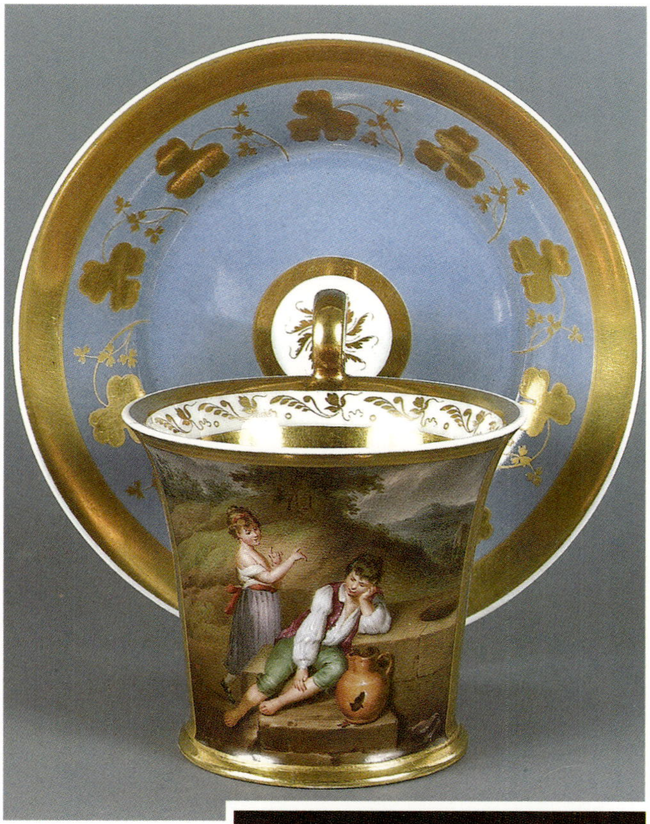

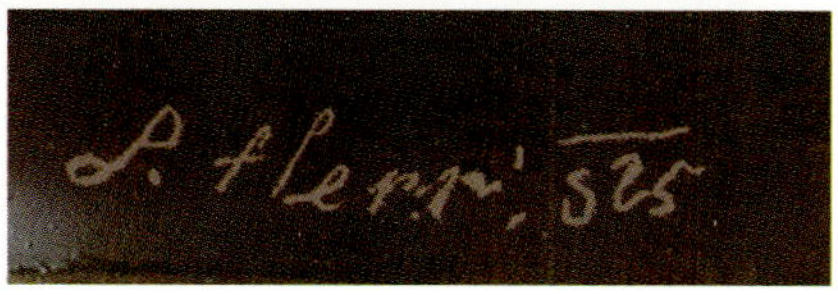

26

Wien, 1825

Konisch, ausgestellter Standring, geweiteter Lippenrand; hochgezogener, goldgehöhter Ohrenhenkel. Innen vergoldet, am Rand Goldornament, blauer Fond mit goldenem Kleeblattdekor und Goldeinfassung, schauseitige Rechteckskartusche mit polychromer Malerei: Ein Junge sitzt mit zerbrochenem Krug am Brunnen, daneben ein stehendes Mädchen, im Hintergrund Hügellandschaft. Signiert »L. Herr 825«. Unterglasurblauer Bindenschild, 825, 40, 210, schwarze Malernummer 74.
Dazugehörige Untertasse:
Geschwungene Fahne, flacher Spiegel. Hellblauer Fond, breiter Goldrand, Kleeblattdekor, zentrale Goldrosette.
Unterglasurblauer Bindenschild, schwarze Malernummer 74.
H. 7,4 cm/D. 15,4 cm

DM 4500,–/5000,–

Herr, Lorenz (geb. Wien 1787), Historien- und Porträtmaler (Nr. 10), 1804 bis 1828 und später an der Manufaktur (Bruder des Johann Claudius Herr), siehe Mrazek/Neuwirth, S. 39.

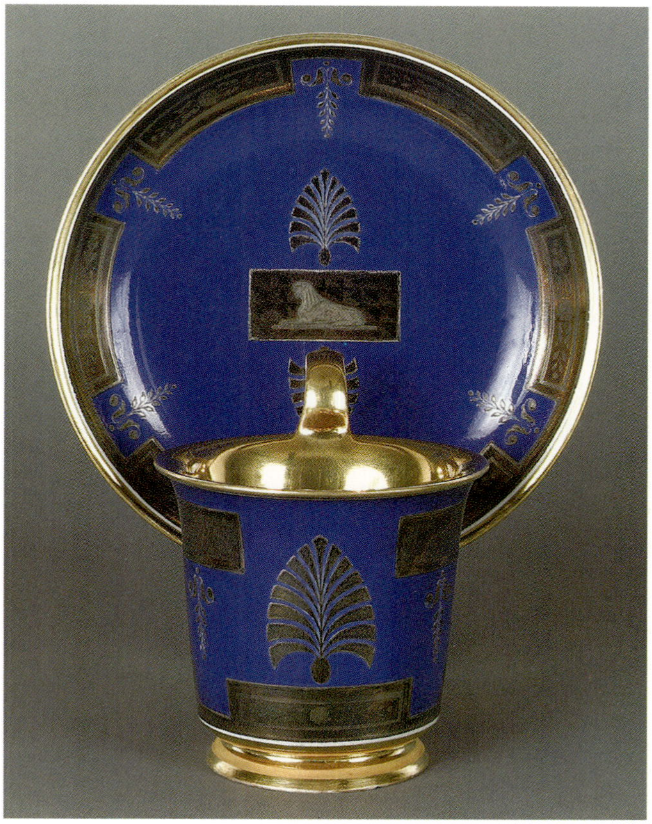

27

Wien, 1820

Konische Form, eingezogener, vergoldeter Standring, geweiteter Lippenrand, Tassenrand innen vergoldet. Vergoldeter, hochgezogener Henkel mit dreifachem Klauen-Ansatz. Dunkelblauer Fond und silberne Palmetten, drei liegende Sphinxe in rechteckigen Reserven.
Unterglasurblauer Bindenschild, Prägezahl 820, 12.
Dazugehörige Untertasse:
Goldrand, dunkelblauer Fond mit silberner Sphinx, Palmetten und floralem Dekor.
Unterglasurblauer Bindenschild,
Prägezahlen 820, 27, Ritzzeichen 7, Malernummer 114 (Johann Teufel).
H. 7,2 cm/D. 14,8 cm

DM 4200,–/4600,–

Lit.: Ägyptomanie, Ägypten in der europäischen Kunst, Wien 1994, Nr. 129, Tête-à-Tête im ägyptischen Stil.

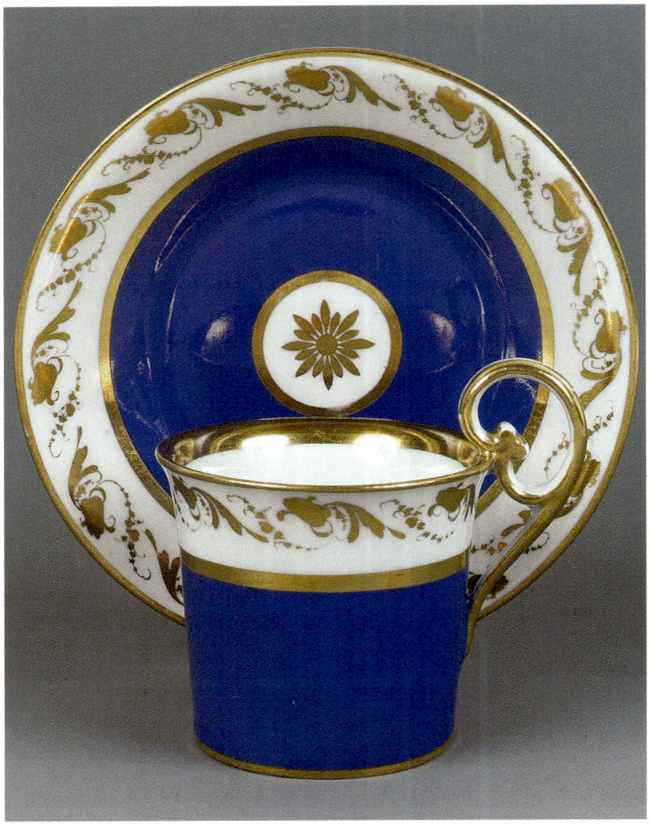

28

Wien, 1820
Konisch; ausgestellter, vergoldeter Lippenrand. Goldgehöhter Volutenhenkel. Blauer Fond, oben begrenzt durch florale Goldbordüre auf Weiß.
Unterglasurblauer Bindenschild, 820, Weißdrehernummer 7, Malernummer 56 oder 96.
Dazugehörige Untertasse:
Auf der Fahne florale Goldbordüre auf Weiß, blauer Spiegel, zentrale Goldrosette.
Unterglasurblauer Bindenschild, 820, Weißdrehernummer 7, Malernummer 56.
H. 8,2 cm/D. 15 cm

DM 2000,–/2200,–

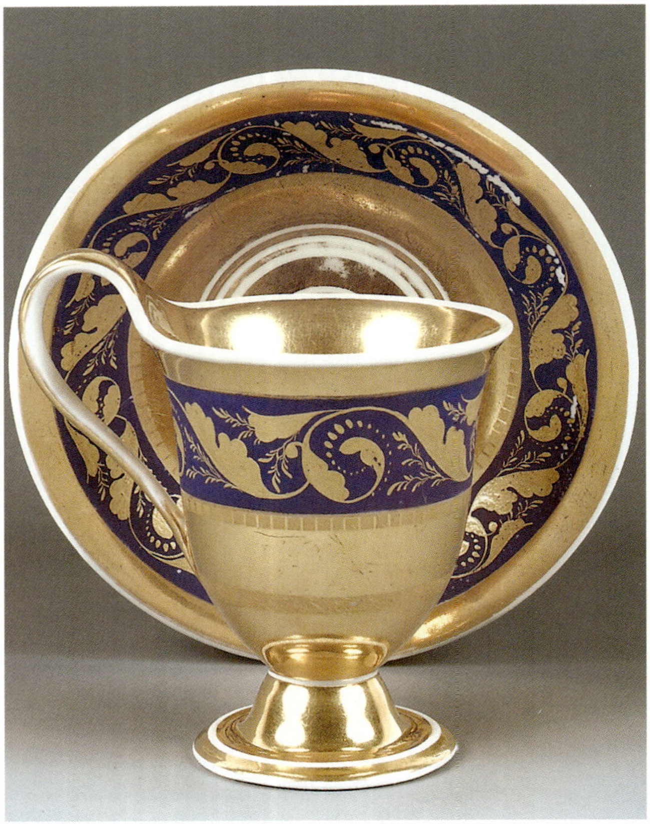

29

Berlin, um 1820
Glockenbecherform auf stark eingeschnürtem, vergoldetem Rundfuß; hochgezogener Campanerhenkel. Innen vergoldet, glanzvergoldeter Rand mit radiertem Fries, mattblauer Ring mit goldenem, radiertem Floraldekor.
Unterglasurblaue Berliner Zeptermarke.
Dazugehörige Untertasse:
Geschwungene Fahne, vertiefter Spiegel. Mattblauer Fries mit mattgold radiertem Floraldekor.
Unterglasurblaue Berliner Zeptermarke.
H. 10/D. 13,5 cm

DM 2400,–/2600,–

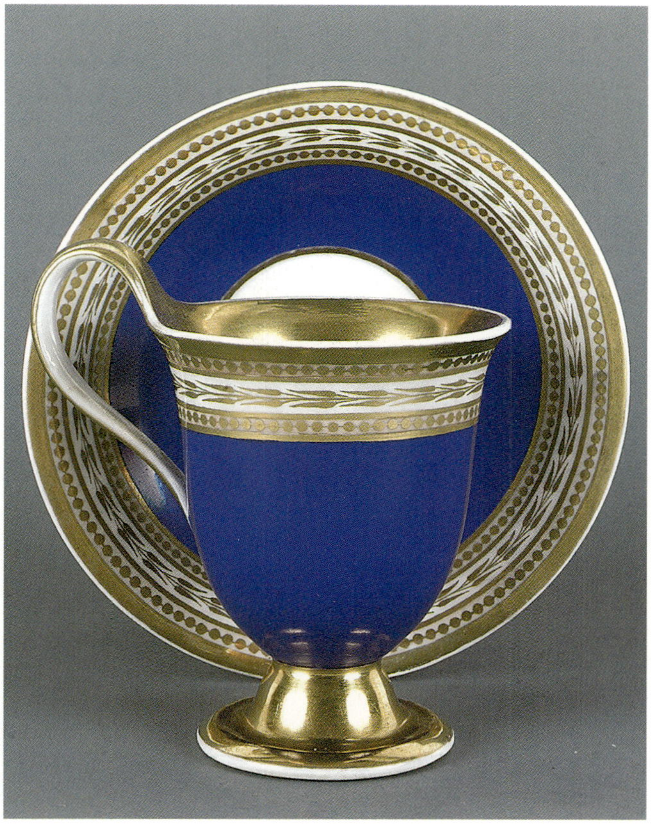

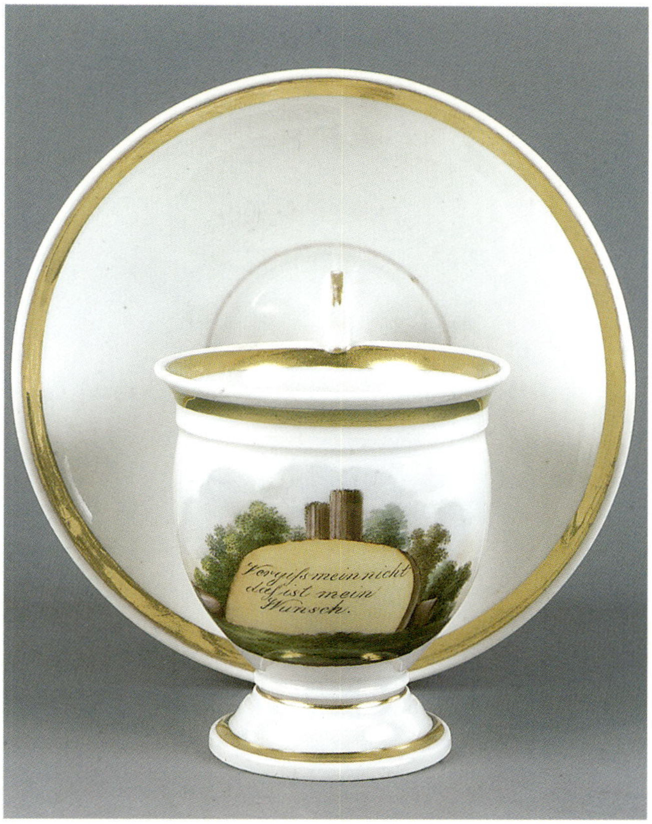

30

Berlin, KPM, 1815 bis 1818
Glockenbecherform auf stark eingeschnürtem, vergoldetem Rundfuß, ausgestellter, vergoldeter Lippenrand; Campanerhenkel. Innenvergoldet, Wandung mit dunkelblauem Fond, begrenzt durch goldene Blattbordüre und Perlsäume.
Unterglasurblaue Berliner Zeptermarke, grüner Strich, schwarze Malernummer 24, geprägt 12.
Dazugehörige Untertasse:
Geschwungene Fahne mit breiter Golddekorbordüre, Spiegel flach mit Goldstern.
Unterglasurblaue Zeptermarke, schwarze Malermarke 24 und Goldstern.
H. 10 cm/D. 13,5 cm

DM 2000,–/2200,–

31

Wohl Ilmenau, um 1840
Glockenbechertasse auf getrepptem Standring; hochgezogener Volutenhenkel. Goldrand, schauseitig polychromes Parkstück mit Büschen, Säulenstümpfen und Steinplatte mit Inschrift »Vergiß mein nicht daß ist mein Wunsch.«
Unterglasurblauer Strich, Preßziffer 6.
Untertasse:
Goldrand, Spiegel von verriebener Goldlinie eingefaßt.
Unterglasurblau »II«.
H. 7,8 cm/D. 13,5 cm

DM 1100,–/1400,–

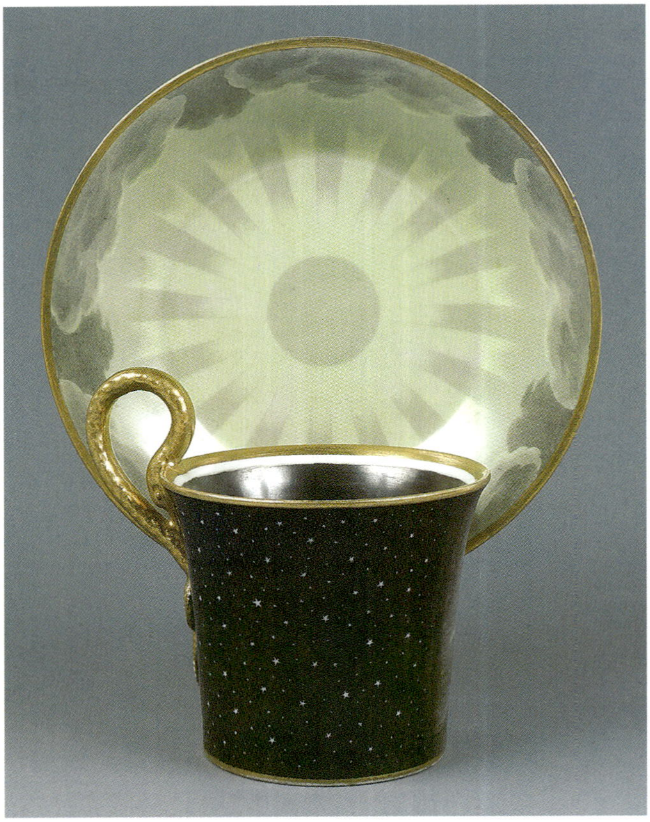

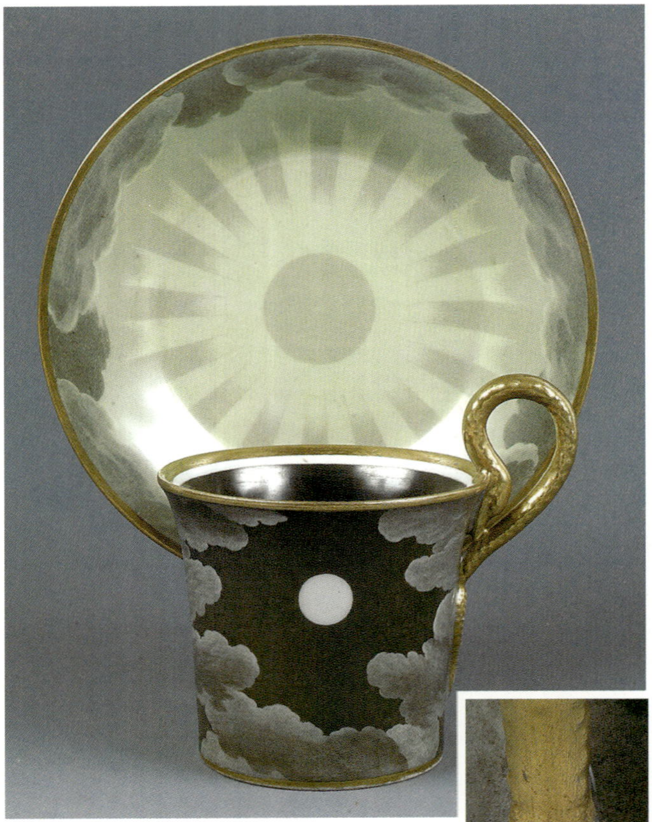

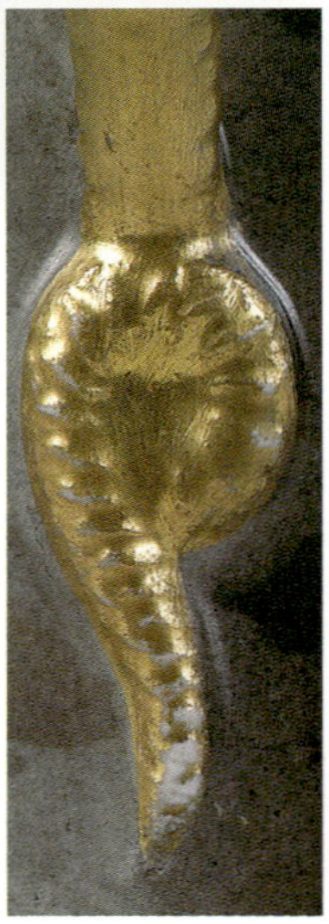

32

Wien, 1816

Leicht konisch; vergoldeter, hochgezogener Schlangenhenkel. Vergoldeter Lippenrand, auf einer Seite der Wandung Mond zwischen Wolken, umseitig Sterne über dunklem Fond.
Unterglasurblauer Bindenschild, 816, 36,
Bemalung Anton Kothgasser zugeschrieben.
Dazugehörige Untertasse:
Goldrand, auf der Fahne Wolken um ein Sonnenmotiv.
Unterglasurblauer Bindenschild, 816, 57,
Ritzzeichen 3.
H. 10 cm/D. 15,6 cm

DM 5500,–/5500,–

Lit.: Rudolf von Strasser, Das Einschreibebüchlein des Wiener Glas- und Porzellanmalers Anton Kothgasser (1769–1851), Karlsruhe o.J., Abb. 9 und 10, Tasse und Ranftbecher.

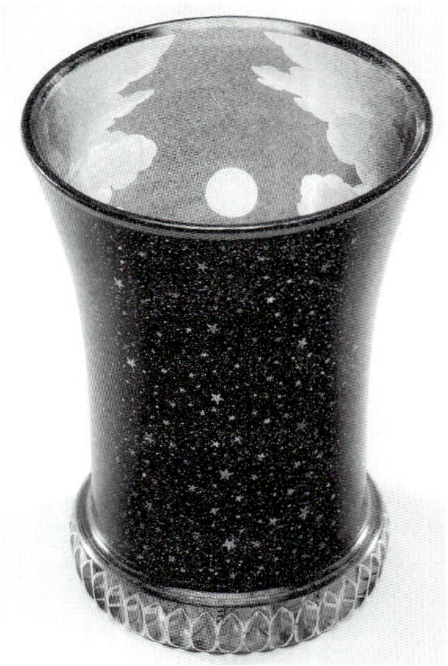

Ranftbecher mit analogem Dekor,
Anton Kothgasser zugeschrieben.
Vgl. Wiener Kunstauktionen, Katalog 4.
Kunstauktion Altwiener Glassammlung,
Sammlung J.M. 27.9.1994, Kat.-Nr. 212.

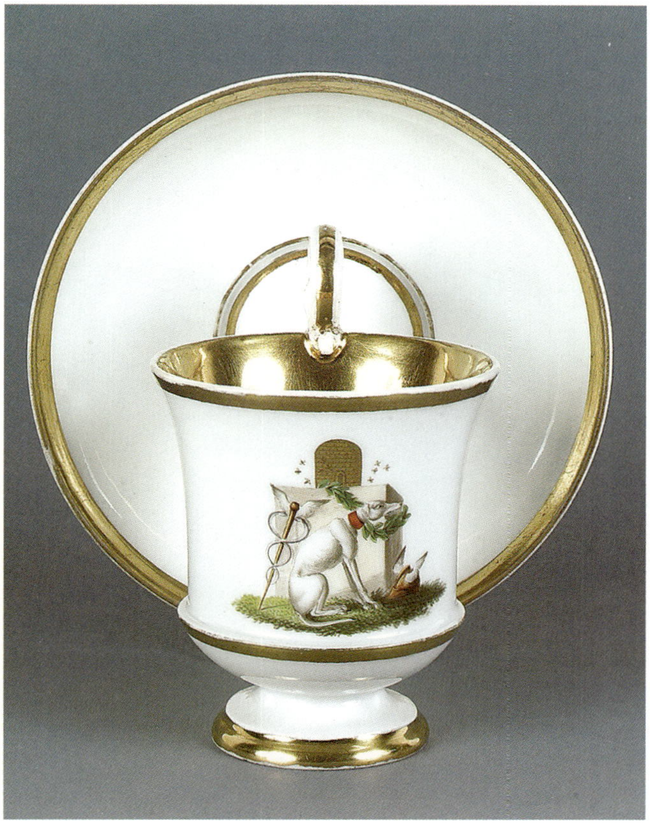

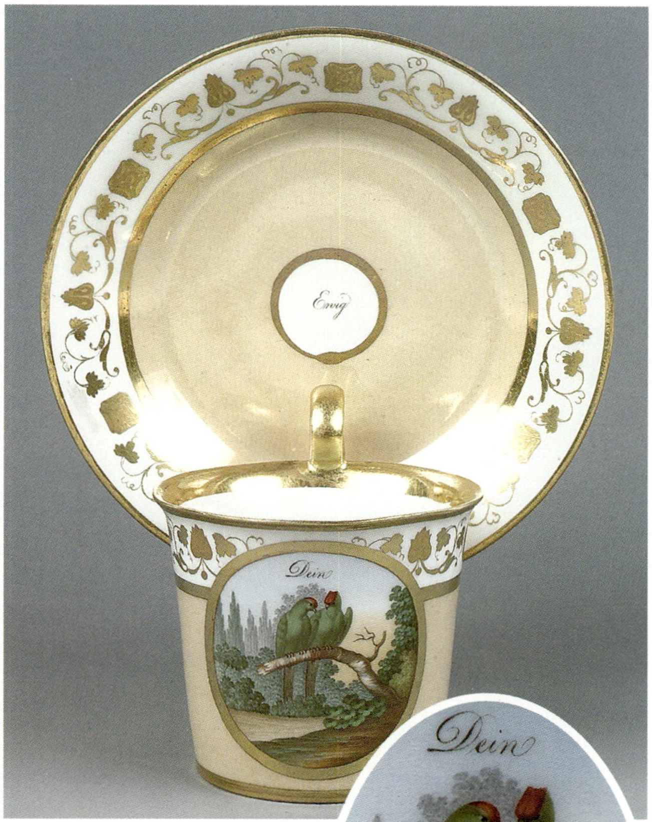

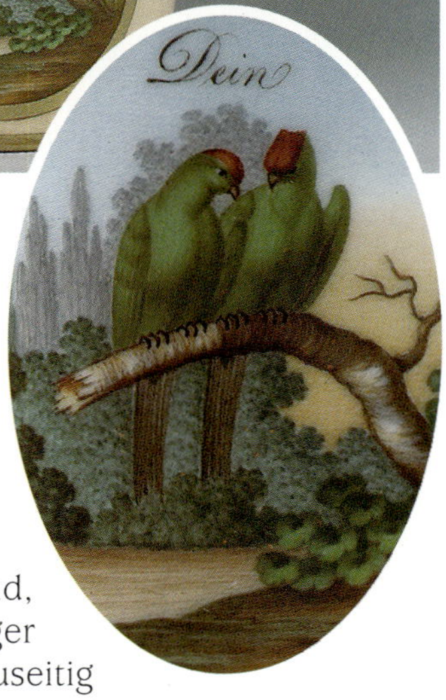

33

Meißen, 1816 bis1824

Kraterform auf eingezogenem Stand; hochgezogener, goldstaffierter Henkel mit Vogelkopf. Lippenrand vergoldet, schauseitig polychrom gemalte symbolische Darstellung: Sockel mit goldenem Bienenkorb, Merkurstab, Merkurhelm und Windhund.
Meißener Schwertermarke, unterglasurblau, geprägte I und 30, goldene Ziffer 15.
Dazugehörige Untertasse:
Gemuldete Form, vertiefter Spiegel. Goldränder.
Meißener Schwertermarke, unterglasurblau.
H. 7,5 cm/D. 12,8 cm

DM 1800,–/2000,–

34

Wien, 1816

Konische Wandung mit geweitetem, vergoldetem Lippenrand; vergoldeter, hochgezogener Volutenhenkel. Beiger Fond, begrenzt von weißgrundiger oberer Goldbordüre, schauseitig ovale, goldgerahmte Reserve mit polychromer Malerei: zwei grüne Vögel auf Ast in Parklandschaft, darüber das Wort »Dein«.
Unterglasurblauer Bindenschild, geprägt 816, 57, geritzt 3, Malernummer 45.
Dazugehörige Untertasse:
Geschwungene Fahne mit poliertem Goldblattdekor, Kehlung beige, flacher Spiegel mit Lebensschlange und Inschrift »Ewig«.
Unterglasurblauer Bindenschild, geprägt 816, 57.
H. 8,5 cm/D. 14,5 cm

DM 2300,–/2500,–

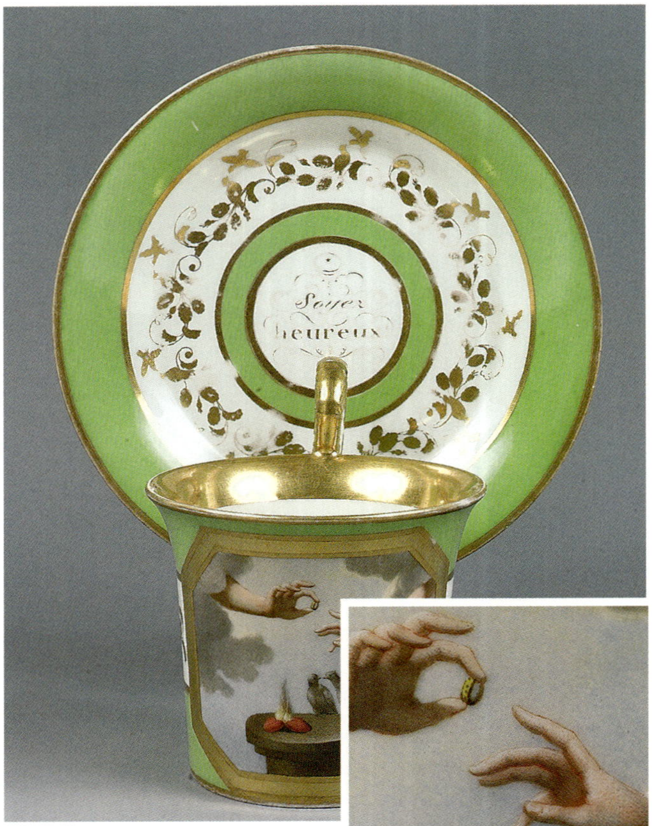

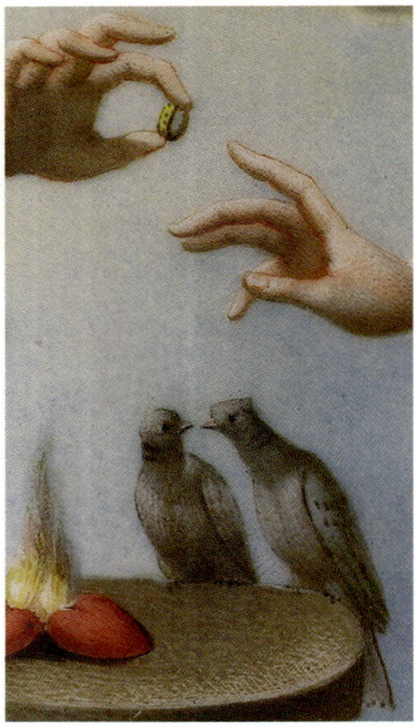

35

Wien, 1813

Konische Form mit geweitetem, vergoldetem Lippenrand; hochgezogener, teilvergoldeter Schlangenhenkel, apfelgrüner Fond. Umlaufendes Golddekorband auf weißem Fond, Blattranken und Vögel. Achteckige Reserve mit symbolischer Darstellung: Altar mit zwei brennenden Herzen, Taubenpaar und eine Hand aus Wolken, die der anderen einen Ring ansteckt.
Unterglasurblauer Bindenschild. Prägezahl 813 und 7, Ritzzeichen C.
Dazugehörige Untertasse:
Konzentrische Ringe, Fahne apfelgrün mit Goldrand, auf weißem Porzellangrund Gold-Blattranken mit Vögeln, Devise »Soyez heureux«.
Unterglasurblauer Bindenschild, Prägebuchstaben 813, 2, Malernummer 131 oder 138 (Joseph Fischer oder J. Closs).
H. 7 cm/D. 15,3 cm **DM 3500,–/3800,–**

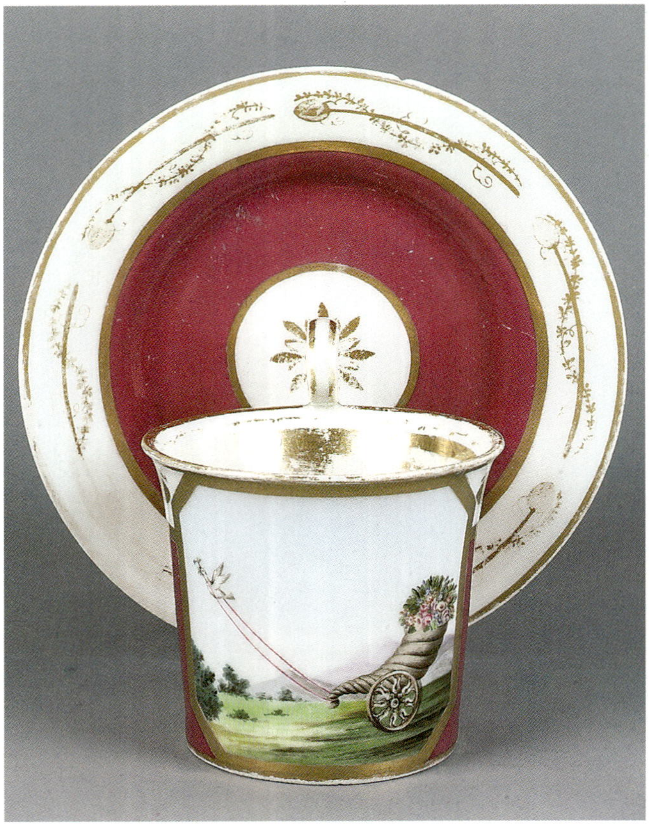

36

Wien, 1822

Konische Form; hochgezogener, teilvergoldeter Henkel, Purpurfond mit Golddekor am Lippenrand. Reserve mit Landschaft, in der eine weiße Taube ein blumengefülltes Füllhorn zieht. Tasse innen vergoldet, stark berieben.
Unterglasurblauer Bindenschild, 822, 58, Ritzzeichen 7.
Dazugehörige Untertasse:
Spiegel mit Goldrosette und Purpurfond, Fahne mit Goldstäben und Blattranken, stark berieben.
Unterglasurblauer Bindenschild.
H. 6,5 cm/D. 14,5 cm

DM 800,–/1000,–

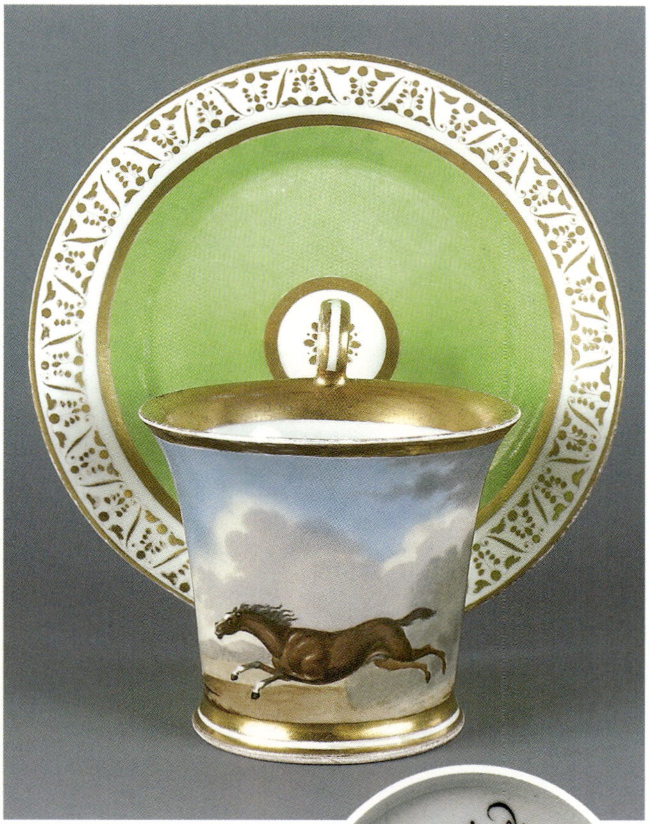

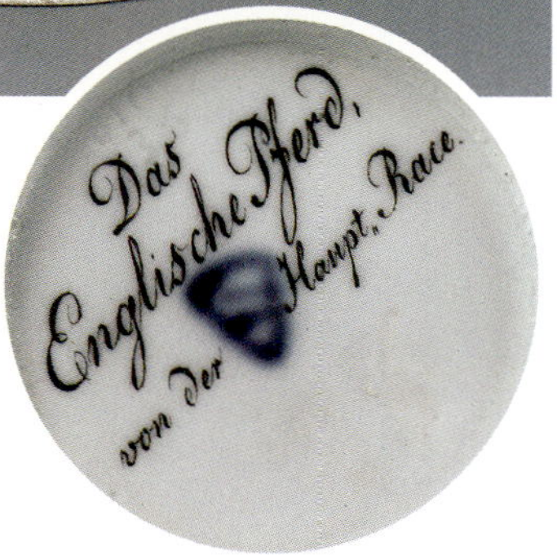

37

Wien, 1816

Ausgestellter Standring, geschwungene Wandung; hochgezogener, goldstaffierter Henkel.
Lippenrand innen vergoldet, lindgrüne Wandung mit Golddekor, schauseitige Rechtecksreserve mit polychromer Darstellung eines galoppierenden braunen Pferdes.
Unterglasurblauer Bindenschild 816, 36, bezeichnet: »Das Englische Pferd, von der Haupt Race«.
Dazugehörige Untertasse:
Auf der steilen Fahne Goldornament auf Weiß, lindgrüner Fond, zentrale Goldrosette.
Unterglasurblauer Bindenschild 816, 12, Ritzzeichen 3, Malernummer 10.
H. 7,5 cm/D. 15,8 cm

DM 1800,–/2000,–

Restauriert.

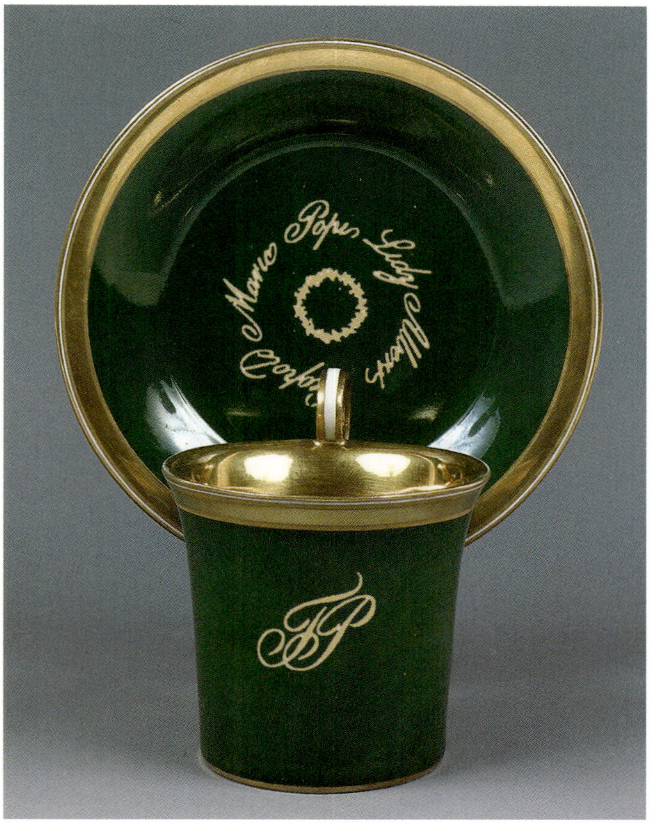

38

Wien, 1816

Leicht konisch, etwas geweiteter, vergoldeter Lippenrand; hochgezogener, teilvergoldeter Henkel.
Dunkel-flaschengrüne Tassenwandung, Gold-Monogramm TP.
Unterglasurblauer Bindenschild, Prägezahlen 816, 27, Ritzzeichen I.
Untertasse:
Dunkel flaschengrüner Fond, im Spiegel goldener Kranz, kreisförmig angeordnete Namen in englischer Schreibschrift: »Popi Lidy Albert Leopold Marie«.
Unterglasurblauer Bindenschild, Prägezahlen 811, 12, Ritzzeichen X.
H. 7,3 cm/D. 15,4 cm

DM 2000,–/2400,–

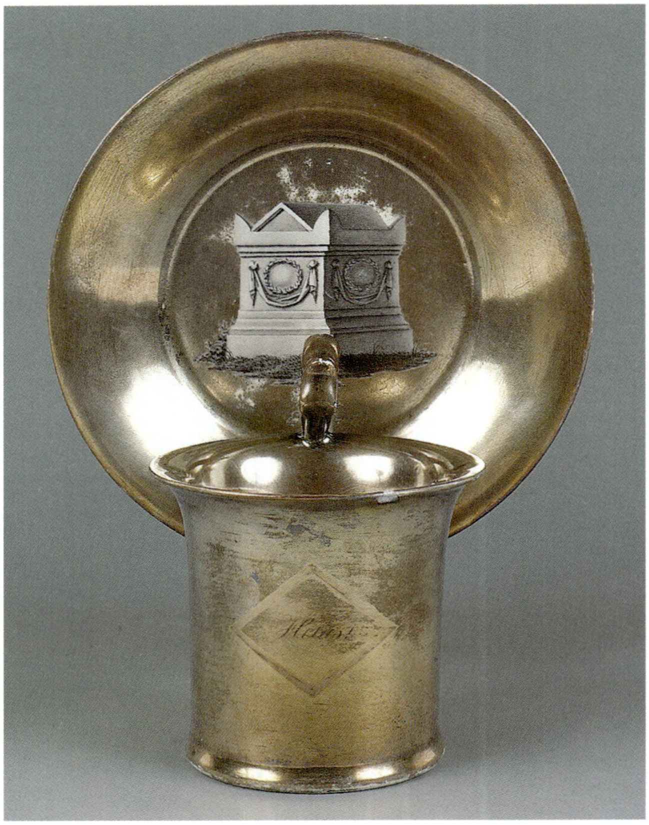

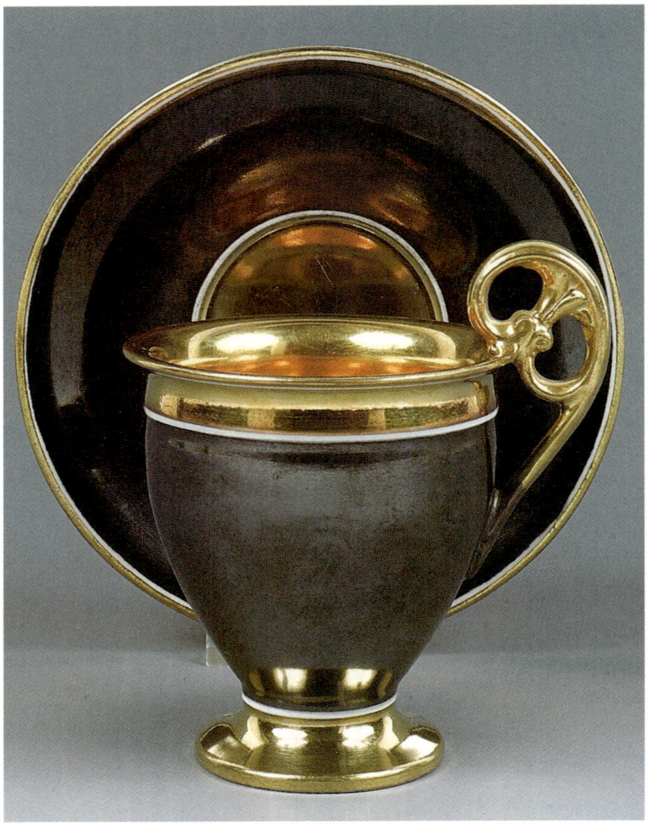

39

Wien, 1824

Zylindrische Form, leicht geweiteter Standring, geweiteter Lippenrand; hochgezogener Schlangenhenkel. Wandung und Henkel innen und außen Silber, schauseitig radierter Rhombus mit Inschrift »Helas!«.
Unterglasurblauer Bindenschild, geprägt 12 und 824.
Dazugehörige Untertasse:
Fond innen und außen in Silber, im Spiegel Grisaillemalerei: Grabmal auf Grasinsel mit radierter Devise »Tu repose Et je souffre«.
H. 7 cm/D. 14,7 cm

DM 1500,–/1800,–

Berieben und Randchip.

40

Wien, 1817

Eiförmiger Körper auf ausgestelltem, vergoldetem Rundfuß; hochgezogener vergoldeter Volutenhenkel. Innen vergoldet, versilberte Wandung.
Unterglasurblauer Bindenschild, goldene Malermarke 154, Preßmarke 817, Weißdrehernummer 12.
Dazugehörige Untertasse:
Geschwungene Fahne, Goldrand, Fond versilbert, Spiegel mit goldenem Kreis.
Unterglasurblauer Bindenschild,
goldene Malermarke 11.
H. 10,2 cm/D. 14,3 cm

DM 2000,–/2400,–

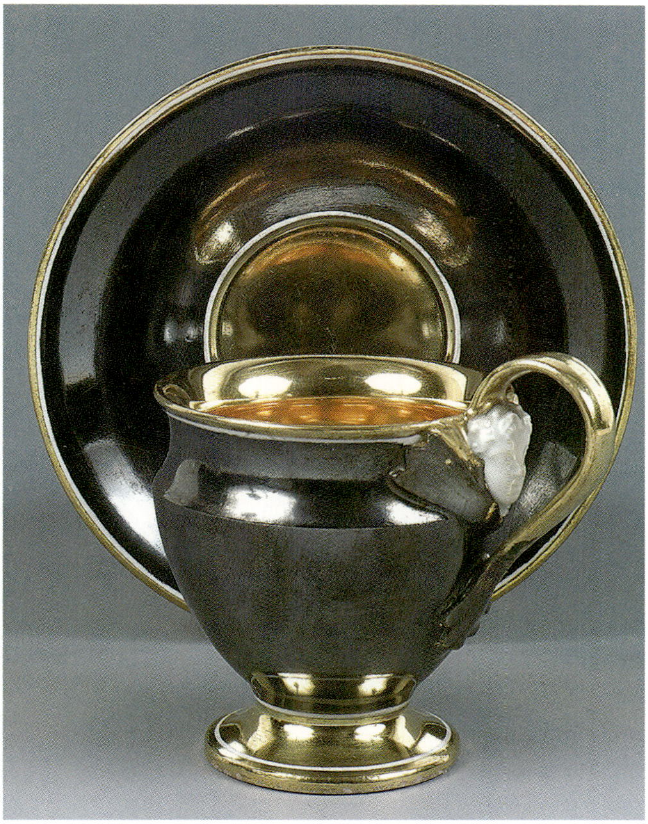

41

Wien, 1821

Bauchige Wandung mit abgesetzter Schulter auf eingezogenem, vergoldeten Stand. Ausgestellter Mundrand, hochgezogener vergoldeter Henkel mit Maskaron. Innen vergoldet, Wandung versilbert. Unterglasurblauer Bindenschild, 821, Weißdrehernummern 27, 7.
Dazugehörige Untertasse:
Goldrand, versilberte Fahne, vergoldeter Spiegel. Unterglasurblauer Bindenschild, 821, Weißdrehernummern 27, 7.
H. 8,5 cm/D. 13,7 cm

DM 2000,–/2400,–

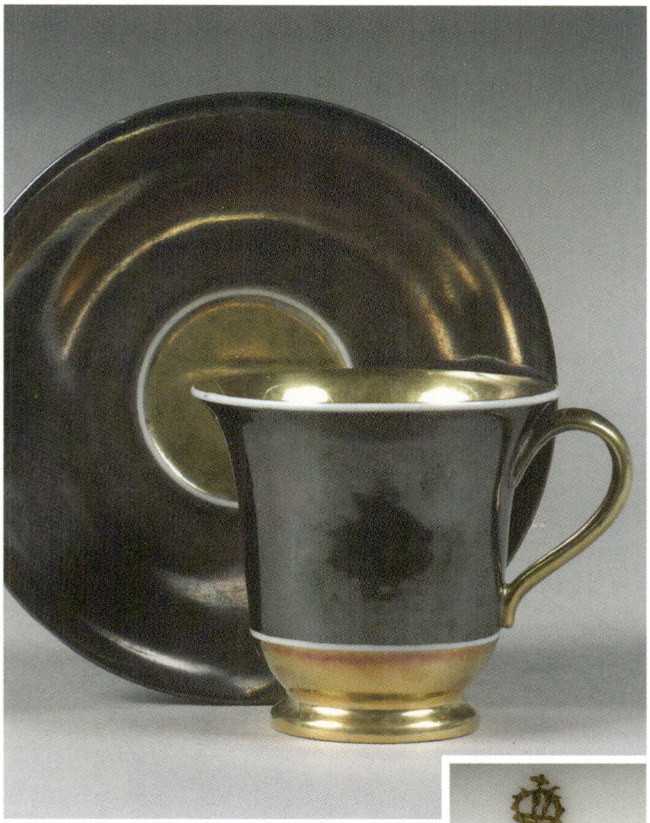

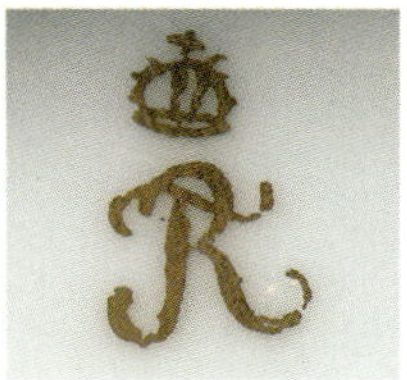

42

Ludwigsburg, 1806–1816

Glockenbecherform auf ausgestelltem Standring, vergoldeter Ohrenhenkel. Innen vergoldet, Goldränder, schwärzlich oxidierter, versilberter Fond.
Goldmarke FR, Blindmarke.
Dazugehörige Untertasse:
Versilberter Fond, vergoldeter Spiegel.
Goldmarke FR.
H. 7,8 cm/D. 14 cm

DM 1800,–/2000,–

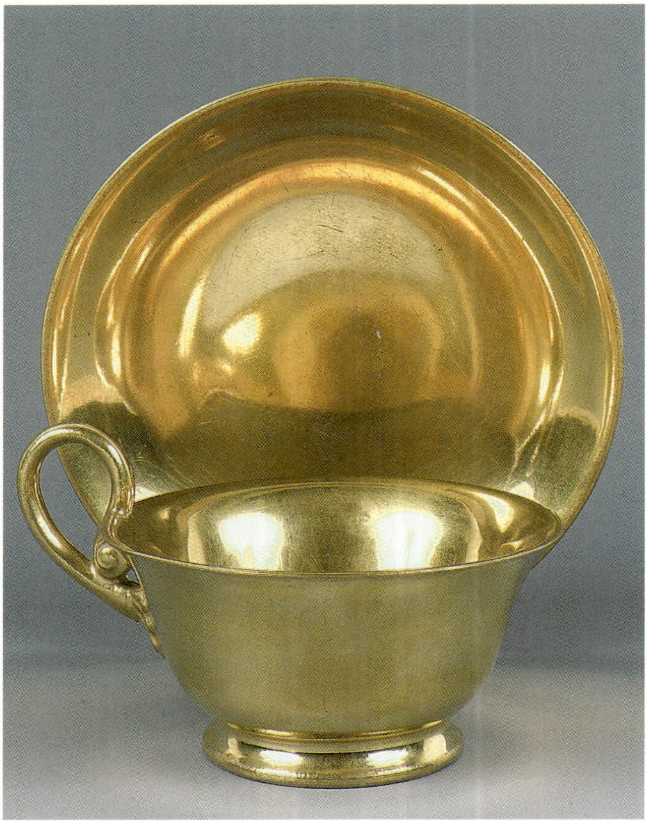

43

Wien, 1822
Breite Schale auf eingezogenem Stand, geweiteter Mundrand; hochgezogener Henkel. Bis auf die Standfläche voll glanzvergoldet.
Unterglasurblauer Bindenschild, 822, Weißdrehernummern 27, 40.
Dazugehörige Untertasse:
Glanzvergoldet.
H. 7,2 cm/D. 14,6 cm

DM 2800,–/3100,–

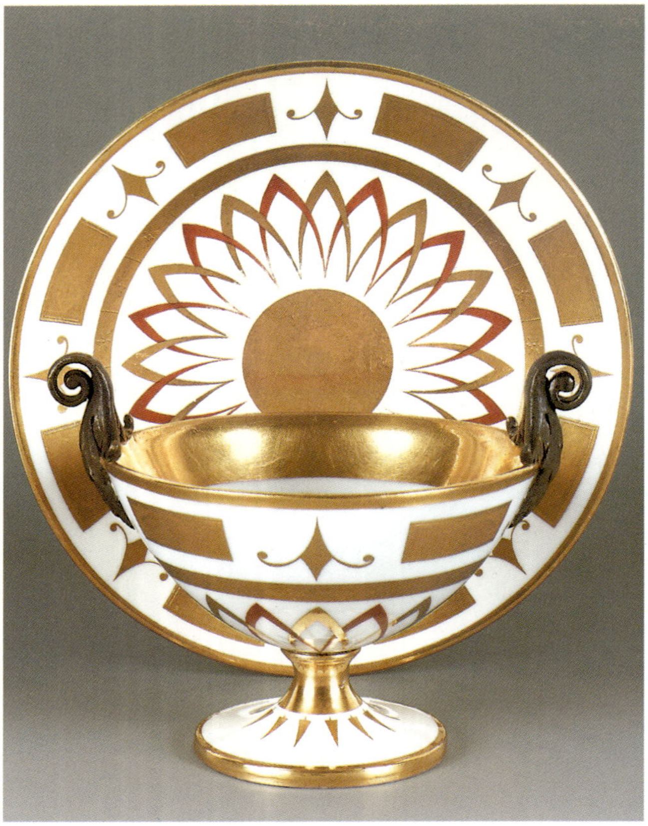

44

Wien, 1807
Doppelhenkelschale auf rundem Standfuß; beidseitige, florale Volutenhenkel. Radierter Golddekor in Rechtecksreserven.
Unterglasurblauer Bindenschild, 807, Weißdrehernummer 42, Massenummer 3.
Dazugehörige Untertasse:
Leicht gemuldet. Fahne mit goldradierten Rechtecksfeldern, Spiegel mit Spitzenrosette in Gold und Rot.
Unterglasurblauer Bindenschild, 807, Weißdrehernummern 59, 9.
H. 9,8 cm/D. 17 cm

DM 4000,–/4400,–

Lit.: W. Neuwirth, Wiener Porzellan, S. 356, Abb. 389.

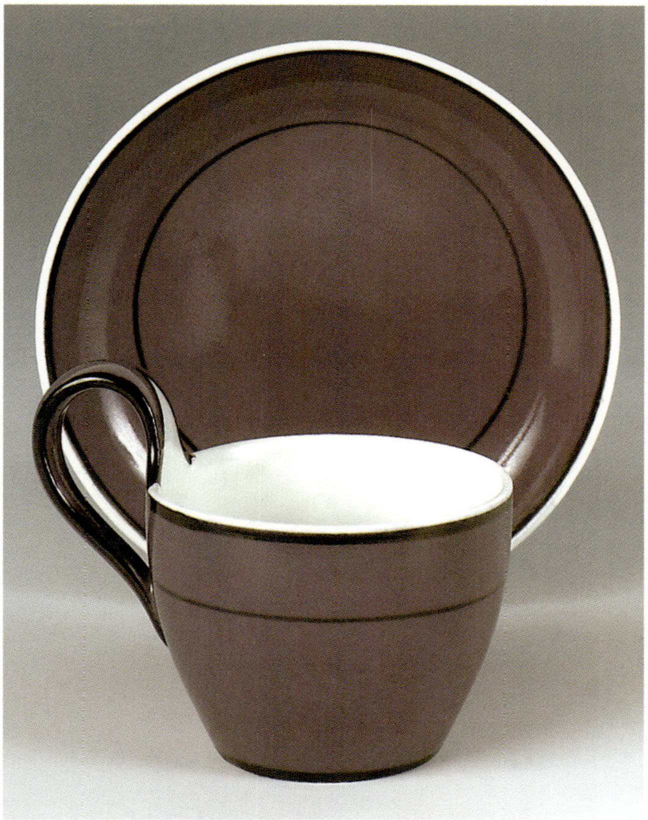

45

Wien, 1827

Campanerform. Violetter Fond mit schwarzen Rändern.
Unterglasurblauer Bindenschild, schwarze Malernummer 33, 827, Masseritzzahl 3.
Dazugehörige Untertasse:
Violetter Fond, schwarze Ränder.
Unterglasurblauer Bindenschild, schwarze Malernummer 33, 826, Weißdrehernummer 7, Masseritzzahl 5.
Miniaturtasse: H. 5 cm/D. 8,9 cm

DM 800,–/900,–

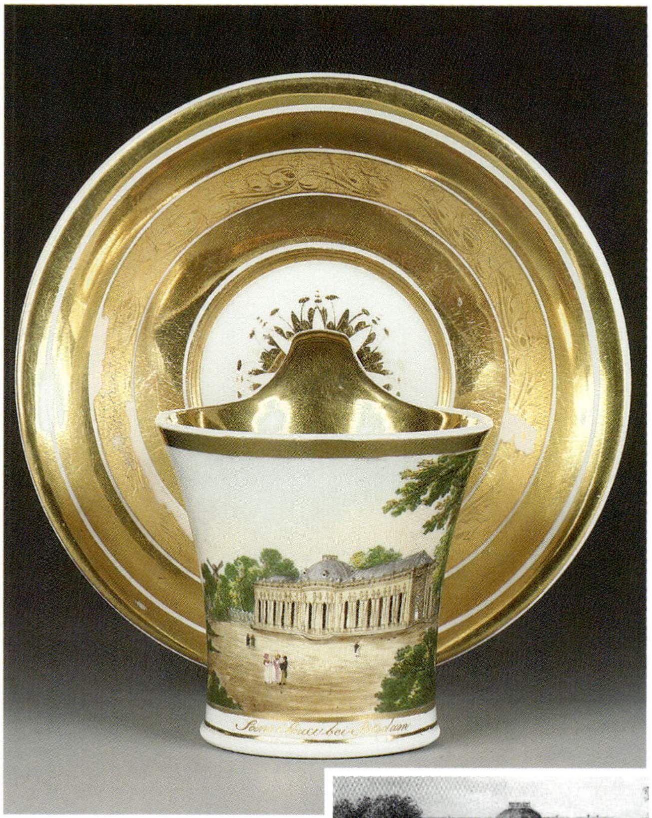

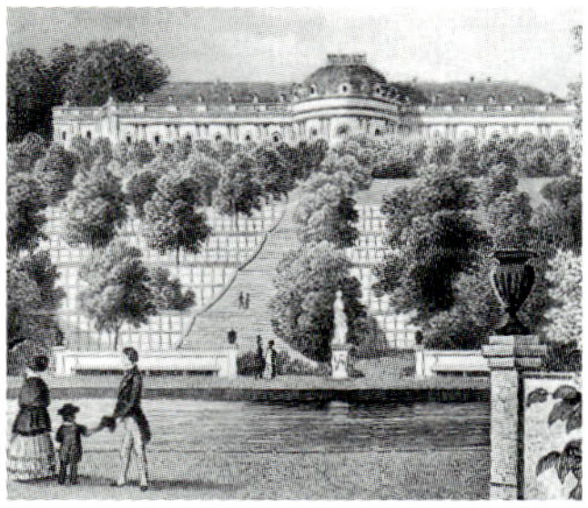

Schloß Sans Souci in einem Stich, um 1850

46

Berlin, KPM, 1820

Campanerform, konisch mit Campanerhenkel.
Goldränder, Schauseitig goldgerahmte Landschaftsreserve mit polychromer Malerei, bezeichnet »Sans Souci bei Potsdam«.
Berliner Zeptermarke, unterglasurblau, Prägeziffern 20 und 8.
Untertasse:
Glanzgoldfriese, Fries mit radiertem Rankendekor.
Berliner Zeptermarke, unterglasurblau, Prägeziffer 28.
H. 7,5 cm/D. 14,5 cm

DM 4000,–/4200,–

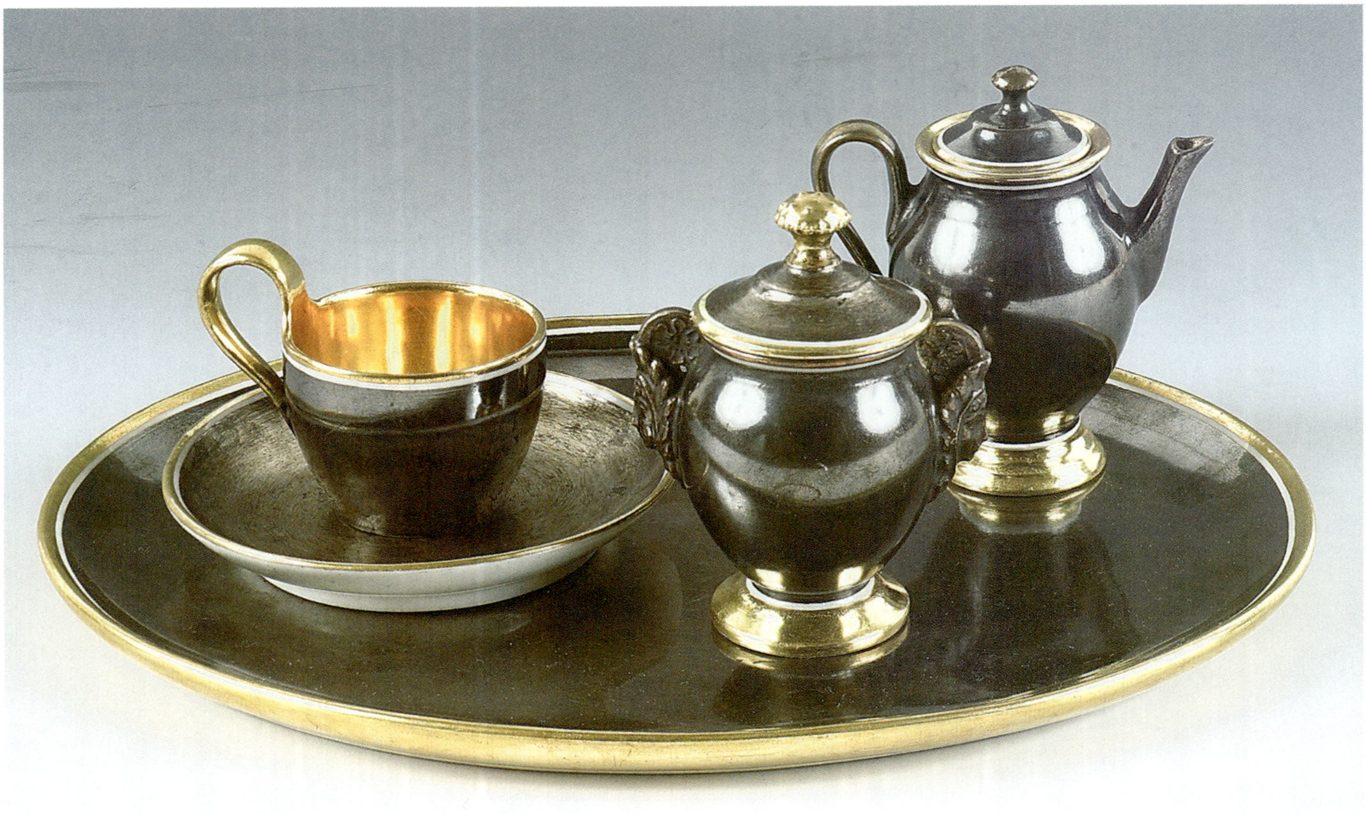

47

Wien, 1821/22
Miniatur-Solitaire-Service. Versilberte Wandung, Goldränder, breite Innenvergoldung.
Ovales Tablett (L. 24,3 cm):
Unterglasurblauer Bindenschild, 821, Bossierer L, Ritzzeichen 3.
Bauchige Kaffeekanne (H. 8,6 cm):
Unterglasurblauer Bindenschild, Preßziffer 55, 822.
Zuckerdose in Urnenform mit zwei Frauenmaskarons (H. 8,3 cm):
Unterglasurblauer Bindenschild, 822.
Tasse in Campanerform (H. 5 cm):
Unterglasurblauer Bindenschild, Weißdrehernummer 34.

Zusammen DM 2500,–/2800,–

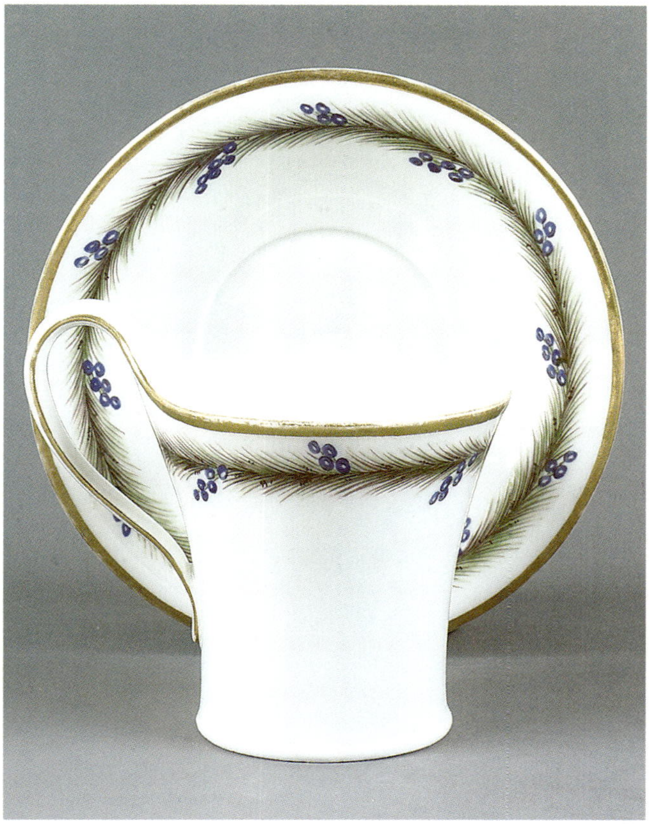

48

Berlin, KPM, 1817–1823
Campanerform, konisch mit Campanerhenkel. Goldränder, am Lippenrand farbige Blattbordüre mit blauen Blüten.
Berliner Zeptermarke, unterglasurblau, Malernummer 30, roter Strich, vier Punkte, geprägt 33 und U.
Dazugehörige Untertasse:
Goldrand, Blumenbordüre.
Berliner Zeptermarke, unterglasurblau, Malernummer 30, roter Strich, vier Punkte, geprägt 33 und U.
H. 8,5 cm/D. 13,5 cm

DM 1700,–/1900,–

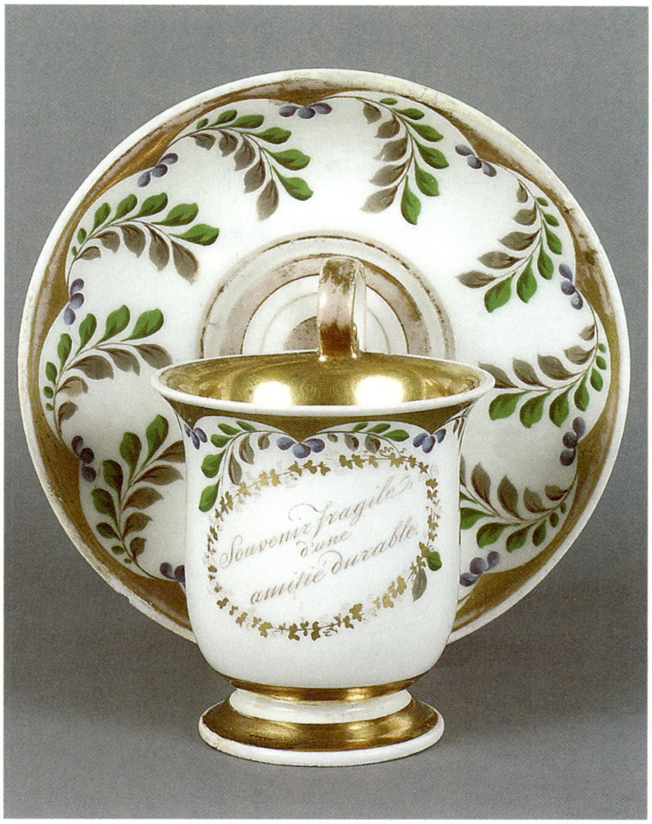

49

Wien, 1825
Glockenbecherform auf eingezogenem, teilvergoldetem Standring; hochgezogener, vergoldeter Ohrenhenkel. Innen vergoldet, am Mundrand passige Goldkontur, besetzt mit Blattwedeln und blauen Früchten, schauseitige Ovalreserve mit goldener Rankenkontur und Inschrift »Souvenir fragile d'une amitié durable«.
Unterglasurblauer Bindenschild, 825, 12, 18, goldene Malernummer 137.
Dazugehörige Untertasse:
Gemuldete Fahne, leicht vertiefter Spiegel. Passiger Goldrand, besetzt mit Blattwedeln und blauen Früchten.
Unterglasurblauer Bindenschild, 825, 5, geritzt 3, Malernummer 137.
H. 7,4 cm/D. 13,7 cm

DM 300,–/400,–

Tasse berieben und bestoßen.

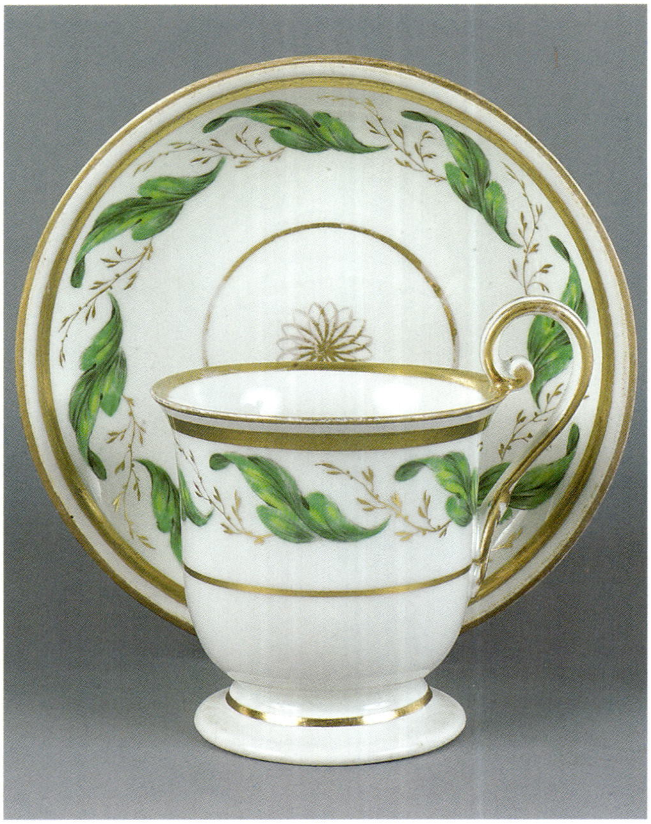

50

Wien, 1817
Glockenbecherform auf geweitetem Standring. Ausgestellter Lippenrand, hochgezogener Volutenhenkel mit Blattansatz. Auf der oberen Tassenhälfte Ranke aus grünen Blättern und goldenen Zweigen zwischen Glanzgoldlinien.
Unterglasurblauer Bindenschild, gepreßte Zahlen 27, 817, Ritzzeichen W, Malernummer in Grün P 70.
Dazugehörige Untertasse:
Goldränder, Ranke aus grünen Blättern und Goldzweigen, zentrale Goldrosette.
Unterglasurblauer Bindenschild, 12, 813(?), Malernummer in Braun P 70.
H. 7,5 cm/D. 14,8 cm

DM 1500,–/1700,–

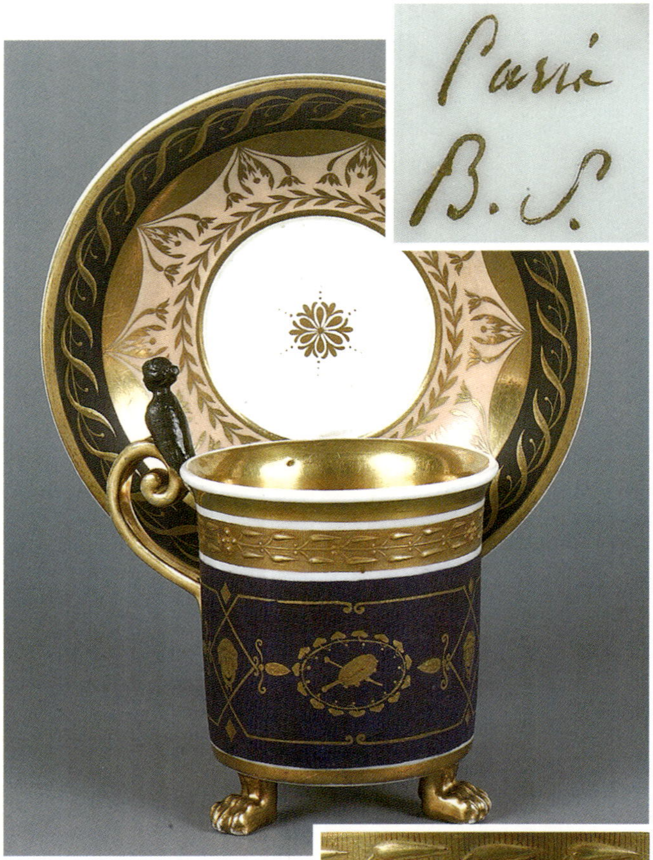

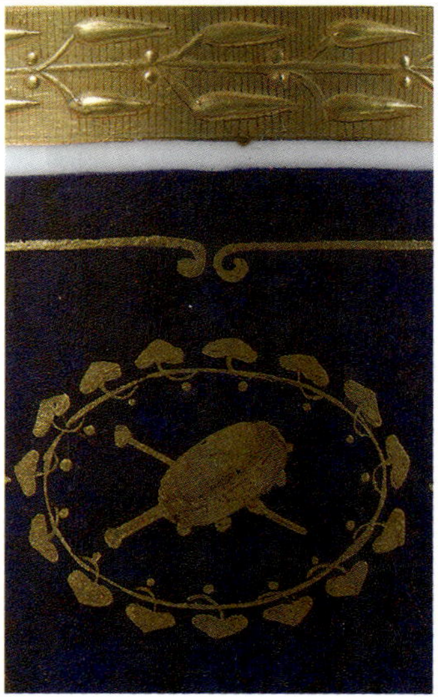

51

Paris, wohl um 1810
Zylindrische Wand auf drei Löwentatzen, geweiteter Lippenrand; hochgezogener Volutenhenkel mit plastischer schwarzer Harpye. Innen vergoldet, dunkelblauer Fond, Mattgolddekor, Masken und Musikinstrumente, Reliefgoldbordüre am Lippenrand. Golden beschriftet »PARIS B.S.«.
Untertasse:
Matt dunkelblau, mattgold und roséfarbener Fond, zentrale Goldrosette.
Berliner Zeptermarke, 70 und kreisbekrönte Kreuzform in Schwarz.
H. 9,5cm/D. 13,5 cm

DM 1500,–/1700,–

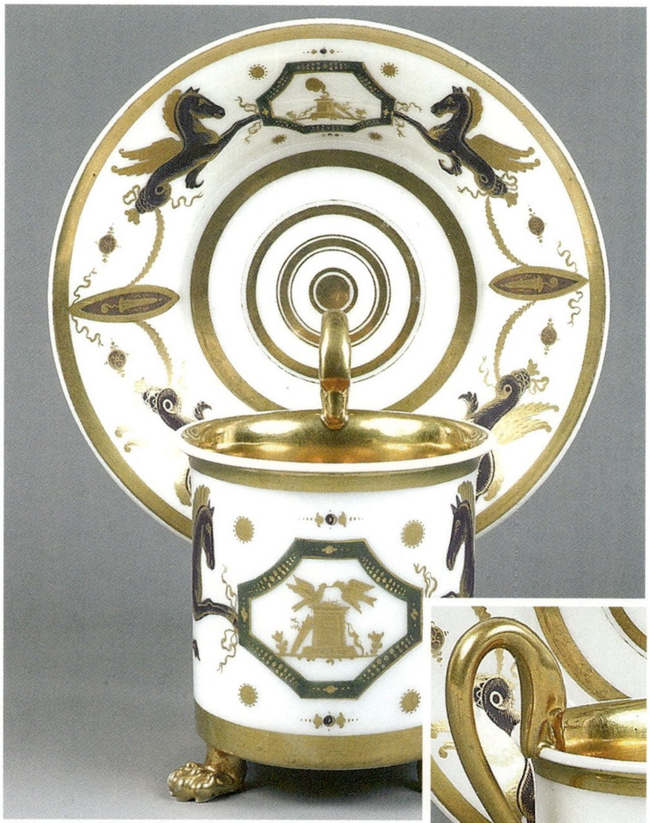

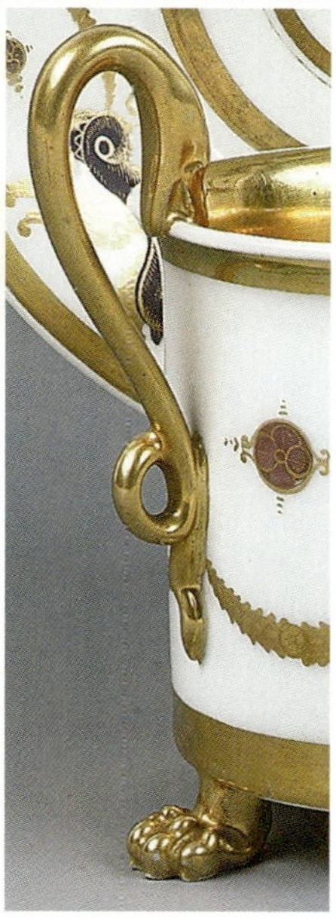

52

Wohl Paris, um 1810

Zylindrisch, auf drei Löwentatzen mit leicht geweitetem Lippenrand; vergoldeter, hochgezogener Schlangenhenkel. Innen glanzvergoldet, weiß glasiertes Porzellan mit zwei Fabeltier-Darstellungen in Blau und Gold mit Fischkörper, grün gerahmte Kartusche mit goldenem Gedenkstein, Vögeln sowie Bogen und Köcher.
Dazugehörige Untertasse:
Im Spiegel konzentrische goldene Kreise, auf der Fahne vier Fabeltiere in Blau und Gold und zwei grüne Kartuschen mit Opferaltar.
Ritzzeichen »a«.
H. 7,8 cm/D. 14,5 cm

DM 1400,–/1600,–

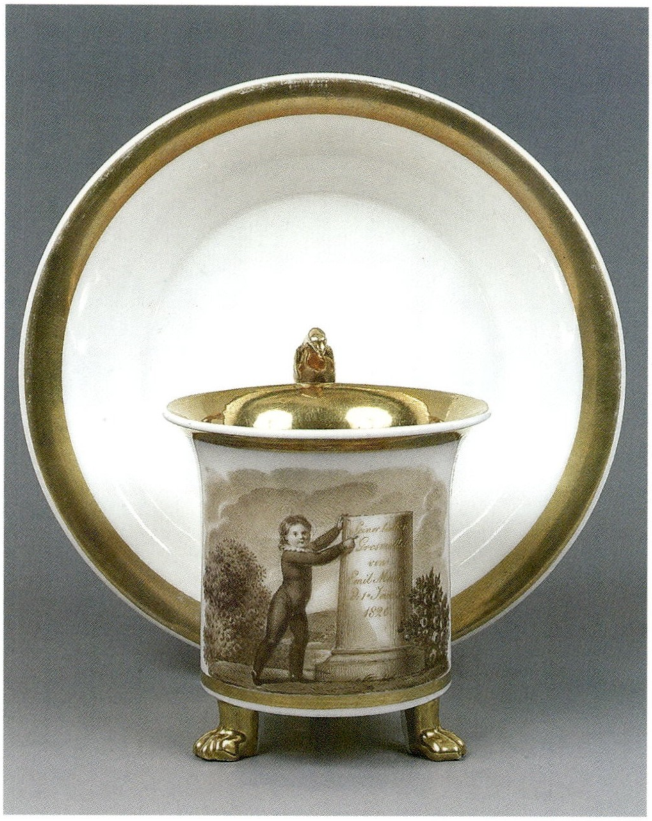

53

Ludwigsburg, um 1820

Zylindrisch mit geweitetem Lippenrand auf drei goldenen Löwenpranken; hochgezogener, vergoldeter Adlerhenkel. Weiß glasierter Fond mit Landschaft in Sepia-Malerei mit einem Knaben, der auf einen Säulenstumpf hinweist. Inschrift in Gold: »Seiner lieben Grosmutter von Emil Moser 21 Jäner 1820«.
Tasseninneres glanzvergoldet.
Goldmarke »WR« bekrönt.
Untertasse (nicht dazugehörig):
Weiß glasiertes Porzellan mit breitem Goldrand.
H. 8,4 cm/D. 16,2 cm

DM 2200,–/2500,–

Untertasse mit Haarriß in der Fahne.

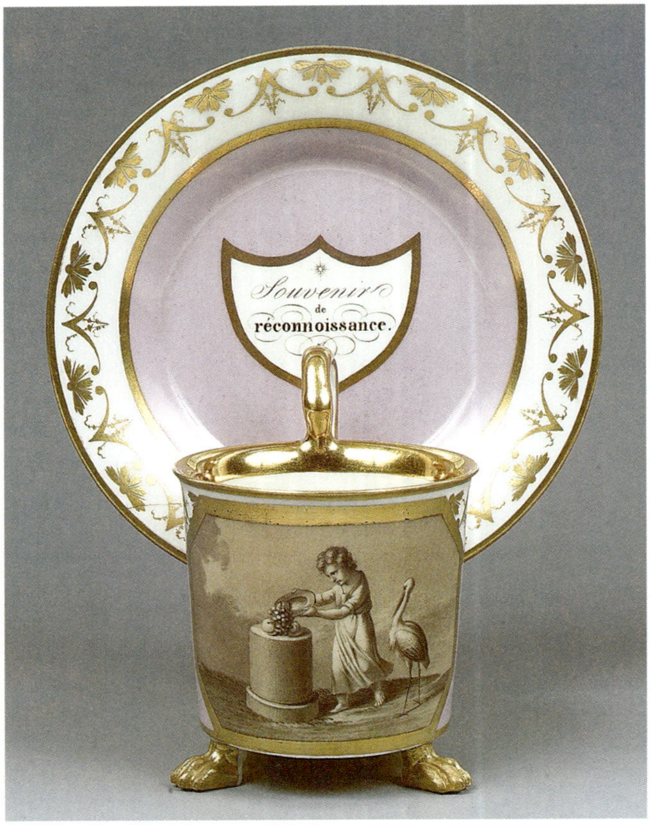

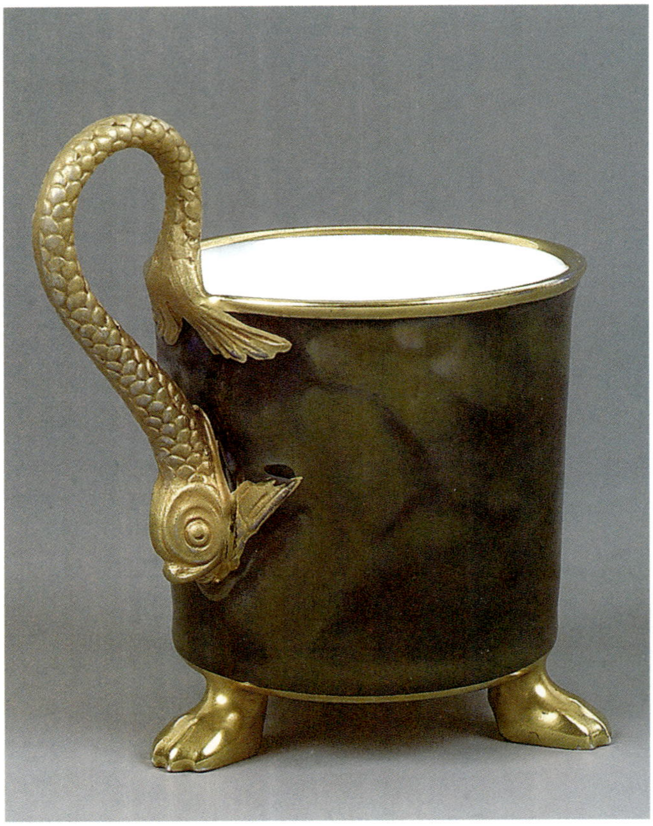

54

Wien, 1827
Zylindrisch, auf drei Löwentatzen. Geweiteter Lippenrand, hochgezogener Schlangenhenkel. Blaßlila Fond, darüber goldene Ornamentborte auf Weiß, schauseitig goldgerahmte, oktogonale Reserve mit der Brauncamaieu-Darstellung eines Kindes, das Früchte auf einem Säulenaltar darbringt: daneben ein Storch.
Unterglasurblauer Bindenschild, 827, Malernummern 56, 74.
Dazugehörige Untertasse:
Fahne weiß mit Goldornament, im Spiegel lila Fond mit schildförmiger Reserve und Inschrift »Souvenir de réconoissance«.
Unterglasurblauer Bindenschild, 827, 12, 5. Malernummern 56 und 74.
H. 9,5 cm/D. 14,5 cm

DM 1400,–/1600,–

Untertasse restauriert.

55

Böhmen, um 1890
Zylindrischer Körper auf drei vergoldeten Löwentatzen; hochgezogener, plastischer, vergoldeter Fischhenkel. Mundrand vergoldet, Wandung mit serpentinartigem Fond.
Unterglasurblauer bekrönter Bindenschild (Manufaktur Wahliss).
H. 7,5 cm

DM 500,–/600,–

Vgl. Kat.-Nr. 116, Wiener Originaltasse.

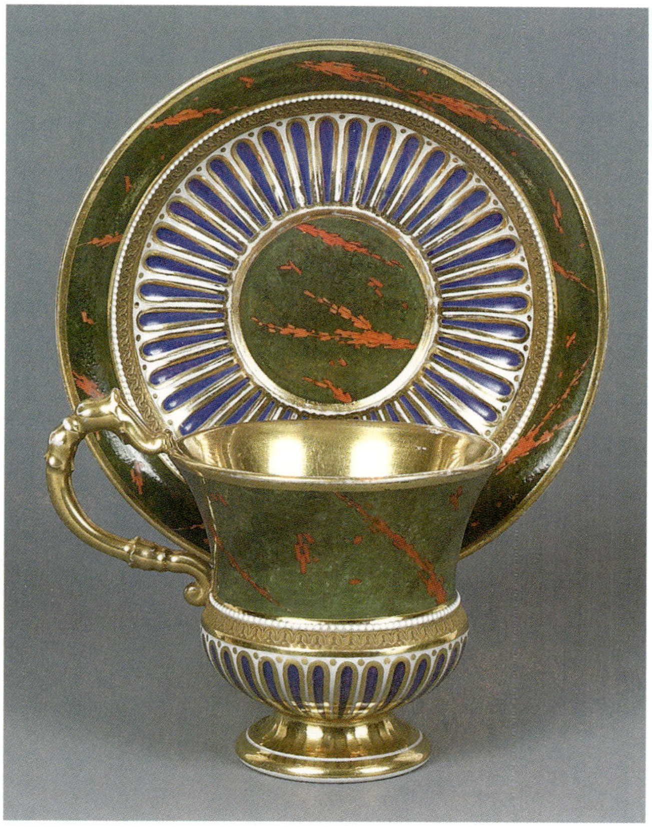

56

Berlin, KPM, Mitte 19. Jahrhundert
Gebaucht, ausschwingender Lippenrand, eingezogener Standring; plastischer, vergoldeter Henkel. Unten facettenartig reliefiert, in Gold und Blau bemalt, Wandung mit Halbedelsteindekor, innen halb vergoldet.
Unterglasurblaue Berliner Zeptermarke, Aufglasur: »Den 2ten März 1853« in Gold.
Dazugehörige Untertasse:
Spiegel und Zentrum mit Halbedelsteindekor, dazwischen facettenartig reliefiert in Gold und Blau.
Unterglasurblaue Berliner Zeptermarke, Blindprägung 28.
H. 7,8 cm/D. 14,8 cm

DM 3200,–/3800,–

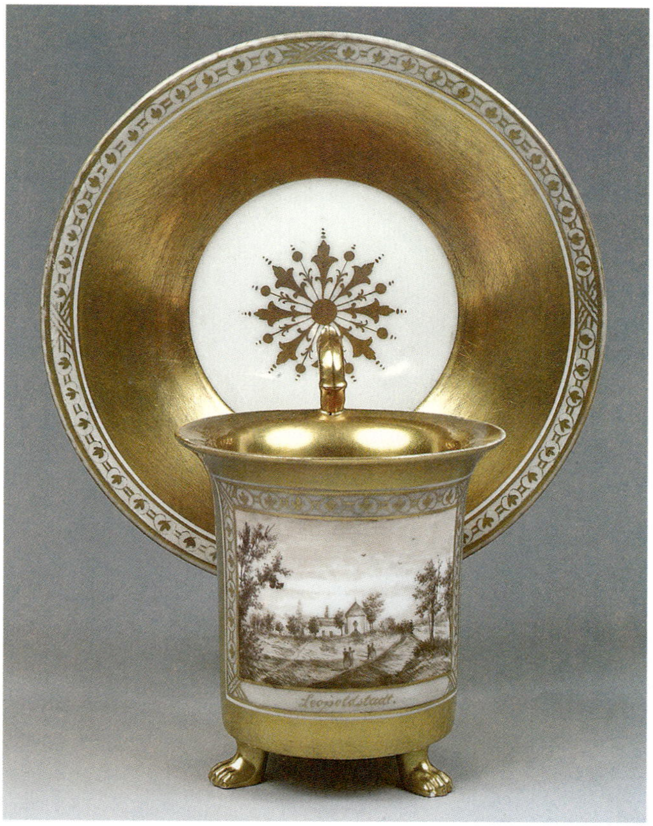

57

Böhmen, um 1880
Zylindrisch auf drei Löwenklauenfüßen, geweiteter Lippenrand; hochgezogener Henkel mit Akanthus-Ansätzen und Vogelkopf in Volute. Wandung innen und außen glanzvergoldet, schauseitige Rechtecksreserve mit Grisaille-Landschaft, bezeichnet »Leopoldstadt« (II. Bezirk Wien).
Unterglasur gefälschter Bindenschild, Preßmarke 80.
Dazugehörige Untertasse:
Geschwungene Fahne, vergoldet, am Rand Blattbordüre, Spiegel flach und weiß mit Goldrosette.
Unterglasurblauer, gefälschter Bindenschild, geprägt 809.
H. 11 cm/D. 16,4 cm

DM 1700,–/1900,–

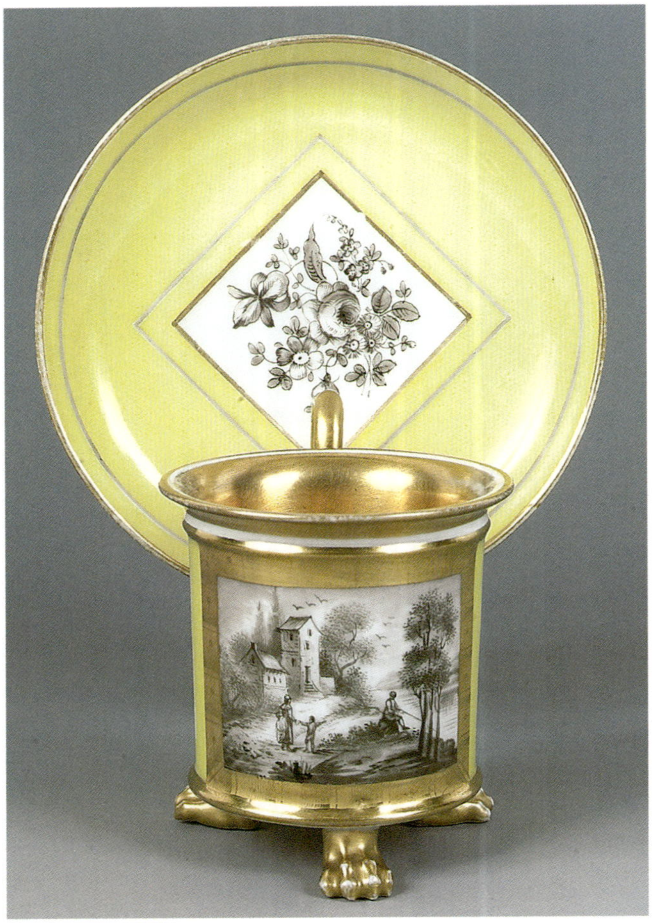

58

Frankreich, Sèvres, um 1820
Zylindrischer Körper auf drei Löwenpranken, Lippenrand geweitet, hochgezogener, reliefierter vergoldeter Henkel mit Akanthus-Ansatz. Wandung mit zwei Musikinstrumenten-Reserven über gelbem Fond. Schauseitige Rechtecksreserve, figurenstaffierte Grisaille-Landschaft.
Aufglasur in Rot: »M. Imple de Sèvres«.
Dazugehörige Untertasse:
Gelber Fond mit rechteckiger Blumenbukett-Reserve in Grisaille.
Aufglasur in Rot: »M. Imple de Sèvres«.
H. 7 cm/D. 12,5 cm

DM 2000,–/2400,–

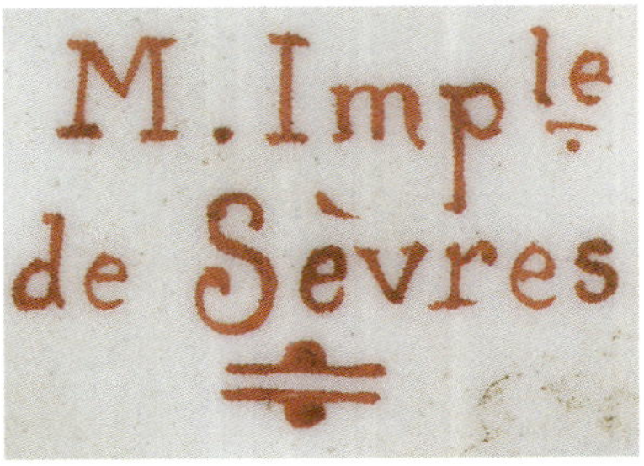

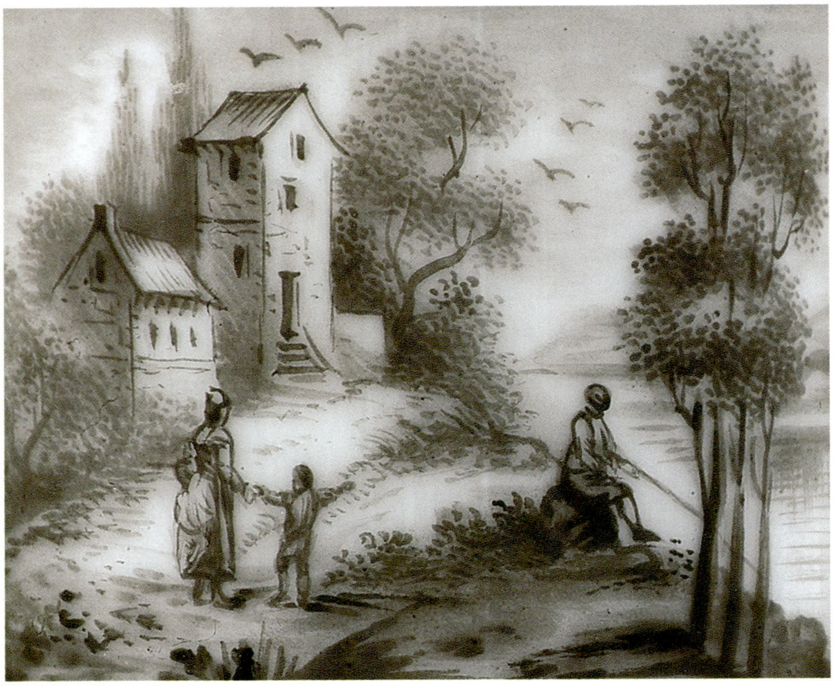

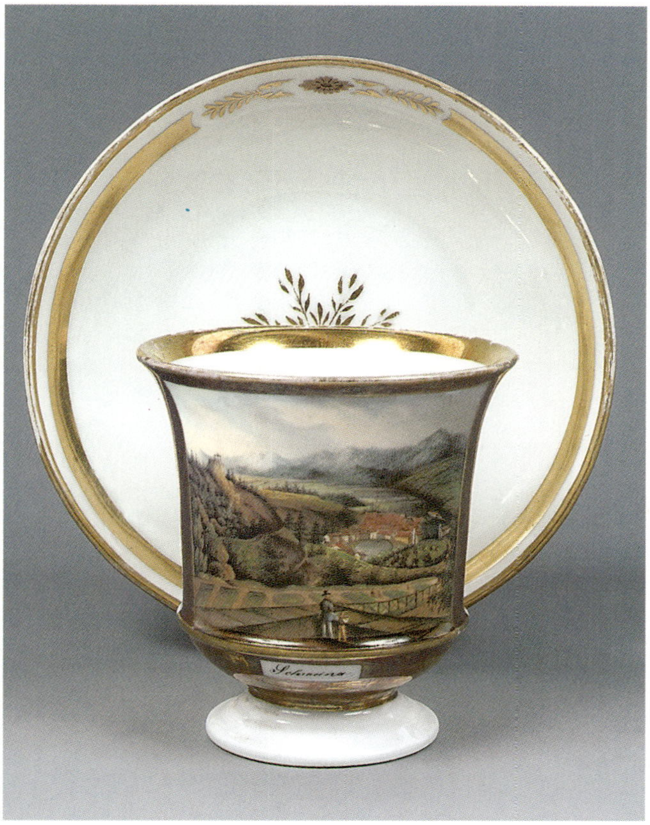

59

Thüringen oder Nymphenburg, Anfang 19. Jahrhundert
Glockenbecherform auf ausgestelltem Rundfuß; Volutenhenkel. Schauseitig goldgerahmte Rechtecksreserve mit polychromer Ansicht, Ziervergoldung. Bezeichnet »Schweina«.
Untertasse:
Goldränder, zentrales Floralmotiv in Gold.
Schwertermarken und »I«.
H. 8 cm/D. 13 cm

DM 1000,–/1200,–

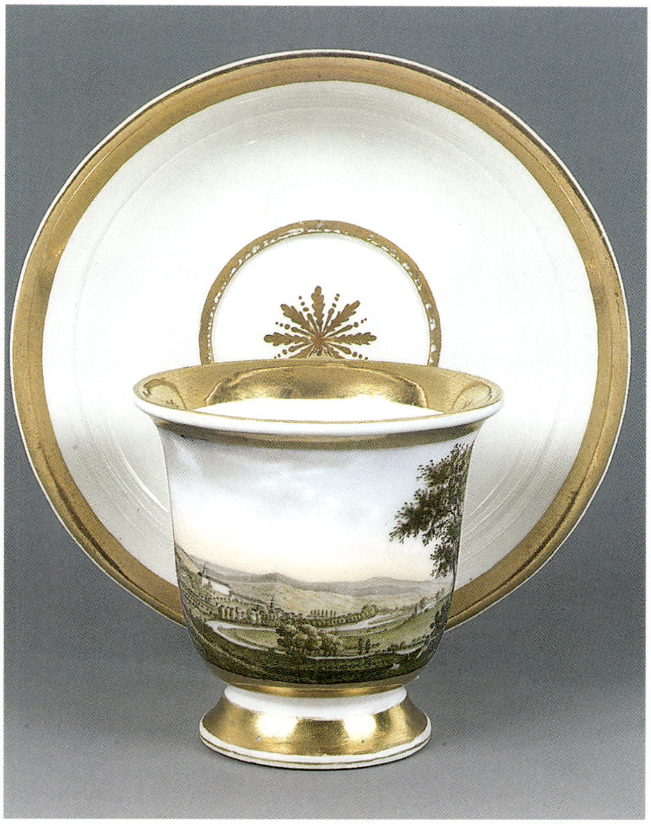

60

Wohl Thüringen, um 1830
Glockenbecher auf geweitetem Standfuß, seitlich angesetzter antikisierender Volutenhenkel. Goldränder, schauseitig polychrome Landschaftsreserve mit Flußlauf, bezeichnet »Rudolstadt«.
Untertasse (nicht dazugehörig):
Gemuldet, Spiegel vertieft. Vergoldeter Rand, goldene Mittelrosette.
Unterglasurblaues F (Fürstenberg), 26, Preßzeichen 20 und E.
H. 7,2 cm/D. 13,5 cm

DM 1800,–/2000,–

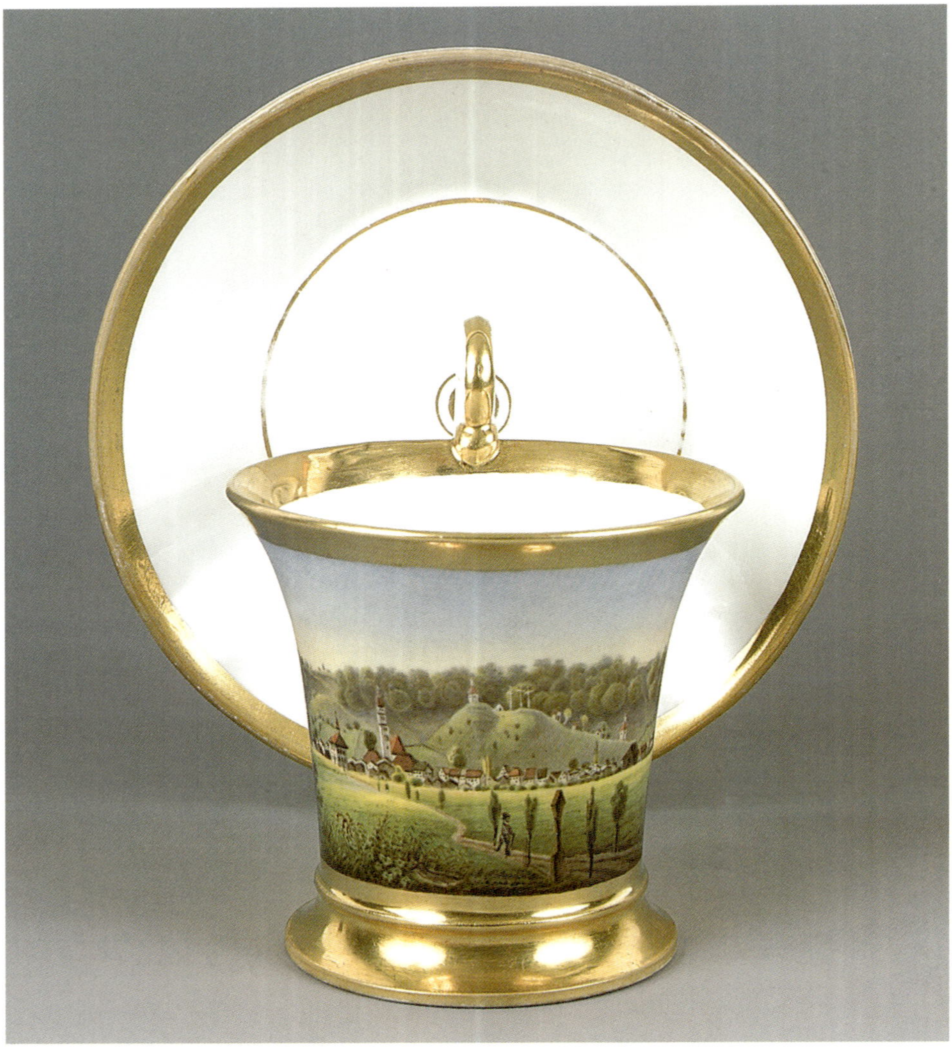

61

Nymphenburg, 1820–1835
Konische Trompetenform auf durch Profilring abgesetztem, geweitetem und vergoldetem Standring; hochgezogener, glanzvergoldeter Volutenhenkel mit Vogelkopf. Lippenrand beidseitig vergoldet, goldgerahmte, polychrome Landschaft mit dörflicher Ansicht, im Vordergrund Weg mit Wanderer.
Im Boden schwarze Inschrift: »Andenken von Fr. Bockhorni 1843«.
Geprägtes Rautenschild, Ritzzeichen 3, 75.
Untertasse:
Konische Wand, Stand glanzvergoldet, Fahne weiß, Spiegel mit Goldrand und zentraler Goldscheibe, geprägter Rautenschild, Prägezeichen 10, Ritzmarke 5.
H. 7,1 cm/D. 13,3 cm

DM 4400,–/4800,–

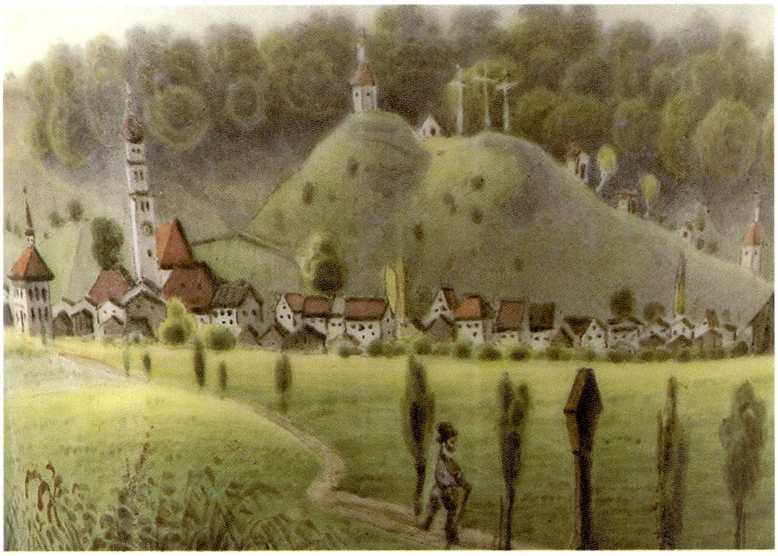

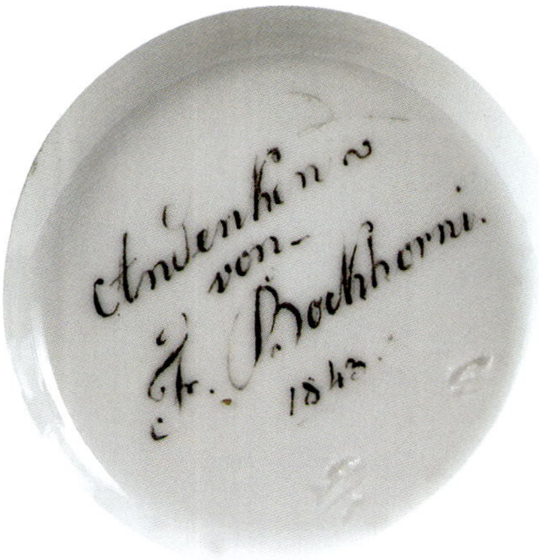

62

Nymphenburg, 1810–1850
Konische Trompetenform auf durch Profilring abgesetztem, geweitetem und vergoldetem Standring; hochgezogener, glanzvergoldeter Volutenhenkel mit Vogelkopf. Schauseitig goldgerahmte Rechteckskartusche mit polychromer Ansicht von München mit Personenstaffage; schwarzer Tassenboden.
Geprägter Rautenschild, geprägt T und 5, bezeichnet »München«.
Untertasse:
Konische Fahne mit breitem Goldrand. Unterglasurblauer Rautenschild mit Krone, geprägter Rautenschild, 550 und 1/2 geprägt.
H. 9 cm/D. 13,2 cm
DM 4500,–/5000,–

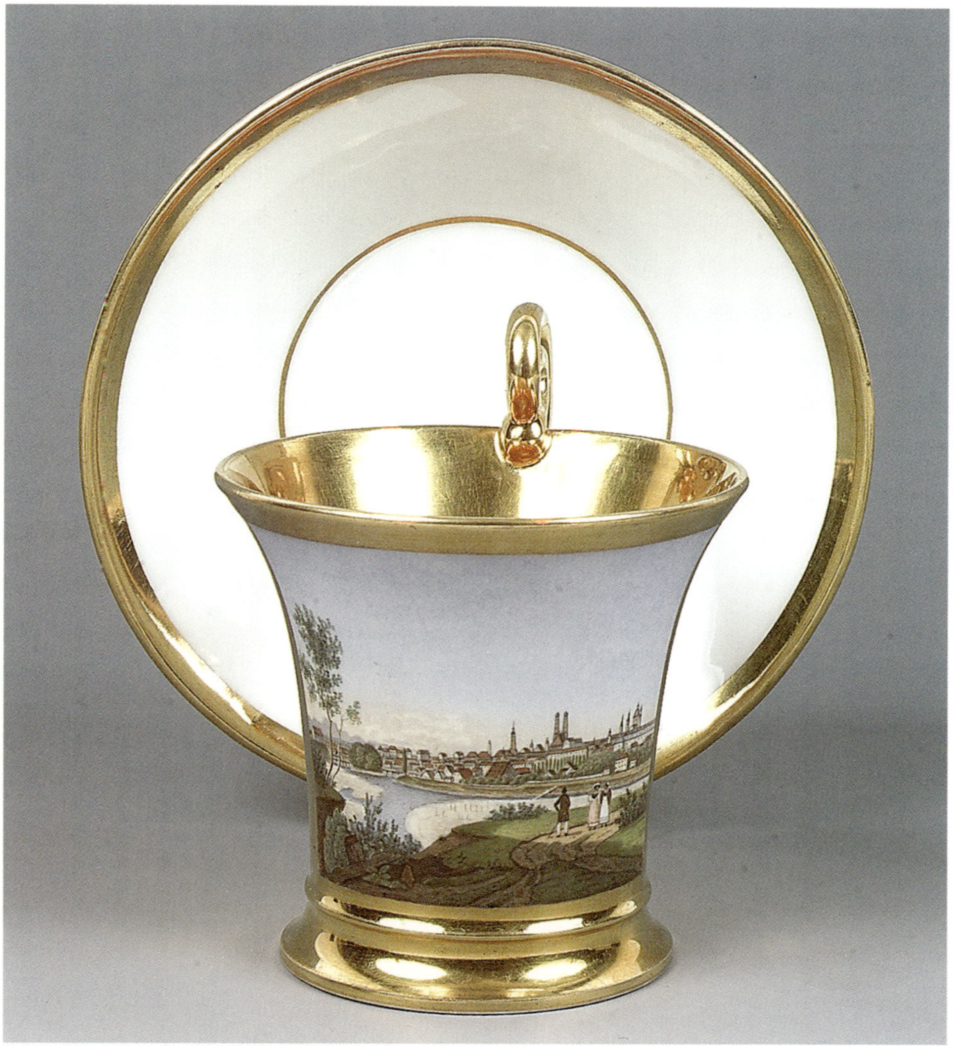

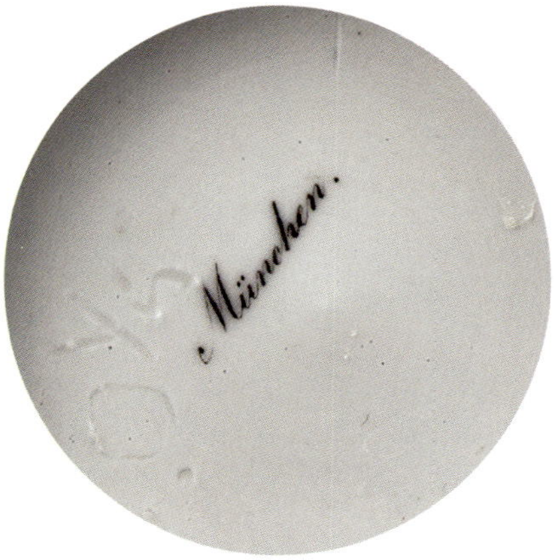

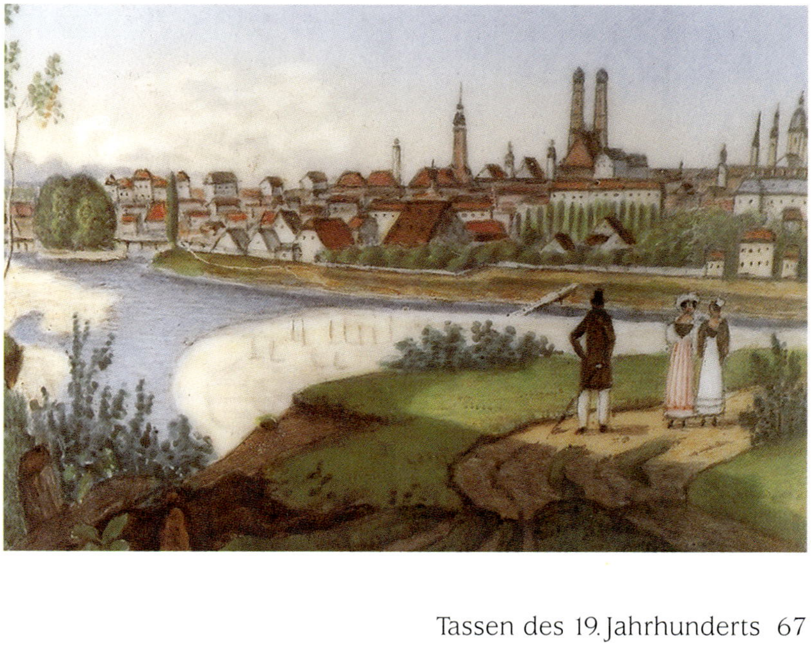

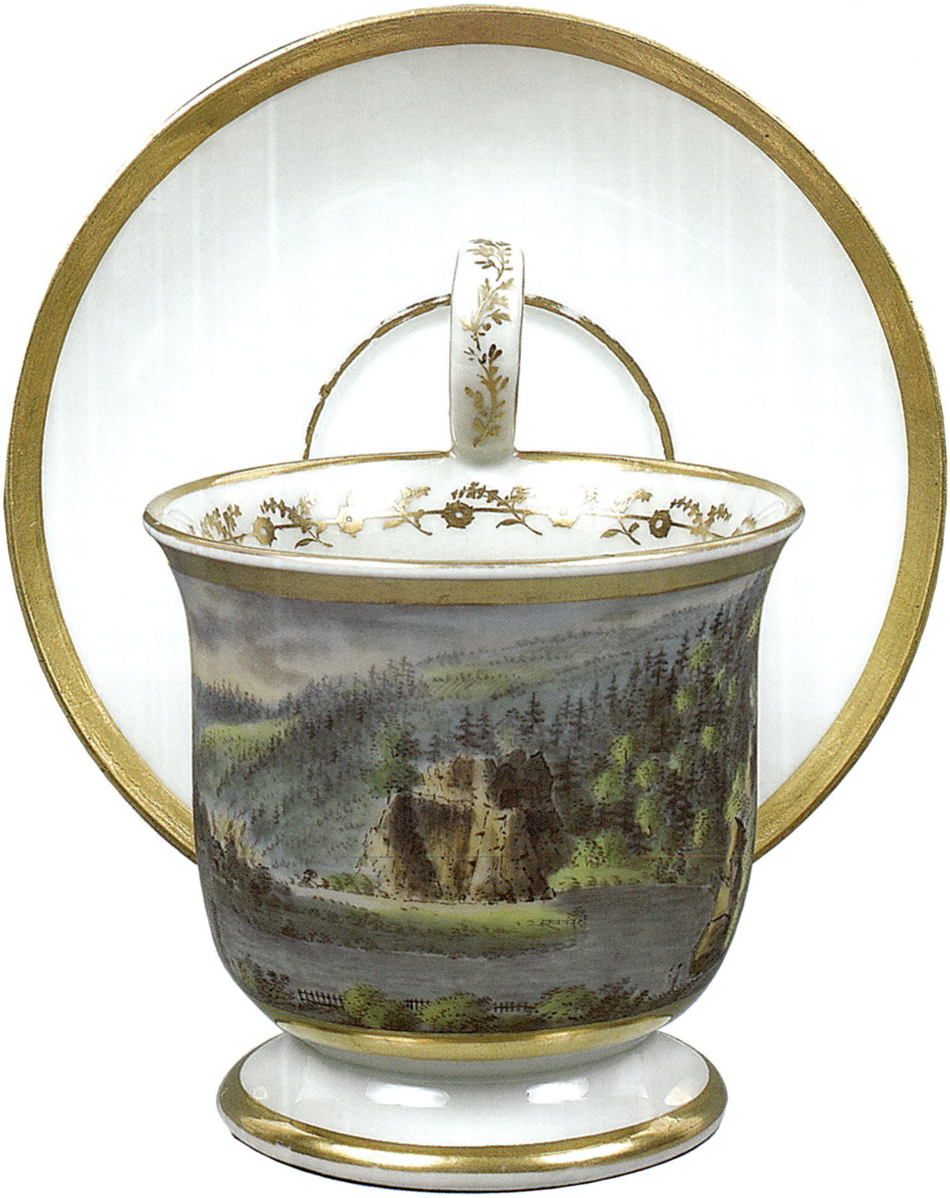

63

Elbogen, um 1820

Glockenbecher auf geweitetem Standfuß; hochgezogener Volutenhenkel mit Goldornament. Innen florales Kantenband in Gold; weißer Tassenkörper. Schauseitig querformatige Reserve mit polychromer Flußlandschaft zwischen bewaldeten Berghängen.
Unterglasurblaue Marke, geprägt 820.
Bezeichnet: »Nouvelle promenade d'Elbogen«.
Untertasse:
Hochgezogene Kante, gemuldet. Goldrand, Goldborte mit Ornament, zentrale Goldrosette.
Unterglasurblaue Marke, geprägt 818, 3.
H. 7,5 cm/D. 13,5 cm

DM 1600,–/1800,–

Wien, 1820
Konisch; eingezogener und abgesetzter, vergoldeter Standring, geweiteter Lippenrand. Hochgezogener, vergoldeter Löwenkopfhenkel mit Palmettenansatz. Innerer Rand mit goldenem Rankendekor, Innenwand vergoldet. Blauer Fond mit Golddekor, umlaufende polychrome Ansicht. Am Tassenboden bezeichnet »Vue des Avenues et de l'entrée de l'Augarten«. Straße perspektivisch, links Parktor, rechts Kirche und Palais, reiche Personenstaffage. Unterglasurblauer Bindenschild, Prägezahlen 820 und 12, Goldmalernummer 13.
Nicht dazugehörige Untertasse:
Stiefmütterchen im Spiegel, Fahne mit breitem, doppeltem Goldrand.
Unterglasurblauer Bindenschild, Prägezahlen 825, 27, 16, Ritzzeichen Maler 137 (Joseph Geyer).
H. 7 cm/D. 14,5 cm

DM 2700,–/3000,–

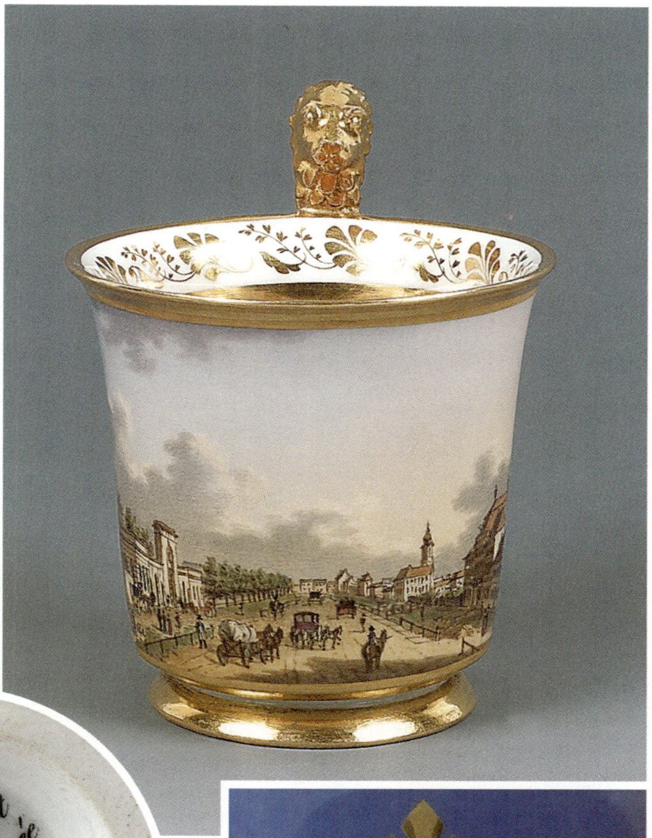

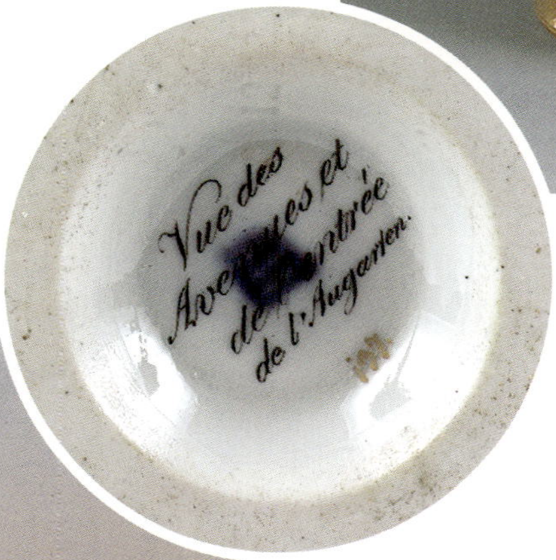

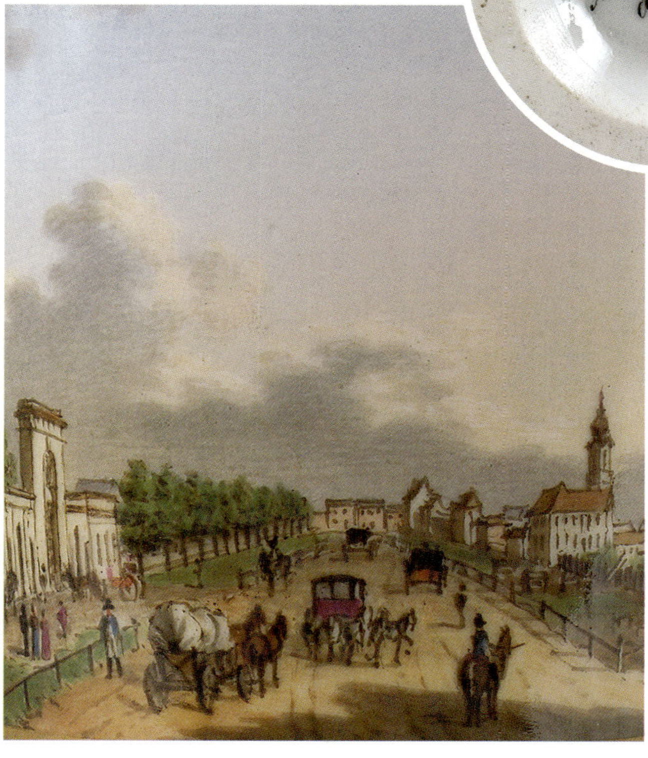

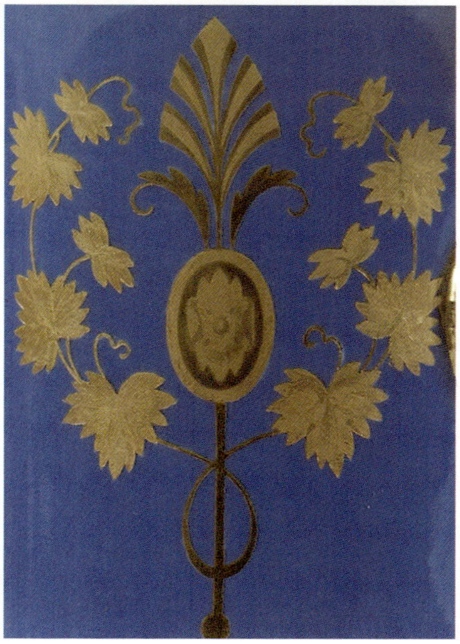

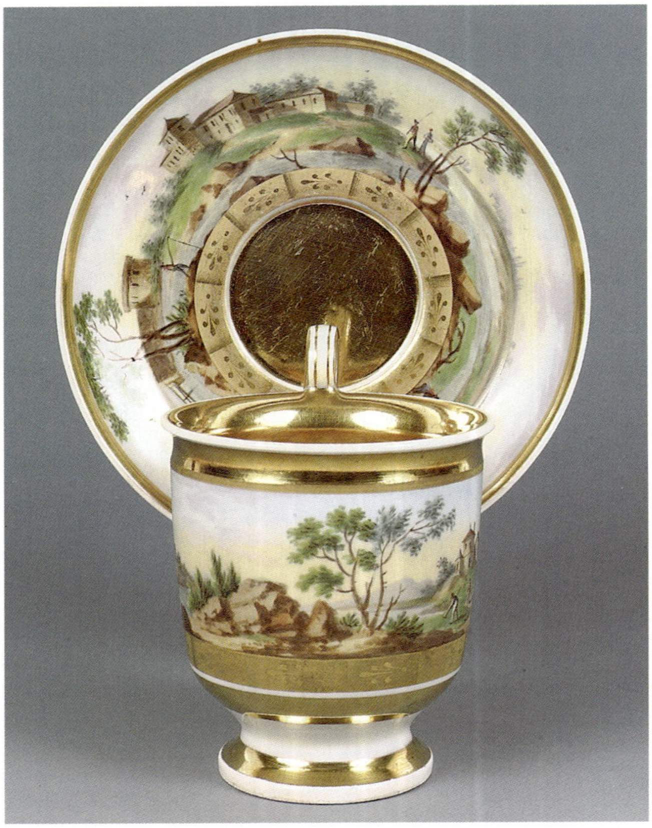

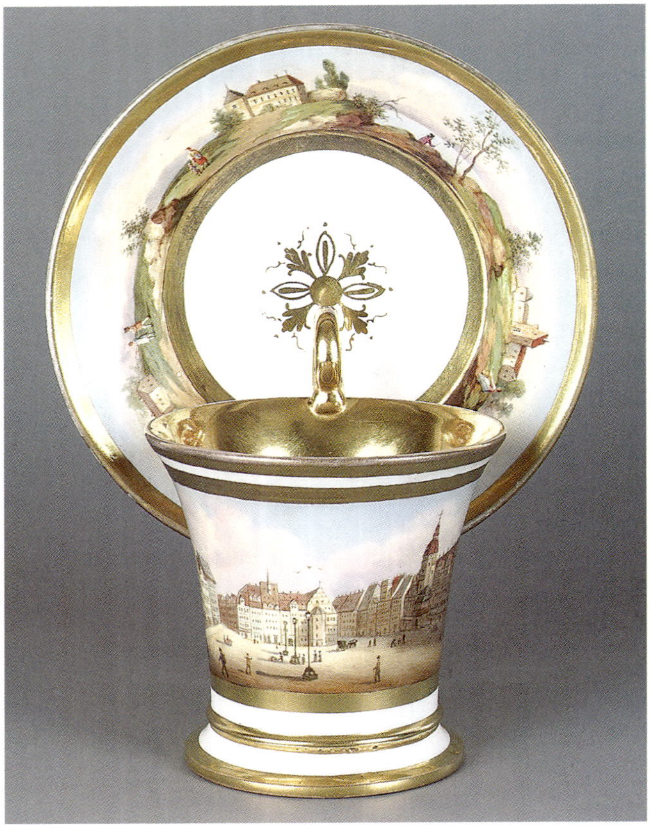

65

Wien, 1826

Leicht gebauchter Körper auf eingezogenem, goldgehöhtem Standring; hochgezogener, geschwungener und goldgehöhter Henkel. Umlaufende polychrome Landschaft, unten begrenzt von radierter Goldbordüre; Innenwand mit Goldblattdekor.
Unterglasurblauer Bindenschild, 826, 9, Ritzzeichen 3.
Dazugehörige Untertasse:
Auf der Fahne umlaufende polychrome Landschaft, goldener Spiegel, umrahmt von mattgold radierter Bordüre.
Unterglasurblauer Bindenschild, 7, 40, 826, geritzt 3.
H. 9,5 cm/D. 13,5 cm

DM 3900,–/DM 4200,–

66

Nymphenburg, um 1830

Konische Trompetenform auf durch Profilring abgesetztem, geweitetem und vergoldetem Standring; hochgezogener, glanzvergoldeter Volutenhenkel mit Vogelkopf. Innen vergoldet, auf der Wandung umlaufende polychrome Panorama-Ansicht des Marktplatzes von Leipzig.
Bezeichnet in Gold: »Der Marktplatz in Leipzig.«
Untertasse:
Fahne mit umlaufender, polychromer, figurenstaffierter Landschaft.
Geprägter Rautenschild.
H. 9 cm/D. 13 cm

DM 4200,–/4600,–

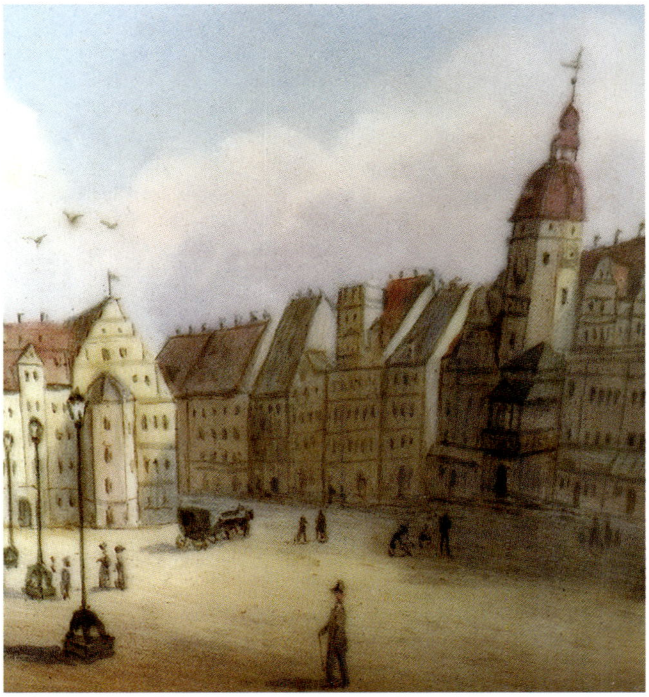

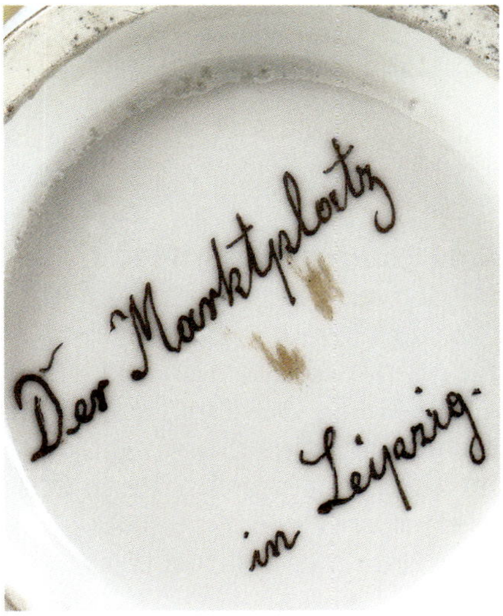

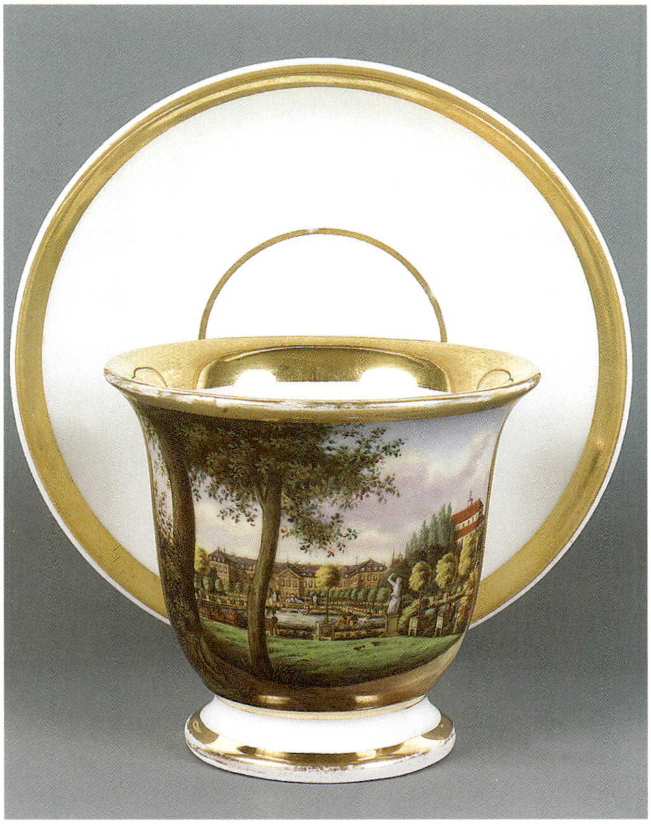

67

Deutsch, um 1880
Glockenförmig, auf ausgestelltem, teilvergoldetem Standring. Schauseitig polychrome Ansicht eines Schloßes mit Garten und Teich.
Dazugehörige Untertasse:
Gemuldete Fahne mit breitem Goldrand, leicht vertiefter Spiegel.
H. 8,5 cm/D. 15,5 cm

DM 500,–/600,–

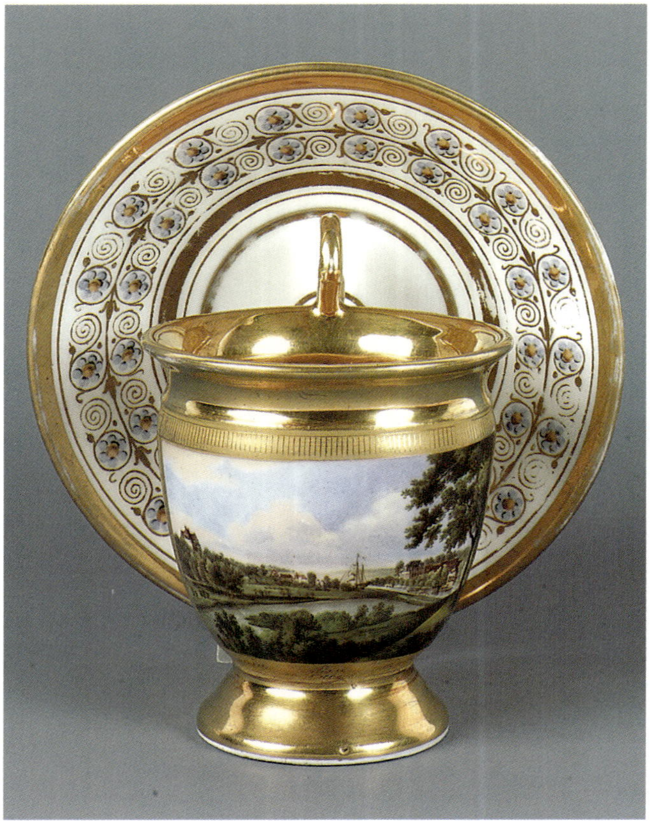

68

Deutsch, 2. Viertel 19. Jahrhundert
Eiförmiger Körper, eingezogener, vergoldeter Standring, geweiteter goldener Lippenrand; hochgezogener Volutenhenkel mit Blattansatz und Löwenkopfmedaillon. Wandung mit Goldgitter und blauen Blüten, rechteckige, goldgerahmte Landschaftsreserve mit Fluß, Häusern und zwei Segelschiffen. Bezeichnet »Ansicht am Ende des Walls bei dem Burgthore in Lübeck«.
Kreisförmige Preßmarke.
Dazugehörige Untertasse:
Vertiefter Spiegel mit Golddekor; in der Fahne blaue Blumen und Goldranken.
H. 8,1 cm/D. 13,5 cm

DM 2100,–/2300,–

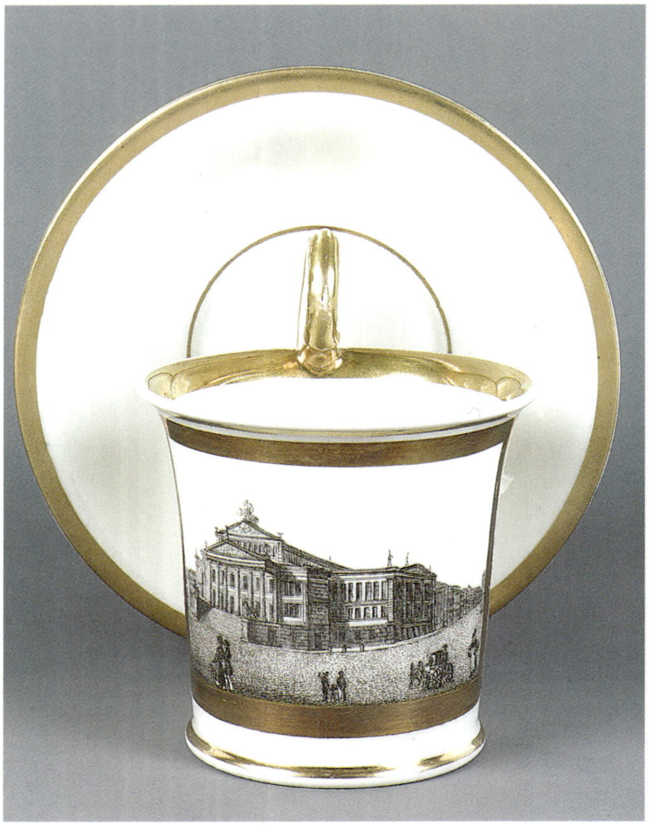

69

Wohl Thüringen, um 1840
Konisch auf vergoldetem Standring, geweiteter, vergoldeter Lippenrand; hochgezogener Volutenhenkel mit Akanthus-Ansatz und Vogelkopf in der Henkelvolute. Weiße Wandung, schauseitig goldgerahmte Rechtecksreserve mit schwarzer, gedruckter Ansicht des alten Schauspielhauses in Berlin.
Ritzmarken 19, 4.
Untertasse (nicht dazugehörig):
Goldränder.
Berliner Zeptermarke, 1, 8, geprägt.
H. 10 cm/D. 13,7 cm

DM 600,–/800,–

Fürstenberg, 1841
Tasse etrurische Form; vergoldeter, geweiteter Standwulst, weiße Wand, an der Lippe innen und außen breiter Glanzgoldrand. Campanerhenkel, außen vergoldet. Rechteckige Goldreserve mit brauner Camaieu-Landschaft, Gebirgsfluß zwischen Felsen und Wald. Datiert »11. Julius 1841.« Unterglasurblaue Fürstenberger Marke und 31. Dazugehörige Untertasse: Geschweifte Fahne, vergoldeter Rand, im Spiegel Goldring. Unterglasurblaue Fürstenberger Marke und 31.
H. 7,1 cm/D. 13,2 cm
DM 3300,–/3600,–

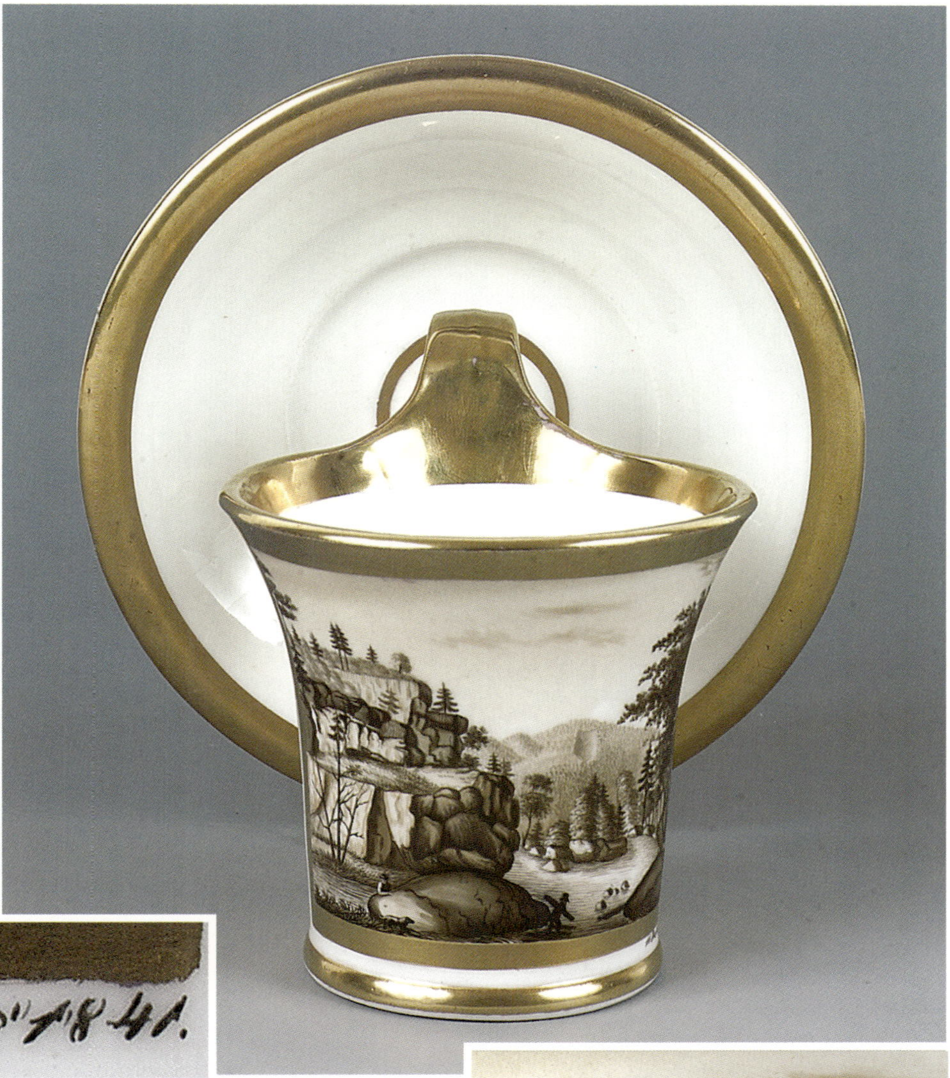

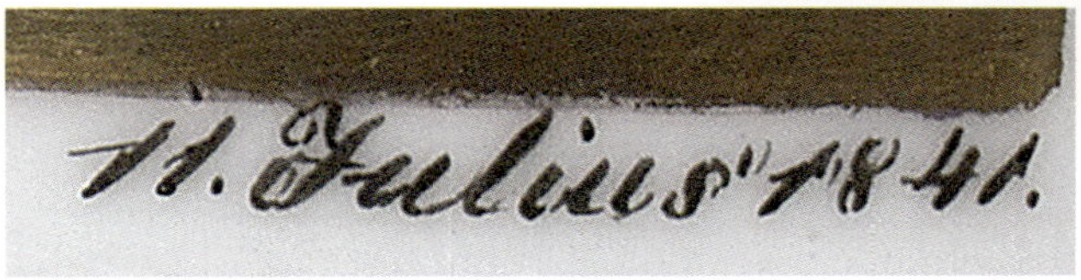

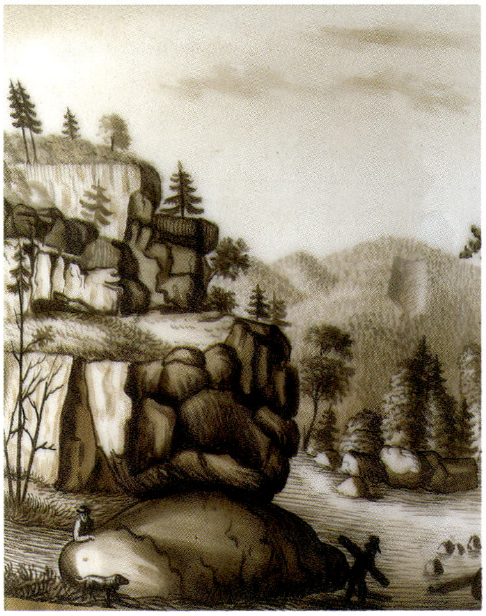

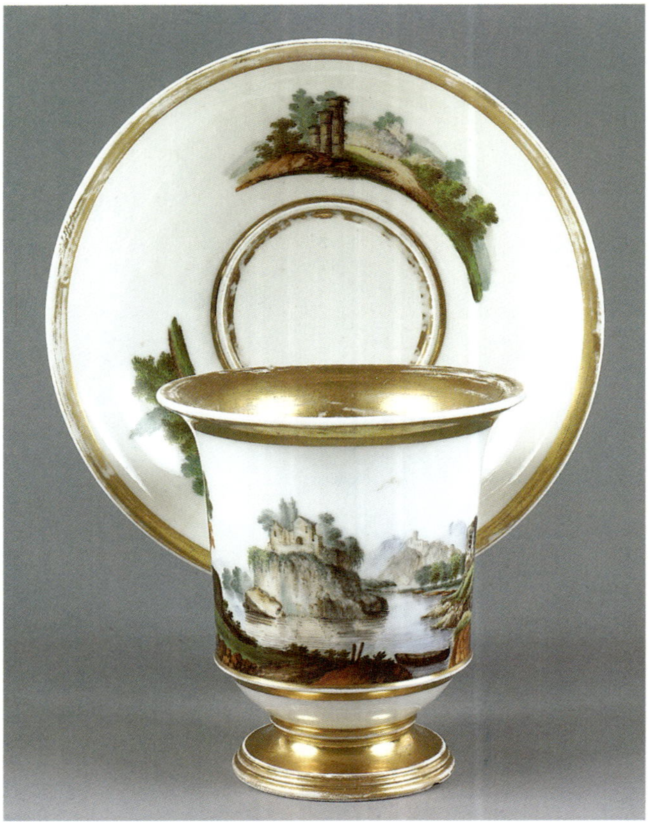

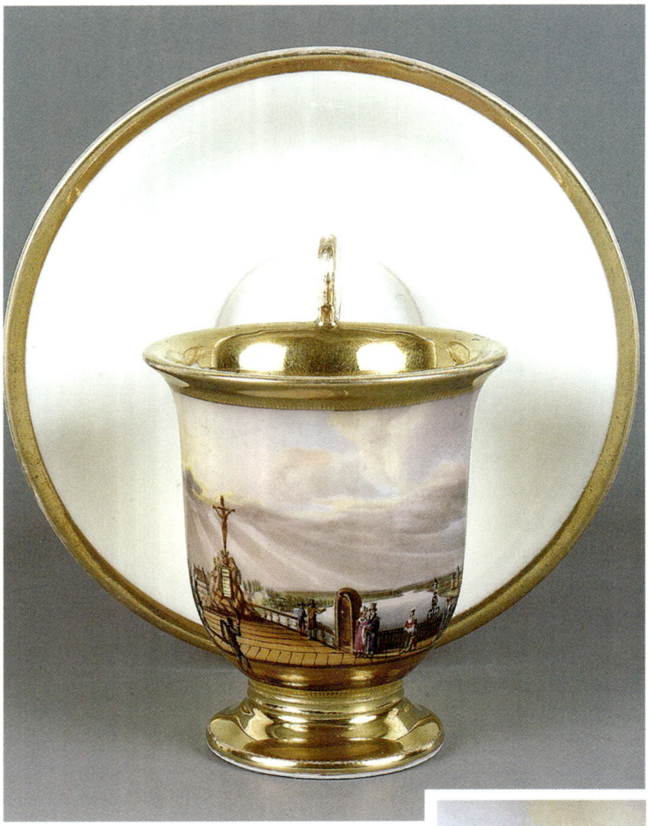

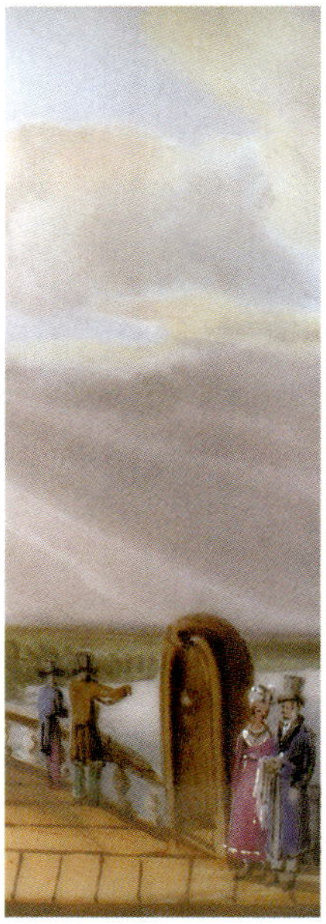

71

Moskau, 2. Viertel 19. Jahrhundert

Gefußte Glockenform auf eingezogenem vergoldeten Stand. Ausgestellter, beidseitig vergoldeter Mundrand; geschweifter Rosettenhenkel. Umlaufende polychrome Flußlandschaft mit Architektur und Boot.

Unterglasurblaue Marke der Manufaktur Gardner in Form dreier Punkte und »G«.

Dazugehörige Untertasse:

Gemuldete Fahne. Goldrand, gegenüberliegende Landschaftsmalerei mit Ruinen und Boot.

Unterglasurblaue Marke der Manufaktur Gardner in Form dreier Punkte und »G«.

H. 9,7 cm/D. 16 cm

DM 2000,–/2300,–

72

Deutsch,
1. Hälfte 19. Jahrhundert

Glockenbecher auf eingezogenem vergoldeten Rundfuß; hochgezogener Volutenhenkel mit Löwenkopf in Rosette. Innen polierte Vergoldung, schauseitige Rechtecksreserve mit polychromer Ansicht einer Brücke mit Kruzifix und reicher Figurenstaffage.

Untertasse (dazugehörig?):

Geschwungene Fahne mit Goldrand. Blindgerägte Preßmarken CF, 420, 1.

H. 10,8 cm/D. 15,2 cm

DM 2600,–/2800,–

73

Wohl Österreich, um 1893
Zylindrisch, auf drei vergoldeten Löwentatzen; plastischer, hochgezogener und vergoldeter Flügelhenkel. Wandung mit dunkelblauem Fond, schauseitig goldgerahmte polychrome Rechtecksreserve mit Straßenansicht.
Unterglasurblauer Bindenschild (gefälscht), bezeichnet »Lichtensteg – Wien«.
Dazugehörige Untertasse:
Konische Fahne mit Goldrand, dunkelblauer Fond, im glatten Spiegel goldener, rechteckiger Rahmen mit farbiger Straßenansicht.
Gefälschter unterglasurblauer Bindenschild, bezeichnet »Salvatorgasse – Wien 93«.
H. 7,3 cm/D. 13,4 cm

DM 1800,–/2000,–

Vgl. W. Neuwirth, Wiener Porzellan, S. 460f., Abb. 571-575: sehr ähnliche gefälschte Tasse. Siehe auch Kat.-Nr. 154 mit identischer Form.

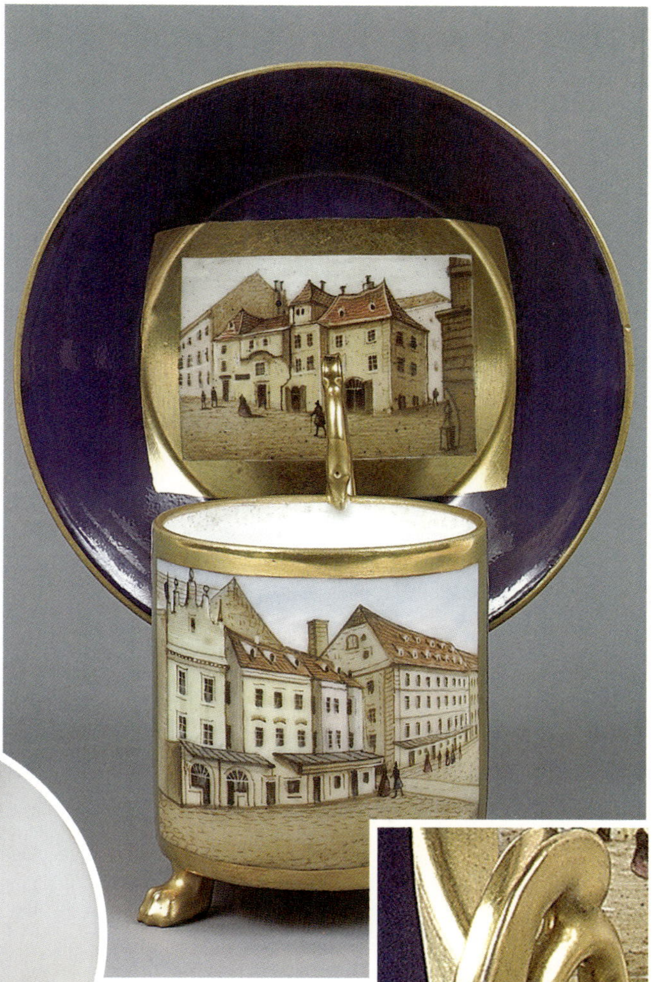

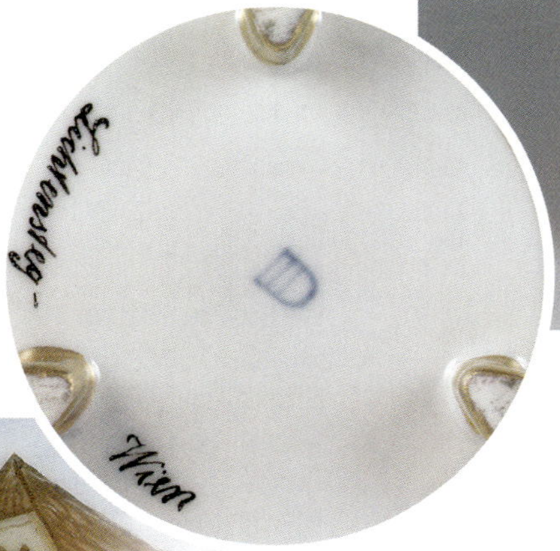

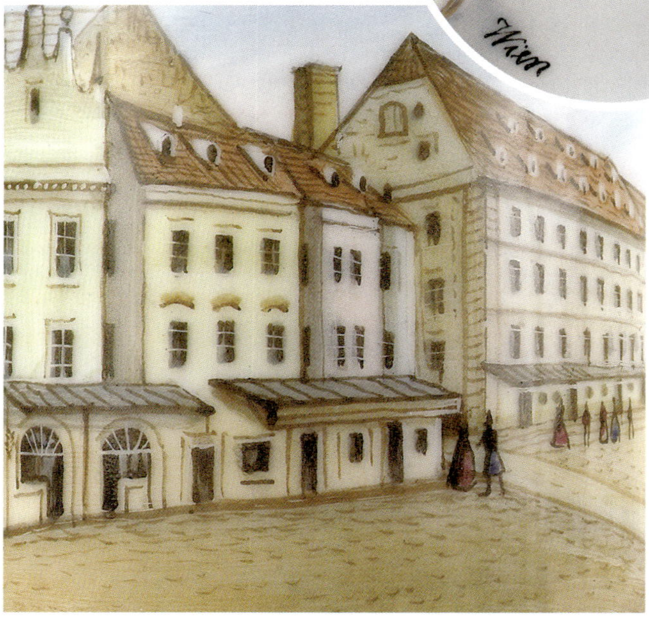

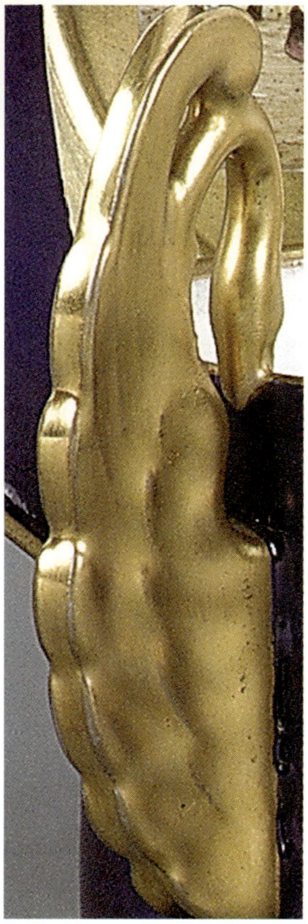

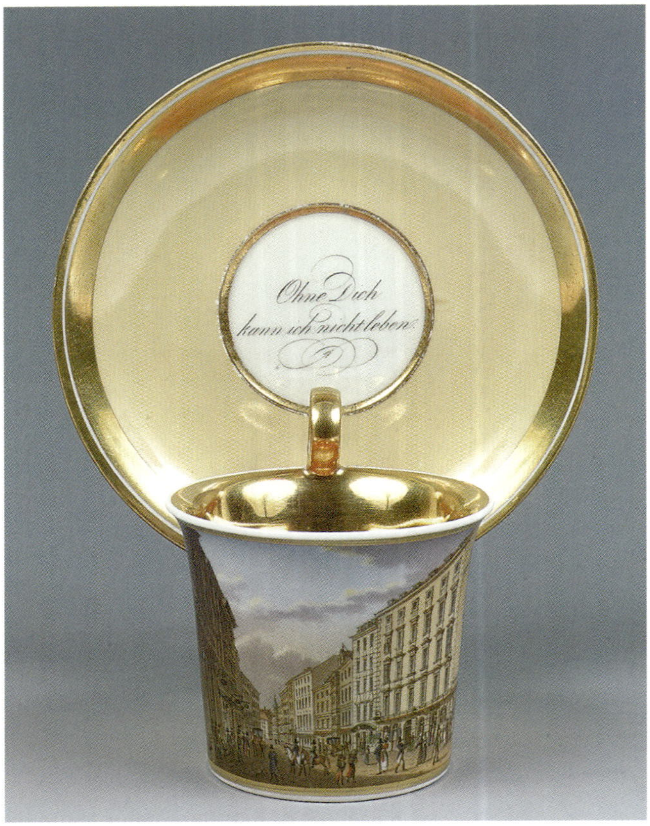

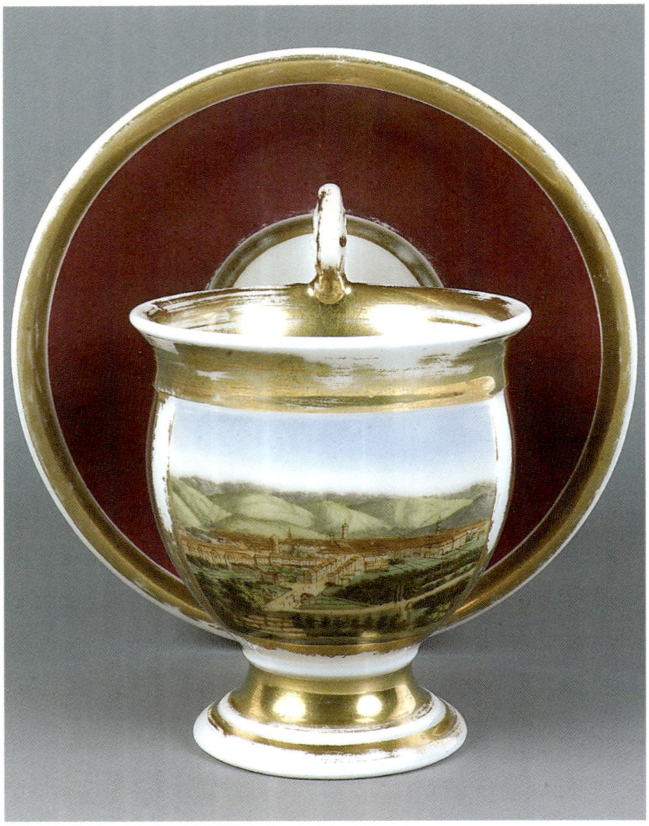

74

Wien, 1827

Konische Wand mit geweitetem Lippenrand; hochgezogener, vergoldeter, glatter Volutenhenkel. Innen vergoldet, weißer Boden; Wandung glanzvergoldet. Rechteckige Bildreserve flankiert von senkrecht matt goldradierten Blattstäben. Polychrome, sehr fein gemalte Straßenszene mit reicher Figurenstaffage.
Unterglasurblauer Bindenschild, Preßmarken 5, 12, 827. Inschrift »Vue du Kohlmarkt rue principale de Vienne«.
Untertasse: Kante glanzvergoldet, Fond beige, Spiegel mit Goldrand und Inschrift »Ohne Dich kann ich nicht leben.«
Glasurblauer Bindenschild, Ritzmarke 3, Preßmarken 7, 825, 28, I.
H. 6,5 cm/D. 14,7 cm **DM 7000,–/8000,–**

75

Deutsch, Mitte 19. Jahrhundert

Glockenbecherform mit ausgestelltem, profiliertem Stand und leicht ausschwingender Lippe; hochgezogener Volutenhenkel, ein Medusenrelief umschließend. Rotvioletter Fond mit breiten, teils beriebenen Glanzgoldrändern. Schauseitig Rechtecksreserve mit polychromer Ansicht von Stuttgart.
Dazugehörige Untertasse:
Gemuldete Fahne mit vertieftem Spiegel. Rotvioletter Fond mit Goldrändern, Spiegel weiß mit Gold.
H. 9 cm/D. 14,3 cm

DM 2700,–/3000,–

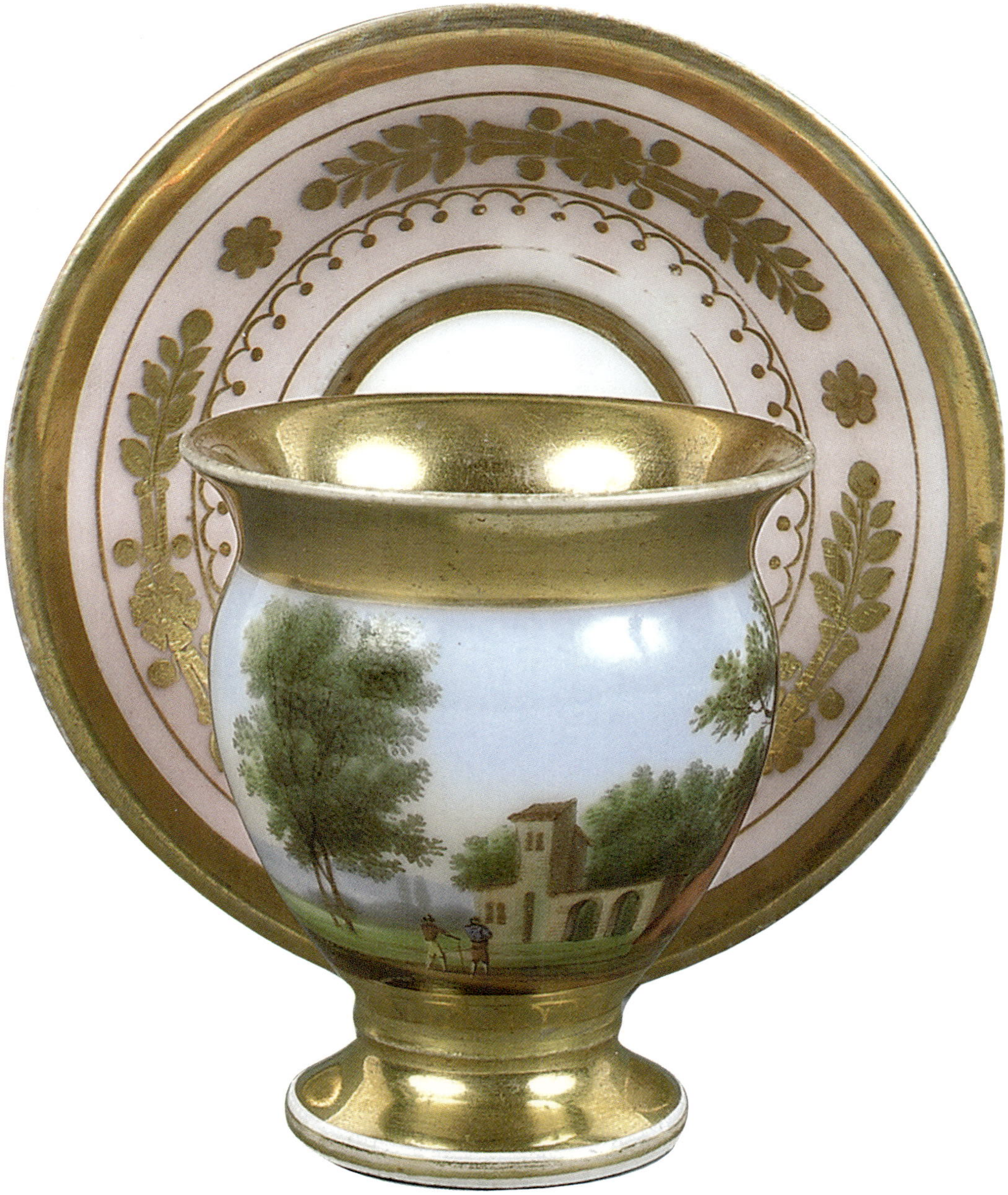

76

Wohl Paris, um 1835 bis 1840
Gebauchte Form auf eingezogenem, vergoldetem Rundfuß, geweiteter, vergoldeter Lippenrand; vergoldeter und reliefierter Henkel. Innenwand vergoldet, roséfarbener Fond mit reichem, goldradiertem Dekor, schauseitige Rechtecksreserve mit bunter Parklandschaft.

Dazugehörige Untertasse:
Geschwungene Fahne mit breitem Goldrand, Kehle mit roséfarbenem Fond und Golddekor, vertiefter Spiegel.
H. 7,5 cm/D. 12 cm

DM 1300,–/1400,–

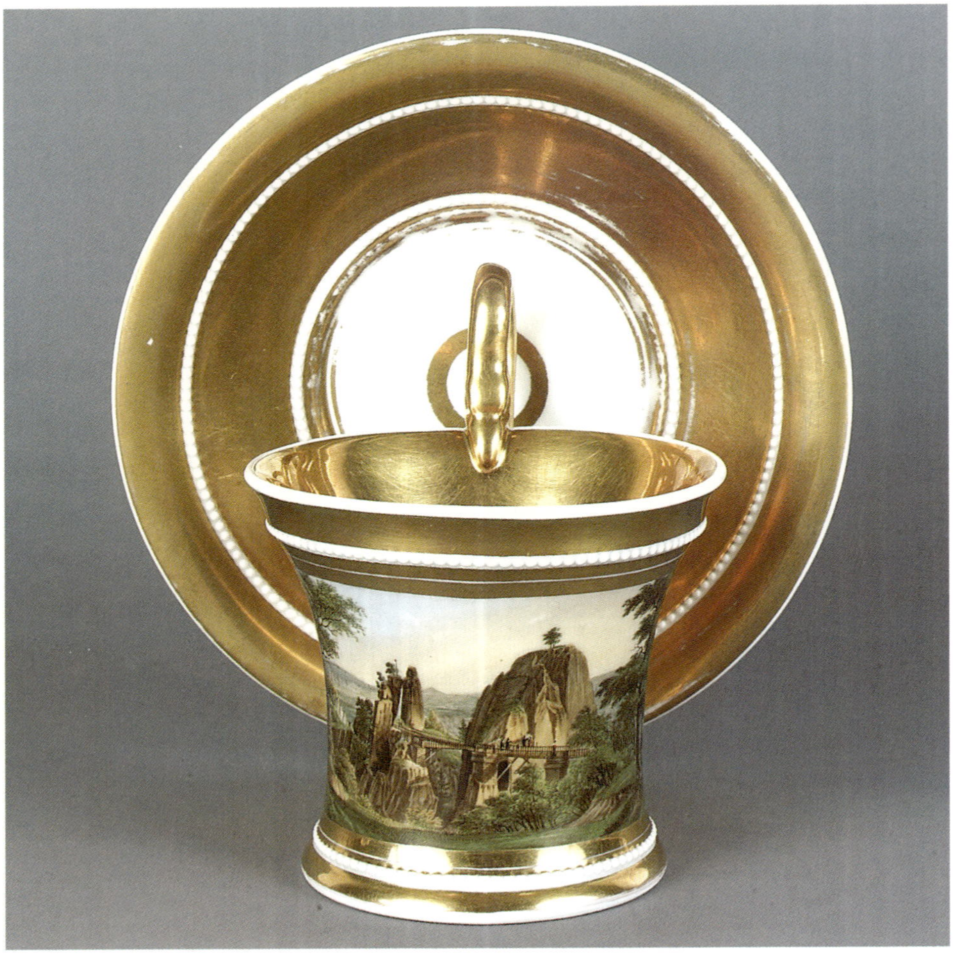

77

Berlin, KPM, um 1840
Konkave Wandung auf abgesetztem Standring; hochgezogener Schlangenhenkel. Auf dem Standring und unter dem Lippenrand weißer Perlring. Innen und außen Glanzgold. Schauseitig polychrome Landschaftsreserve mit Personenstaffage.
Unterglasurblaue Zeptermarke, bezeichnet »Die Bastey in der Sächs. Schweitz« in schwarzer Schreibschrift.
Dazugehörige Untertasse: Glanzvergoldete, geschwungene Fahne mit zwei weißen Perlkreisen, weißer Spiegel mit Mittelring.
H. 7,8 cm/D. 15,7 cm
DM 4000,–/4400,–

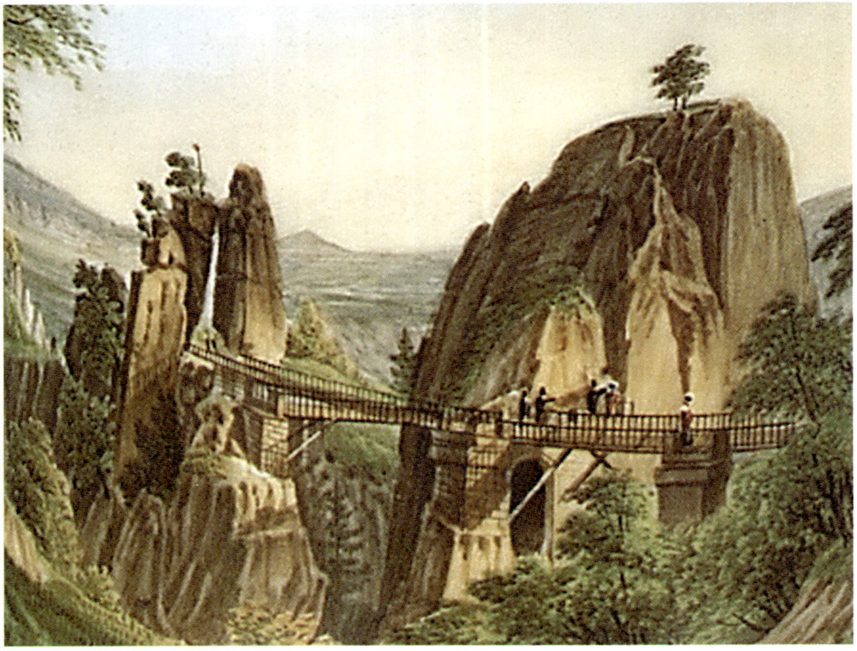

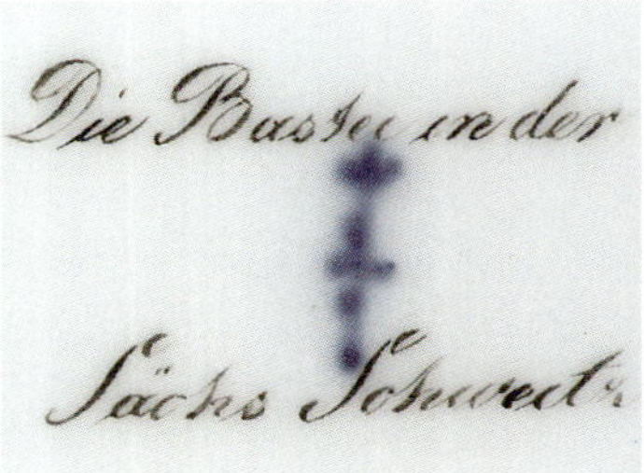

Thüringen, um 1820
Zylindrisch, zum Lippenrand geweitet, mit verbreitertem Standring; hochgezogener Palmettenhenkel. Tasse außen und innen glanzvergoldet, schauseitig radierte Rechtecksreserve mit Inschrift »Eingang in den Plauenschen Grund«, darüber polychrome Flußlandschaft mit Uferpromenade und Brücke vor einer Felswand.
Blindgeprägter Kreis.
Dazugehörige Untertasse: Konisch geschwungene glanzgoldene Fahne. Spiegel weiß glasiert mit Goldring.
H. 7,1 cm/D. 14 cm
DM 1400,–/1600,–

Vgl. Stuttgarter Kunstauktionshaus Dr. Fritz Nagel, Auktionskatalog der 5. Leipziger Auktion, April 1995, Kat.-Nr. 277, Farbtafel 45, identische Tasse.

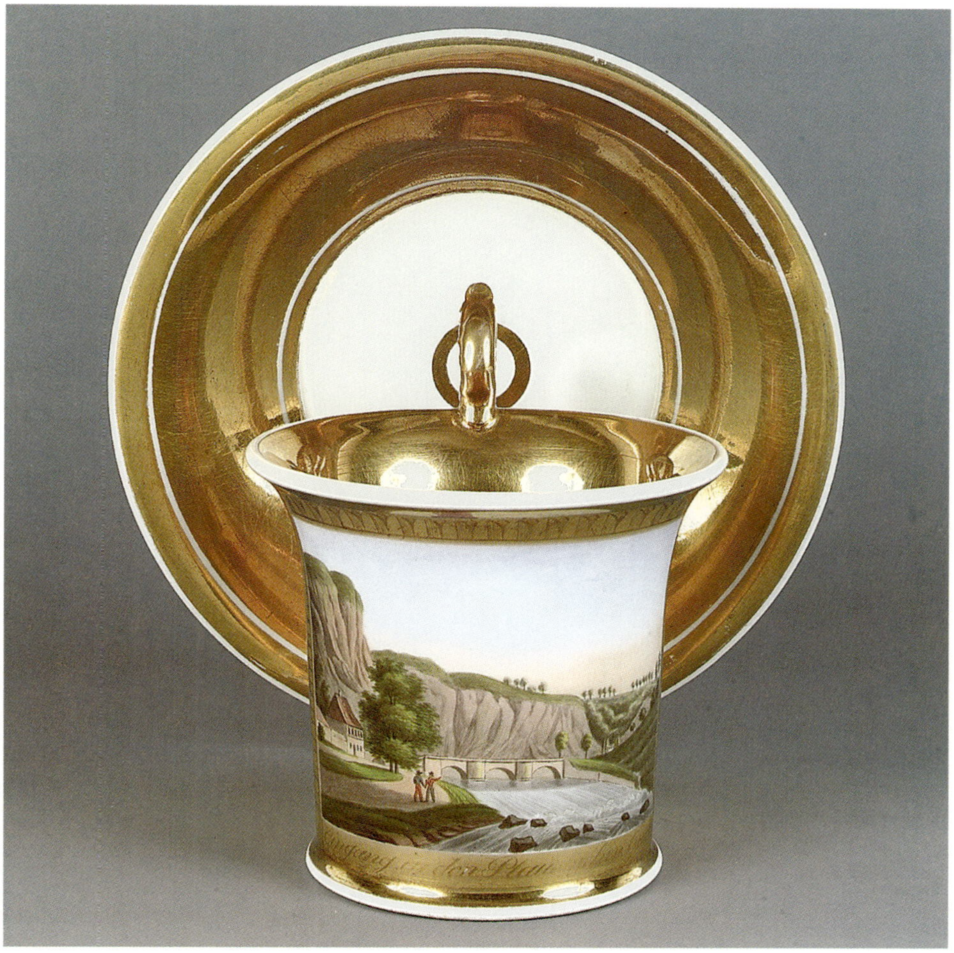

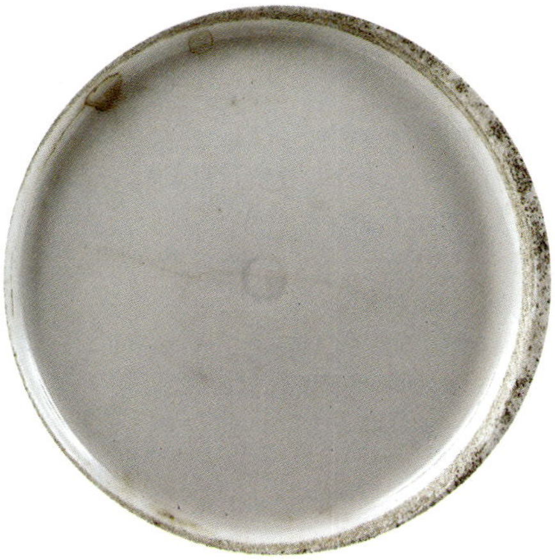

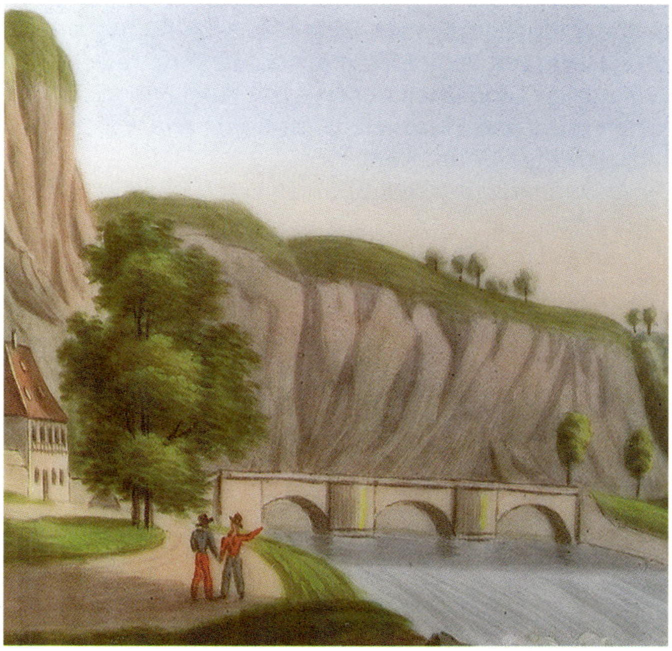

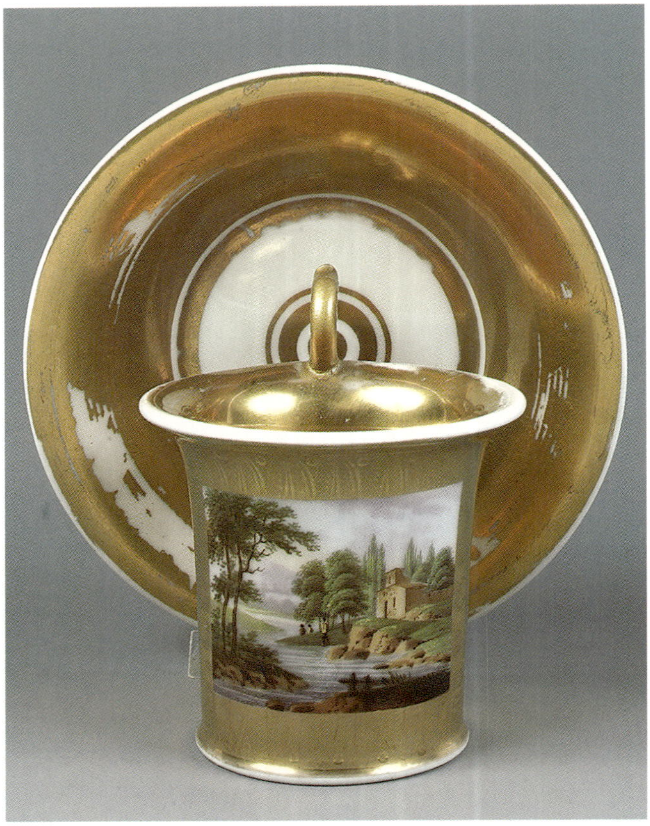

79

Deutsch, 1820 bis 1830
Zylindrisch, Standring leicht und Lippenrand stark geweitet; hochgezogener, vergoldeter Palmettenhenkel. Tassenrand vergoldet, mit matt radiertem Dekor, rechteckige Landschaftsreserve mit Flußlandschaft, einem Haus und Personenstaffage, innen vergoldet.
Dazugehörige Untertasse:
Fahne vergoldet mit radiertem Dekor, im Spiegel Goldringe.
H. 7,5 cm/D. 14,2 cm

DM 900,–/1100,–

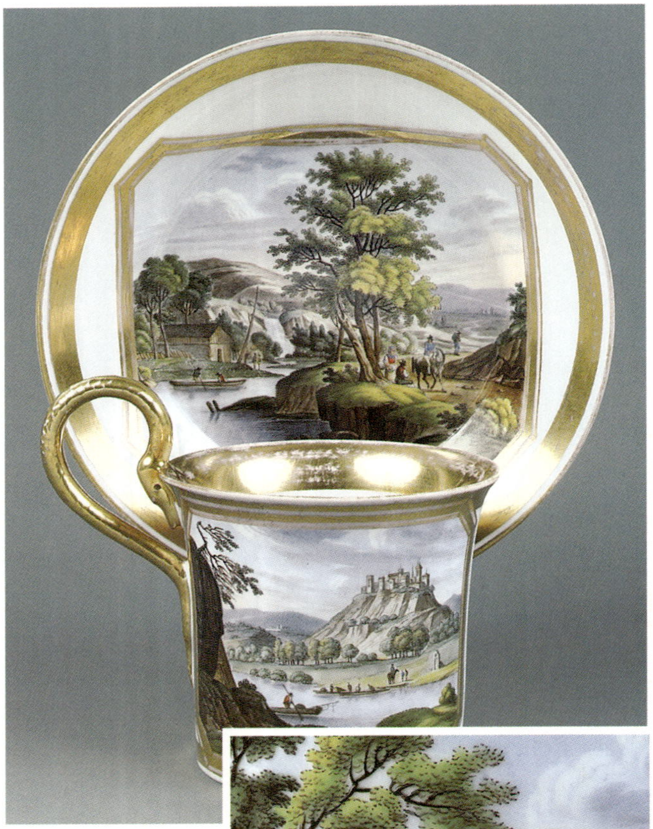

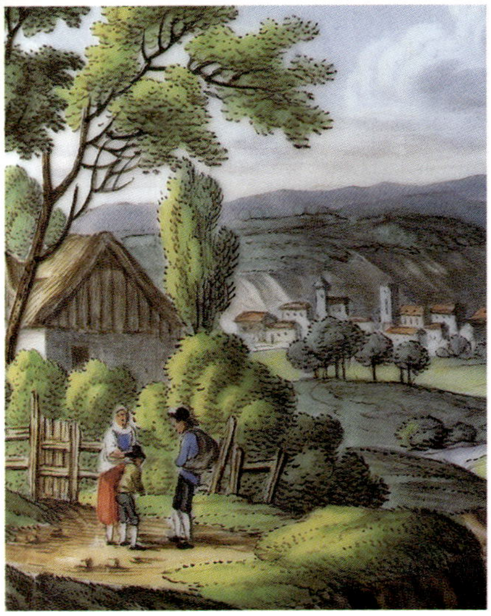

80

Schlaggenwald, Lippert & Haas, um 1820
Konische Wandung mit geweitetem, vergoldetem Lippenrand; hochgezogener, plastischer und vergoldeter Schlangenhenkel. Auf der Wandung zwei achteckige, goldgerahmte Reserven mit fein gemalten, figurenstaffierten polychromen Landschaften.
Unterglasurblaues S.
Dazugehörige Untertasse:
Steile Fahne mit Goldrand, im Spiegel polychrome, goldgerahmte Achtechsreserve: Flußlandschaft mit Wasserfall und Personenstaffage.
Unterglasurblaues S.
H. 9,5 cm/D. 15,2 cm

DM 3500,–/4000,–

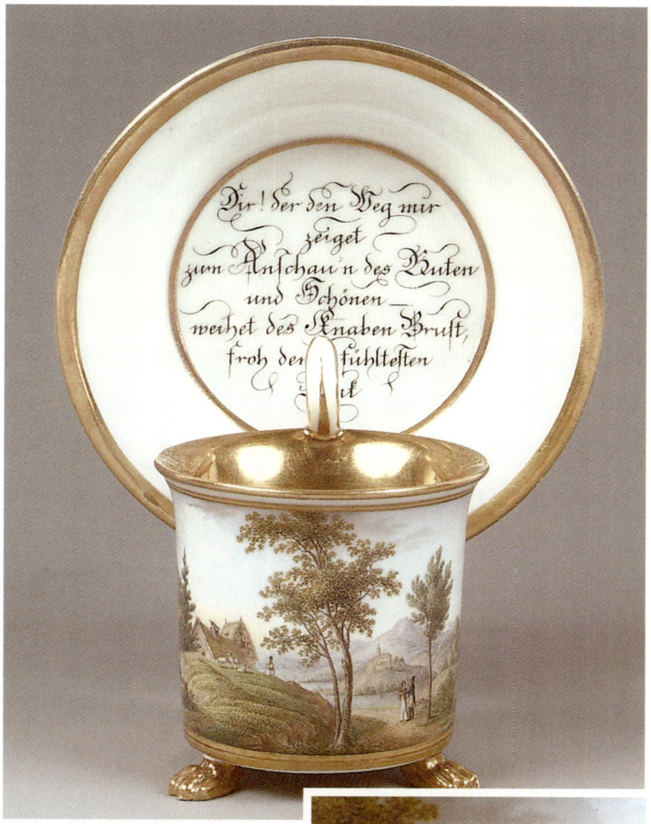

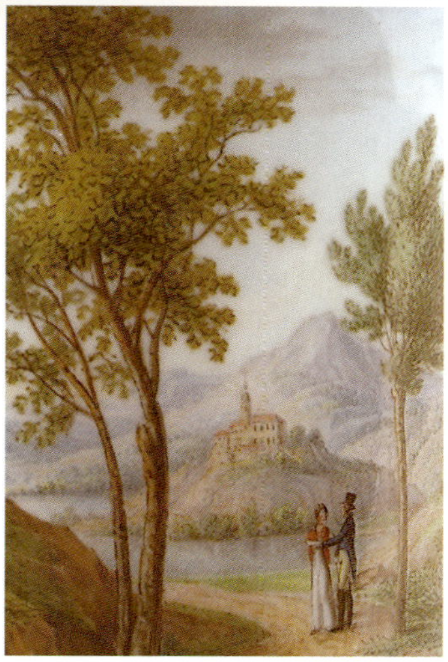

81

Meißen, 1816–1824
Zylindrischer Körper auf drei Löwentatzen; geweiteter, innen und außen vergoldeter Lippenrand. Hochgezogener, goldstaffierter Volutenhenkel mit reliefiertem Blattansatz. Die schauseitig goldgefaßte Rechtecksreserve zeigt eine polychrome, figurenstaffierte Landschaft mit Bauernhaus, See, Insel und Bergpanorama.
Meißener Schwertermarke unterglasurblau, Formernummer 3.
Untertasse:
Steile goldgeränderte Fahne, flacher Spiegel mit Widmungsinschrift.
Meißener Schwertermarke unterglasurblau, »I«.
H. 8,7 cm/D. 12,5 cm

DM 3000,–/3300,–

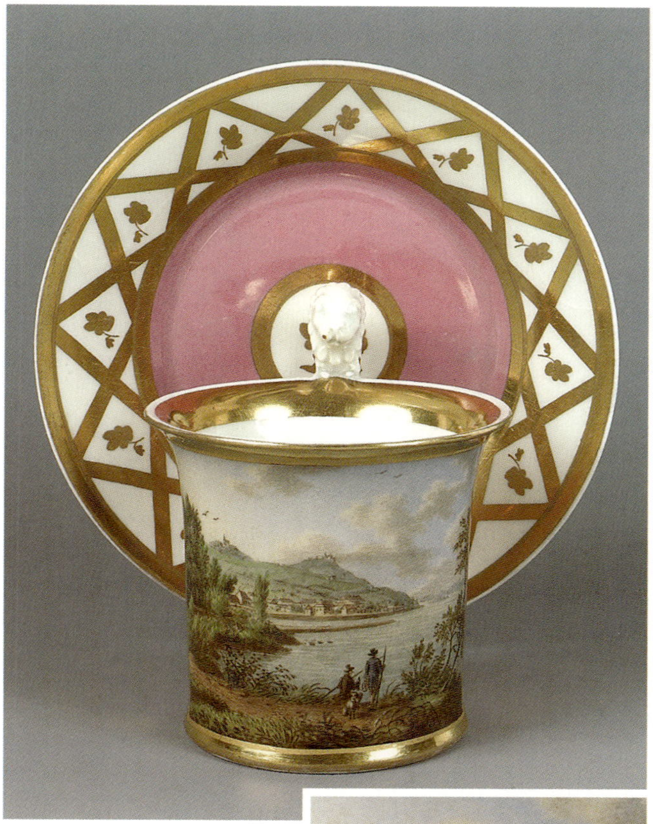

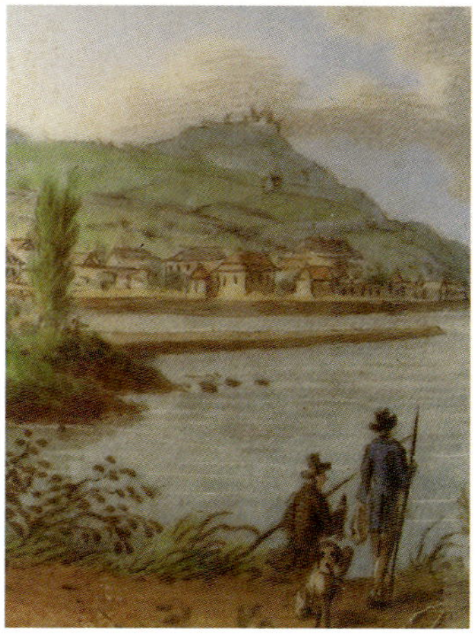

82

Wien, um 1825
Zylindrisch, mit geweitetem Standring und ausgestelltem, vergoldetem Lippenrand; hochgezogener, goldgehöhter Löwenkopfhenkel mit Palmettenansatz. Roséfarbener Fond, goldener Fries mit Stiefmütterchen auf weißem Rand. Rechteckige Reserve: Donau mit Kahlenberg und Leopoldsberg, dazu zwei Figuren mit Hund.
Unterglasurblauer Bindenschild, Ritzzeichen 3, unleserliche Prägezahlen, Malernummer 45 (Franz Hautzenberger).
Dazugehörige Untertasse:
Spiegel rosa, in der Mitte goldene Stiefmütterchen; die Fahne zeigt sternförmige Goldstreifen mit Stiefmütterchen in Gold. Unterglasurblauer Bindenschild, Prägezahlen 824, 12, Ritzzahl 7, Malernummer 45.
H. 7 cm/D. 14,5 cm **DM 4500,–/5000,–**

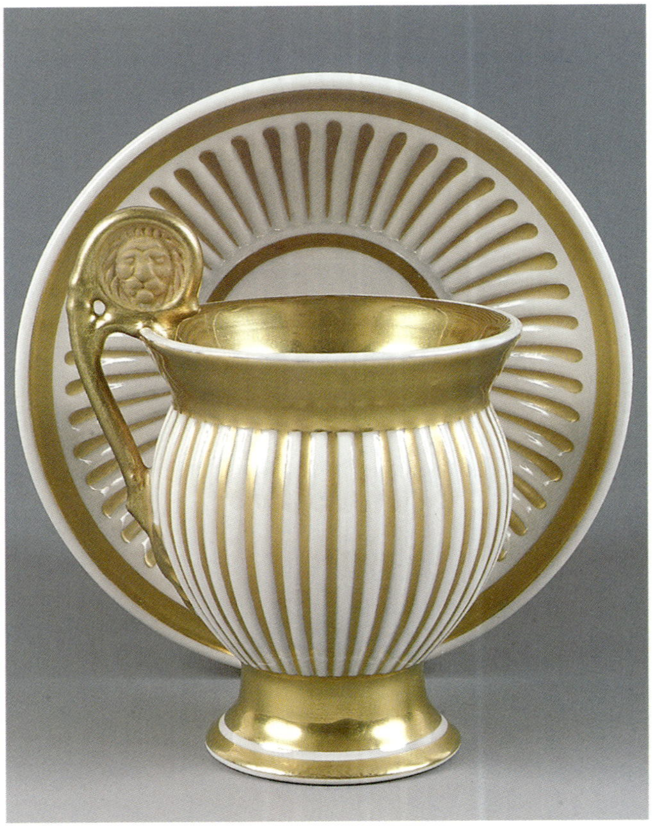

83

Wohl Böhmen, Ende 19. Jahrhundert
Gebauchte, gerippte und goldgehöhte Wandung auf vergoldetem, eingezogenem Rundfuß; ausgestellter, vergoldeter Lippenrand. Hochgezogener, vergoldeter Henkel mit Akanthusblatt-Ansatz und Löwenkopf in Volute.
Aufglasur blaue Marke, den Bindenschild der Wiener Manufaktur imitierend.
Dazugehörige Untertasse:
Geschwungene Fahne mit Goldrand, weiß-gold gerippt, vertiefter Spiegel.
Aufglasur blauer Bienenkorb, Wien imitierend.
H. 11 cm/D. 13,5 cm

DM 400,–/500,–

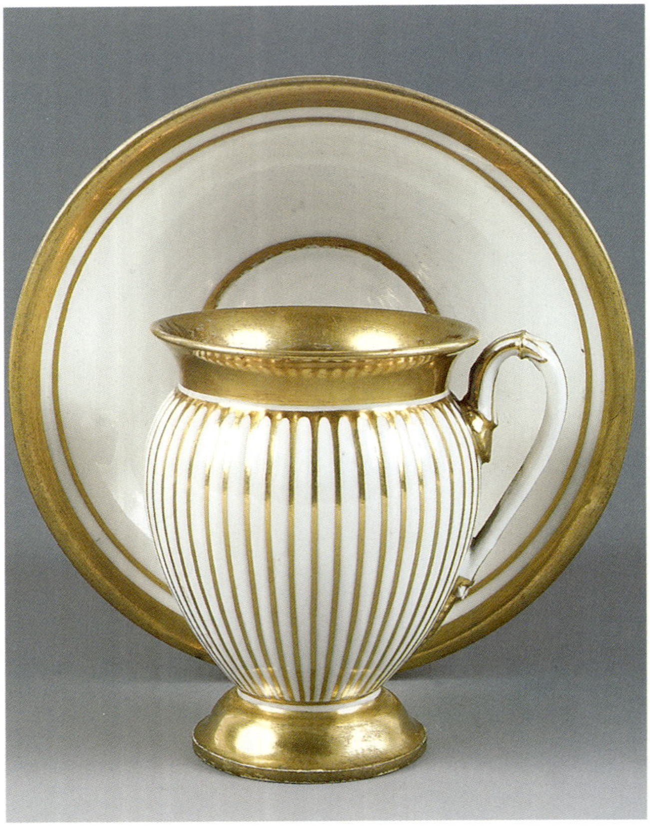

84

Meißen 1816 bis 1824
Gebaucht auf eingezogenem mattvergoldeten Standring, konisch geweiteter, vergoldeter Lippenrand; vergoldeter, seitlich angesetzter Palmettenhenkel. Längsgerippte, goldgehöhte Wandung.
Unterglasurblaue Meißener Schwertermarke mit Knauf und »I«.
Untertasse (nicht dazugehörig):
Geschwungene Fahne mit Goldrändern, vertiefter Spiegel mit zwei Goldkreisen.
Unterglasurblaue Meißener Schwertermarke mit Knauf und »I«, Preßmarke 19.
H. 9 cm/D. 14,5 cm

DM 1500,–/1700,–

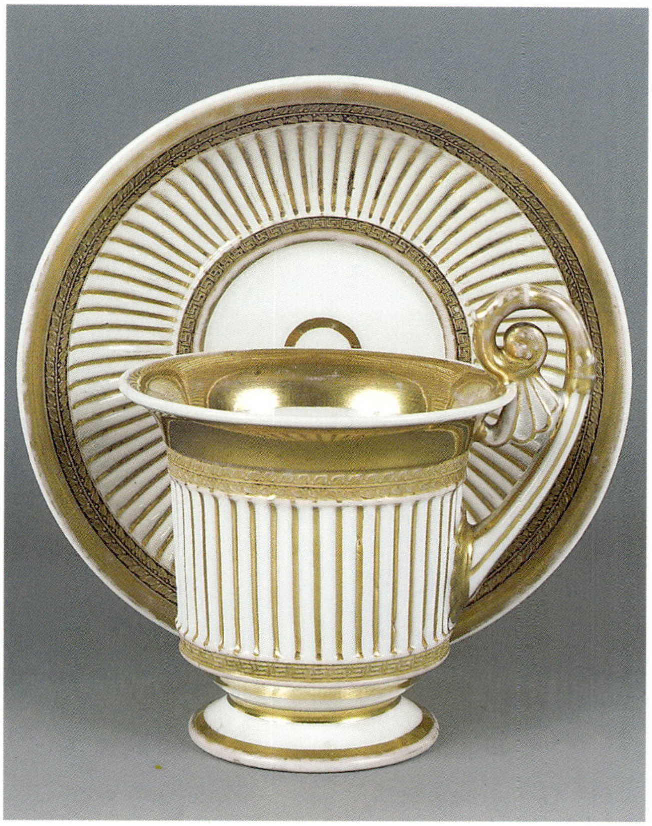

85

Moskau, Popoff, um 1830

Zylindrische Wandung auf stark eingeschnürtem Rundfuß, stark geweiteter Lippenrand mit breitem, beidseitigem Goldrand; hochgezogener, reliefierter und goldgehöhter Volutenhenkel. Kannelierte, goldgehöhte Wandung, begrenzt durch Mattgold-Mäander bzw. Lorbeerfries.
Unterglasurblau AT, Preßmarken 6 und K.
Dazugehörige Untertasse:
Geschwungene Fahne und vertiefter Spiegel mit matter und glänzender Goldhöhung, kannelierte Kehlung, Lorbeer und Mäander-Goldfries.
Unterglasurblaue Marke AT.
H. 9,5 cm/D. 13,5 cm

DM 1300,–/1500.–

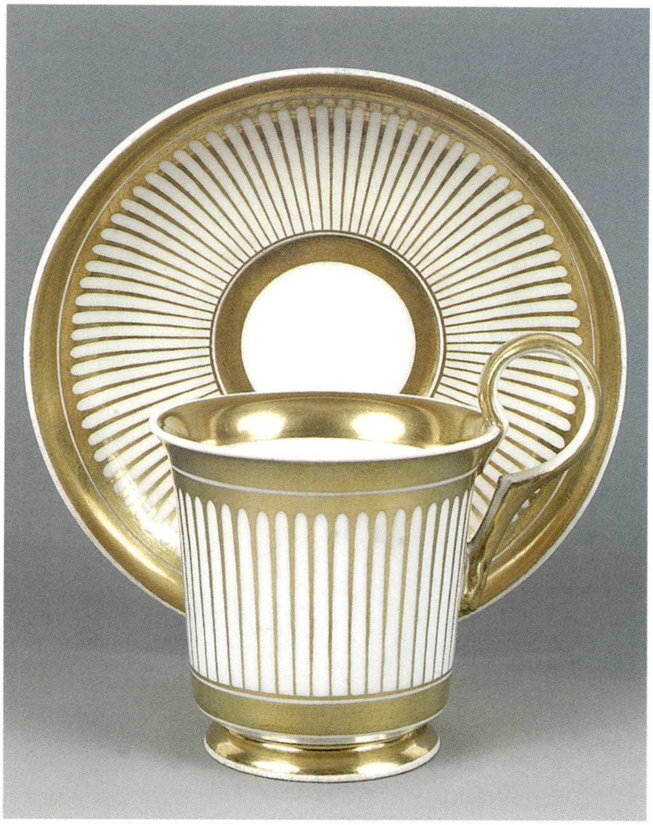

86

Wien, 1821

Konische Form mit eingezogenem, vergoldetem Standring und geweitetem vergoldeten Lippenrand; hochgezogener, geknickter, teilvergoldeter Henkel mit Prankenansatz. Wandung mit senkrechter gemalter Goldkannelur.
Unterglasurbauer Bindenschild, Prägezahlen 821 und 27, Ritzzahl 3.
Dazugehörige Untertasse:
Breiter Goldrand, Fahne durch radiale Goldlinien gegliedert.
Unterglasurblauer Bindenschild, Prägezahl 821, 40 und Ritzzeichen 1.
H. 7,2 cm/D. 14,6 cm

DM 1800,–/2000,–

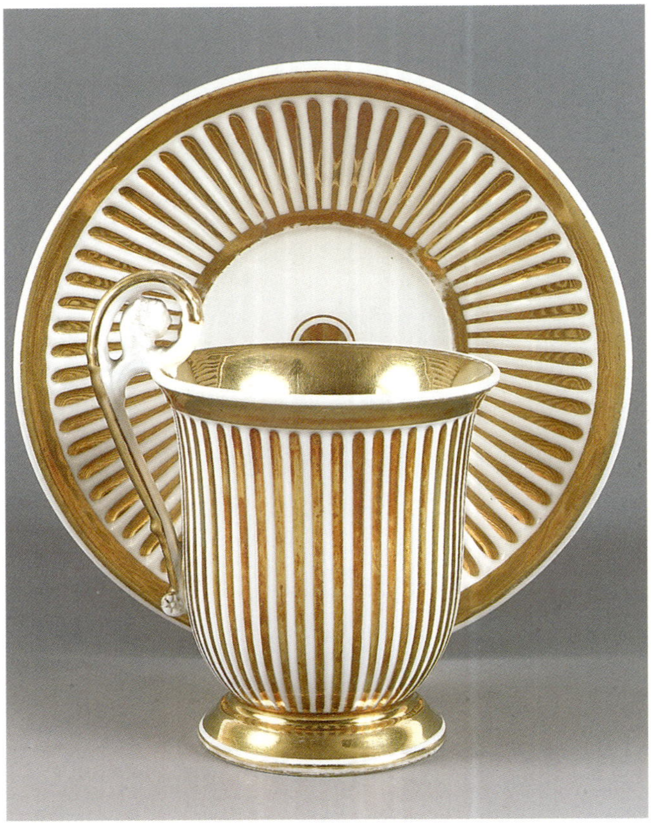

87

Wohl Böhmen, um 1820/30

Glockenbecherform; eingezogener Fuß, geweiteter Standring, angesetzter Volutenhenkel, einen Sphinxkopf umschließend. Wandung kanneliert, Vertiefungen in Glanzgold; Fuß, Lippenrand und innen halb vergoldet.
Dazugehörige Untertasse:
Vergoldeter Rand, Fahne kanneliert, im Spiegel Goldkreis.
H. 7,4 cm/D. 13,5 cm

DM 500,–/600,–

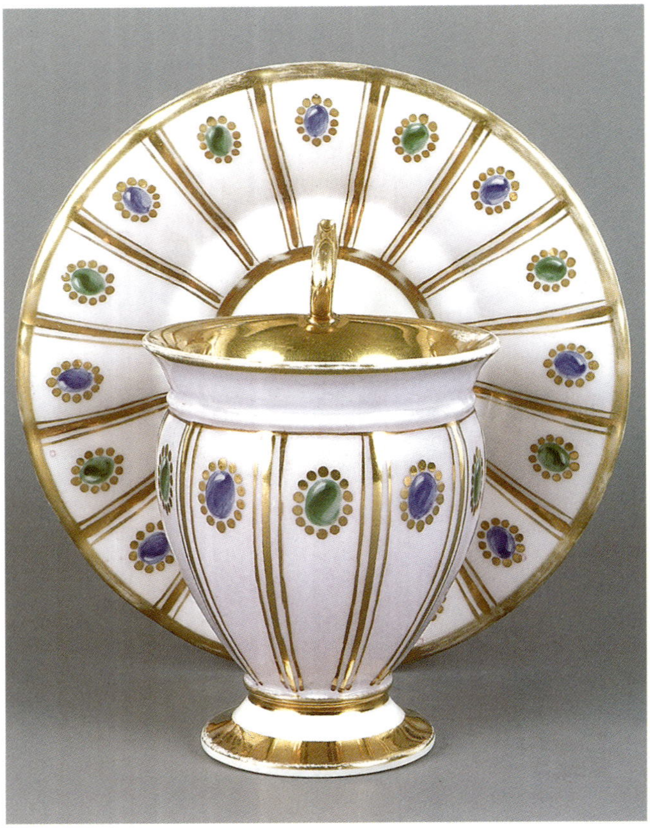

88

Wohl Deutsch, 2. Viertel 19. Jahrhundert

Birnenform, gerippte Tassenwand, eingezogener, teilvergoldeter Standring und Hals; hochgezogener, teilvergoldeter Volutenhenkel, Tasseninnenrand oben vergoldet. Blaßlila Fond, goldgerahmte Felder mit ovalen, grün und blau gemalten Edelsteinen.
Dazugehörige Untertasse:
Gerippte Fahne mit 16 Feldern, blaßlila Fahne, goldgerahmte Felder mit grün und blau gemalten ovalen Edelsteinen, von Goldpunkten umgeben.
H. 8,7 cm/D. 14,5 cm

DM 700,–/800,–

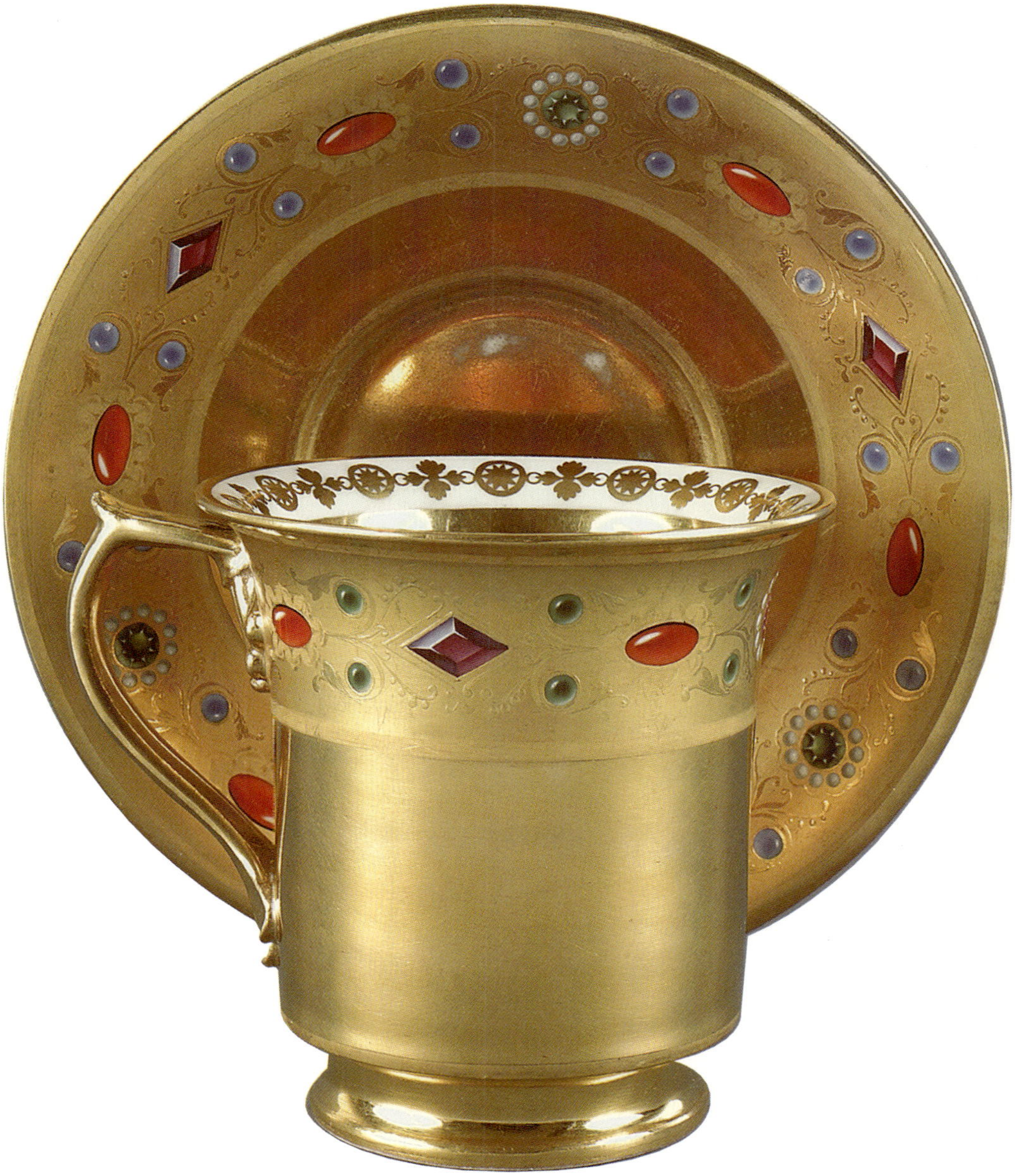

89

Wien, 1821
Zylindrische Form auf eingezogenem Stand, geweiteter Mundrand; vergoldeter J-Henkel. Der Mundrand glanzvergoldet und innen mit kettartigem Ornament verziert, außen eine breite Mattgoldbordüre, sehr plastisch mit polychromen Edelsteinen bemalt, eingebunden in ein glanzgoldenes Floralornament. Unterglasurblauer Bindenschild, 821, Malernummer 138.
Dazugehörige Untertasse:
Mattvergoldet, Bordüre mit polychromen gemalten Edelsteinen, eingebunden in ein glanzgoldenes Floralornament.
Unterglasurblauer Bindenschild, 821, Malernummer 138.
H. 10 cm/D. 18 cm

DM 5000,–/5500,–

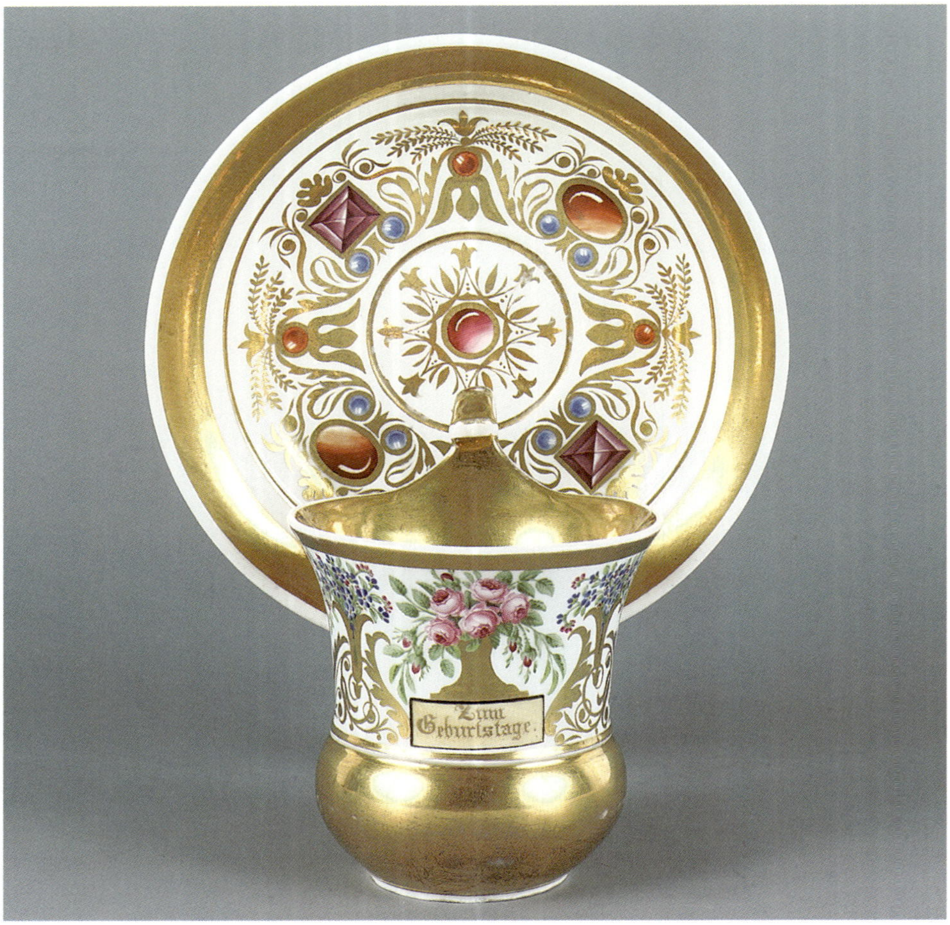

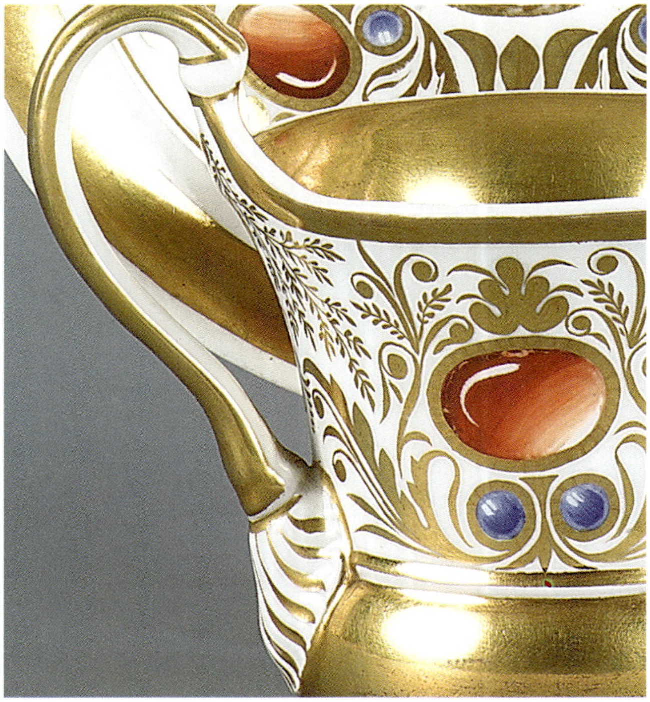

90

Böhmen, um 1840
Gebauchte Form; hochgezogener Campanerhenkel, innen halb vergoldet, außen glanzvergoldet, darüber stilisierte Blütenbäume mit Vergißmeinnicht und Rosenblüten. Inschriftenkartusche: »Zum Geburtstage.«
Unterglasurblaue schwertförmige Marke.
Dazugehörige Untertasse mit floralem Glanzgolddekor und gemalten Edelsteinen.
Unterglasurblaue schwertförmige Marke.
H. 7,6 cm/D. 14,7 cm
DM 900,–/1100,–

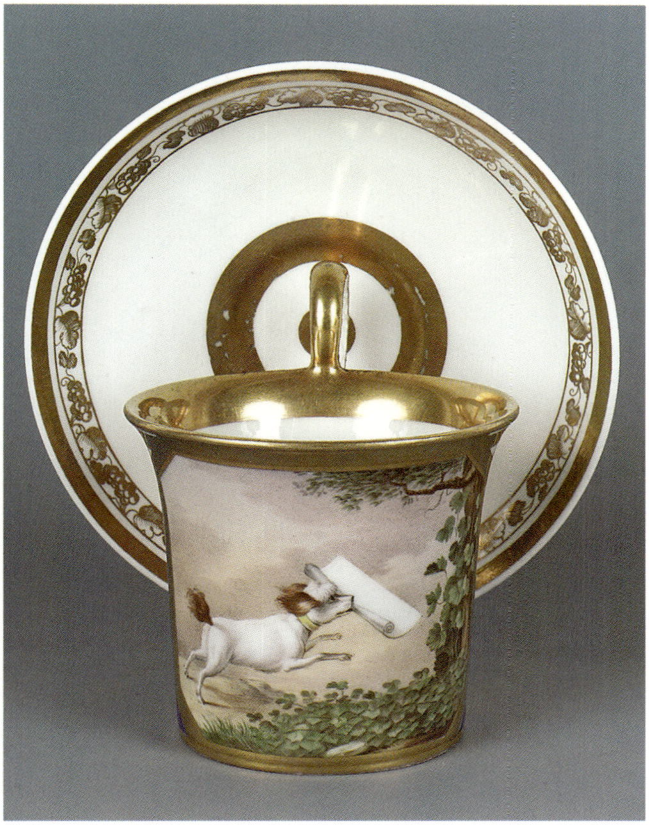

91

Wien, 1821

Konische Form mit geweitetem Lippenrand; hochgezogener, plastischer und teilvergoldeter Schlangenhenkel. Rückseite mit blauem Fond, darüber Fries mit Purpurdekor und Goldblättern; schauseitig achteckige, querformatige Reserve mit springendem weißen Hund, der eine Schriftrolle apportiert. Tasseninnenrand vergoldet.
Unterglasurblauer Bindenschild, Prägezahlen 7, 821, Ritzzeichen 5.
Untertasse (nicht dazugehörig):
Weiß, Fahne Goldrand.
F (Fürstenberg), unterglasurblau 9.
H. 7,2 cm/D. 14,2 cm

DM 1100,–/1300,–

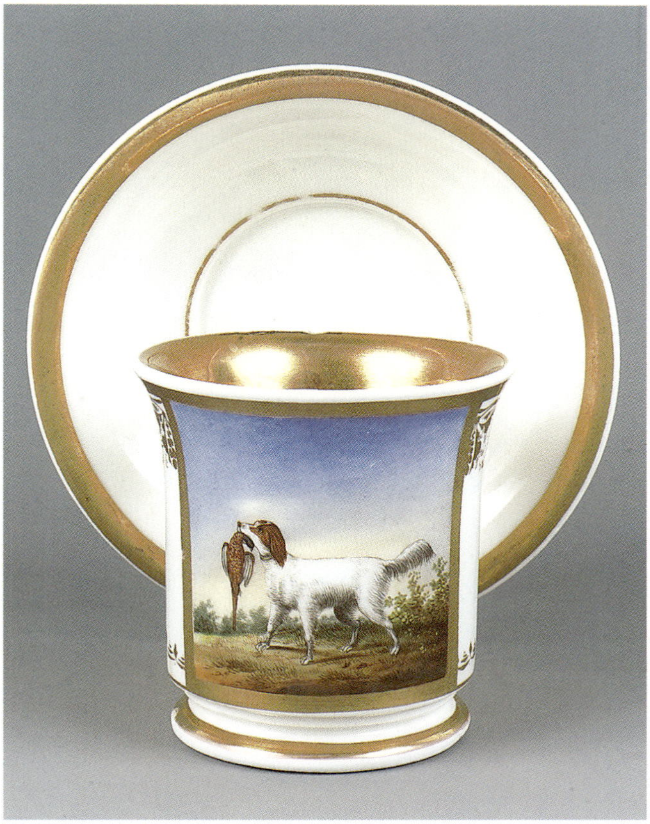

92

Berlin, MOABIT – Schumann & Sohn, 2. Viertel 19. Jahrhundert

Zylindrisch, auf abgesetztem Standfuß, geweiteter Lippenrand. Tassenrand innen und außen vergoldet, Goldornamente, schauseitig goldgerahmte Rechteckskartusche mit feiner polychromer Darstellung eines Hundes mit Fasan im Fang.
Unterglasurblaue Marke I, SPM, Preßmarken.
Untertasse:
Steile Fahne mit Goldrand, vertiefter Spiegel.
H. 7,2 cm/D. 12,8 cm

DM 1000,–/1200,–

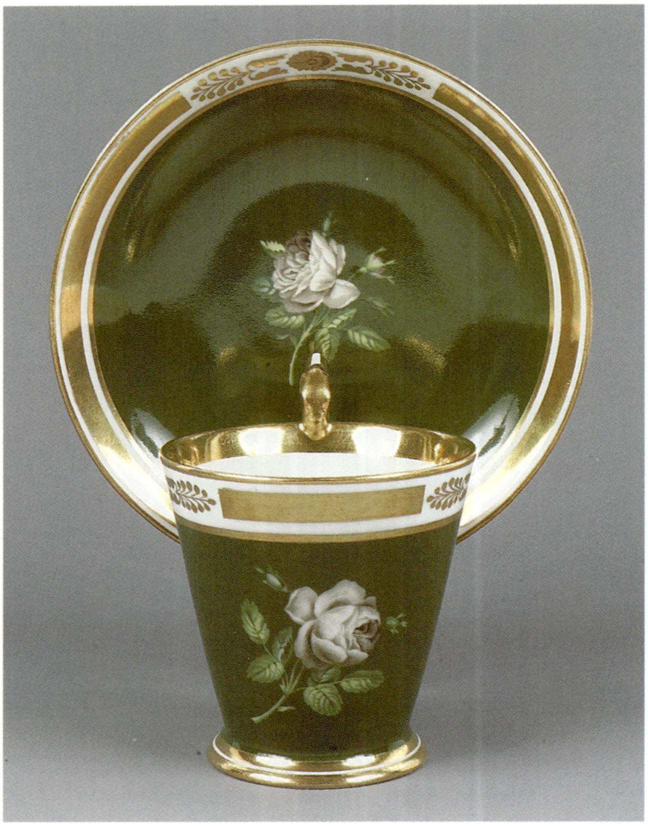

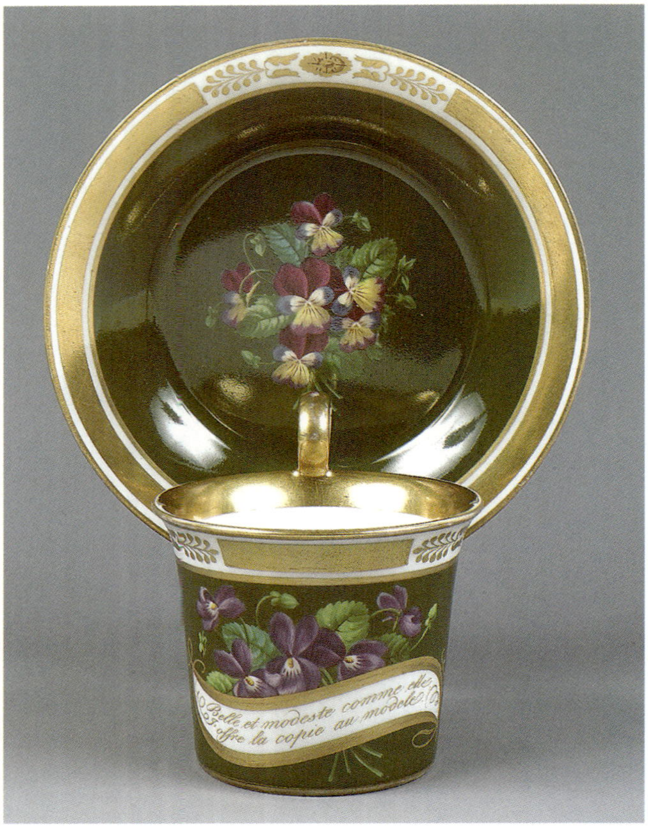

93

Wien, 1821

Konisch, mit geweitetem Standring; hochgezogener, teilvergoldeter Schlangenhenkel mit Blattansatz. Dunkelgrüner Fond mit weißer Rose in Grisaille und grünen Blättern. Lippenrand Golddekor.
Unterglasurblauer Bindenschild, Malernummer 32 in Gold, 821, Weißdrehernummer 12.
Dazugehörige Untertasse:
Glatter Spiegel, Golddekor-Rand, dunkelgrüner Fond mit weißer Grisaille-Rose.
Unterglasurblauer Bindenschild, Malernummer 32, 821.
H. 7,5 cm/D. 14,8 cm

DM 3600,–/4000,–

94

Wien, 1826

Konische Form, vergoldeter, geweiteter Lippenrand mit Golddekor; hochgezogener, teilvergoldeter Henkel. Grüner Fond mit Veilchenstrauß und Devise »Belle et modeste comme elle, / J'offre la copie au modele.«
Unterglasurblauer Bindenschild, Prägezahlen 826, 12, Ritzzeichen 3, Malernummern 32, 74 und 133.
Dazugehörige Untertasse:
Fahne mit Goldrand und zwei Dekorreserven, Spiegel dunkelgrün mit Stiefmütterchenbukett.
Unterglasurblauer Bindenschild, Prägezahlen 826 und 12. Malernummern 74 und 133.
H. 6,3 cm/D. 15 cm

DM 3300,–/3600,–

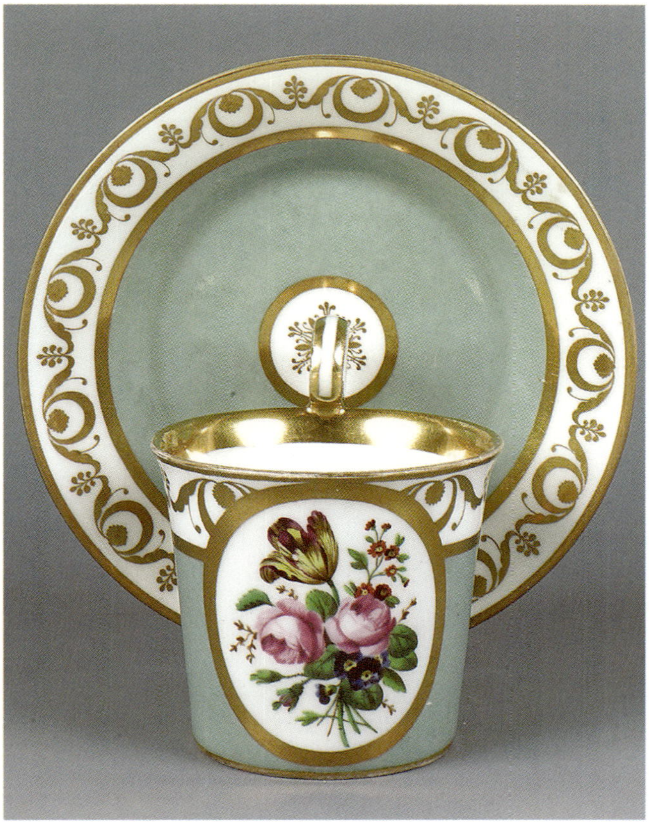

95

Wien, 1821

Konisch, mit hochgezogenem, teilvergoldetem Volutenhenkel. Hellgrüner Fond, goldene Rankenbordüre am Lippenrand, schauseitig goldgerahmte, ovale Reserve mit polychromem Blumenstrauß. Unterglasurblauer Bindenschild, 821, 14, Ritzzeichen 3.
Untertasse:
Auf der Fahne goldene Rankenbordüre, im Spiegel hellgrüner Fond, zentrale Goldrosette.
Unterglasurblauer Bindenschild, 59, 17, Malernummer 18 in Braun.
H. 9 cm/D. 14,5 cm

DM 2400,–/2600,–

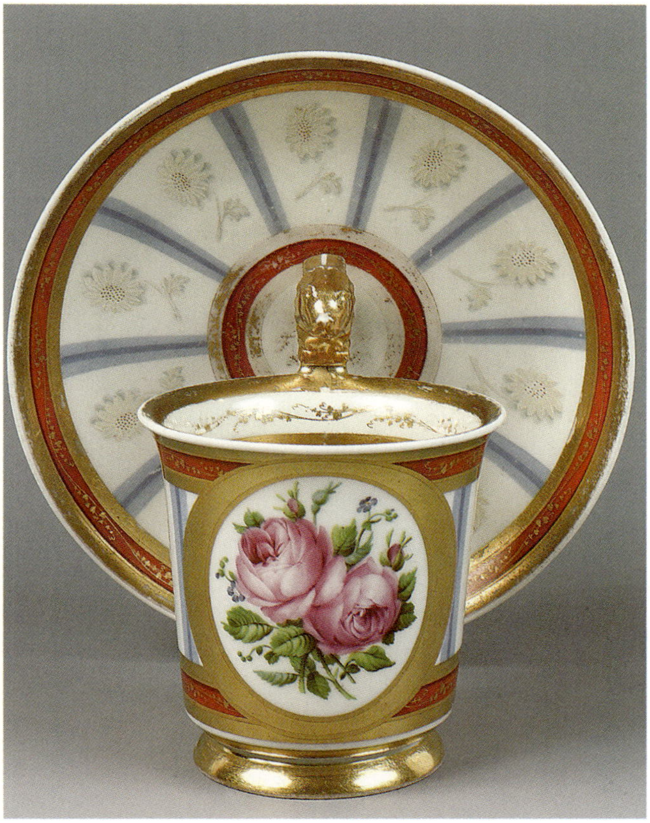

96

Wien, 1822

Leicht konische Wandung auf eingezogenem Stand und ausgestellter, vergoldeter Mundrand; hochgezogener, plastischer und vergoldeter Löwenkopf-Henkel. Innen vergoldet, weißgrundiger Kantenfries mit goldener Blattranke, Wandung durch blaue Vertikalstege in Felder mit eingestellten grauen Blüten gegliedert. Schauseitige Ovalreserve mit ornamental radiertem Konturband und polychromem Blumenstrauß, unten rotgrundige Goldrankenborte.
Unterglasurblauer Bindenschild, Preßmarken für Jahreszahl 822 und Weißdrehernummer 7.
Dazugehörige Untertasse:
Korrespondierender Dekor, im Spiegel verriebene Goldblüten.
Unterglasurblauer Bindenschild, 822, 27.
H. 7,3 cm/D. 14,5 cm

DM 2500,–/2700,–

Vgl. Kat.-Nr. 141 und 179: identische Tassenformen als Nachahmungen des ausgehenden 19. und 20. Jahrhunderts.

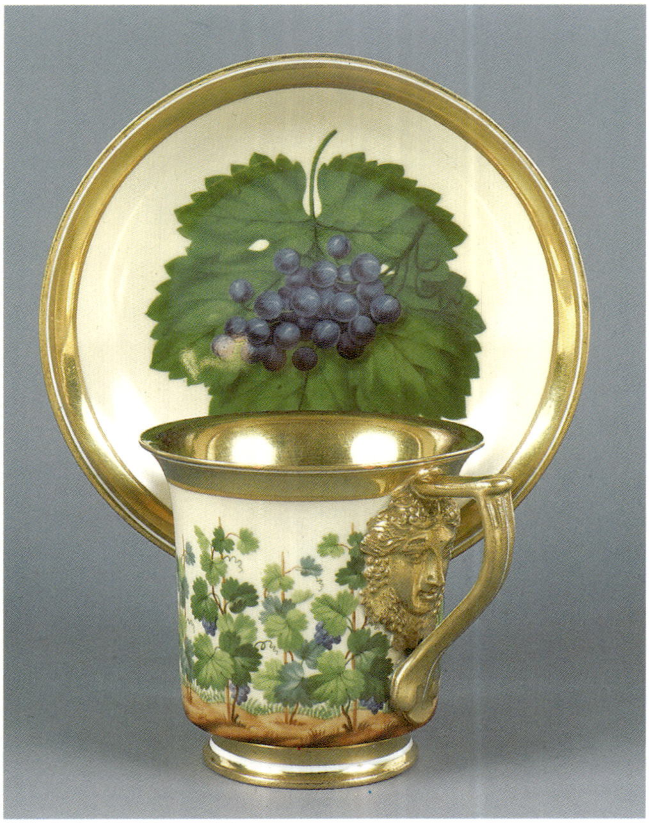

97

Wien, 1821

Zylindrische Wandung auf eingezogenem vergoldeten Standring, geweiteter, breit vergoldeter Lippenrand; J-förmiger, vergoldeter Henkel mit Bacchuskopf. Umlaufend Weinstöcke mit blauen Trauben vor mattgelbem Fond; brauner Grund.
Unterglasurblauer Bindenschild, 821, Weißdrehernummer 12, schwarze Malernummer 6.
Untertasse:
Gemuldet, mit breitem Goldrand. Spiegel mit großem Weinblatt und blauer Traube vor mattgelbem Fond.
Unterglasurblauer Bindenschild, 817, 27, Ritzzahl 7.
H. 8,3 cm/D. 15,8 cm

DM 3600,–/4000,–

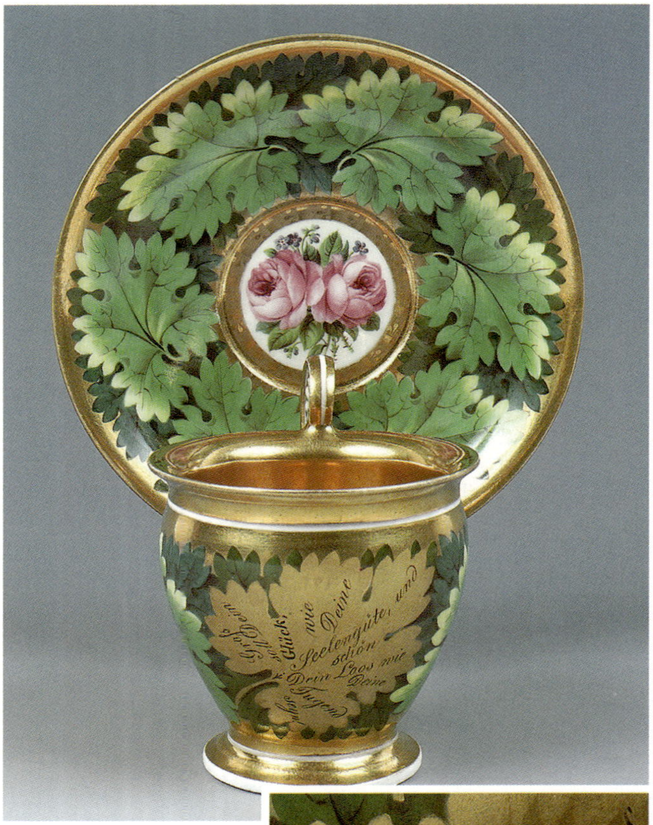

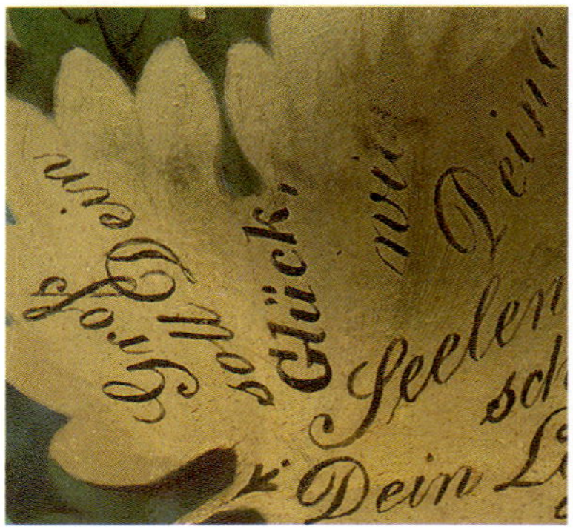

98

Wien, 1834

Birnenform auf eingezogenem und geweitetem Standring, eingezogener Lippenrand; hochgezogener, vergoldeter, glatter Henkel. Große Weinblätter in Hell- und Dunkelgrün, goldenes Weinblatt mit Devise »Groß soll Dein Glück wie Deine Seelengüte, und schön Dein Loos wie Deine Tugend seyn!«
Blindgeprägter Bindenschild, Prägezahlen 834, 9.
Dazugehörige Untertasse:
Vergoldeter Fond mit hell- und dunkelgrünen Weinblättern, im Spiegel Reserve mit Vergißmeinnicht und Rosen.
Blindgeprägter Bindenschild, Prägezahlen 25, 834, 27.
H. 7 cm/D. 14,3 cm

DM 2400,–/2600,–

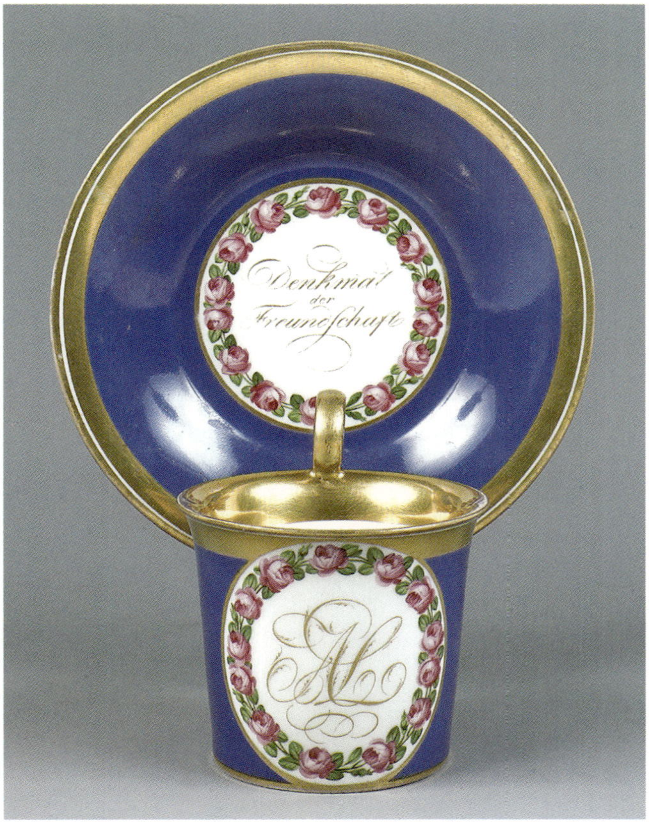

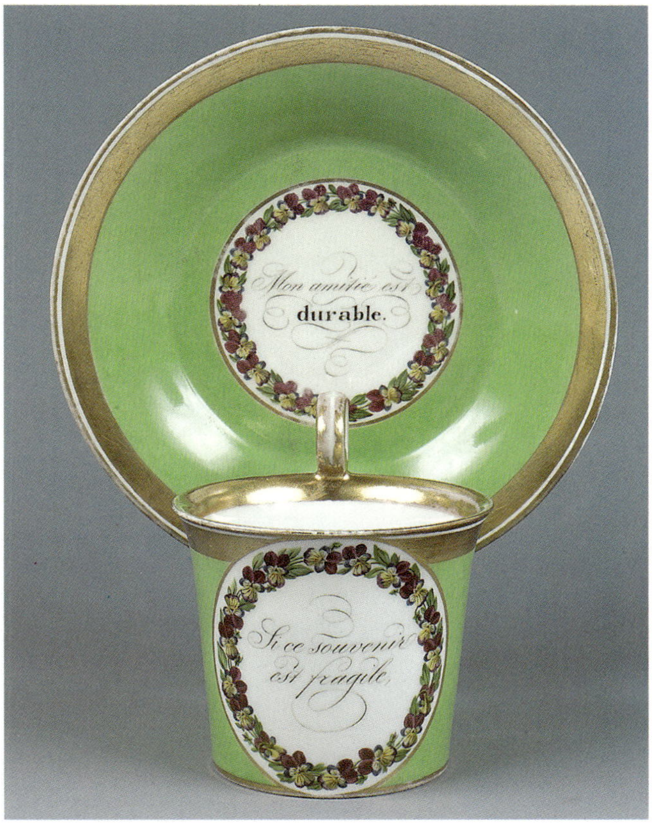

99

Wien, 1822

Konische Wand mit geweitetem vergoldeten Lippenrand; hochgezogener, teilvergoldeter, glatter Volutenhenkel. Wandung mit königsblauem Fond. Schauseitiges Ovalmedaillon mit Rosenkranz, auf weißem Fond reich verschnörkeltes Goldmonogramm »AL«.
Unterglasurblauer Bindenschild, schwarze Malernummer 14, Preßziffern 822, 27, Ritzziffer 7.
Dazugehörige Untertasse:
Geschwungene Fahne mit Goldrand, blauer Fond, weißer Spiegel mit Goldrand und Rosenkranz, Devise »Denkmal der Freundschaft«.
Unterglasurblauer Bindenschild, Preßziffern 822, 7, Ritzzahl 7.
H. 6,5 cm/D. 14,8 cm

DM 2200,–/2500,–

100

Wien, 1822

Konische Wandung mit ausschwingendem vergoldeten Lippenrand; goldstaffierter, hochgezogener Ohrenhenkel. Apfelgrüner Fond, schauseitig weißgrundige Ovalreserve mit polychromem Stiefmütterchen-Kranz und Devise »Si ce souvenir est fragile«.
Unterglasurblauer Bindenschild, Preßmarken 27, 827, geritzt 7, Malernummern 23 und 14.
Dazugehörige Untertasse:
Geschwungene Fahne mit apfelgrünem Fond und Goldrand, ebener Spiegel mit Stiefmütterchenkranz und Devise »Mon amitié est durable.«
Unterglasurblauer Bindenschild, gepreßt 822, 27, geritzt 7, Malernummer 14 in Grün und 23 in Schwarz.
H. 8,5 cm/D. 15 cm

DM 2500,–/2800,–

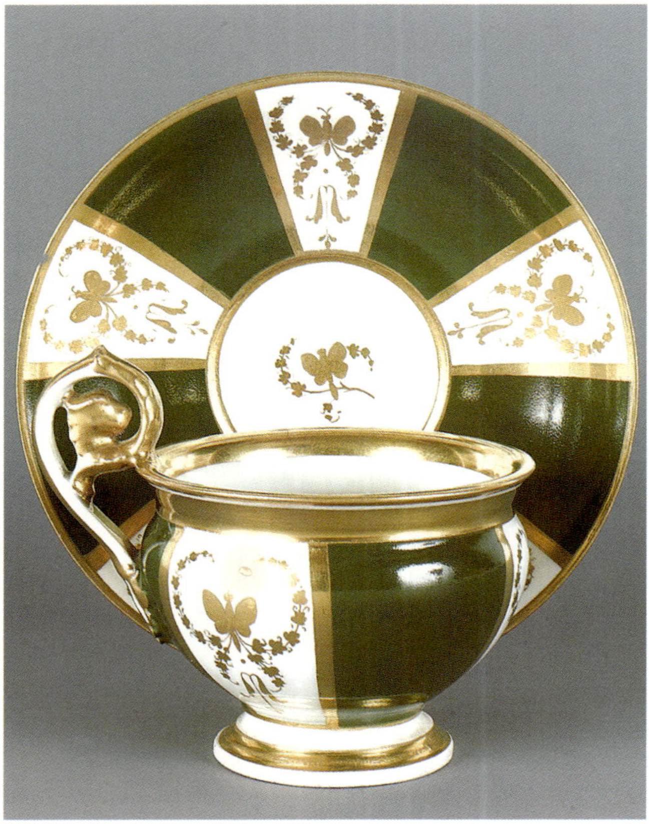

101

Wien, 1823

Breite Schale auf eingezogenem Rundfuß mit Goldrand; eingezogener und geweiteter, vergoldeter Lippenrand. Hochgezogener Löwenkopfhenkel mit Muschelansatz, goldgehöht. Die Wandung gegliedert in weiße und dunkelgrüne Felder, die weißen tragen von Blütenkränzen umsäumte Schmetterlinge in Gold.
Unterglasurblauer Bindenschild, 823, 7, Malernummern 146 und 20 in Gold.
Dazugehörige Untertasse:
Geschwungene Fahne mit fünf dunkelgrünen Feldern und fünf Golddekorfeldern, vertiefter Spiegel mit goldenem Zentralmotiv.
Unterglasurblauer Bindenschild, 823, 7, Malernummern 146 und 20 in Gold.
H. 8,9 cm/D. 14,5 cm

DM 1800,–/2000,–

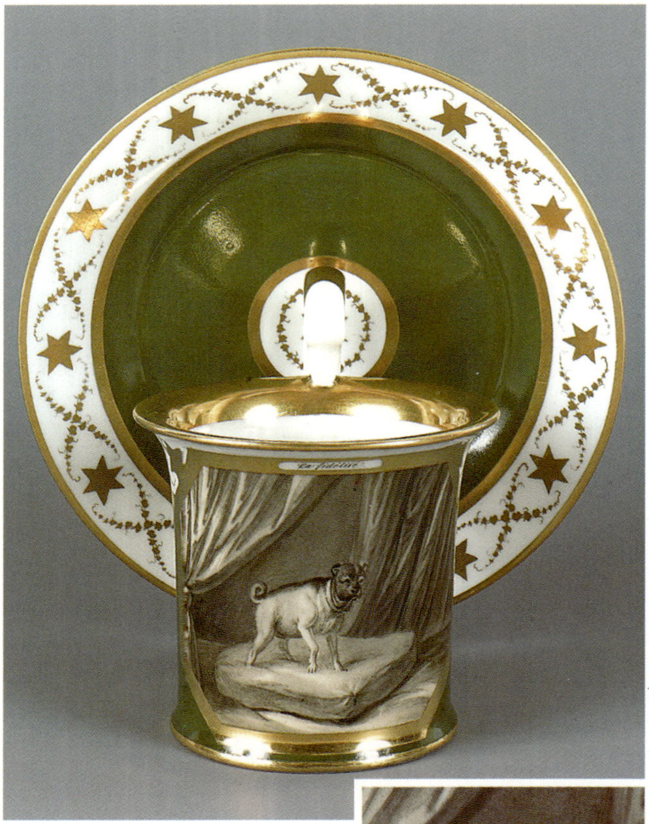

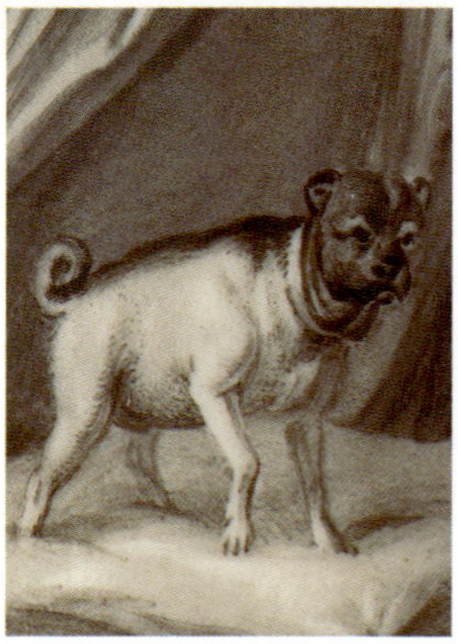

102

Wien, 1823

Zylindrisch, mit leicht ausgestelltem, vergoldetem Standring und geweitetem vergoldeten Lippenrand; hochgezogener, goldgehöhter, glatter Henkel mit Schwanenkopf. Blattgirlanden; die achteckige Reserve in Sepia zeigt einen Mops auf Kissen mit Vorhängen: »La fidélité«.
Unterglasurblauer Bindenschild, Prägezahlen 823, 1 (oder 7). Ritzzeichen 3, Malernummern 56 und 120 in Sepia, grün 74.
Dazugehörige Untertasse:
Spiegel dunkelgrün mit goldenem Mittelstern, Fahne weiß, Goldbordüre mit sechszackigen Sternen und Blattgirlanden.
Unterglasurblauer Bindenschild, Prägezahlen 824, 12, Ritzzeichen 3, Malernummern 74 in Grün und 56 in Sepia.
H. 7 cm/D. 14,7 cm

DM 2800,–/3100,–

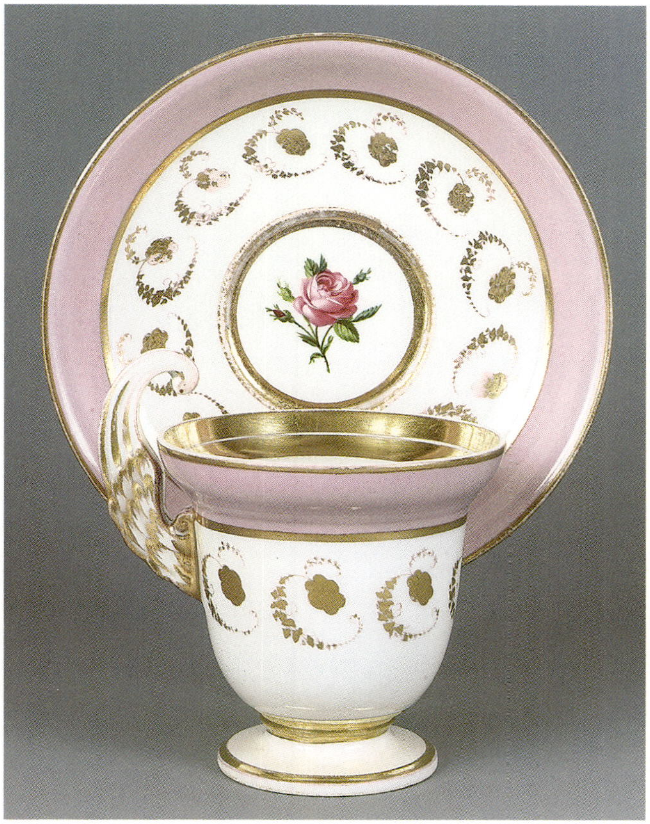

103

Wien, 1824

Glockenbecher mit stark ausgestelltem Lippenrand auf stark eingeschnürtem Rundfuß; goldgehöhter Flügelhenkel. Rand innen vergoldet, außen rosa Borte über weißer Wandung. Umlaufender Dekor aus goldenen Floralmotiven in Reihung.
Unterglasurblauer Bindenschild, 12, 824, Malernummer 12.
Dazugehörige Untertasse:
Geschwungene Fahne, vertiefter kleiner Spiegel. Goldkante, roséfarbener Tassenrand, Goldborte, im Spiegel eine Rose.
Unterglasurblauer Bindenschild, 824, 12, 16, Malernummer 12.
H. 9,5 cm/D. 14,5 cm

DM 2000,–/2200,–

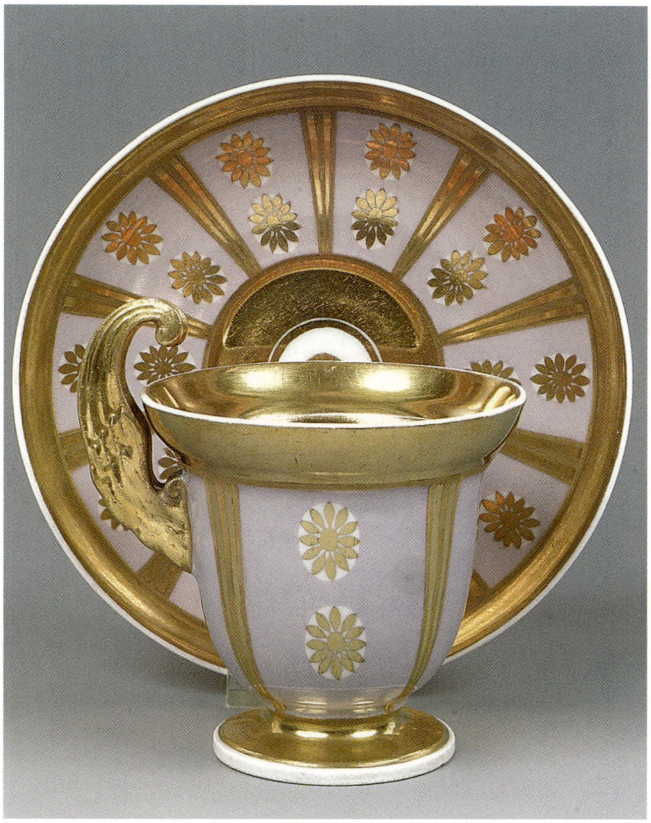

104

Wien, 1824

Glockenbechertasse mit eingezogenem, vergoldetem Standring; stark geweiteter, glanzvergoldeter Lippenrand. Der vergoldete Henkel als plastischer Flügel hochgezogen und in eine Volute auslaufend. Innenwand glanzvergoldet; Tassenwandung durch Stege in Glanz- und Mattgold viergegliedert, mit blaßlila Fond, belegt mit zwei übereinandergestellten, ovalen Blattrosetten. Verschwommener, unterglasurblauer Bindenschild, Preßziffern 2, 824.
Dazugehörige Untertasse:
Goldrand, zehnpassig gegliederte Fahne mit blaßlila Fond, ovale Blattrosetten.
Unterglasurblauer Bindenschild, Ritzzeichen 3, Preßziffern 224, 825, 12.
H. 7,7 cm/D. 14,2 cm

DM 2800,–/3100,–

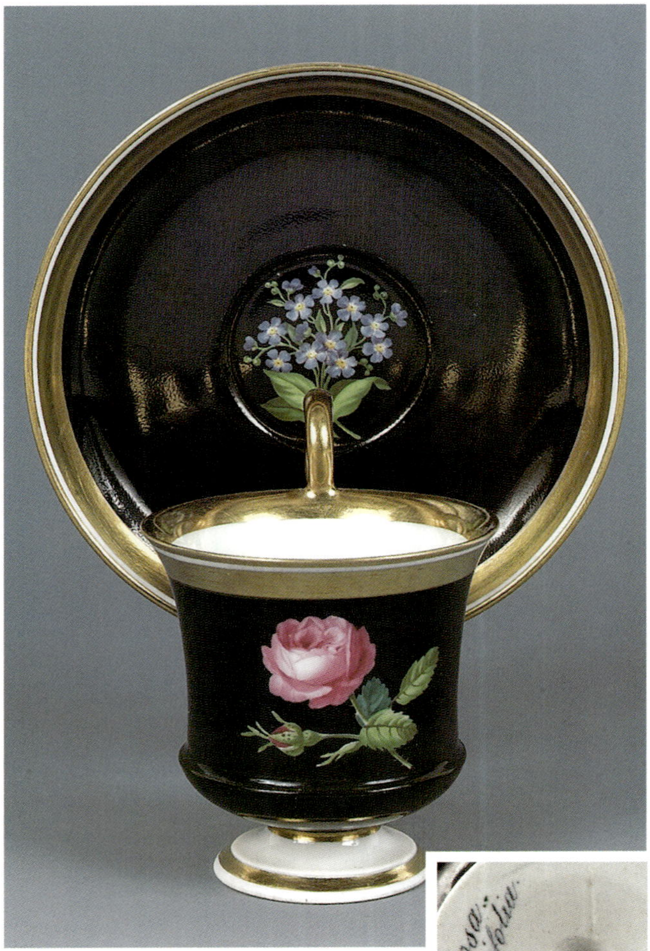

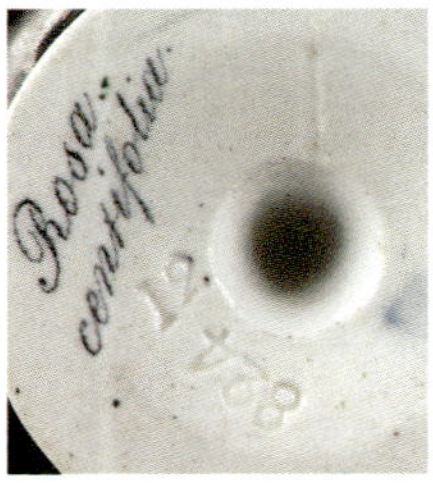

105

Wien, 1824

Kraterförmiger Körper auf stark eingeschnürtem, getrepptem und goldgehöhtem Standfuß; hochgezogener, goldstaffierter Schlangenhenkel. Lippenrand beidseitig vergoldet. Schwarzer Fond, schauseitig eine Rose mit Blättern und Knospen.
Unterglasurblauer Bindenschild, 824, 12, Malernummer 33, bezeichnet »Rosa centifolia«.
Dazugehörige Untertasse:
Geschwungene Fahne mit breitem Goldrand, schwarzer Fond, im vertieften Spiegel Vergißmeinnicht.
Unterglasurblauer Bindenschild, 824, 27, Malernummer 14, bezeichnet »Myosotis scorpioides«.
H. 9 cm/D. 13,1 cm

DM 2200,–/2400,–

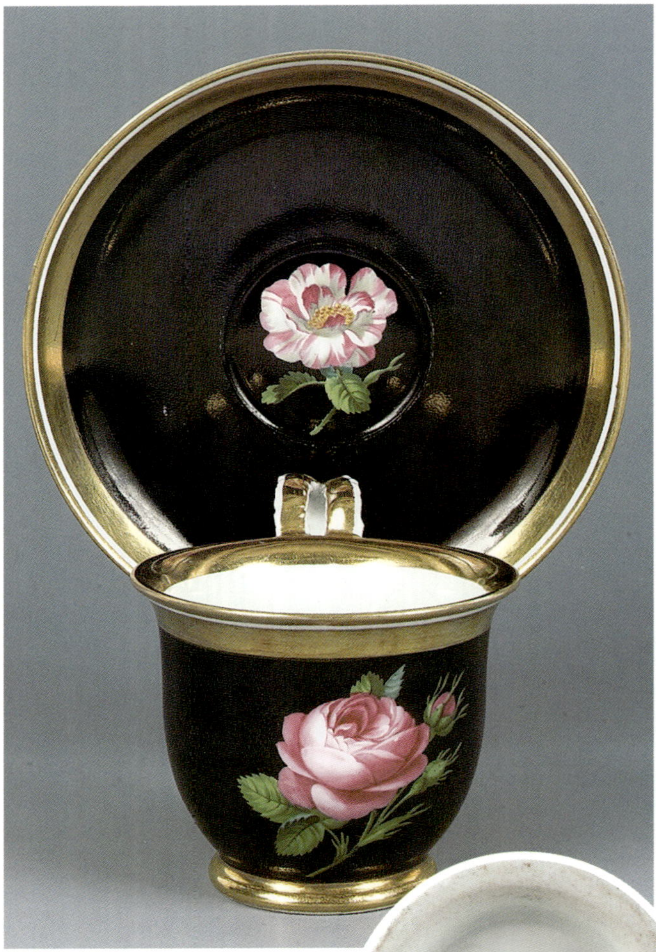

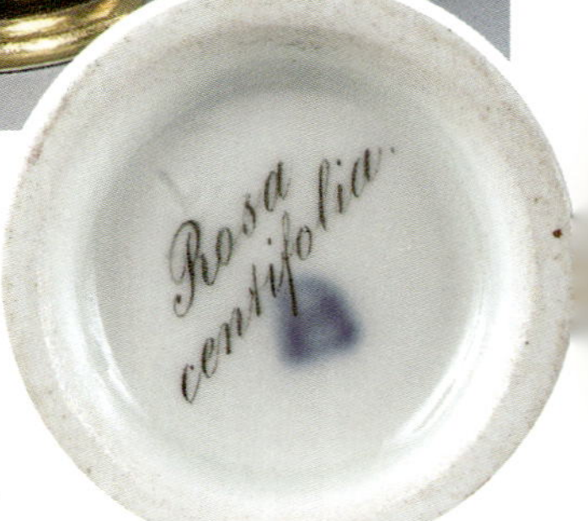

106

Wien, um 1824

Glockenbechertasse auf vergoldetem Standwulst; geweiteter, innen und außen vergoldeter Lippenrand. Hochgezogener, plastischer »Pan-Henkel«, goldstaffiert. Schwarzer Fond, schauseitige Rose mit Blättern und Knospen.
Unterglasurblauer Bindenschild, undeutliche Prägezahl. Bezeichnet »Rosa centifolia«.
Dazugehörige Untertasse:
Geschwungene Fahne mit Goldrand, schwarzem Fond, im vertieften Spiegel Rosenblüte.
Unterglasurblauer Bindenschild, 824, 7, Malernummern 33 und 133, bezeichnet »Rosa gallica«.
H. 6,8 cm/D. 13,2 cm

DM 2200,–/2400,–

107

Wien, 1826
Konisch, auf ausgestelltem Standring, mit ausschwingendem Lippenrand; hochgezogener, teilvergoldeter Volutenhenkel. Florale Ziervergoldung, schauseitige Ovalreserve mit radierter Goldkontur, polychrome Genreszene: Ein Kind in einer Parklandschaft am Fuße eines Postaments hält ein Kätzchen im Arm, das es vor einem Hund schützt. Unterglasurblauer Bindenschild, Preßmarken 27, 826, Ritzzeichen 3.
Dazugehörige Untertasse: Geschwungene Fahne, glatter Spiegel. Korrespondierender Golddekor und Mittelrosette, unterseitig zwei Goldbordüren.
Unterglasurblauer Bindenschild, Preßmarken 53, 825, 2.
H. 7,5 cm/D. 15,5 cm
DM 4200,–/4600,–

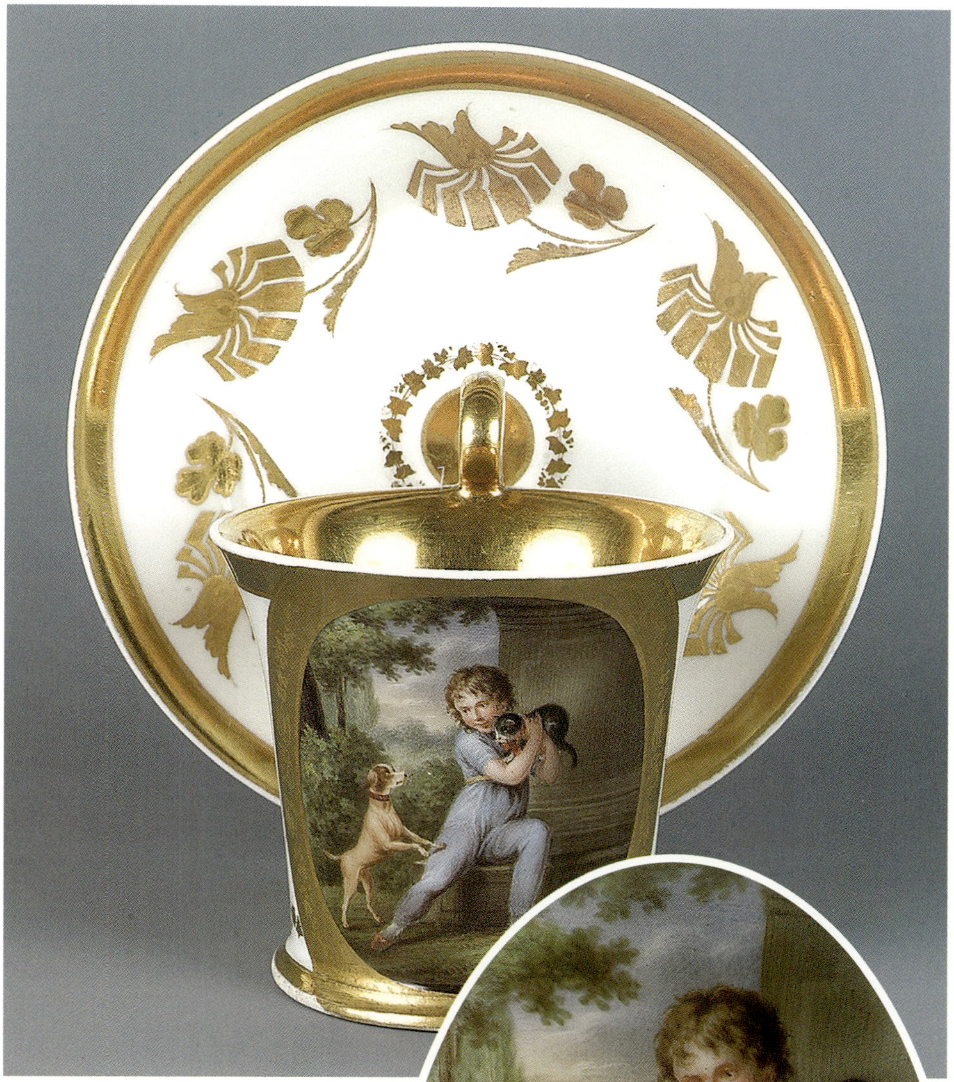

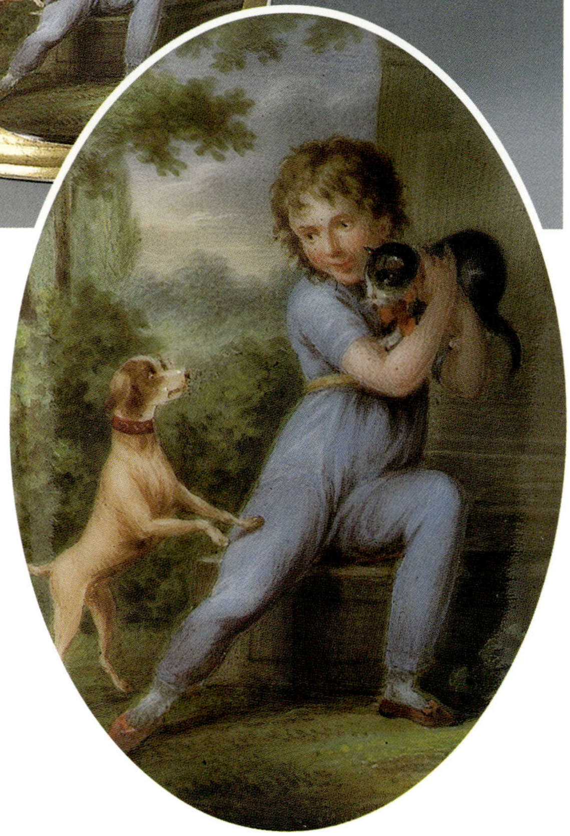

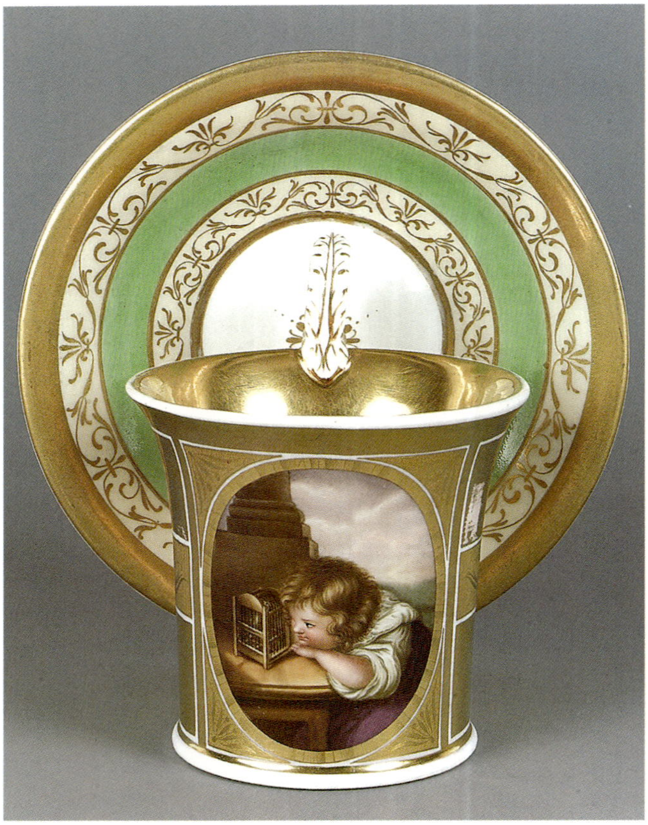

108

Berlin, KPM, um 1830

Zylindrisch, zum Lippenrand leicht ausschwingend, mit wulstigem Standring (Kalathosform); hochgezogener, bandartiger Henkel mit aufsteigendem Akanthusblatt, das sich in eine Volute einrollt und in einem Widderkopf über Palmette endet; der untere Ansatz als Palmette gebildet. Innen- und Außenwandung bis auf Standring und Lippenrand vergoldet, schauseitig im Hochoval fein gemaltes Bildnis eines Mädchens vor einem Vogelkäfig, rückseitig drei unterschiedliche Rechtecksfelder – durch schmale, weiß ausgesparte Streifen gebildet.
Unterglasurblaue Berliner Zeptermarke.
Untertasse:
Goldenes Kantenband, zwei Goldrankenborten, dazwischen grünes Feld, zentrale Goldrosette.
Unterglasurblaue Berliner Zeptermarke.
H. 7,2 cm/D, 13,5 cm

DM 3600,–/3900,–

Vormals Slg. Heinz Weck.

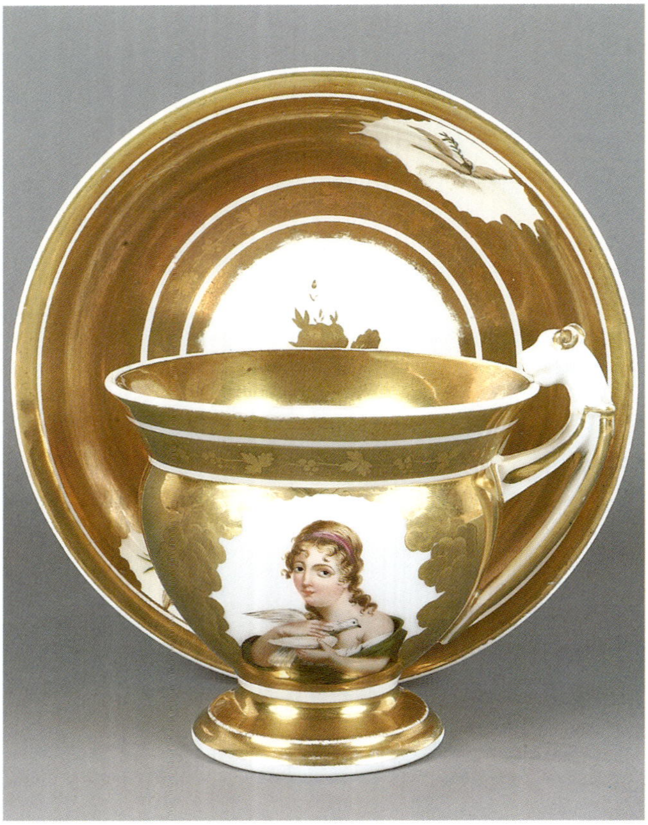

109

Böhmen, um 1820

Bauchig, auf eingezogenem und getrepptem vergoldeten Fuß; konisch geweiteter Lippenrand, spitzwinklig hochgezogener Henkel mit Hundekopf-Bekrönung. Glanzvergoldung mit radiertem Wolkendekor, Porträtreserve mit polychromer Darstellung einer Dame mit Taube, auf der anderen Seite eine betende Frauengestalt (wohl Allegorien des Friedens und des Glaubens).
Dazugehörige Untertasse:
Glanzvergoldung, am Rand gegenüberliegende Reserven mit einem Vogel, der im Schnabel einen Palm- bzw. Ölzweig trägt; mittige Goldblüte.
H. 10,5 cm/D 16,5 cm

DM 1300,–/1400,–

110

Nymphenburg,
1. Viertel 19. Jh.

Zylindrischer Körper, zum Lippenrand ausschwingend, auf getrepptem, eingezogenem und vergoldetem Stand; reliefierter, vergoldeter S-Henkel. Innen glanzvergoldet, dunkel magentafarbener Fond, schauseitige Rechtecksreserve, konturiert von goldenem Band mit radiertem Ornament. Polychrome Darstellung einer Badenden an einem Seeufer mit Grasstück (laut beiliegendem Zettel »Königin Teresia, Gemahlin von Ludwig«).
Geprägter Rautenschild, zweifach Prägeziffer 3 und Ritzziffer 5.
Dazugehörige Untertasse: Gemuldet. Goldrand, dunkel magentafarbener Fond.
Geprägter Rautenschild, Ritzzeichen 26, 12, 1/54, 13.
H. 8,5 cm/D. 13,8 cm

DM 6000,–/7000,–

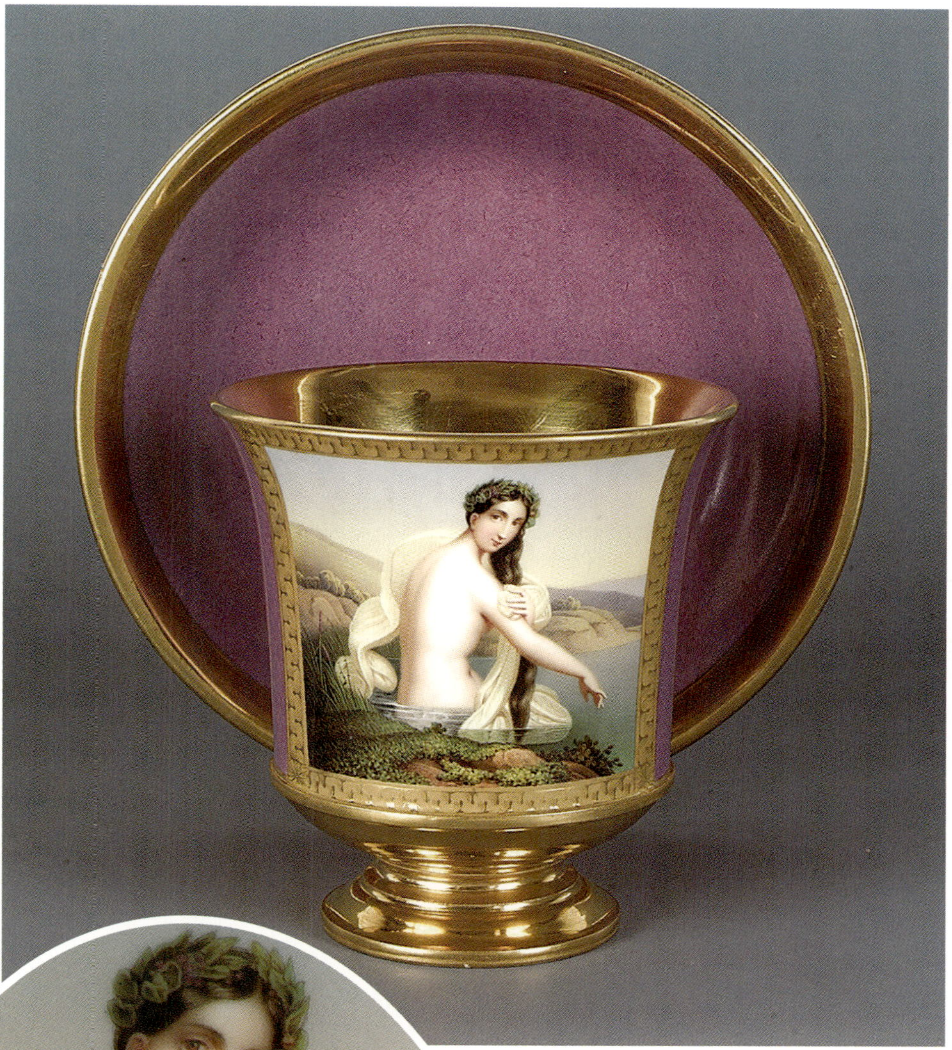

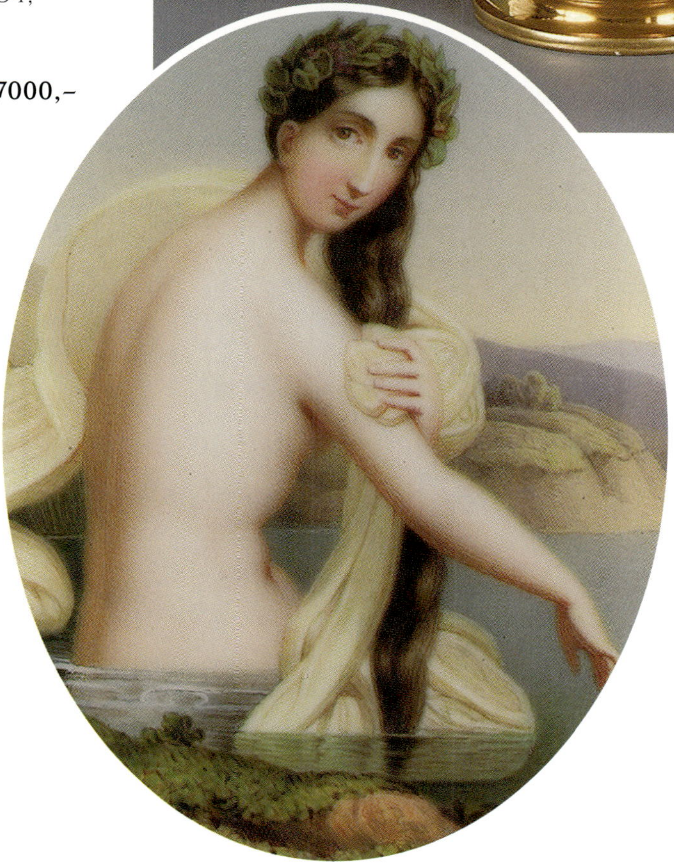

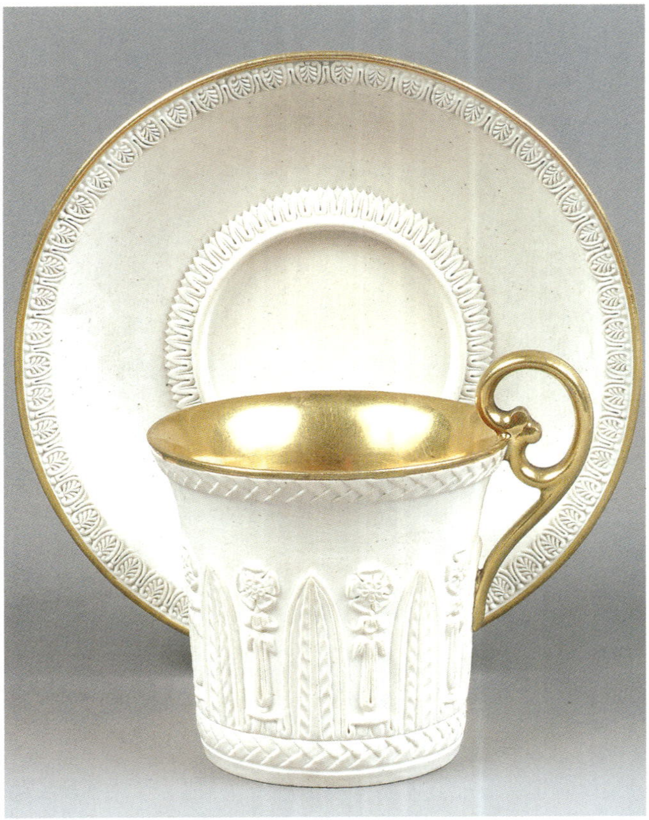

111

Wien, 1814
Zylindrische Wand mit leicht geweitetem Lippenrand; hochgezogener, reliefierter und vergoldeter Volutenhenkel. Bisquitporzellan, innen vergoldet, auf der Wandung achtfach lanzettförmiges Relief, dazwischen gestielte Rosen; reliefierter weißer Flechtband-Kantenfries.
Unterglasurblauer Bindenschild, Preßziffern 814, 36.
Dazugehörige Untertasse:
Bisquitporzellan, Fahne unterseitig vergoldet, Reliefdekor-Ringe an der Kante und um die Tassen-Standfläche.
Unterglasurblauer Bindenschild, Preßziffern 814, 36.
H. 10 cm/D. 15,5 cm

DM 2100,–/2300,–

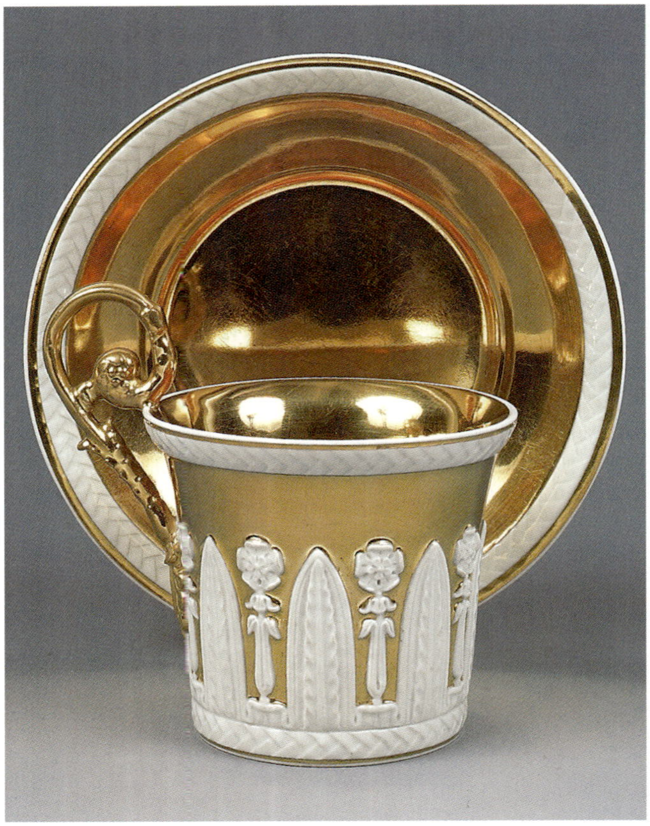

112

Wien, 1823
Zylindrische Wand mit leicht geweitetem Lippenrand; hochgezogener, reliefierter Volutenhenkel mit Palmettenansatz und Weintraube. Tassenwand innen glanz-, außen mattvergoldet; auf der Wandung achtfach lanzettförmiges Relief, dazwischen gestielte Rosen; reliefierter weißer Flechtband-Kantenfries.
Unterglasurblauer Bindenschild, Preßziffern 823, 7.
Dazugehörige Untertasse:
Glanzvergoldet, weißer Flechtband-Kantenfries.
Unterglasurblauer Bindenschild, Preßziffern 823, 7, Ritzmarke 6.
H. 7,5 cm/D. 15 cm

DM 2100,–/2300,–

113

Wien, 1827
Konische Wandung, zum Lippenrand ausgestellt; hochgezogener, goldgehöhter Ohrenhenkel.
Goldränder innen und außen, königsblauer Fond, darüber Goldbordüre mit pfeildurchbohrten, brennenden Herzen und Blattranken auf weißem Grund; schauseitig oktogonale Reserve mit Grisaillemalerei: Amor stärkt eine nackte, liegende Figur.
Unterglasurblauer Bindenschild, 827, 12, Malernummer 74.
Dazugehörige Untertasse: Goldkante, Goldornament, Spiegel mit königsblauem Fond, zentrale Kartusche mit Inschrift »Wer tröstet den Trostes / Bedürftigen Mann? / Allgütige Liebe / Zu trösten ist Dein!«
Marken durch Restaurierung unkenntlich.
H. 8,5 cm/D. 14,7 cm
DM 1700,–/1900,–

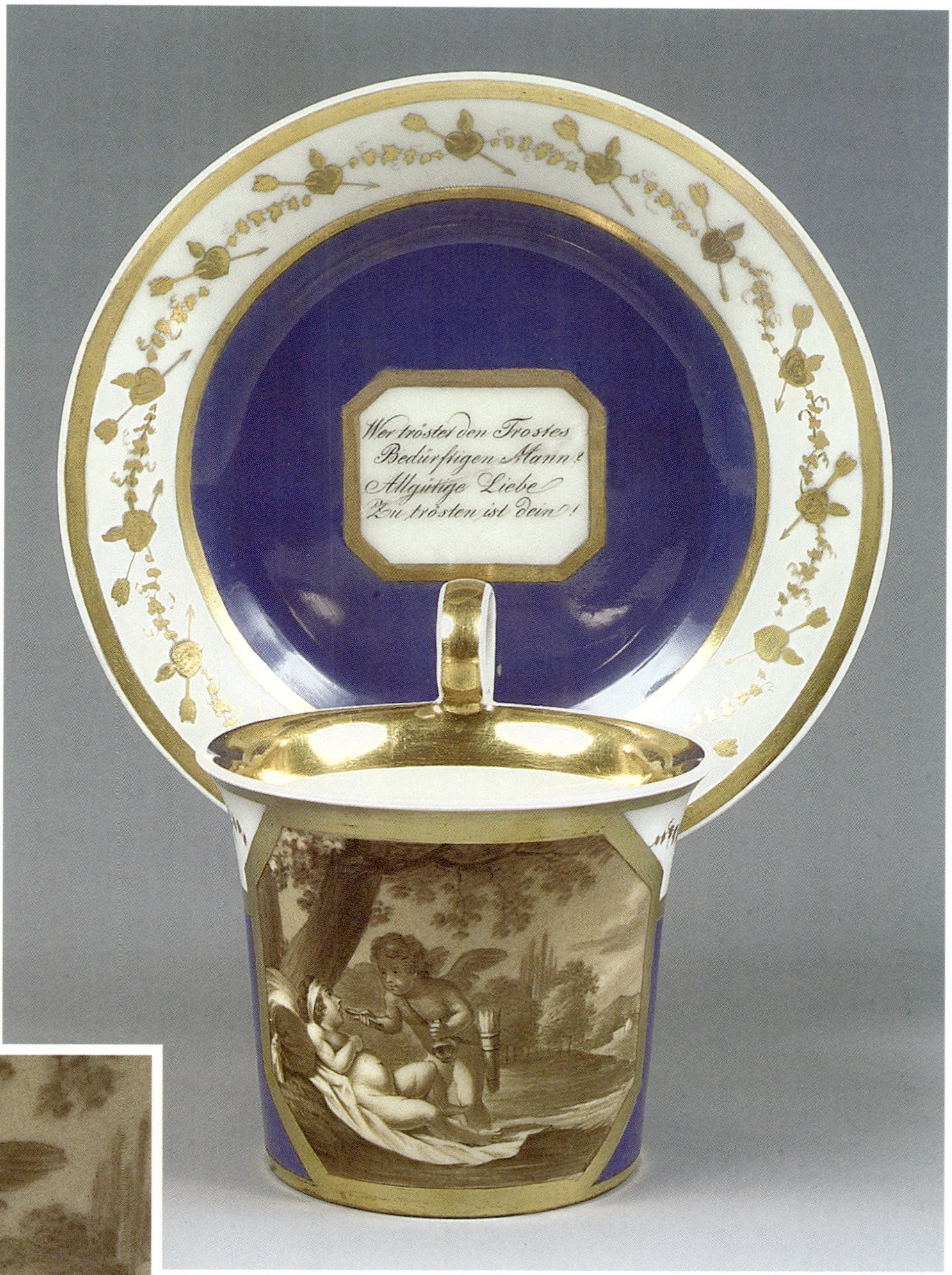

Tassenboden glatt durchgesprungen und geklebt.

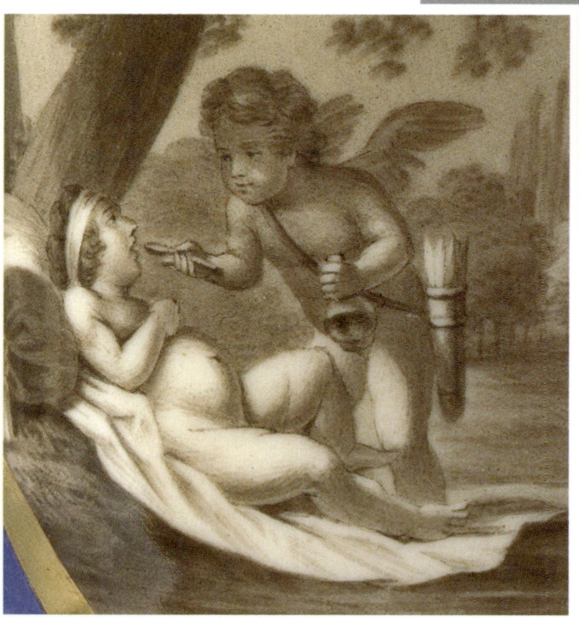

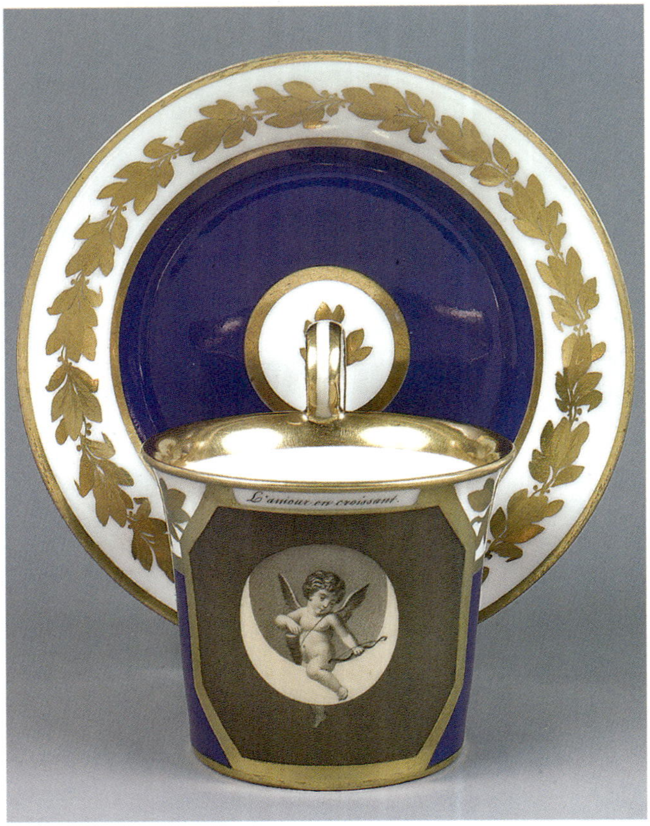

114

Wien, 1829

Konische Wandung mit geweitetem, vergoldetem Lippenrand; hochgezogener, goldstaffierter Ohrenhenkel. Auf der Wandung blauer Fond, oben begrenzt durch goldene Lorbeerblattbordüre auf Weiß. Schauseitig goldgerahmte, achteckige Grisaillemalerei-Reserve mit der Darstellung des Amor, mit Pfeil und Bogen in einer Mondsichel sitzend; darüber die Inschrift »L'amour en croissant«.
Geprägter Bindenschild, 829, 12, 5,
Malernummer 48.
Dazugehörige Untertasse:
Geschwungene Fahne mit goldener Lorbeerbordüre, im Spiegel blauer Fond, mittiges Lorbeerblatt in Gold. Geprägter Bindenschild, 828, 27, 5, Ritzzeichen X, 3.
H. 7,8 cm/D. 15 cm **DM 3000,–/3300,–**

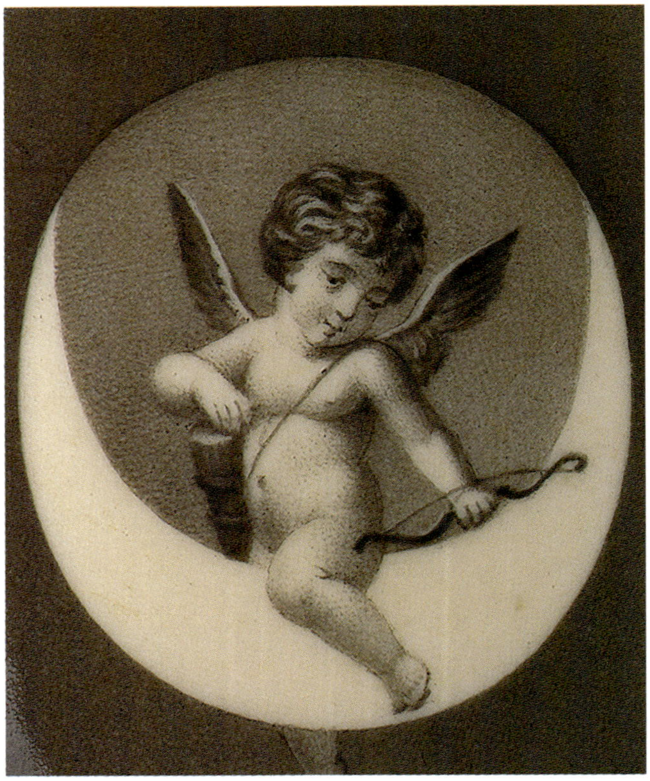

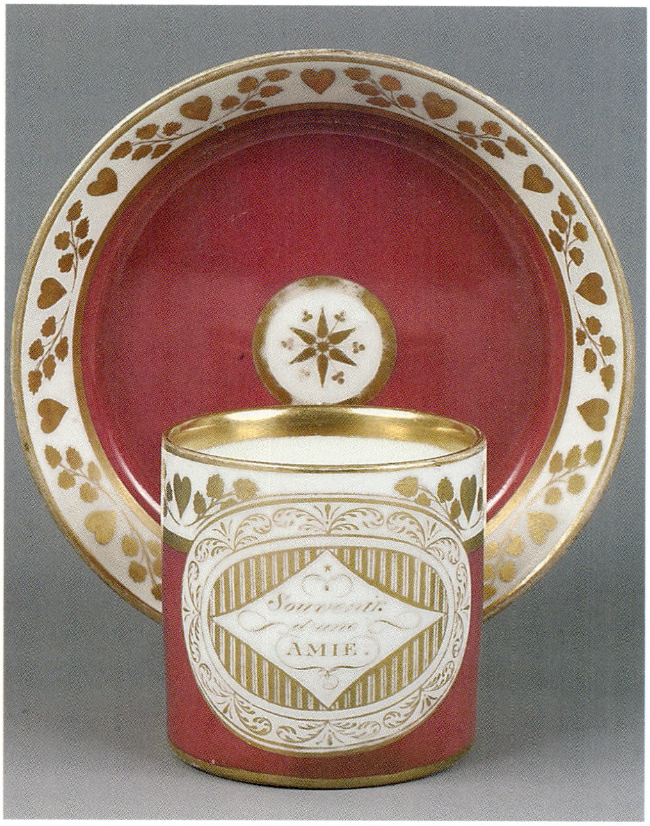

115

Wien, 1820
Zylindrisch, mit kantigem Henkel. Purpurfond, am Lippenrand goldene Blattranke und Herzen über Weiß; schauseitig querovale Reserve mit Inschrift »Souvenir d'une Amie«.
Unterglasurblauer Bindenschild, 820, 14, Ritzzahl 4, Malernummer 18 in Braun.
Dazugehörige Untertasse:
Steile Fahne, Bordüre mit goldener Blattranke und Herzen; Spiegel mit purpurfarbenem Fond, mittiger Goldstern.
Unterglasurblauer Bindenschild, 820, 37, Ritzzahl 1, Malernummer 18 in Braun.
H. 6 cm/D. 13 cm

DM 2200,–/2400,–

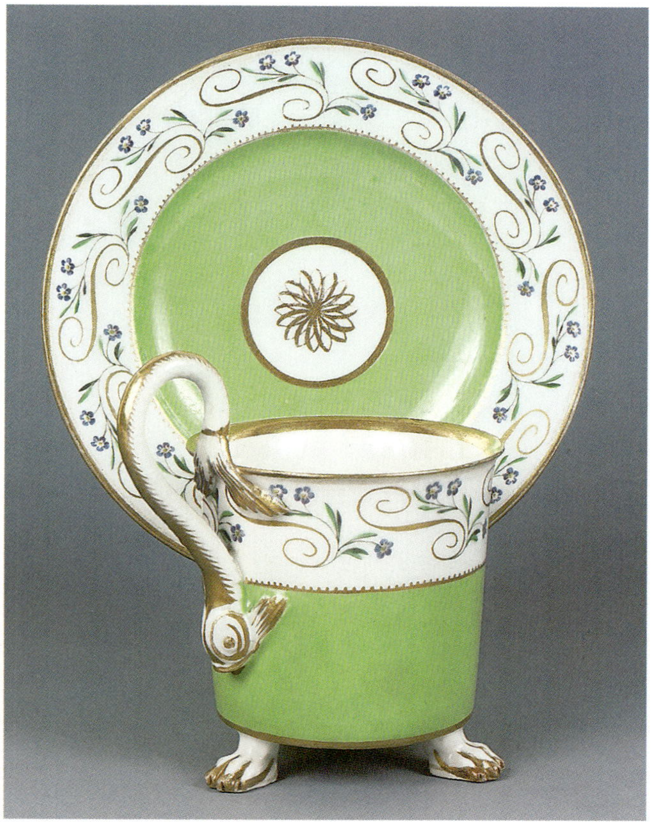

116

Wien, 1811
Zylindrisch, auf drei goldgehöhten Tatzenfüßen, mit leicht geweitetem Lippenrand und hochgezogenem Fischhenkel. Apfelgrüner Fond, darüber Dekor aus Vergißmeinnicht und Goldranken über Weiß. Lippenrand vergoldet.
Unterglasurblauer Bindenschild, braune Malermarke P 62. Blindprägestempel, 811, 59, 28 und Ritzzeichen 2.
Dazugehörige Untertasse:
Spiegel mit apfelgrünem Fond. Fahne mit Golddekor und Vergißmeinnicht.
Unterglasurblauer Bindenschild, braune Malermarke P 62 (Fritz Gartner). Blindprägestempel, 811, 35, 60, Ritzzeichen C.
H. 7,4 cm/D. 14,2 cm

DM 2000,–/2200,–

Vgl. gefälschte Tasse Kat.-Nr. 55.

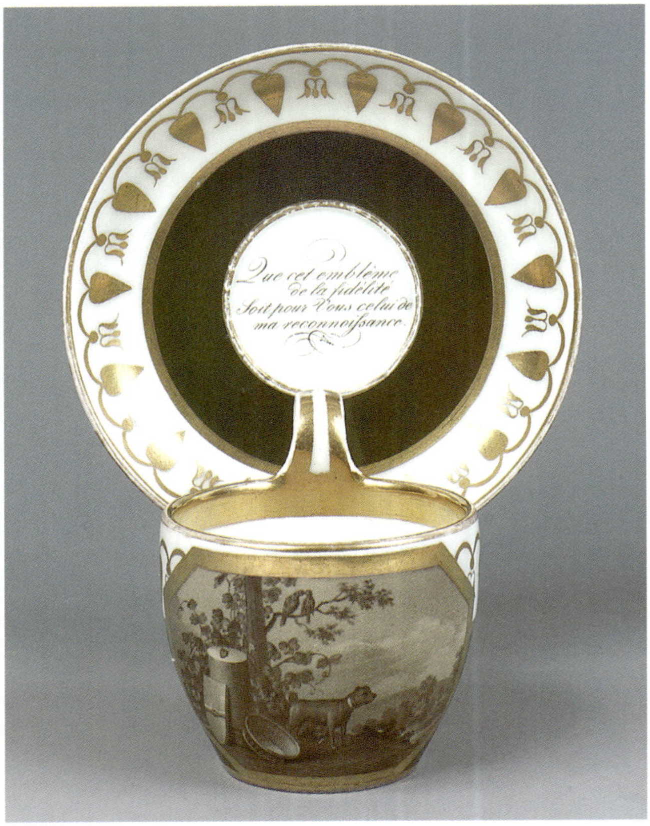

117

Wien, 1827

Campanerform mit Campanerhenkel. Teilvergoldet, dunkelgrüner Fond, am oberen Tassenrand goldener, herzförmiger Girlandendekor, Rand innen vergoldet; achteckige Goldreserve, Treuesymbole in Sepiamalerei: Baum mit Taubenpaar, Hund, Altar mit Herz, Schild mit Händedruck und Weidenkorb.
Unterglasurblauer Bindenschild, Prägezahlen 827, 47, Malernummer 32.
Dazugehörige Untertasse:
Fahne mit Golddekor, Girlanden und Quasten, dunkelgrüner Kreisring, Spiegel mit Devise in Schwarz »Que cet emblême / de la fidélité / Soit pour Vous celui de / ma reconnaissance«.
Unterglasurblauer Bindenschild, Prägezahlen 827, 49, 2, Malernummer 32.
H. 5,6 cm/D. 12,8 cm

DM 2000,–/2200,–

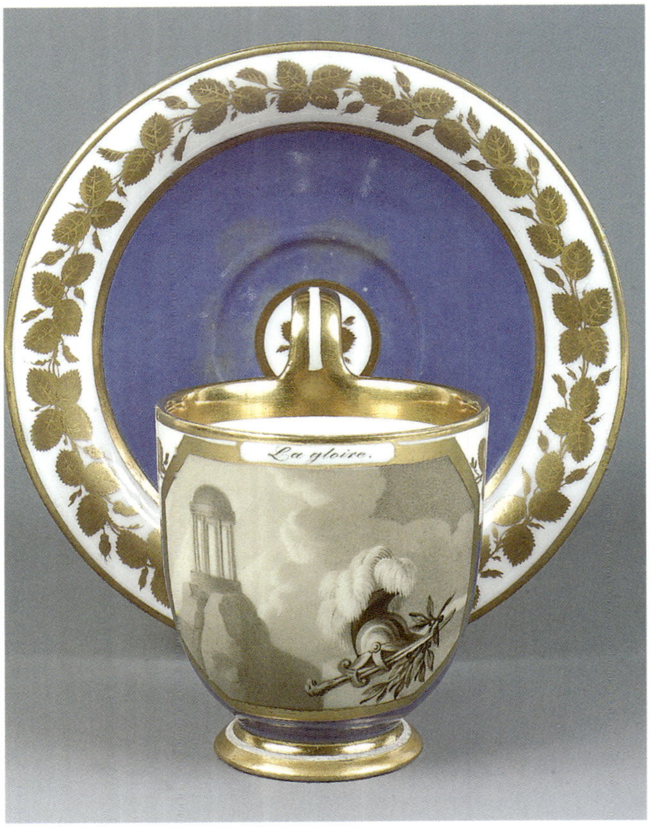

118

Wien, vor 1827

Eiförmig, auf eingezogenem Standfuß; hochgezogener, vergoldeter Bandhenkel. Unter dem Mundrand goldradierte Rosenblattranke mit Knospen, die Wandung mit blauem Fond; schauseitig achteckige Reserve mit brauner Camaieu-Malerei: allegorische Darstellung mit Helm, Schwert, Lorbeer und Tempel, bezeichnet »La gloire«.
Unterglasurblauer Bindenschild, schwarze Malermarken 12 und 3.
Untertasse:
Geschwungene Fahne mit goldradiertem Rosen-Blattdekor auf Weiß, im Spiegel blauer Fond, zentrale Goldrosette.
TK 856, 92, 84, goldene Malernummer 102.
H. 8,8 cm/D. 14,3 cm

DM 2300,–/2500,–

Vermutlich alt ergänzte Untertasse.

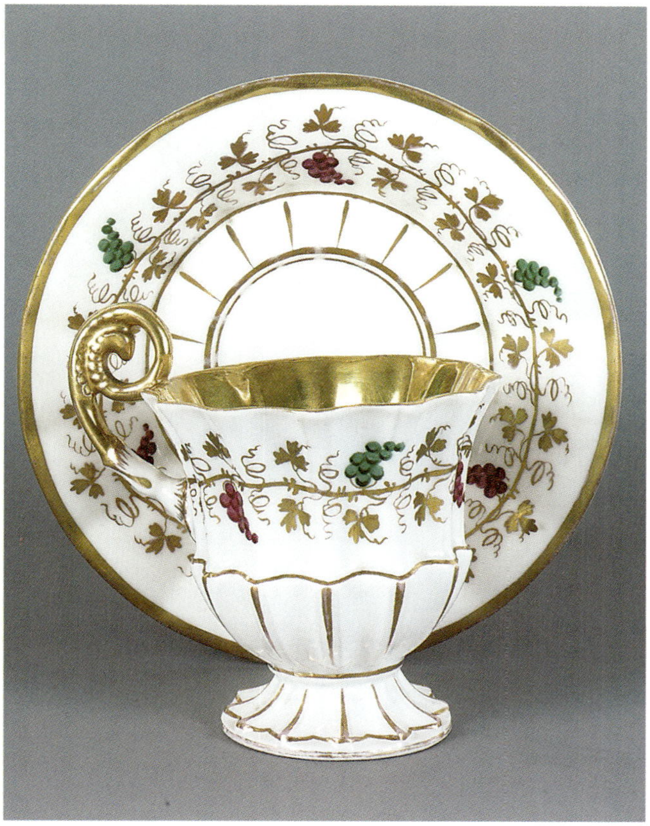

119

Böhmen, um 1850
Glockenbecher mit zwölffach gewellter, goldgehöhter Wandung auf ausgestelltem goldgehöhten Stand; geweiteter Lippenrand. Hochgezogener, vergoldeter Volutenhenkel. Umlaufende goldene Weinlaubranke mit violetten und grünen Trauben.
Preßmarke F (vermutlich Pirkenhammer).
Dazugehörige Untertasse:
Goldrand, umlaufende goldene Weinlaubranke mit violetten und grünen Trauben.
Preßmarken F und B.
H. 9,5 cm/D. 14,8 cm

DM 900,–/1000,–

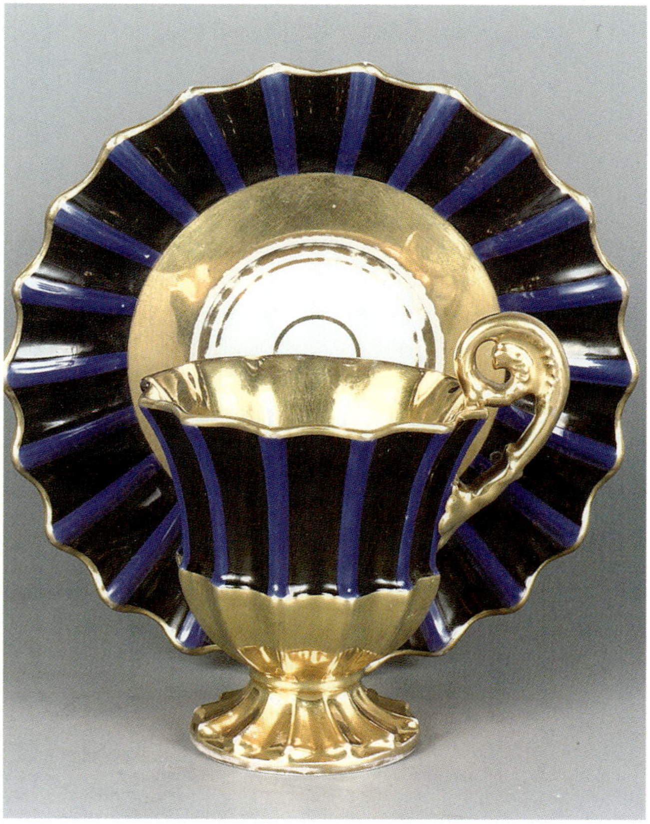

120

Schlaggenwald, um 1850
Glockenbecher mit zwölffach gewellter Wandung und ausgestelltem, geweitetem Lippenrand; hochgezogener, vergoldeter Volutenhenkel. Innen zur Hälfte vergoldet; außen blau und schwarz vertikal gestreifte Wandung, unten Vergoldung.
Preßmarken S und 30.
Dazugehörige Untertasse:
Gewellter, vergoldeter Rand, gerippte Fahne; flacher, mittig vertiefter Spiegel. In Blau und Schwarz gestreifte Fahne, vergoldeter Spiegel, mittiger Goldring.
Preßmarke »S & B« und 22.
H. 10 cm/D. 15 cm

DM 900,–/1000,–

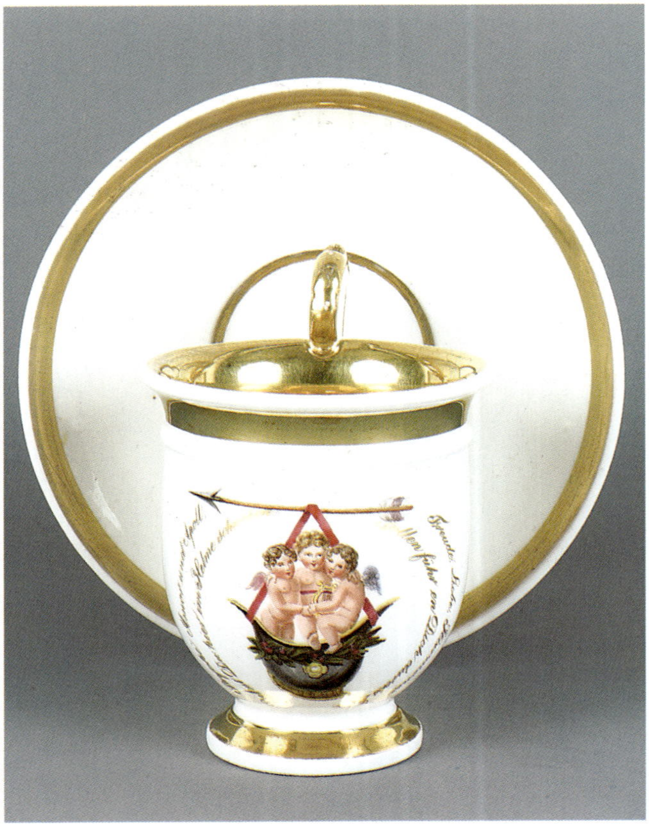

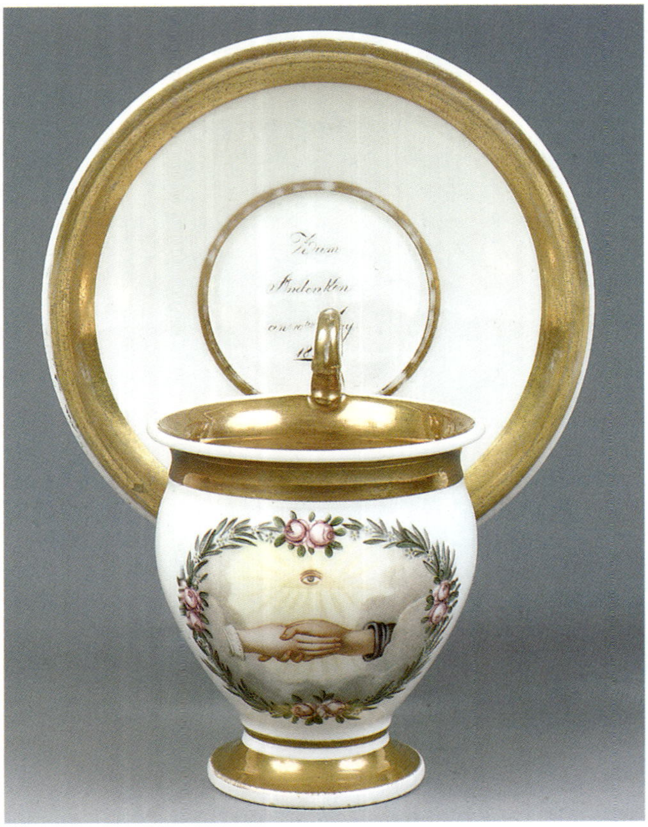

121

Thüringen, um 1820

Glockenbecher mit abgesetztem Standring; hochgezogener, teilvergoldeter Volutenhenkel. Weißer Porzellanfond. Drei Putten sitzen in einem Helm, der von einem Pfeil gehalten wird. Devise »Psyche, Amor und Apoll / siehst Du hier im Helme schweben, / Freude, Liebe, Harmonie / sollen führen Dich durchs Leben.«

Untertasse (passend, vermutlich zugehörig):
Goldrand an Fahne und Spiegel.
H. 8 cm/D. 14,1 cm

DM 700,–/900,–

122

Thüringen, um 1830

Gebaucht, auf eingeschnürtem Rundfuß mit Goldrändern, ausgestellter Lippenrand; hochgezogener Volutenhenkel mit Maskaron-Ansatz. Goldrand über weißer Wandung, schauseitig polychrome Ovalreserve, gerahmt von einem Kranz aus Rosen und Vergißmeinnicht um die aus Wolken kommenden Hände eines Hochzeitspaares; darüber das Auge Gottes.

Dazugehörige Untertasse:
Geschwungene Fahne mit breitem Goldrand, vertiefter Spiegel mit schwarzer Inschrift: »Zum Andenken an den 10ten May 1830«.
H. 9,5 cm/D. 12,7 cm

DM 1300,–/1500,–

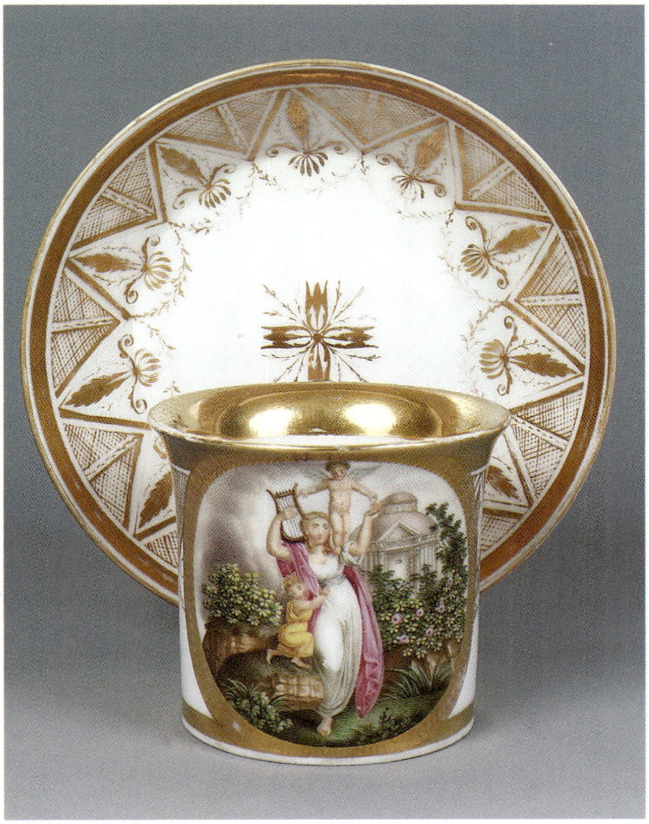

123

Dresden, 1828

Zylindrische Wand mit geweitetem Lippenrand, vergoldeter Henkel mit Blattansatz. Tassenwand mit umlaufendem Golddekor, schauseitiges Medaillon: Frauengestalt mit Lyra, einen Putto auf der Schulter tragend, in einem Garten mit Kuppeltempel. Ein Knabe schmiegt sich an die Seite der Stehenden.
Dresdener Blaumarke, Preßmarken 828, 2, 33.
Dazugehörige Untertasse:
Konische Fahne, flacher Spiegel, korrespondierender Golddekor.
Blaumarke.
H. 7,2 cm/D. 15 cm

DM 1500,–/1700,–

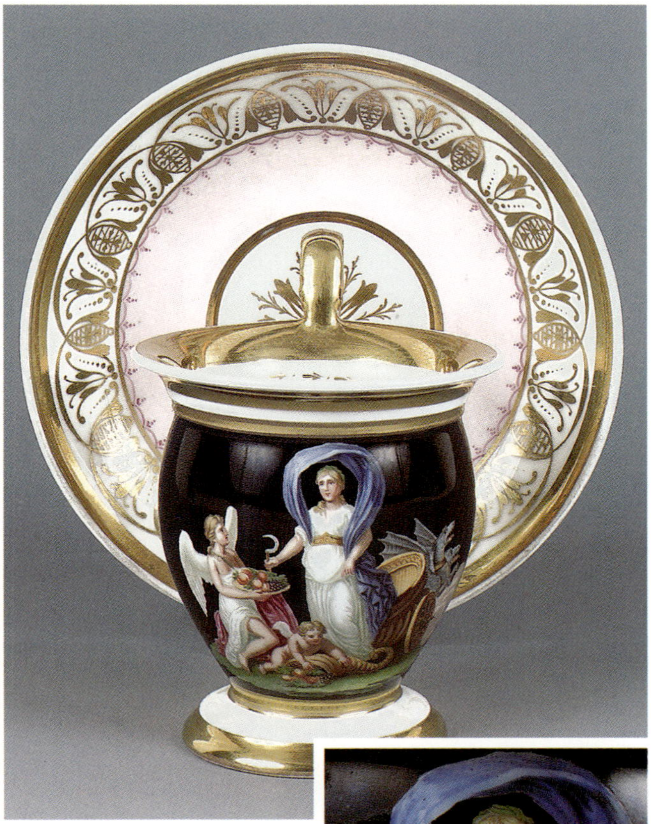

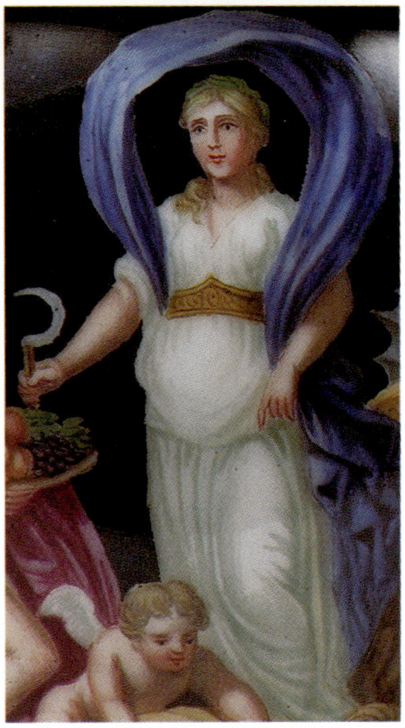

124

Schlaggenwald, 1829

Eiförmig auf ausgestelltem, vergoldetem Stand; geweiteter, vergoldeter Mundrand. Vergoldeter Volutenhenkel mit Maskaron am oberen Ansatz.
Die Wandung mit roséfarbenem Fond und floraler Goldbordüre, schauseitige Rechtecksreserve mit mythologischer Szene vor schwarzem Grund: Persephone mit Genius und Putto, Füllhorn mit Früchten, hinten ein Wagen – gezogen von zwei Drachen.
Unterglasurblaues S, Prägezahlen 2 und 829.
Dazugehörige Untertasse.:
Tief gemuldet, vertiefter Spiegel. Florale Goldbordüre und roséfarbener Fond, zentrale Goldrosette.
H. 10 cm/D. 14,1 cm

DM 4000,–/4400,–

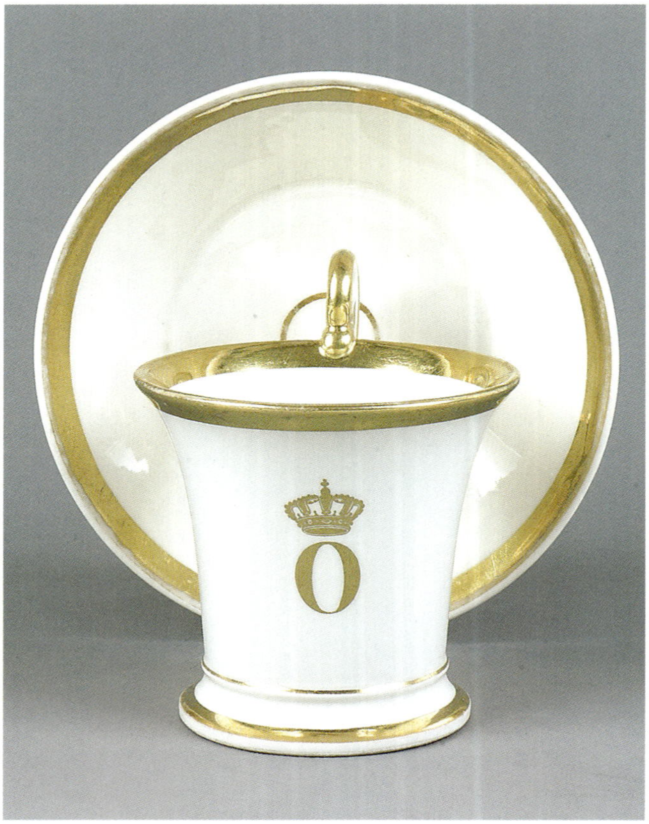

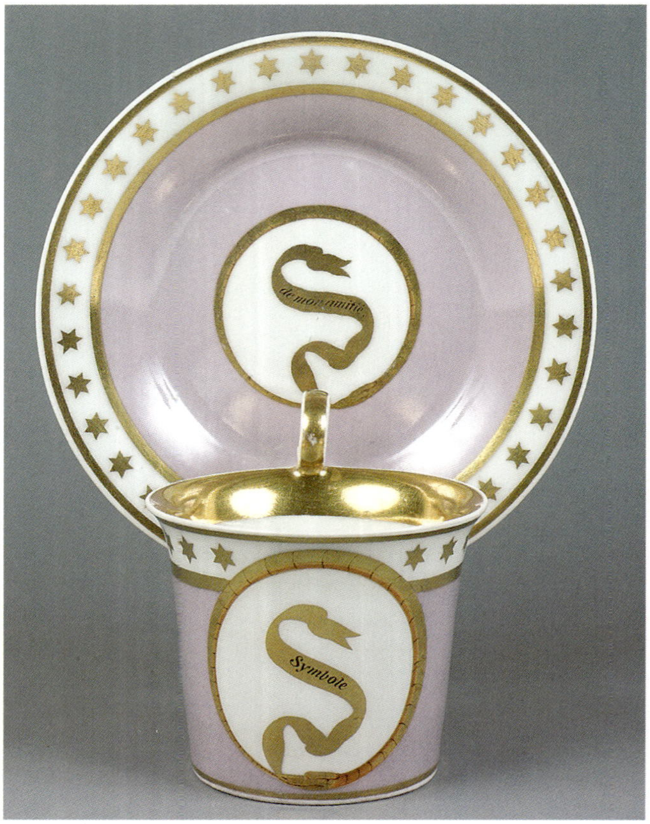

125

Nympenburg, 2. Viertel 19. Jahrhundert
Ausgestellter Standring, konische Wandung, geweiteter, vergoldeter Lippenrand; hochgezogener, vergoldeter Volutenhenkel mit Maskaron-Ansatz. Goldene Ränder, schauseitg bekröntes goldenes »O«. Geprägter Nymphenburger Rautenschild, Präge- und Ritzzeichen.
Untertasse (nicht zugehörig):
Goldrand.
Ritzzeichen II, 18.
H. 7 cm/D. 13 cm

DM 450,–/500,–

126

Wien, 1828
Konische Form, geweiteter Lippenrand; vergoldeter, hochgezogener Volutenhenkel. Teilvergoldeter Tassenrand. Mauvefarbener Fond, darüber Fries mit sechszackigen Goldsternen. Ovalreserve mit goldradierter Lebensschlange und S-förmigem Schriftband in Gold mit der Inschrift »Symbole«.
Blindgeprägter Bindenschild, 828, 27, 5, Ritzzeichen 3, goldene Malernummer 93 und Malernummer 74.
Dazugehörige Untertasse:
Fahne mit doppeltem Goldrand und goldenen sechszackigen Sternen, mauvefarbener Fond, im Spiegel Medaillon mit Inschrift »de mon amitié«.
Blindgeprägter Bindenschild, 5, 828, 12, Ritzzeichen III, Malernummer 74.
H. 6,4 cm/D. 15 cm

DM 2600,–/2900,–

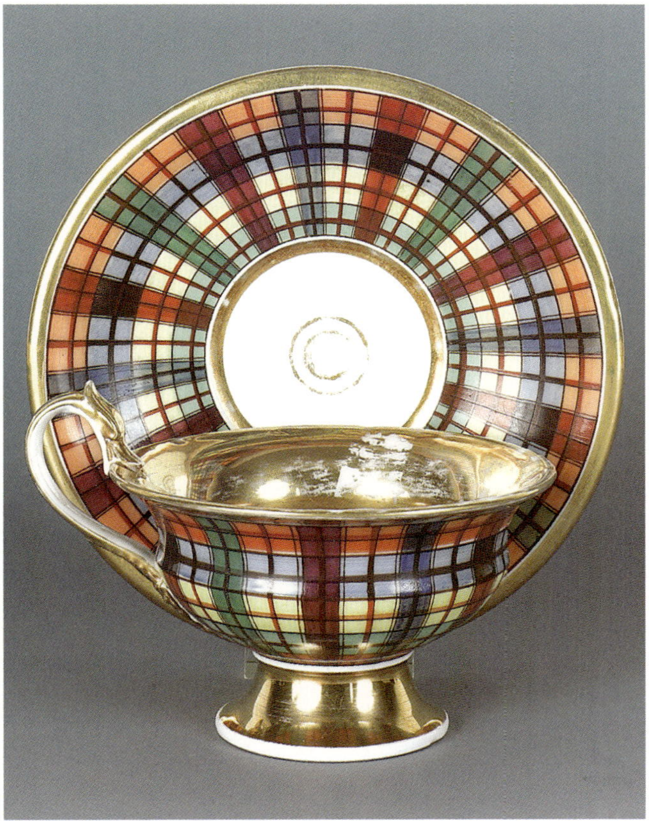

127

Deutsch, um 1840
Flach, gebaucht, auf stark eingezogenem, hohem vergoldeten Standring; stark geweiteter Lippenrand. Hochgezogener Henkel mit Vogelkopf und Palmettenansatz. Auf der Wandung polychrom karierter Kattundekor, im Tassenboden »gotischer« Spitzendekor.
Dazugehörige Untertasse:
Geschwungene Fahne, leicht vertiefter Spiegel, Kattundekor.
H. 6 cm/D. 14,3 cm

DM 1100,–/1200,–

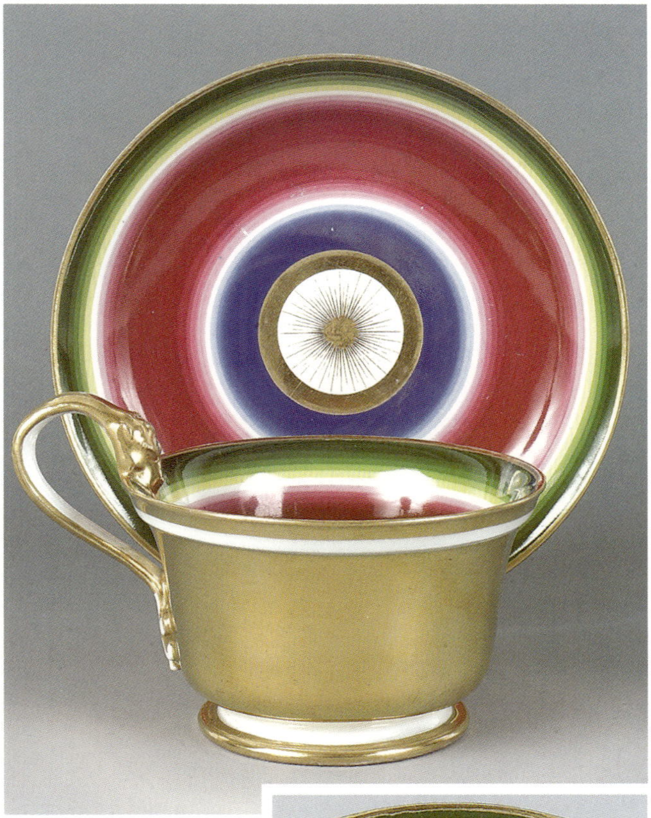

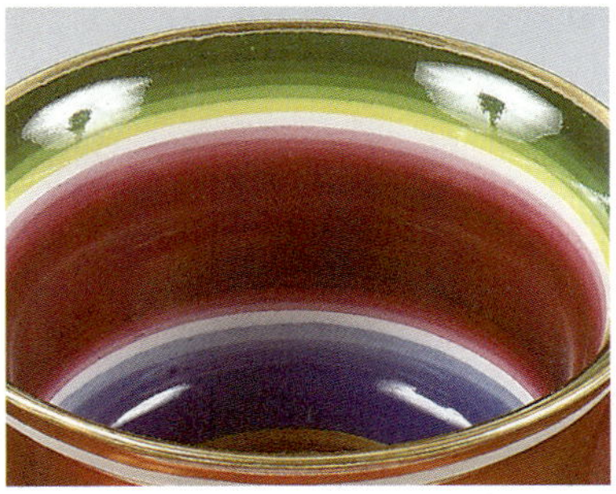

128

Wien, 1828
Breite Schale auf eingezogenem Standring mit Goldrand, geweiteter, vergoldeter Lippenrand; hochgezogener Henkel mit Pantherkopf und Palmettenansatz. Glanzvergoldete Wandung, innen Regenbogenfarben mit Sonne im Tassenboden.
Geprägter Bindenschild, 828, 12, geritzt 3, goldene Malernummer 137.
Dazugehörige Untertasse:
Gemuldet, flacher Spiegel, konzentrisch regenbogenfarben, goldradierter Helios-Kopf mit Strahlenkranz im Spiegel.
Geprägter Bindenschild, 828, 12, 16, geritzt 2.
H. 5,7 cm/D. 14,8 cm

DM 2700,–/3000,–

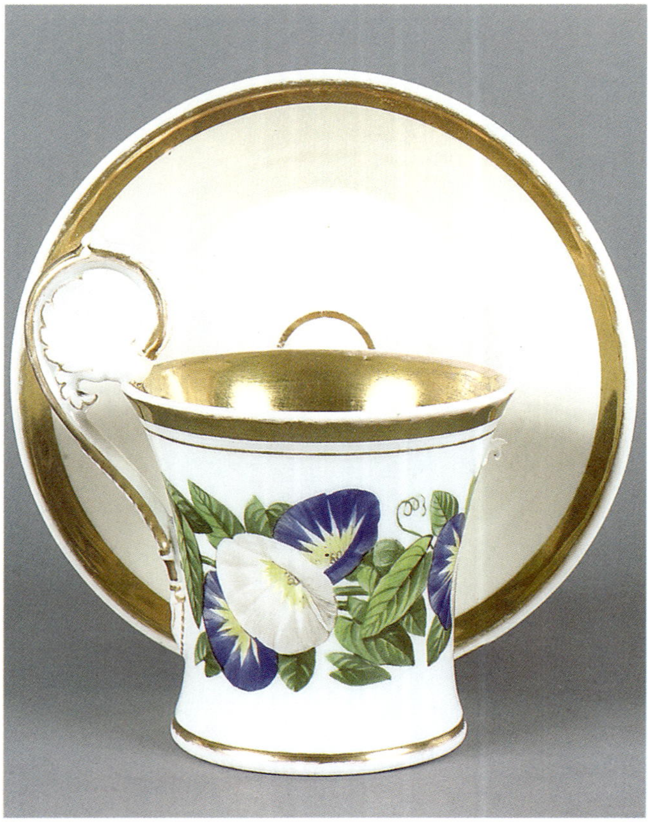

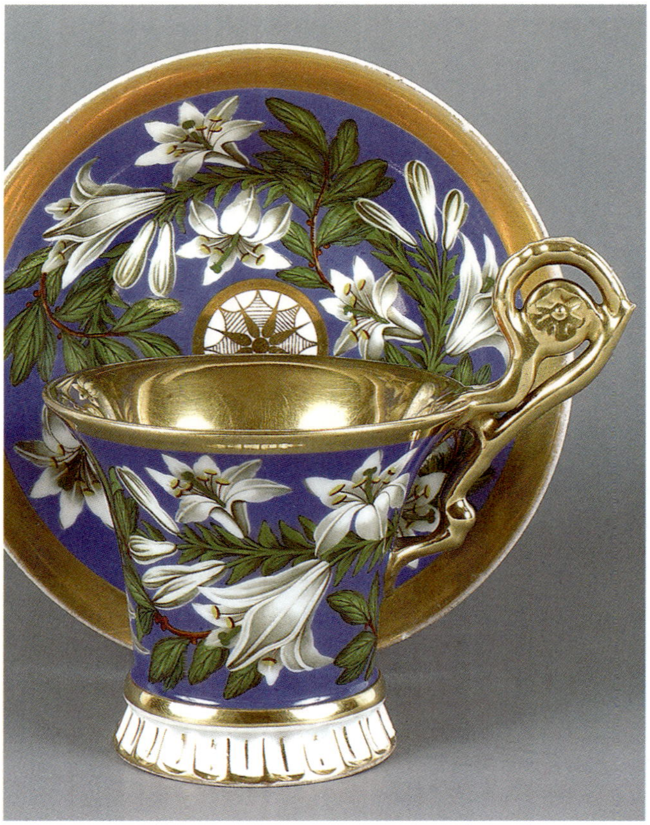

129

Berlin, KPM, 1823 bis 1832
Kalathosform, vergoldeter Mundrand; hochgezogener, reliefierter und goldgehöhter Volutenhenkel. Auf weißer Wandung umlaufende Blattranke mit blauen und weißen Windenblüten.
Unterglasurblaue Berliner Zeptermarke, gestempelte braune Adlermarke.
Untertasse (nicht dazugehörig):
Goldrand.
H. 10 cm/D. 13 cm

DM 1200,-/1400,-

130

Schlaggenwald, 1835
Trompetenförmige Wandung auf geweitetem, kanneliertem und goldgehöhtem Stand; ausgestellter, vergoldeter Lippenrand. Hochgezogener, glanzvergoldeter Asthenkel mit Rosette. Innenwand vergoldet, Tassenboden mit Goldrosette, blauer Fond mit weißen Lilienblüten und -blättern.
Geprägtes S, 835, AH.
Dazugehörige Untertasse:
Ausschwingende Fahne mit breitem Goldrand, Kehlung und Spiegel mit blauem Fond, weißer Liliendekor und Goldrosette.
H. 11 cm/D. 15 cm

DM 1500,-/1700,-

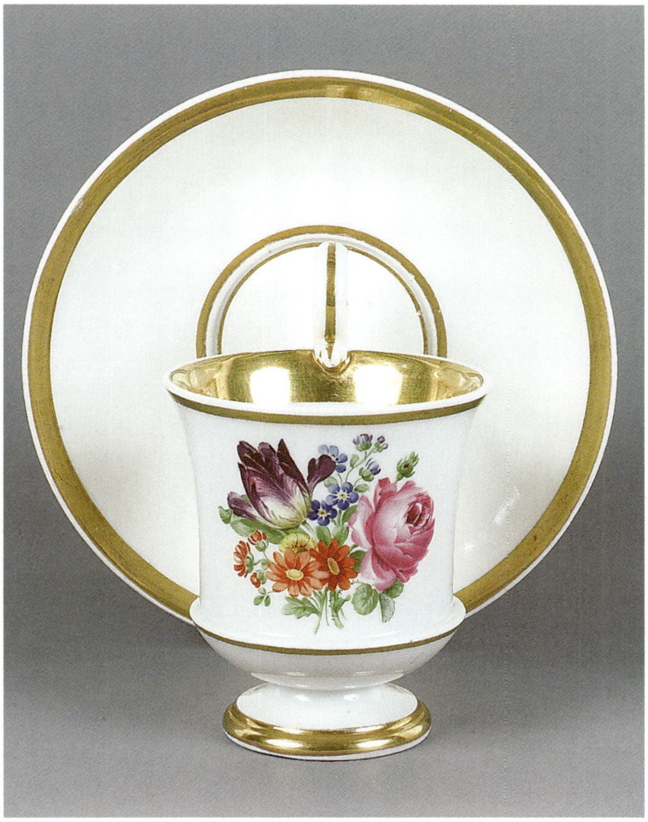

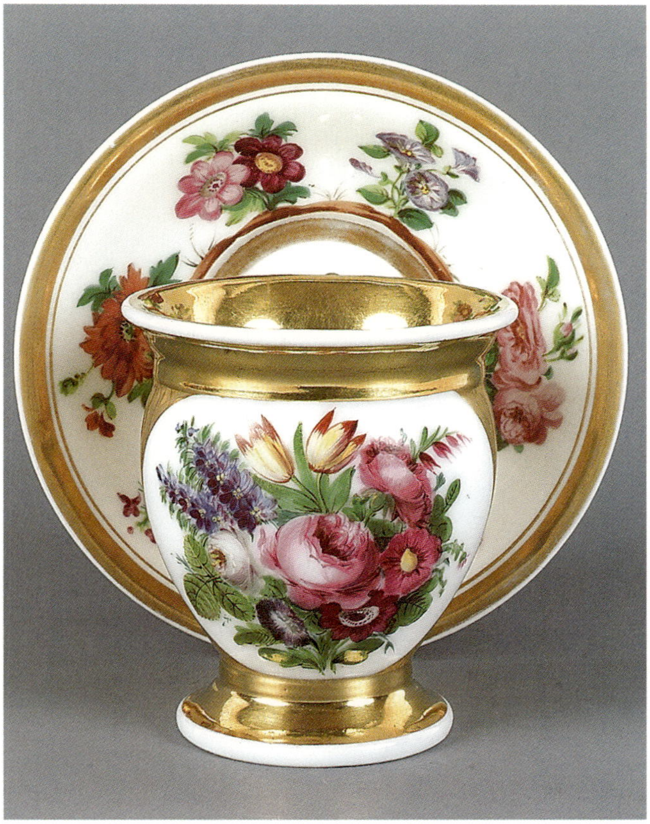

131

Meißen, um 1830

Kraterform auf eingezogenem, vergoldetem Stand; hochgezogener, goldstaffierter Henkel. Lippenrand vergoldet, schauseitig polychromer Blumenstrauß. Meißener Schwertermarke unterglasurblau, rote Malermarke 8 mit bekrönendem Dreieck.
Dazugehörige Untertasse:
Fahne mit Goldrand, Spiegel mit zwei Goldrändern. Meißener Schwertermarke unterglasurblau, rote Malermarke 2 oder 8, bekrönt von Dreieck, Preßzahl 19.
H. 7,2 cm/D. 13,4 cm

DM 1800,–/2000,–

132

Wohl Böhmen, um 1820

Eiförmig, geweiteter Standring und geweiteter Lippenrand; volutenförmiger Henkel mit Palmettenansatz. Wandung mit Glanzgold-Fond, mattradierter Dekor, schauseitiges Medaillon mit polychromem Blumenstrauß.
Untertasse:
Goldrand, auf der Fahne sechs polychrome Blumenbüsche auf Erdsockel, im Spiegel doppelter Ring.
H. 8 cm/D. 12,5 cm

DM 750,–/950,–

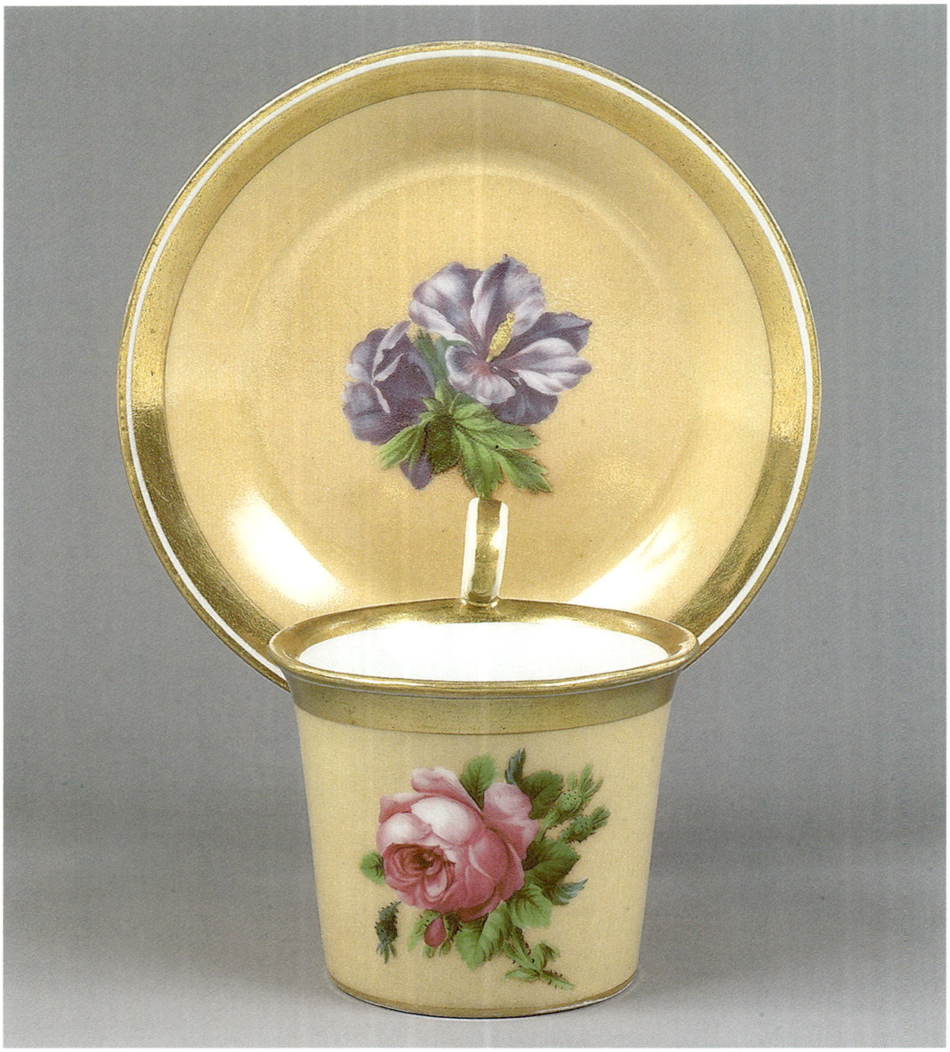

133

Wien, 1834
Konisch, mit ausgestelltem vergoldeten Lippenrand; hochgezogener, goldgehöhter Ohrenhenkel. Beiger Fond, schauseitig große roséfarbene Rose mit Knospen.
Gestempelter Bindenschild, 834, 19, 5, Malernummer 7 in Mangan.
Dazugehörige Untertasse: Geschwungene Fahne mit breitem Goldrand, beiger Fond, zentrale Blüte.
Blindgeprägter Bindenschild, 834, Malernummer 33 in Schwarz.
H. 8,2 cm/D. 14,6 cm
DM 1600,–/1800,–

Zum Vergleich: Blumendekor zweier Koppchen, Wien, 18. Jahrhundert (mit unterglasurblauem Bindenschild und Ritzziffer 6, H. 4,5 cm).

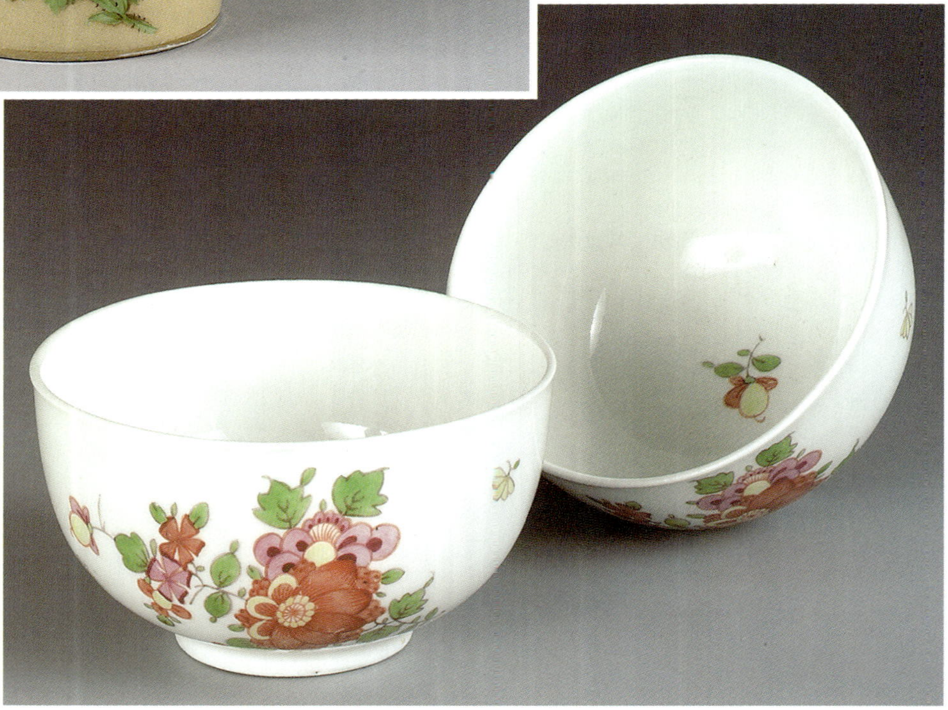

134

Wien, 1829
Zylindrische Wandung, durch Profilring abgesetzer, ausgestellter und vergoldeter Mundrand; Volutenhenkel unten mit Puttenkopf. Gelber Fond, schauseitig goldgerahmte, achteckige Reserve mit Goldfond und polychromem Bouquet in einer Aufsatzschale (Blumenrätsel).
Innen glanzvergoldet.
Geprägter Bindenschild, 829, 24, Malernummer 11, 74, 138, am Tassenboden bezeichnet »Marie«.
Dazugehörige Untertasse: Fahne mit Goldrand, Spiegel mit gelbem Fond, zentrale Goldrosette.
Geprägter Bindenschild, 829, 12, Malernummer 74, »MARIE« (= Auflösung des Blumenrätsels).
H. 8 cm/D. 15 cm
DM 3000,–/3300,–

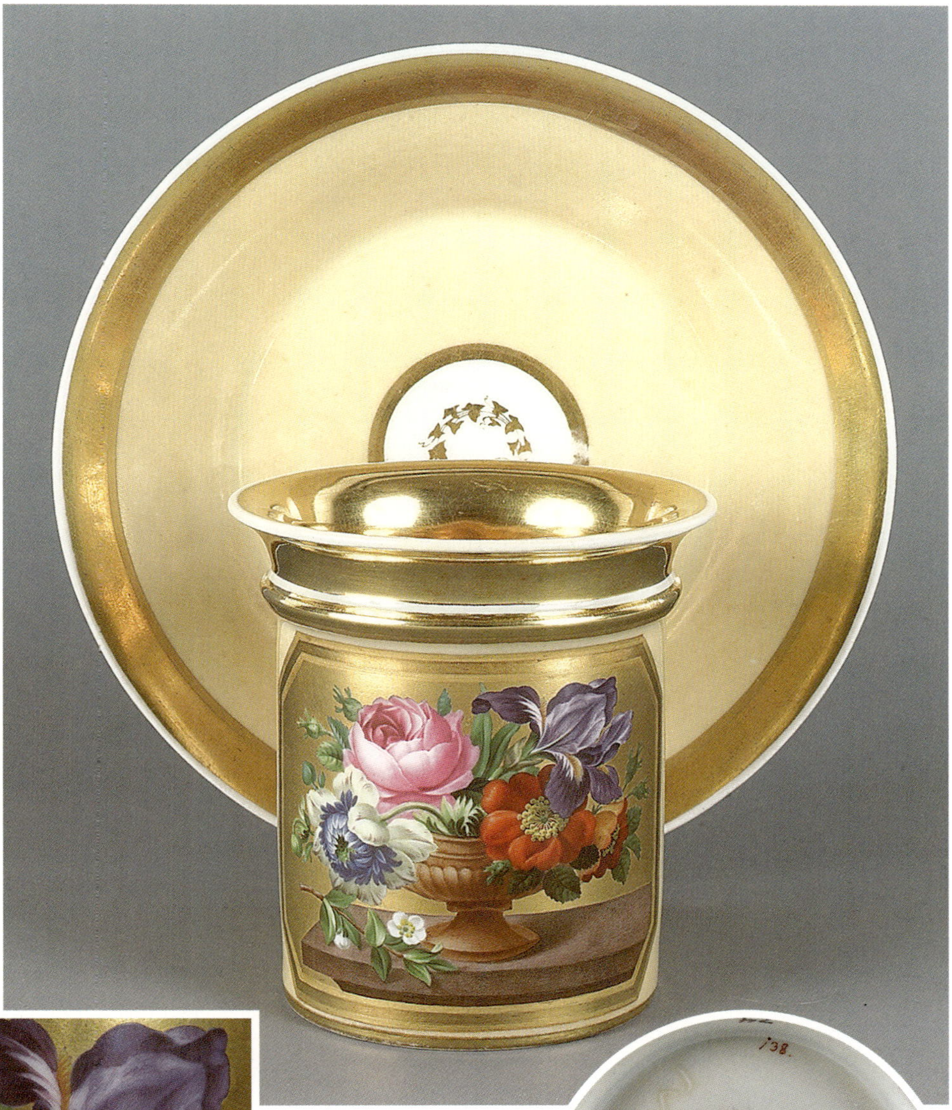

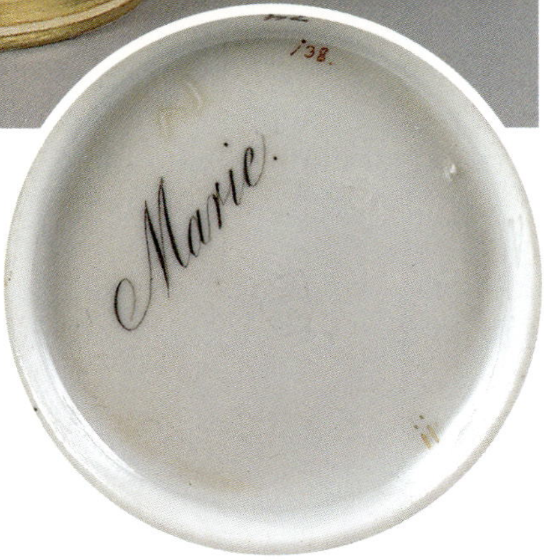

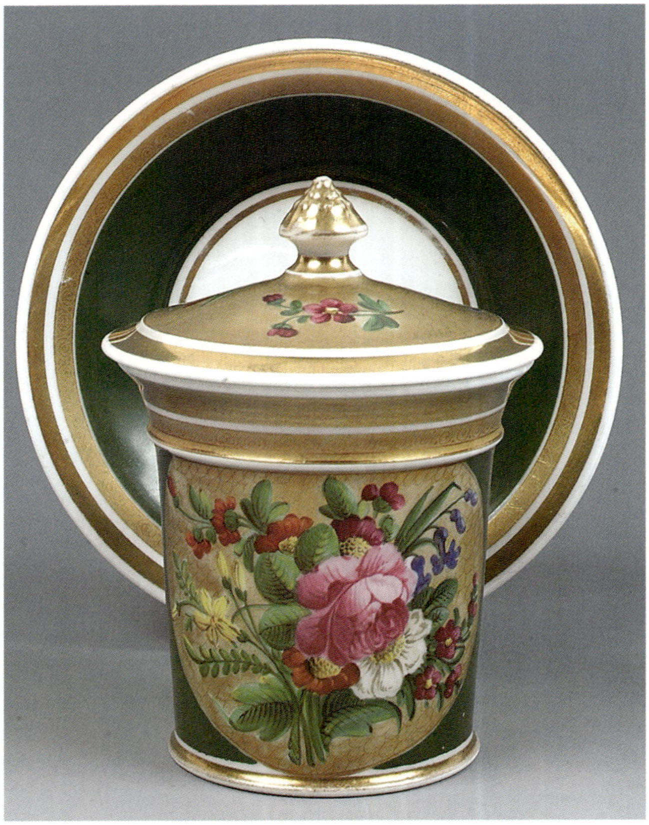

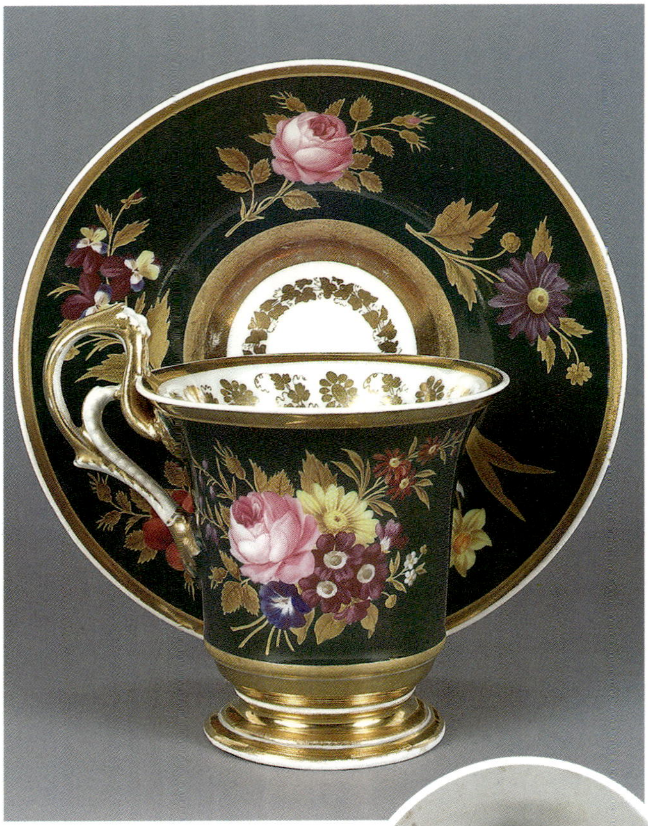

135

Thüringen, um 1820

Deckeltasse, zylindrisch, mit ausgestelltem, profiliertem Lippenrand und Volutenhenkel. Vergoldeter, profilierter Deckel mit Knauf und goldradiertem Fond mit drei Streublumen. Dunkelgrüner Fond mit radierten Goldbordüren, schauseitige Ovalreserve mit großem polychromen Blumenstrauß über Goldgrund. Untertasse:
Goldrand, dunkelgrüner Fond.
H. 8 cm/D. 14 cm

DM 1300,–/1500,–

136

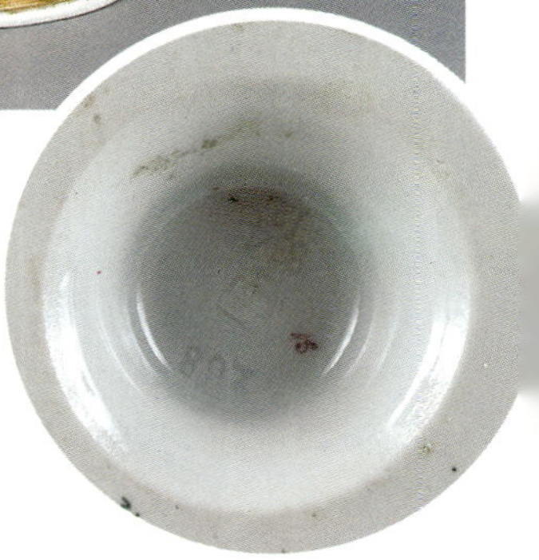

Wien, 1834

Konische Form mit stark geweitetem Lippenrand und eingezogenem, vergoldetem Stand; hochgezogener, floral reliefierter und teilvergoldeter Henkel.
Wandung mit dunkelgrünem Fond, gegenübergestellt je ein bunter Blumenstrauß mit goldenen Blättern; Tassenrand innen mit Blüten und Blättern in Golddekor, vergoldete Tasseninnenwand.
Malernummern 12 in Grün und 15 in Purpur.
Eingeprägter Bindenschild,
Prägezahlen 834, 12, 268.
Dazugehörige Untertasse:
Fahne in dunklem Grün mit fünffarbigen Blumen und Goldblättern; Spiegel weiß mit Gold-Blattkranz.
Eingeprägter Bindenschild, Malernummern 15 in Purpur und 12 in Grün. Prägezahlen 12, 12, 834.
H. 8,3 cm/D. 16,3 cm

DM 1700,–/1900,–

Lippenrand restauriert.

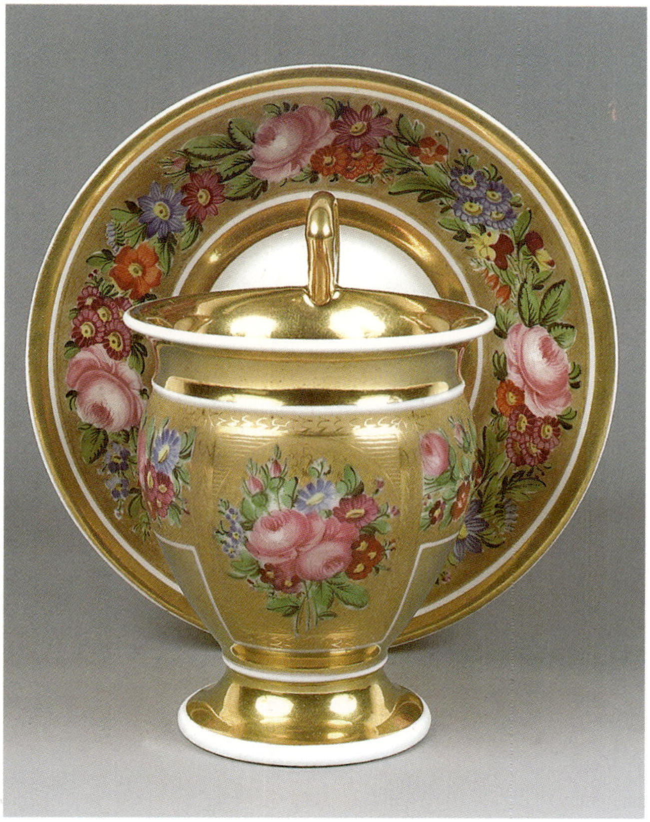

137

Wohl Böhmen, um 1820
Gebauchte Form auf eingezogenem Standring; hochgezogener Volutenhenkel. Goldfond mit Blumenfries auf mattgoldenem Fond, bunter, großer Strauß in Medaillon.
Dazugehörige Untertasse:
Fahne mit buntem Blumenfries.
H. 9 cm/D. 14 cm

DM 1100,–/1300,–

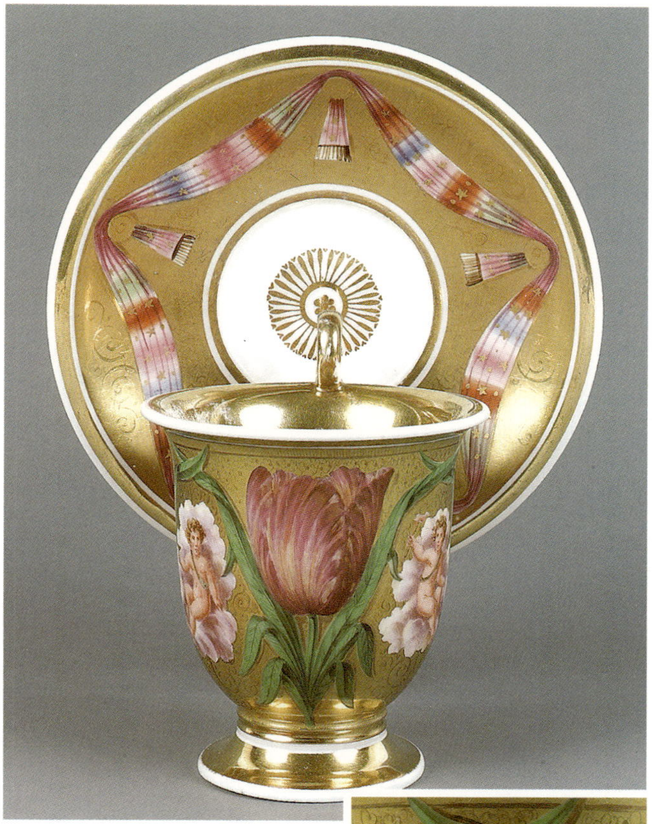

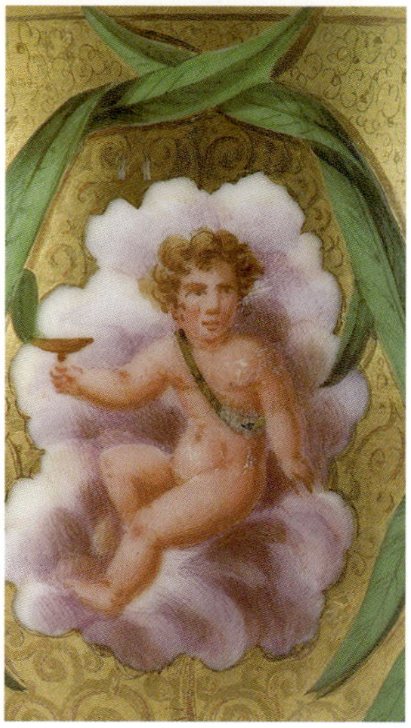

138

Wohl Böhmen, um 1820
Glockenbecherform, auf eingezogenem und ausgestelltem vergoldeten Stand; ausgesteller Mundrand. Hochgezogener Volutenhenkel mit Rosette. Innen glanzvergoldet, die Wandung vergoldet mit matt radiertem Spiralendekor, darüber drei farbige, große Tulpenblüten zwischen Putti in Wolken.
Dazugehörige Untertasse:
Geschwungene Fahne mit mattgoldenem Spiraldekor, fünfpassige, farbige Tuchgirlande.
H. 10 cm/D. 14,2 cm

DM 1000,–/1100,–

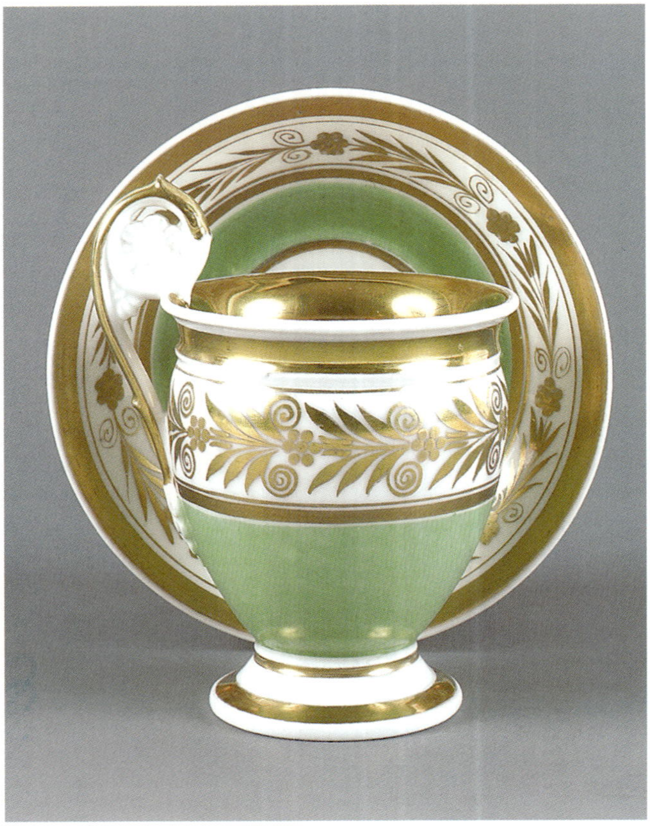

139

Böhmen, um 1820
Gebauchte Form auf eingezogenem Standring, ausgestellter Lippenrand; hochgezogener, volutenförmiger Henkel, der eine Blüte umschließt. Apfelgrüner Fond, darüber Glanzgold-Blattfries, innen teilvergoldet.
Dazugehörige Untertasse:
Spiegel mit apfelgrünem Ring, Fahne mit Glanzgold-Blattfries.
Ritzzeichen aus drei vertikalen Strichen.
H. 8,6 cm/D. 12,7 cm

DM 700,–/900,–

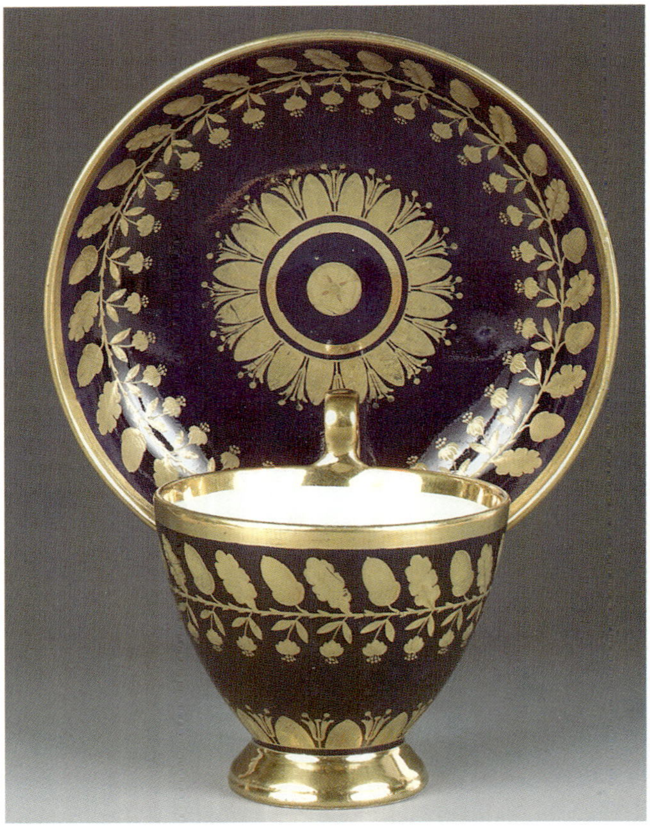

140

Paris, Anfang 19. Jahrhundert
Glockenbecher auf ausgestelltem, glanzvergoldetem Stand; hochgezogener, glanzvergoldeter Volutenhenkel. Kobaltblauer Fond mit umlaufenden, goldradierten Ornamentbändern und Eichenlaub unter dem vergoldeten Mundrand.
Dazugehörige Untertasse:
Goldrand, kobaltblauer Fond mit goldradiertem Ornamentband und mittiger Rosette.
H. 8,5 cm/D. 14 cm

DM 1100,–/1200,–

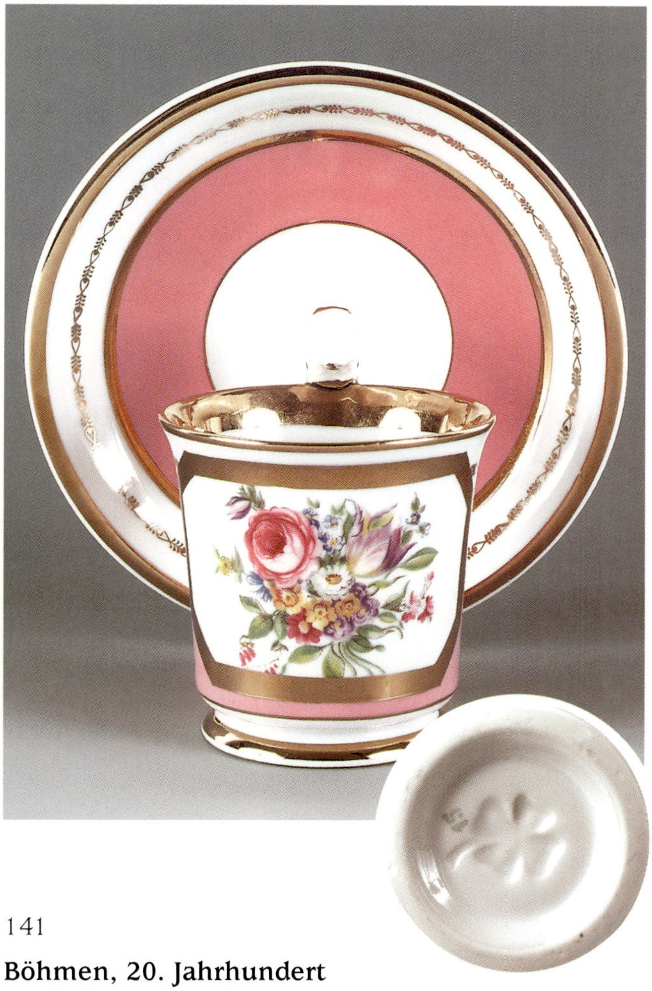

141

Böhmen, 20. Jahrhundert

Leicht konisch, auf eingezogenem Standring; hochgezogener, plastischer Löwenkopfhenkel mit Akanthusblatt-Ansatz. Roséfarbener Fond, schauseitige, goldgerahmte Achtecksreserve mit polychromem Blumenstrauß.
Geprägtes, eingestempeltes vierblättriges Kleeblatt, grüne Ziffer 45.
Untertasse:
Geschwungene Fahne, vertiefter Spiegel. Roséfarbener Fond, Golddekor.
H. 9 cm/D. 15 cm

DM 350,–/400,–

Nach einem Wiener Vorbild, siehe Kat.-Nr. 148.

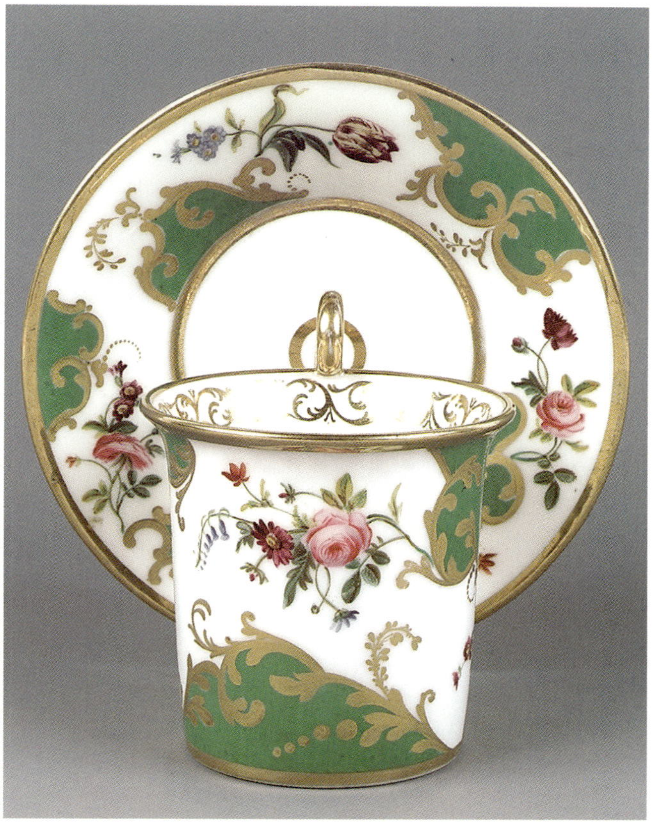

142

Paris, um 1829/30

Zylindrisch, mit leicht geweitetem Lippenrand; goldgehöhter Volutenhenkel. Rocaillen gliedern die Wandung in weiße und grüne Felder; die polychromen Blumenbouquets auf Weiß.
Aufglasur grün: »Rihouet«.
Dazugehörige Untertasse:
Auf geschwungener Fahne goldgefaßte grüne Rocaillenfelder, dazwischen bunte Blumensträuße; Spiegel mit Goldkreisdekor.
Violette Stempelmarke »RIHOUET Fseur du ROI«.
H. 8,5 cm/D. 13,5 cm

DM 1100,–/1200,–

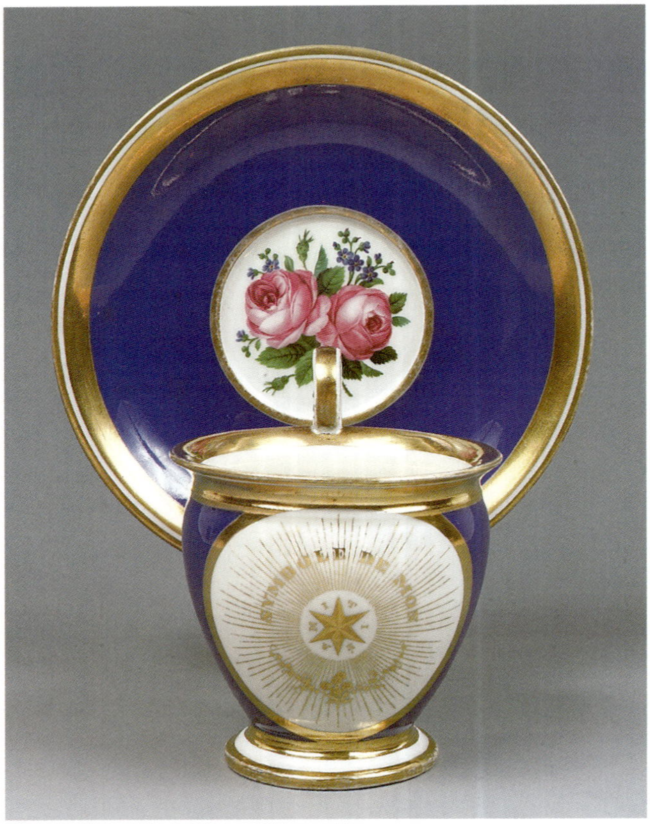

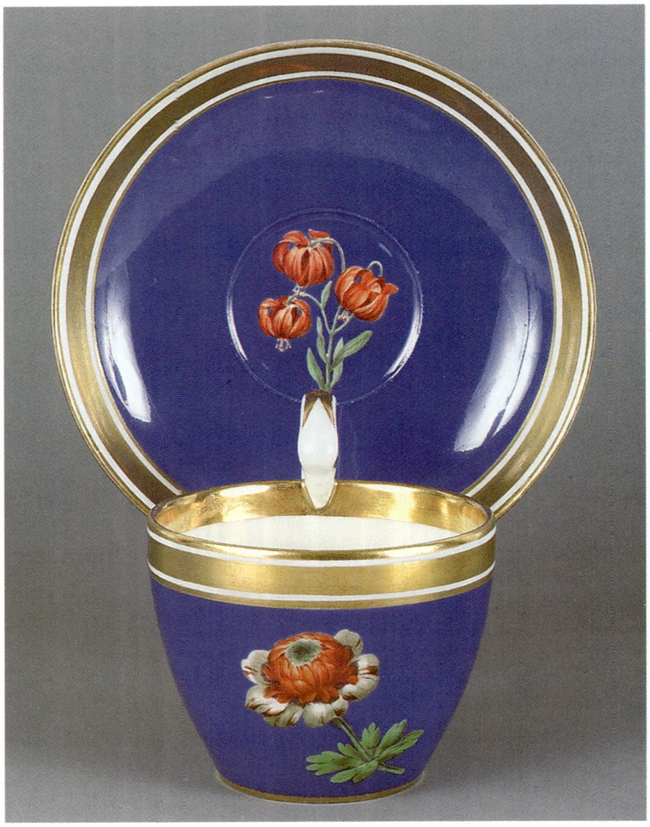

143

Wien, 1832

Tulpenförmiger Körper auf geweitetem Standring, eingezogener Hals und geweiteter Lippenrand; hochgezogener, einfacher Volutenhenkel. Tassenrand vergoldet, Wandung mit königsblauem Fond, schauseitig Ovalmedaillon mit weißem Fond. Eingestellter sechszackiger, stahlenkonturierter Stern, Goldinschrift »SYMBOLE DE MON AMITIÉ«.
Blindgeprägter Bindenschild, purpurne Malernummer 74, Preßzahlen 832, 49 und D.
Untertasse:
Goldrand um blauen Fond, im Spiegel goldkonturierte Kreisreserve mit polychromem Strauß aus Rosen und Vergißmeinnicht über Weiß.
Geprägter Bindenschild, Malernummer 138 in Purpur, 74. Preßziffern 832, 49, Ritzzahl 5, Prägebuchstabe L.
H. 8 cm/D. 15,2 cm

DM 1800,–/2000,–

144

Wien, 1823

Gebauchte Wandung; hochgezogener, goldgehöhter Schwanenhenkel. Am Lippenrand Goldbänder, mittelblauer Fond, schauseitig bunte Anemone.
Unterglasurblauer Bindenschild, gepreßt 823, 27, geritzt 3, Malernummern 74 (mangan), 86 (grün), 120 (braun), bezeichnet »Anemone variegatae«.
Dazugehörige Untertasse:
Tief gemuldet. Breiter Goldrand, blauer Fond, vertiefter Spiegel mit orangefarbenem Türkenbund.
Unterglasurblauer Bindenschild, geprägt 823 und 40, geritzt 3, Malernummer 74 (mangan). Bezeichnet »Lilium martagen«.
H. 8 cm/D. 14 cm

DM 2500,–/2700,–

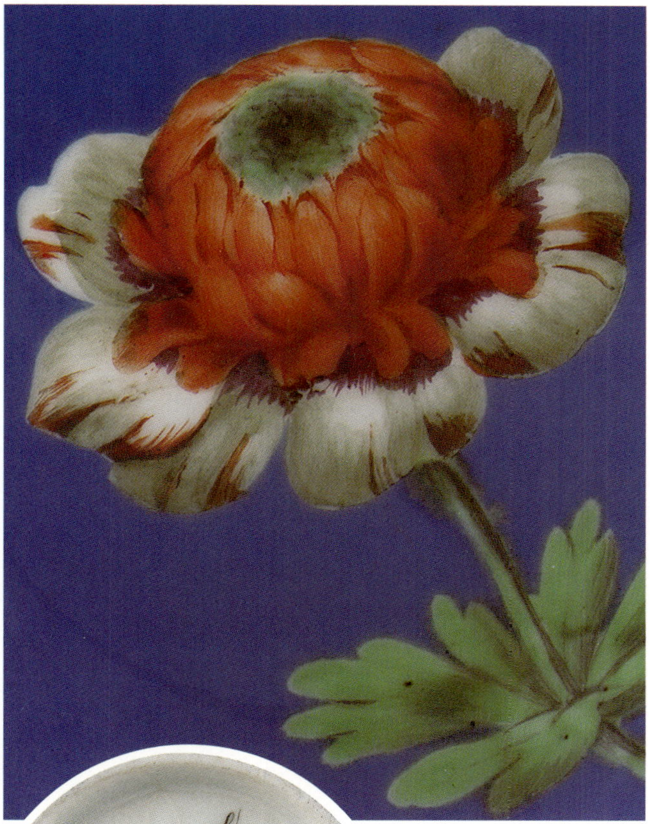

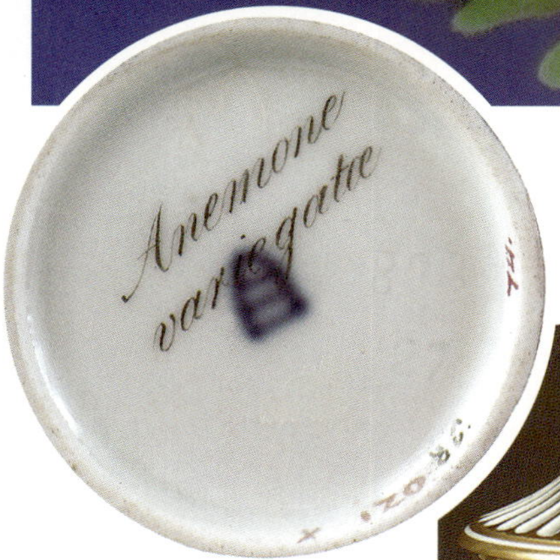

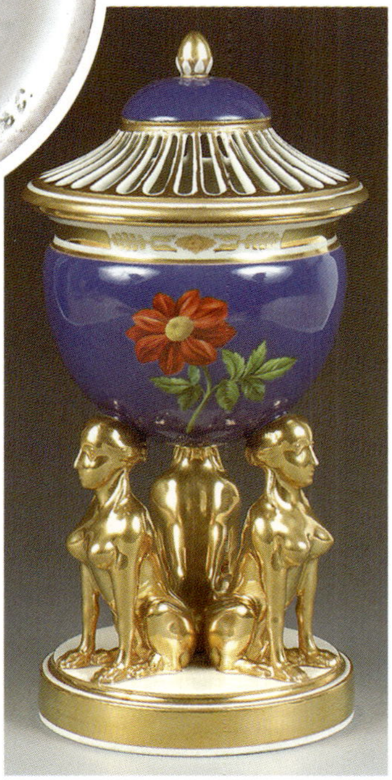

Vergleich zum Dekor: Eisgefäß, Wien, 1824. Kugelige Schale mit ausgestelltem Rand und durchbrochenem, goldgehöhtem und bekröntem Deckel, getragen von drei vergoldeten Sphinxen auf goldgehöhtem Rundsockel. Blauer Fond mit polychromer Blumenmalerei. Prägeziffern 824 und 40. H. 27 cm.

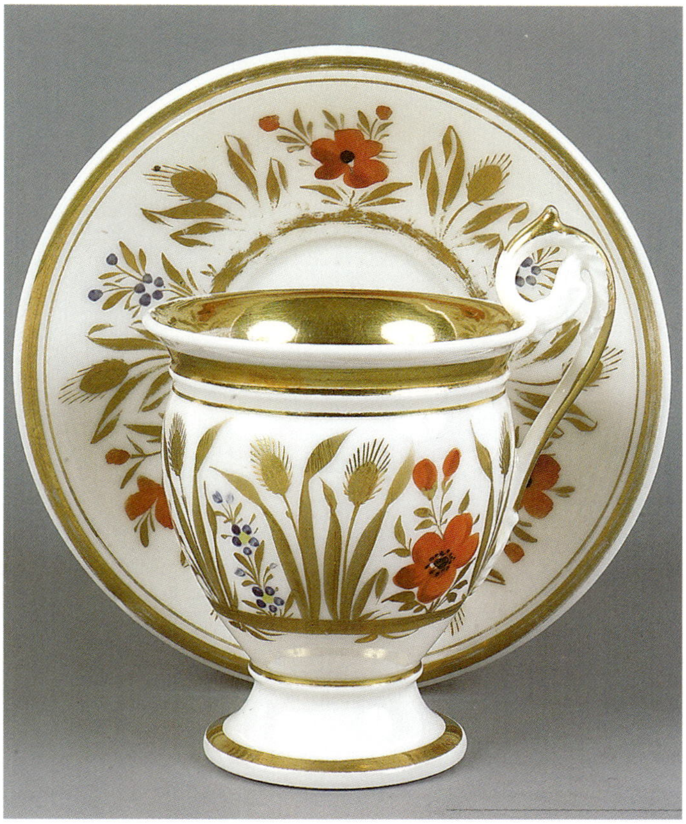

145

Wohl Böhmen, um 1830

Glockenbecherform auf eingezogenem Standring; hochgezogener Volutenhenkel, in einem Vogelkopf endend. Auf der Wandung goldradierte Ähren, dazwischen bunte Blumen.
Dazugehörige Untertasse:
Goldrand, Fahne mit Goldähren und bunten Blumen, leicht berieben.
H. 9 cm/D. 14,1 cm

DM 700,–/800,–

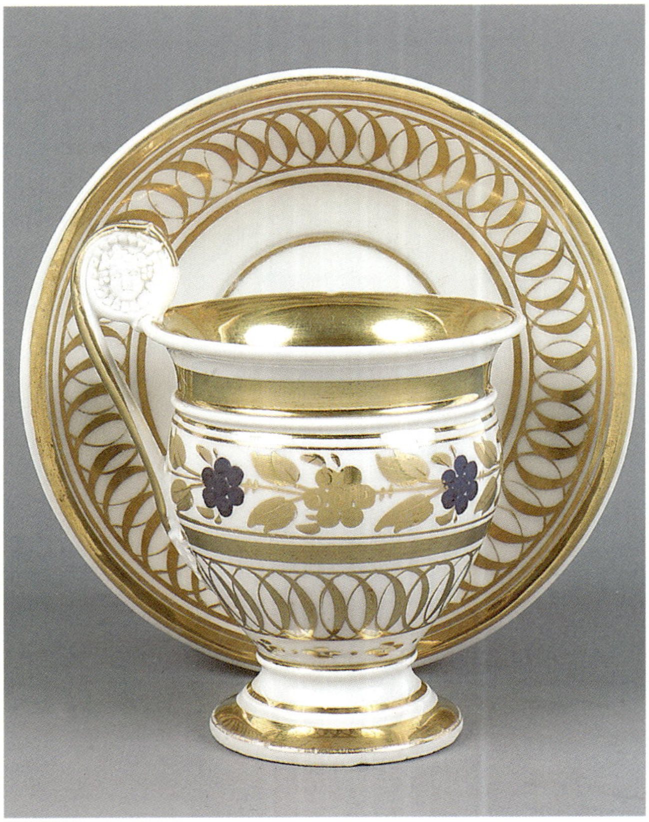

146

Wohl Böhmen, um 1830
Gebaucht, auf eingezogenem Stand, ausgestellter Lippenrand; hochgezogener Henkel mit Frauenkopf in Volute. Reicher Glanzgolddekor, Fries mit goldenen Blättern und wechselnd goldenen bzw. blauen Blüten. Innen halb vergoldet.
Dazugehörige Untertasse:
Glanzvergoldeter, kreisförmiger Dekor auf Fahne und Spiegel.
Ritzmarke »N«, undeutlich »No 19« in Grau auf Glasur.
H. 8 cm/D. 13 cm

DM 800,–/1000,–

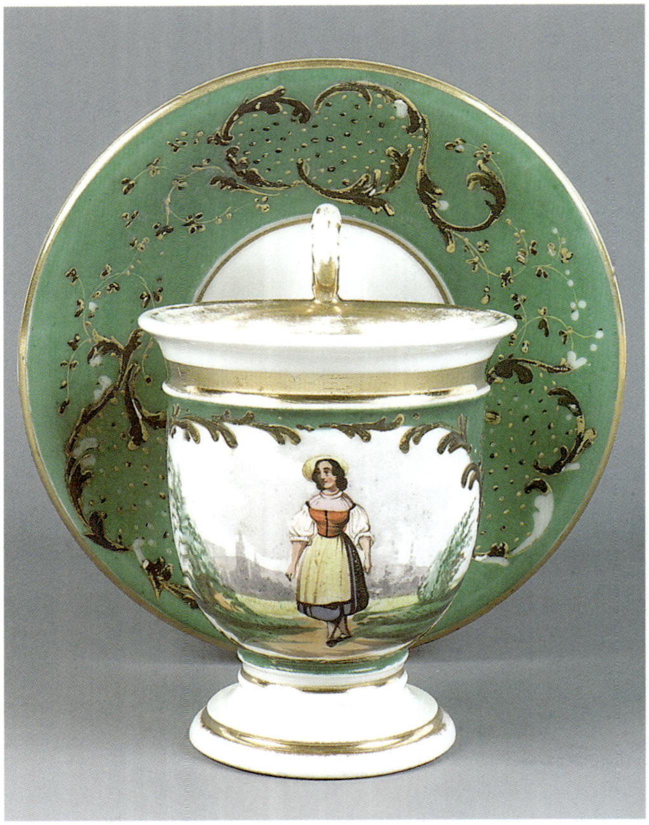

147

2. Viertel 19. Jahrhundert
Getreppter, eingezogener Rundfuß mit Goldrändern, Glockenbecherform mit ausgestelltem, vergoldetem Lippenrand; hochgezogener Henkel mit Palmettenansatz und Medusenkopf in Vedute. Wandung mit grünem Fond und dick aufgetragenem, goldgehöhtem Blattrelief, schauseitige Reserve mit der polychromen Darstellung eines Bauernmädchens in angedeuteter Landschaft.
Dazugehörige Untertasse:
Geschwungene Fahne mit grünem Fond und floralem Golddekor.
H. 10,8 cm/D. 14,2 cm

DM 400,–/500,–

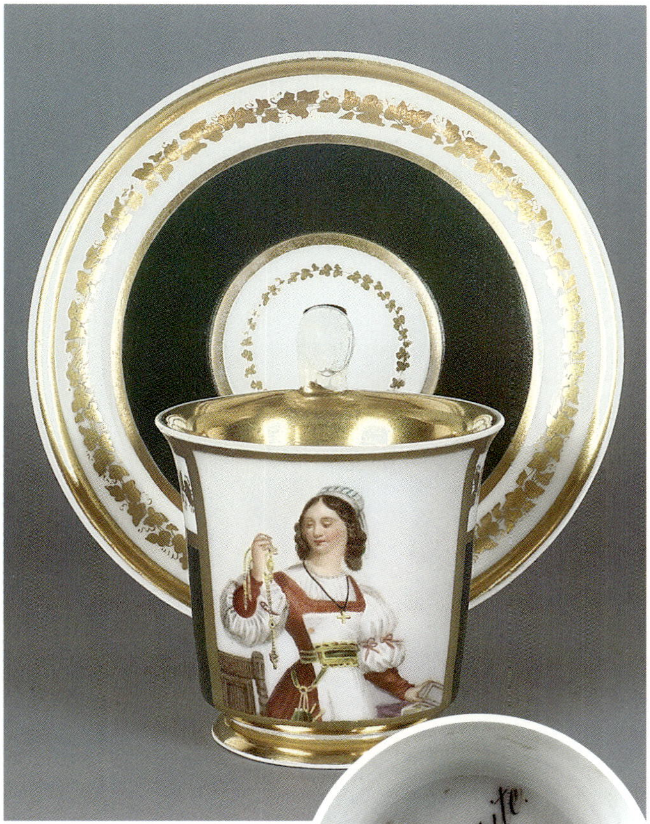

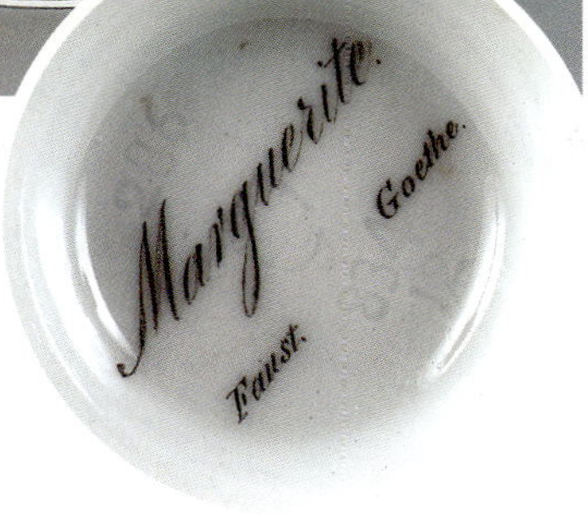

148

Wien, 1834

Leicht konische Wandung auf abgesetztem Standring, Lippenrand geweitet; hochgezogener Henkel mit Palmettenansatz und Löwenkopf. Dunkelgrüner Fond, darüber goldene Blattranke auf Weiß, schauseitig goldgerahmte Rechtecksreserve mit der polychromen Darstellung einer jungen Frau in mittelalterlicher Tracht.
Geprägter Bindenschild, 834, 12, 286, bezeichnet »Marguerite. Faust. Goethe« in Schwarz.
Dazugehörige Untertasse:
Auf der Fahne Goldrand und Gold-Blattbordüre, im Spiegel dunkelgrüner Fond mit Golddekor.
Geprägter Bindenschild, 12, 43, 828.
H. 8,6 cm/D. 14,6 cm

DM 3600,–/4000,–

Vgl. Neuausformung vermutlich nach Originalform, Kat.-Nr. 179 (die Firma Wahliss hatte nach Schließung der Wiener Manufaktur zahlreiche Formen ordnungsgemäß erworben) bzw. Nachahmung, Kat.-Nr. 141.

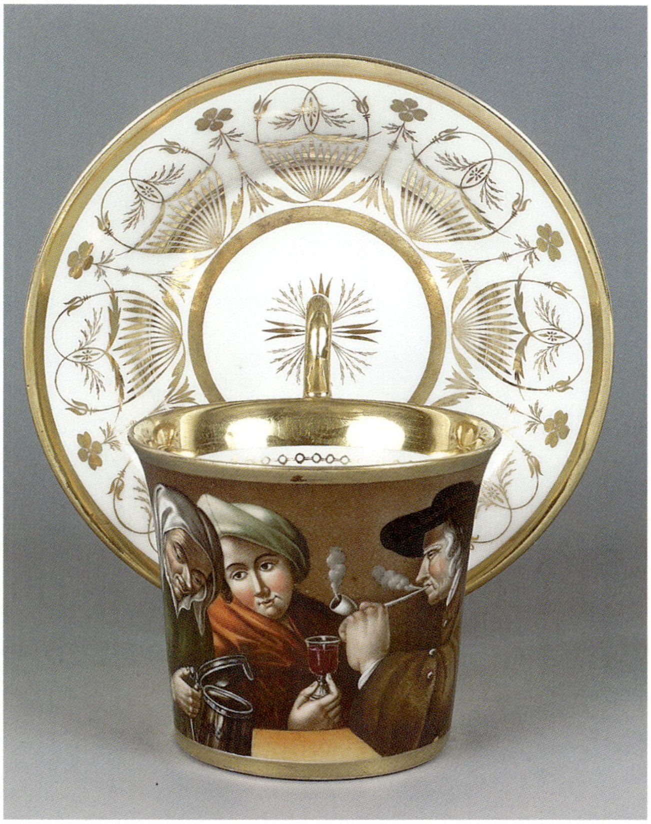

149

Schlaggenwald, Lippert & Haas 1817–1830

Konische Wandung, geweiteter, vergoldeter Lippenrand; hochgezogener, plastischer und vergoldeter Schlangenhenkel. Floraler Golddekor auf weißer Wandung, schauseitig polychrome Wirtshausszene mit drei an einem Tisch sitzenden Personen im holländischen Stil.
Unterglasurblaues S, geprägt 2 und B.
Dazugehörige Untertasse:
Geschwungene Fahne mit acht großen, floralen Goldmotiven, zentrale Rosette.
Unterglasurblaues S.
H. 9 cm/D. 15 cm

DM 2400,–/2600,–

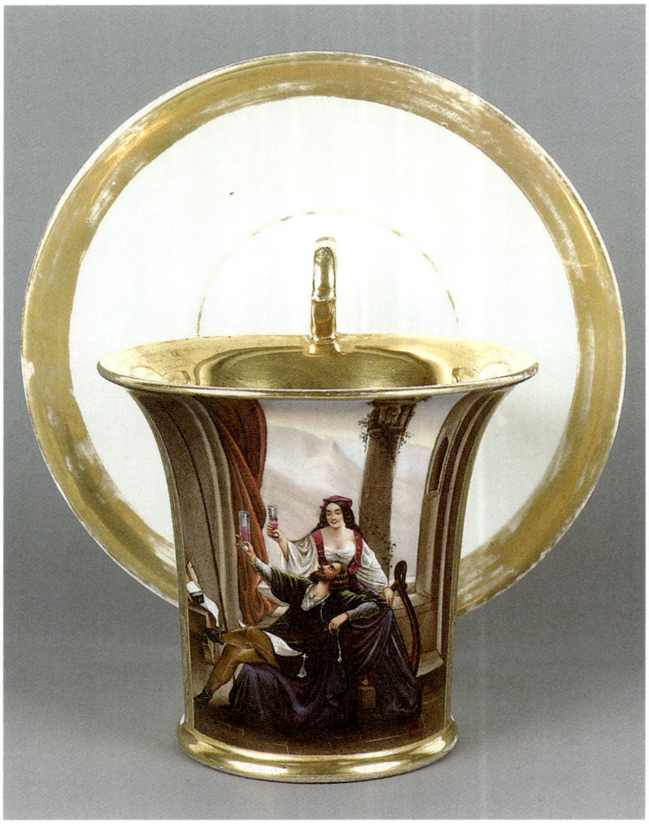

150

Deutsch, um 1850
Konische Wandung mit stark geweitetem, vergoldetem Lippenrand; reliefierter, goldstaffierter Volutenhenkel mit Palmettenansatz. Schauseitige Rechtecksreserve, von radierten Goldborten flankiert, mit polychromer Minnesänger-Szene im neugotischen Stil: ein sich zuprostendes Paar in mittelalterlicher Tracht. Ritzzahl 95.
Dazugehörige Untertasse:
Breiter Goldrand.
Ritzzahl 95.
H. 11,5 cm/D. 16,5 cm

DM 1100,–/1200,–

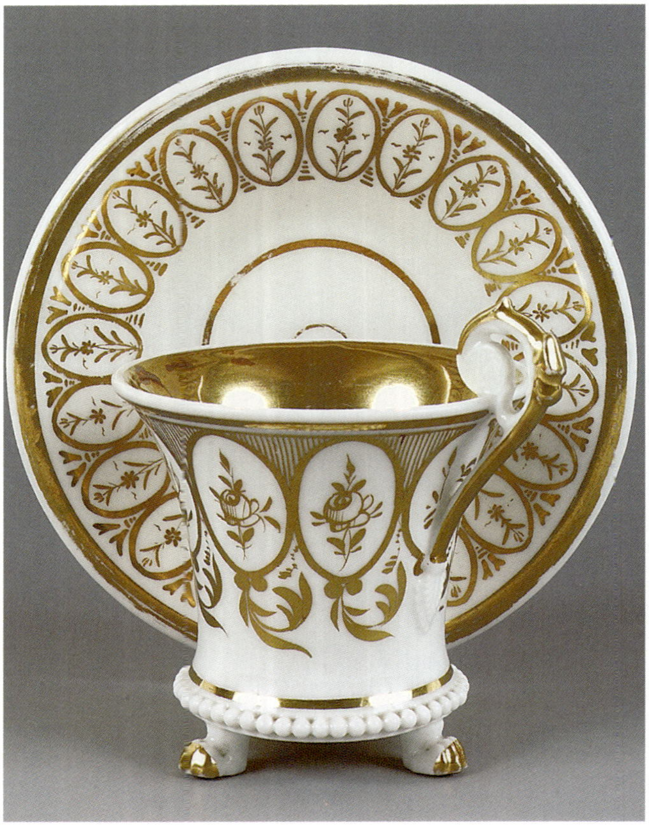

151

Böhmen, um 1830
Trompetenförmig, auf durch Perlrelief abgesetztem Stand und drei vergoldeten Löwentatzen; hochgezogener Volutenhenkel. Teils goldschraffierte Wandung mit eingesetzten Ovalmedaillons, die goldene Rosen umschließen.
Dazugehörige Untertasse:
Goldrand, auf der Fahne Goldornament aus gereihten Ovalmedaillons.
H. 9,8 cm/D. 14,3 cm

DM 500,–/600,–

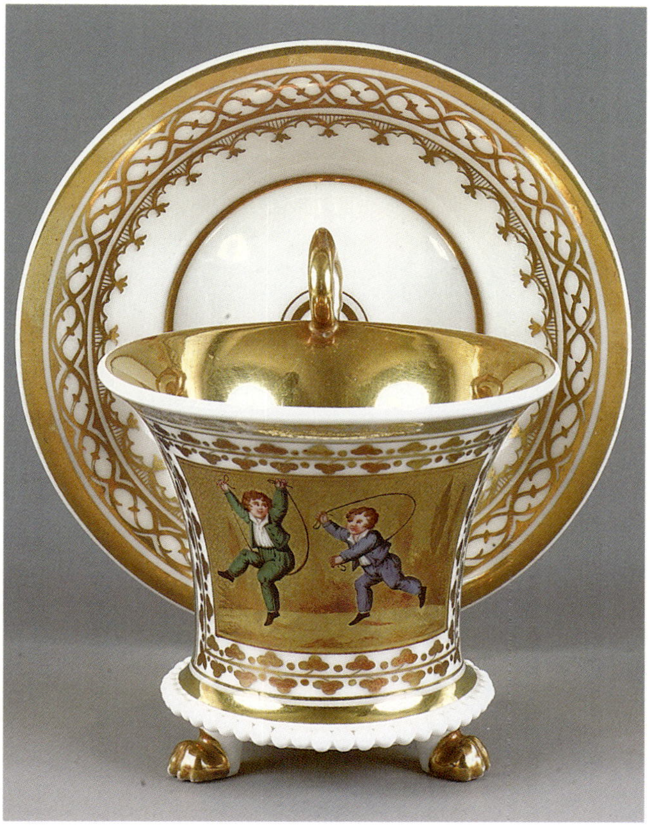

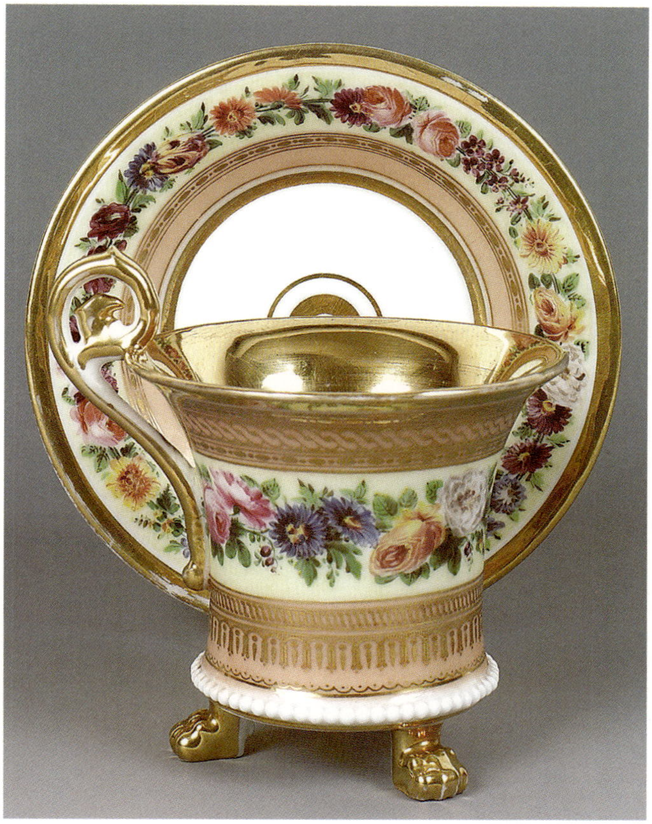

152

Deutsch, um 1850
Konische, stark geweitete Form, Tassenboden mit Perlstabfries auf drei vergoldeten Löwenpranken; hochgezogener, vergoldeter Henkel. Tasseninnenwand vergoldet. Glanzgold, Golddekor, rechteckige Reserve mit zwei Knaben in blauem bzw. grünem Anzug beim Seilhüpfen.
Untertasse:
Goldkreise in Spiegel, Fahne mit neugotischem Golddekor.
Ritzmarke 97.
H. 7,6 cm/D. 13,4 cm

DM 1200,–/1.400,–

153

Wohl Thüringen, 1. Hälfte 19. Jahrhundert
Glockenbecherform mit Perlstab am unteren Rand, auf drei vergoldeten Löwentatzenfüßen; teilvergoldeter, hochgezogener Volutenhenkel. Umlaufende polychrome Blütenbordüre über Hellgrün, flankiert von Goldornamenten auf roséfarbenem Fond.
Dazugehörige Untertasse:
Goldkante, Blumenbordüre, roségrundige Borte, zentrale Goldringe.
H. 10 cm/D. 13,5 cm

DM 1500,–/1700,–

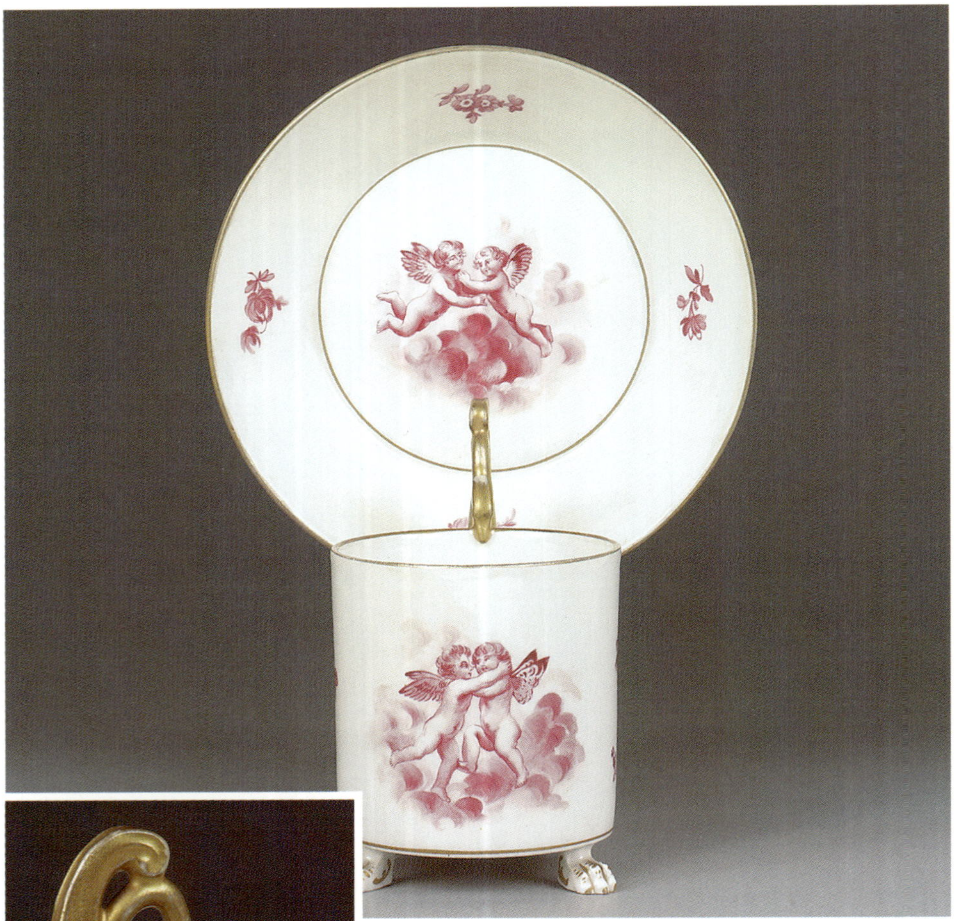

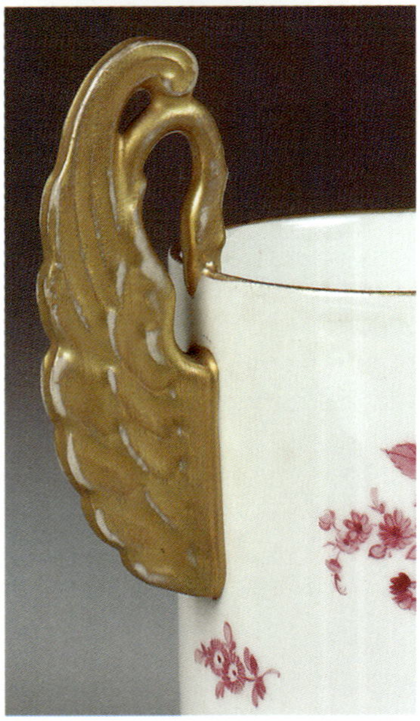

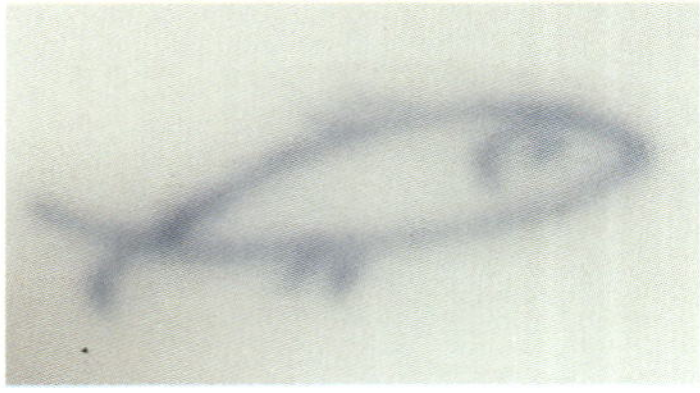

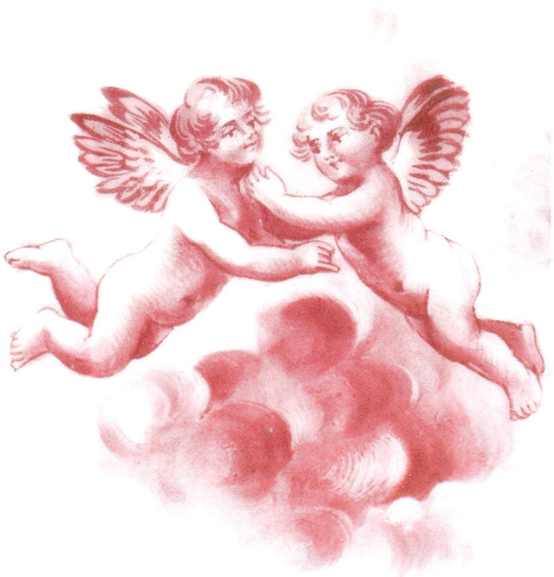

154

1780 bis 1813
Zylindrisch auf drei vergoldeten Löwentatzen; hochgezogener, vergoldeter Schwanenhenkel, Goldränder. Schauseitig in sehr feiner Purpurcamaieu-Malerei ein Paar Putti, in Wolken schwebend und flankiert von Blumenbouquets und Streublümchen.
Unterglasurblaue Fischmarke, wohl gefälschte Nyon-Marke.
Dazugehörige Untertasse: Schräge Fahne, flacher Spiegel; Goldränder.
Im Spiegel in sehr feiner Purpurcamaieu-Malerei ein Paar Putti, in Wolken schwebend, auf der Fahne Blumenbouquets und Streublümchen.
Unterglasurblaue Fischmarke, wohl gefälschte Nyon-Marke.
H. 10 cm/D. 13,5 cm
DM 1900,–/2100,–

Vgl. Kat.-Nr. 73, gleiche Form bei einer gefälschten Wien-Tasse.

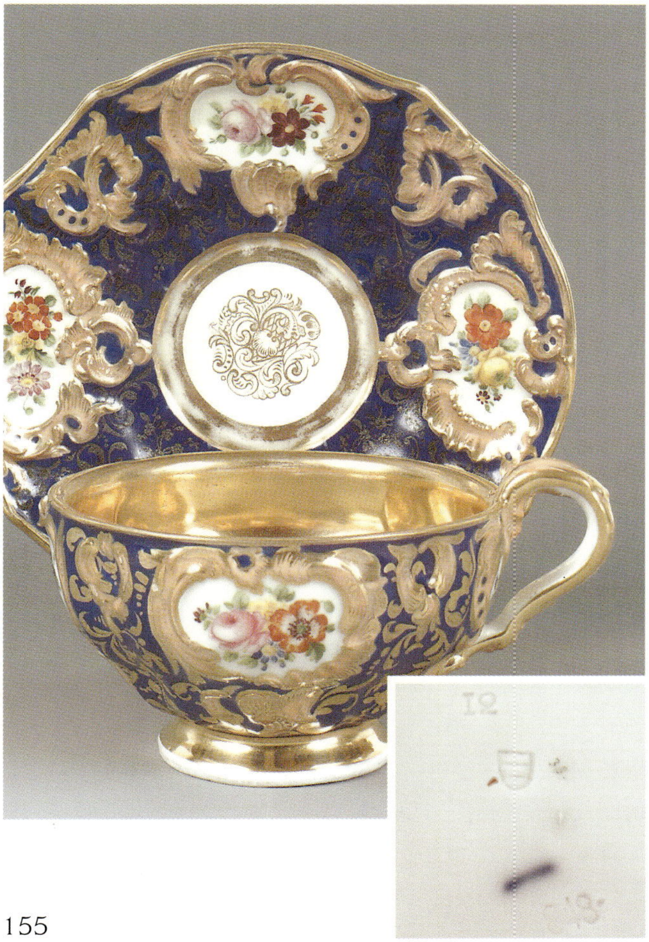

155

Wien, 1848
Breite Schalenform mit gerippter, rocailleprofilierter Wandung; Asthenkel. Königsblauer Fond mit reichem Floral- und Rocaille-Golddekor, drei Reserven mit polychromer Blumenmalerei.
Geprägter Bindenschild, 848, Weißdrehernummer 12, rote Malernummer 38, 36 in Gold.
Dazugehörige Untertasse:
Geschwungene und reliefierte Fahne mit vier Rocaillereserven und bunten Blumen, königsblauer Fond mit floralem Dekor, vertiefter Spiegel mit Goldrosette.
Geprägter Bindenschild, 848, Weißdrehernummer 12, Malernummer 38.
H. 7,5 cm/D. 17,5 cm

DM 1600,–/1800,–

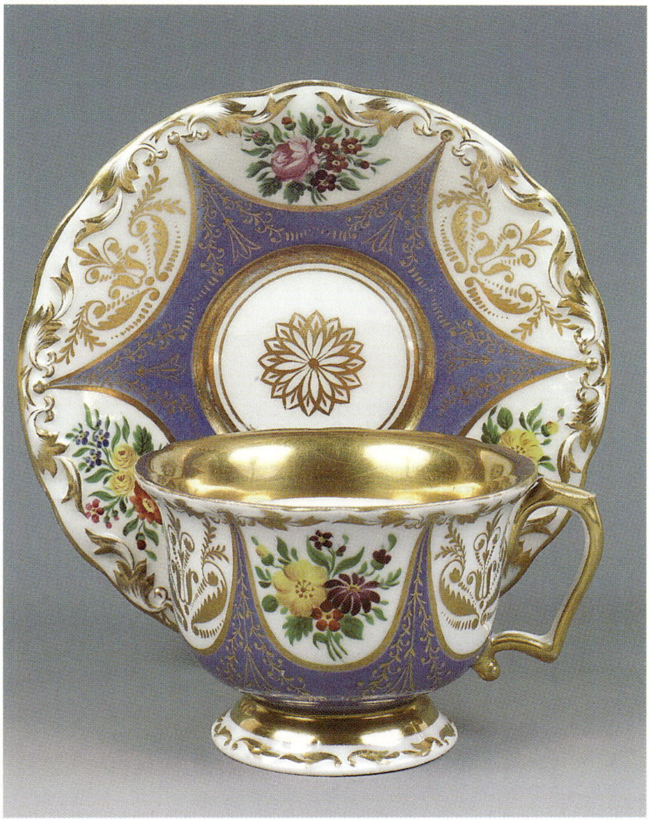

156

Wien, 1849
Tulpenförmig, auf reliefiertem, eingezogenem Stand; vergoldeter Asthenkel. Blauer Fond, sechs Felder, alternierend mit polychromen Blumenbouquets und floraler Goldmalerei.
Blindgeprägter Bindenschild, 849, 12 und Ritzzahl 4.
Dazugehörige Untertasse:
Rocaillen-Reliefrand, gemuldete Fahne, vertiefter Spiegel. Blauer Fond, sechs Felder, alternierend mit polychromen Blumenbouquets und floraler Goldmalerei.
Blindgeprägter Bindenschild, 849, 12, Goldmalernummer 10 und Ziffer 87.
H. 6,5 cm/D. 15,5 cm

DM 1000,–/1200,–

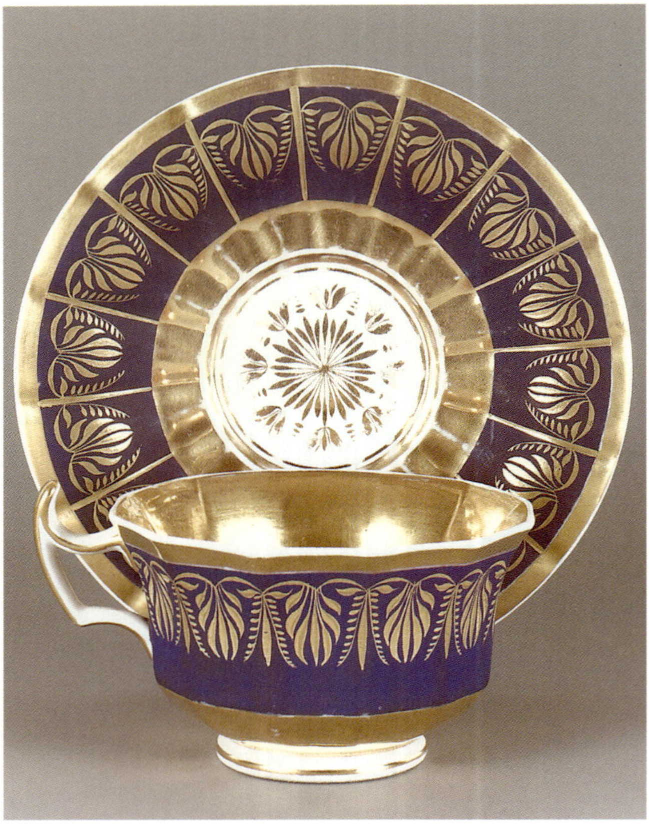

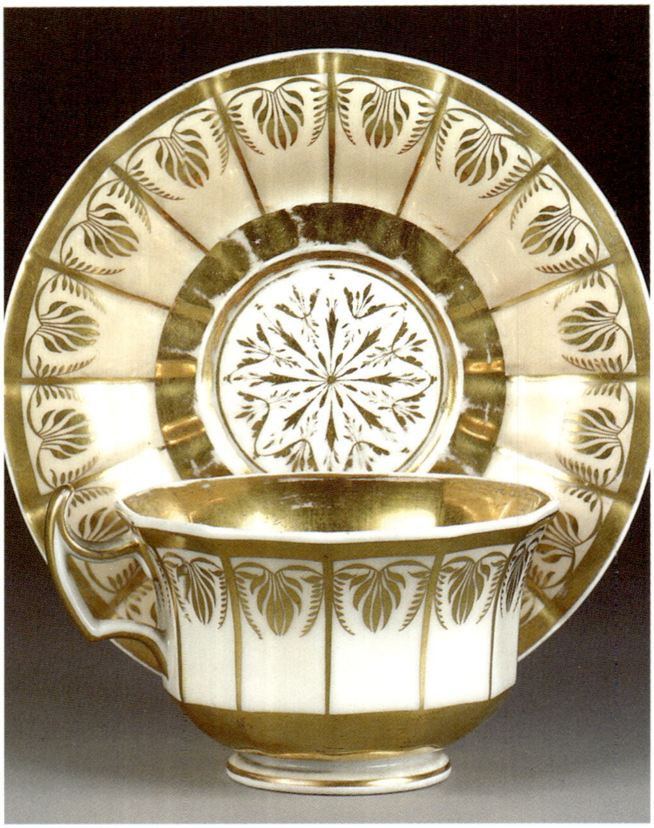

157

Berlin, um 1840
Flache Form mit zwölffach gerippter Wandung auf eingezogenem Stand; geometrischer Henkel. Innenwand voll vergoldet, Wandung mit matt dunkelblauem Fond und mattgoldenem Floraldekor.
Unterglasurblaue Berliner Zeptermarke.
Dazugehörige Untertasse:
Geschwungene Fahne, vielfach gerippt. Matt dunkelblauer Fond mit 16-fachem, floralem Mattgolddekor, mittig große Goldrosette über Weiß.
Unterglasurblaue Berliner Zeptermarke,
Preßziffer 28.
H. 6,3 cm/D. 15,5 cm

DM 1000,–/1200,–

158

Berlin, um 1840
Flache Form mit zwölffach gerippter Wandung auf eingezogenem Stand; geometrischer Henkel. Innenwand voll vergoldet, Wandung mit blaß roséfarbenem Fond und goldenem Floraldekor.
Unterglasurblaue Berliner Zeptermarke, geritzt 1.
Dazugehörige Untertasse:
Geschwungene Fahne, vielfach gerippt. Blaß roséfarbener Fond mit 16-fachem, floralem Mattgolddekor, mittig große Goldrosette über Weiß.
Unterglasurblaue Berliner Zeptermarke,
Preßziffer 28.
H. 6,3 cm/D. 15,5 cm

DM 1000,–/1200,–

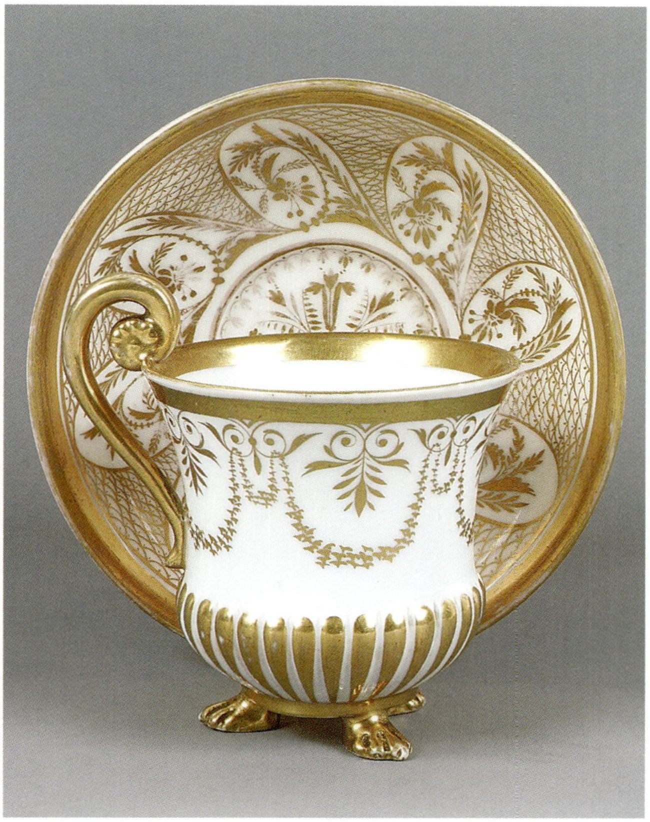

159

Pirkenhammer, 1810 bis 1816
Abgesetzte Glockenbecherform auf vergoldeten Klauenfüßen, geripptes Unterteil; hochgezogener, vergoldeter Volutenhenkel. Weißer Fond, goldene Girlanden.
Prägezeichen »F&R« und »24«.
Untertasse (nicht dazugehörig):
Weißer Fond, breiter Goldrand, Fahne mit goldenen Schuppenkonturen und Floraldekor, Spiegel mit vierpassigem, floralem Dekor.
H. 7,7 cm/D. 14 cm

DM 400,–/500,–

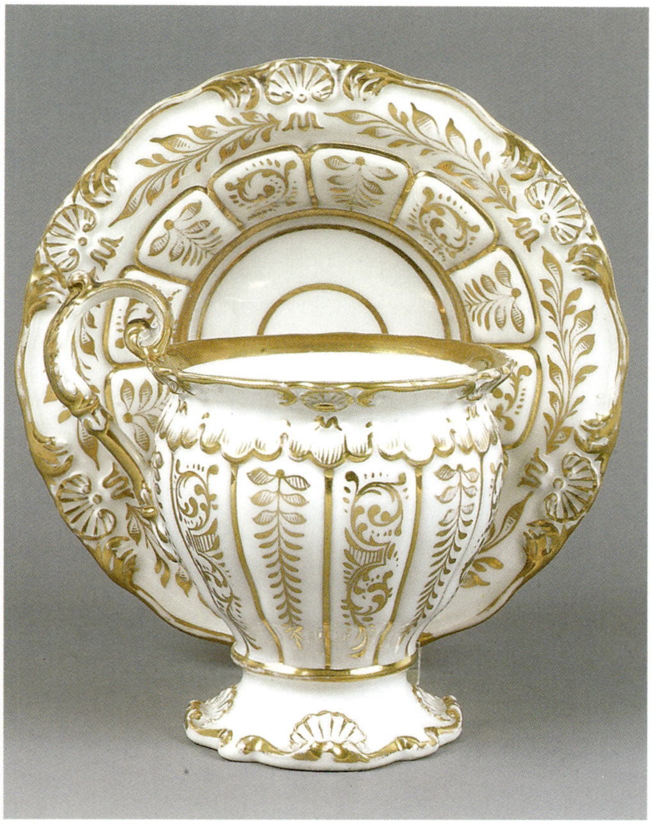

160

Schlaggenwald, um 1839
Tulpenförmig, Stand mit vergoldetem Relief und eingezogener Lippenrand; hochgezogener Volutenhenkel. Gerippte Wandung mit Relief, Gold- und Blattranken.
Preßmarken 839, S, 30, Goldnummer 35.
Untertasse:
Reich reliefiert, goldener Rankendekor.
Preßmarken der Manufaktur Lippert & Haas Schlaggenwald, 839, 22.
H. 10,5 cm/D. 15,4 cm

DM 600,–/800,–

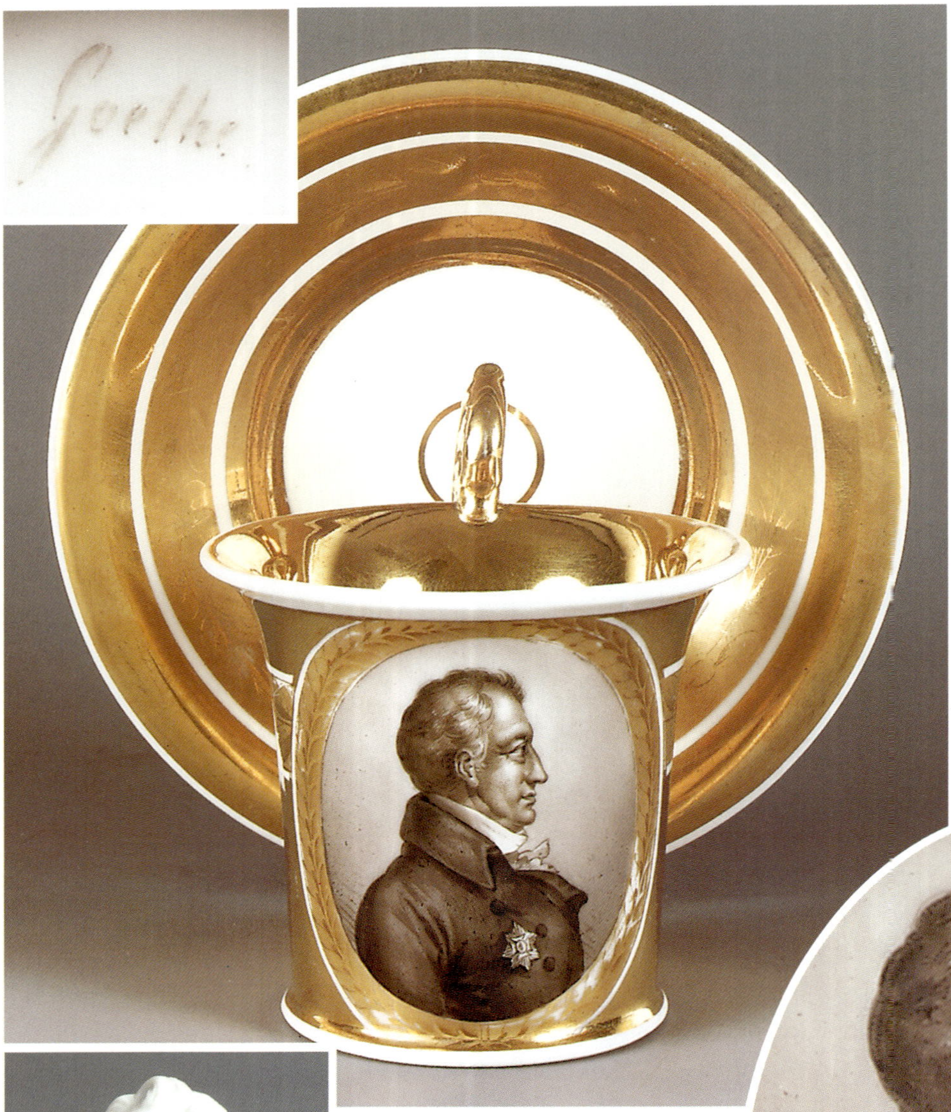

161

Deutsch, um 1840
Konische Wandung mit geweitetem Lippenrand; hochgezogener, plastischer und vergoldeter Volutenhenkel mit Vogelkopf. Vergoldete Wandung mit matt radierter Bordüre, schauseitige Ovalreserve mit Brustbild im Profil in Grisaillemalerei. Am Boden bezeichnet »Goethe«. Dazugehörige Untertasse: Vergoldete Fahne, mattgoldenes Band mit radiertem Floraldekor.
H. 9,5 cm/D. 14,5 cm
DM 1600,–/1800,–

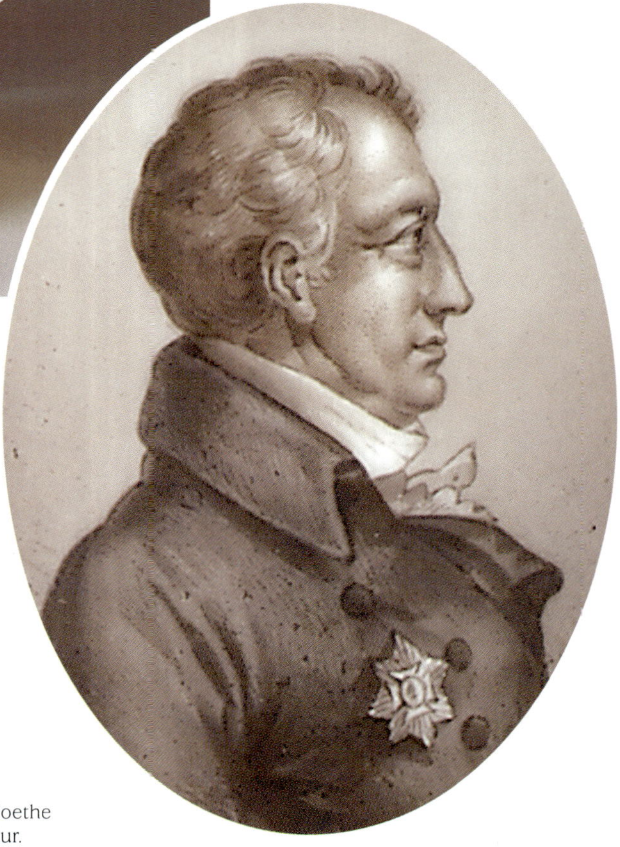

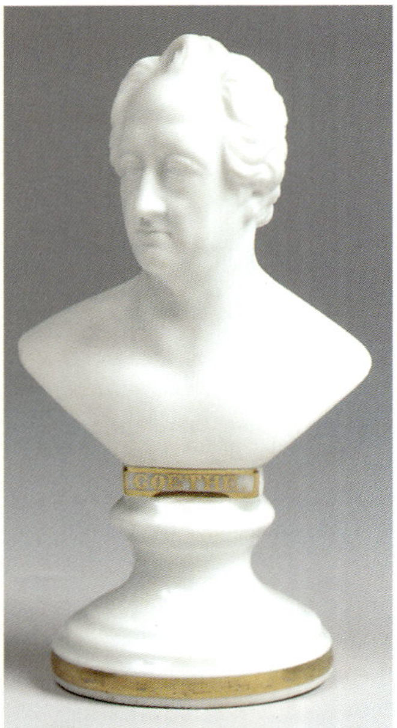

Porträtbüste des Johann Wolfgang von Goethe (1749–1832), Wiener Porzellanmanufaktur.

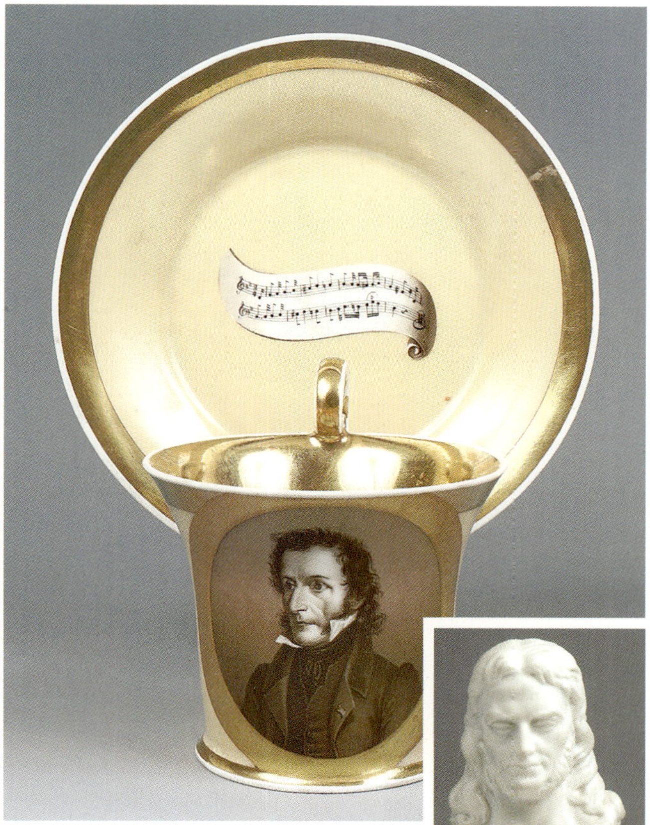

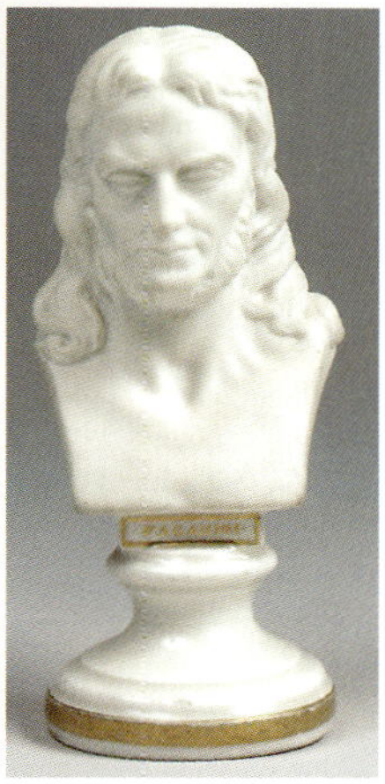

Porträtbüste des Niccolò Paganini (1782–1840), Wiener Porzellanmanufaktur.

162

Wien, 1828

Konisch, auf leicht ausgestelltem, vergoldetem Stand, geweiteter Mundrand; hochgezogener, goldgehöhter Henkel. Wandung mit ecrufarbenem Fond, schauseitig goldgerahmte Ovalreserve mit Brustbildnis in Brauncamaieu, auf der Bodenunterseite Schriftzug »Paganini«. Innenwandung mit Teilvergoldung.
Blindstempel der Manufaktur, 828, Weißdrehernummer 12, Goldmalernummer 18, Malernummer 74 (Martin Fromhold).
Dazugehörige Untertasse:
Goldrand, ecrufarbener Fond, im Spiegel ein Notenblatt mit einer Komposition des Niccolò Paganini.
Blindstempel der Manufaktur, 828, Weißdrehernummer 12, Goldmalernummer 18, Malernummer 74 (Martin Fromhold).
H. 9,5 cm/D. 15,6 cm

DM 5000,–/5500,–

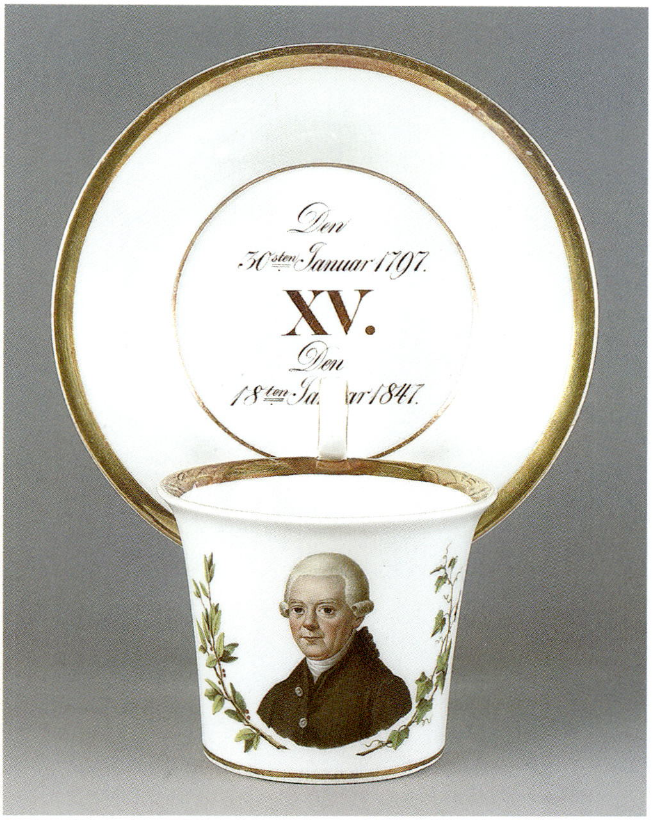

163

Meißen, um 1847

Konische Wandung, geweiteter, innen vergoldeter Lippenrand; hochgezogener, goldstaffierter Ohrenhenkel. Auf weißer Wandung schauseitig ungerahmtes, von Lorbeer- und Efeuzweigen flankiertes Biedermeier-Herrenporträt.
Meißener Schwertermarke, unterglasurblau, mit gestempeltem Kreis.
Untertasse:
Geschwungene Fahne mit Goldrand, im Spiegel Inschrift: »Den / 30sten Januar 1797. / XV. / Den / 18ten Januar 1847.«
Meißener Schwertermarke unterglasurblau, rote Ziffer 3.
H. 8,5 cm/D. 15 cm

DM 3600,–/4000,–

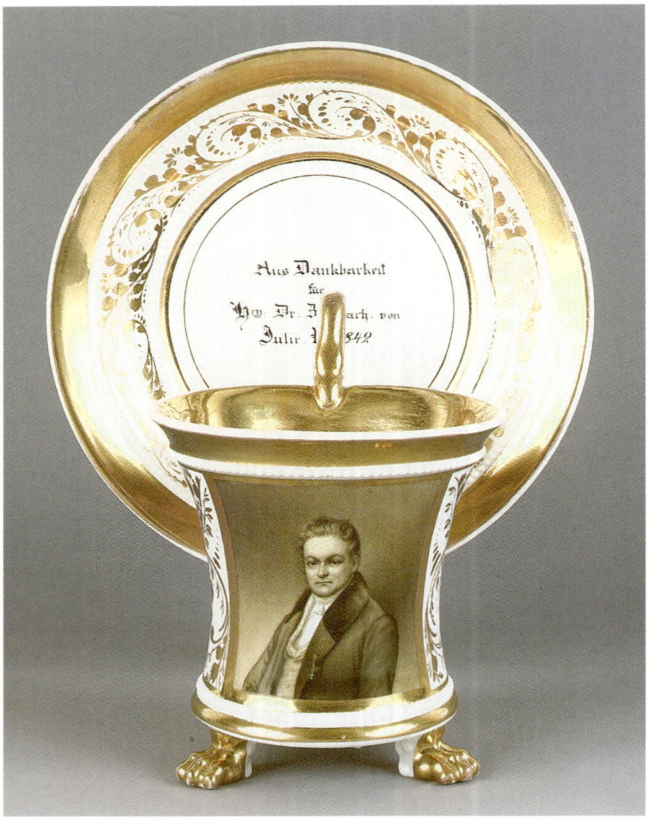

164

Berlin, KPM, um 1842
Kalathosform auf drei vergoldeten Löwenklauen, ausgestellter, vergoldeter Mundrand; hochgezogener, vergoldeter Schlangenhenkel. Auf der Wandung, begrenzt von reliefiertem Perlsaum, floraler Glanzgolddekor, schauseitig goldgerahmte Rechteckskartusche mit feinstem Grisailleporträt eines wohlgekleideten Herren.
Unterglasurblaue Berliner Zeptermarke und »KPM«.
Dazugehörige Untertasse:
Breiter Goldrand, Kehle mit Glanzgoldbordüre, begrenzt von Perlfries, im Spiegel Widmung: »Aus Dankbarkeit / für / Hrn Dr: Zettwack von / Julie. R. 1842«.
Unterglasurblaue Berliner Zeptermarke.
H. 12 cm/D. 16 cm

DM 3100,–/3400,–

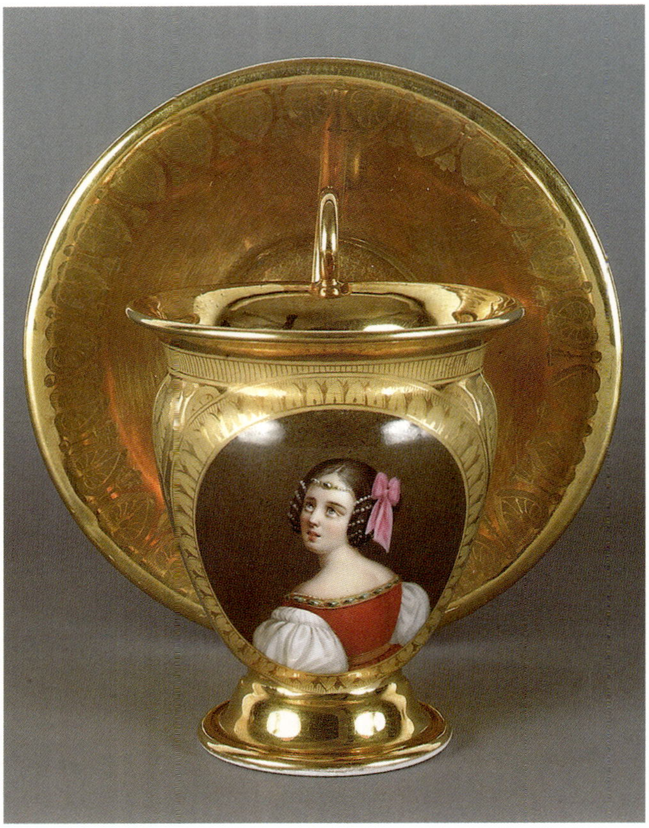

165

Böhmen, wohl um 1850
Eiförmiger Körper auf vergoldetem Glockenstand, geweiteter Lippenrand; hochgezogener Volutenhenkel mit Palmettenansatz. Innen und außen glanzvergoldet, unter dem Mundrand radierte Borte und angesetzte Palmetten, schauseitig ornamental gerahmtes Medaillon mit polychromem Mädchenporträt in mittelalterlichem Kostüm.
Dazugehörige Untertasse:
Geschwungene Fahne, leicht vertiefter Spiegel. Glanzvergoldet mit matt radiertem Palmettendekor.
H. 9,5 cm/D. 14,3 cm

DM 2400,–/2600,–

166

Berlin, KPM, um 1913
Tulpenförmiger Tassenkörper auf Standfuß; hochgezogener, vergoldeter Volutenhenkel. Mattgoldener Fond, schauseitig hochovale Reserve in radiertem Konturband. Polychromes Porträt einer jungen Dame mit gescheitelter Lockenfrisur und Spitzenkragen. Bezeichnet am Fuß »Kathi Fröhlich« (Verlobte von Franz Grillparzer). Gedruckte Berliner Zeptermarke unterglasurblau, geprägter Kreis und »N«.
Untertasse:
Geschwungene Fahne, flacher, weißer Spiegel, Fahne mit mattgoldenem Fond.
H. 10 cm/D. 15,5 cm
DM 1800,–/2100,–

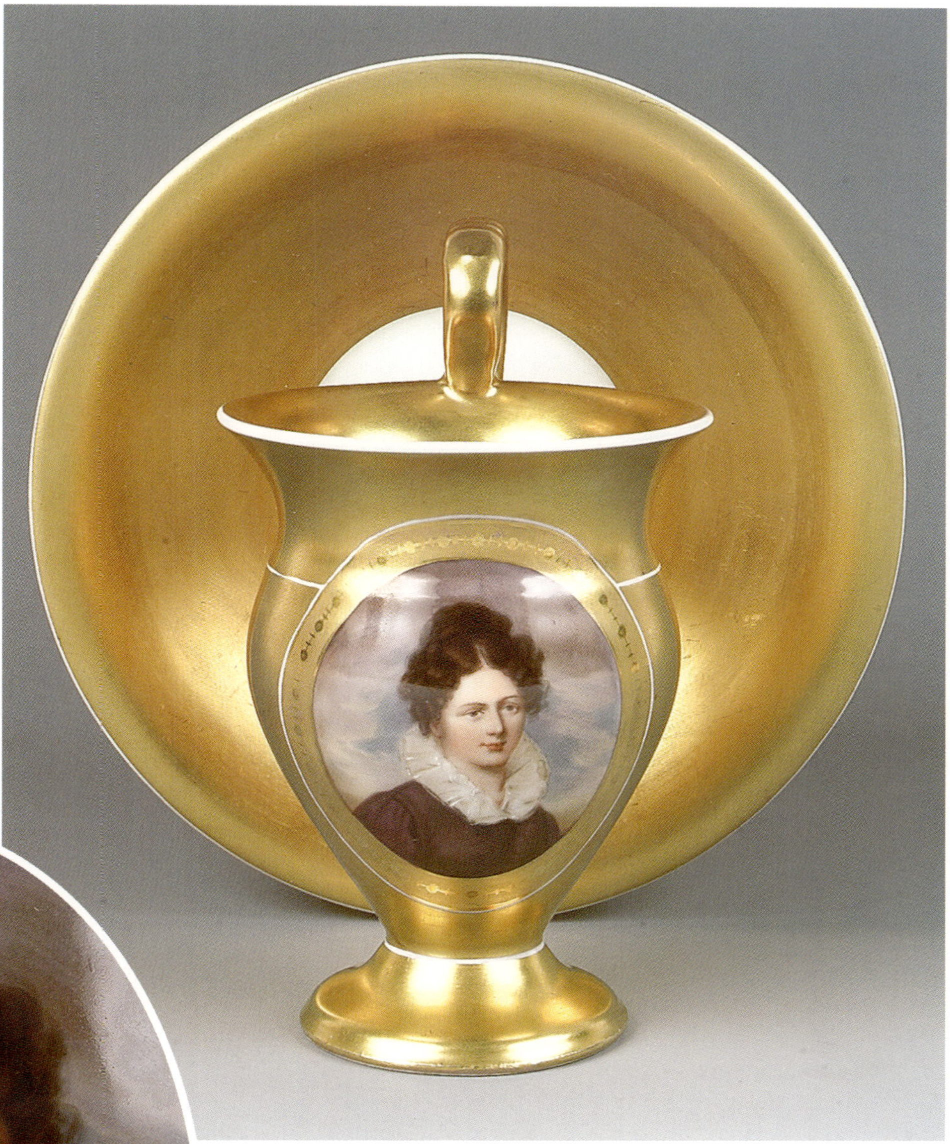

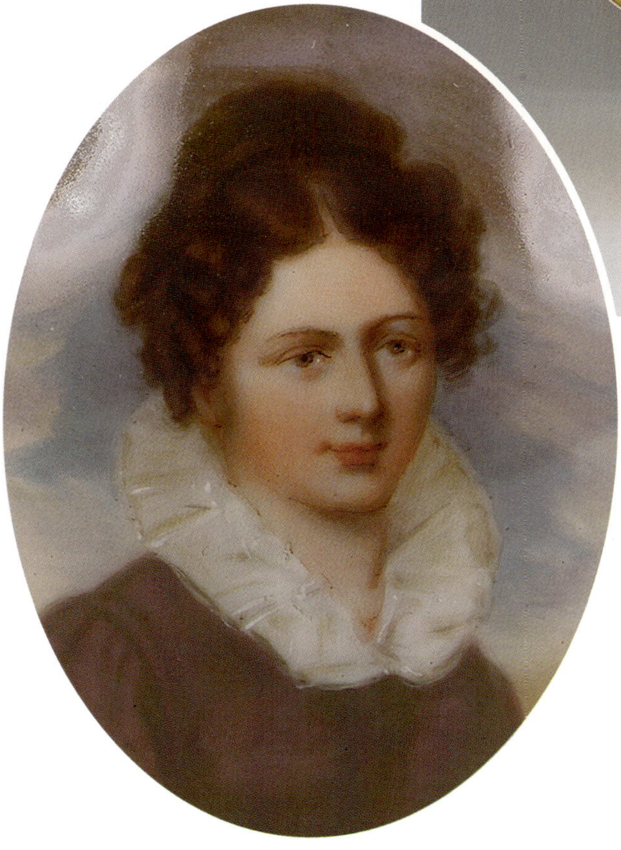

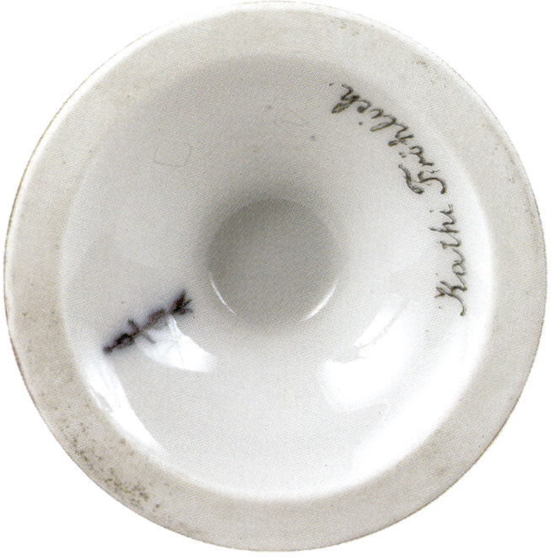

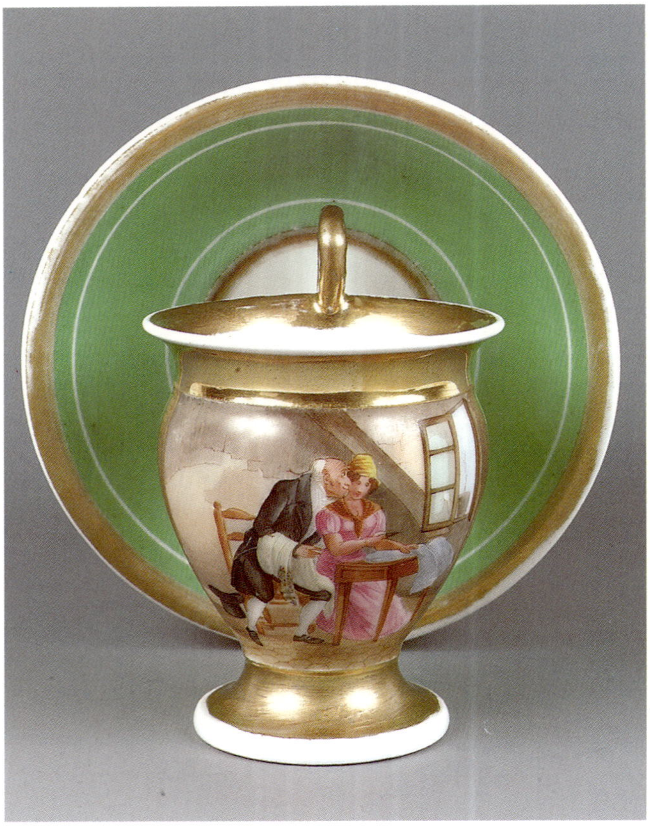

167

Wohl Böhmen, Mitte 19. Jahrhundert
Glockenbechertasse mit ausgestelltem vergoldeten Fuß; hochgezogener Henkel. Wandung mit erbsgrünem Fond, schauseitig rechteckige Reserve mit polychromer, galanter Biedermeier-Szene: Eine Schneiderin wird von einem alten Mann in Gehrock umworben.
Kleiner Sprung im Boden.
Untertasse:
Goldrand, grüne Fahne, Spiegel mit Goldkreisen.
H. 11 cm/D. 14,3 cm

DM 1500,–/1600,–

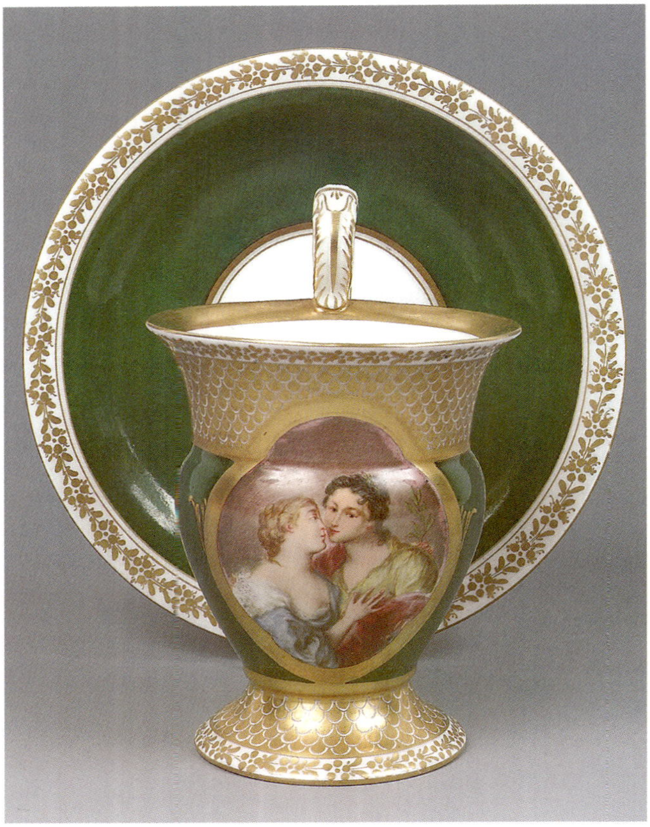

168

Berlin, KPM, um 1920
Gebaucht, auf ausgestelltem Stand, mit hochgezogener, geweiteter Mundkante; reliefierter, goldgehöhter Henkel mit Volute. Am Tassenfuß goldene Blattranke und Goldschuppen. Wandung mit dunkelgrünem Fond, schauseitige Ovalreserve mit polychromer Darstellung einer Dame, die einen lorbeerbekränzten Mann umarmt.
Unterglasurblaue Berliner Zeptermarke, gepreßter Buchstabe »U«.
Dazugehörige Untertasse:
Geschwungene Fahne, vertiefter Spiegel. Am Rand florale Goldbordüre, Fahne mit dunkelgrünem Fond, Goldränder.
H. 12,8 cm/D. 16 cm

DM 1800,–/2100,–

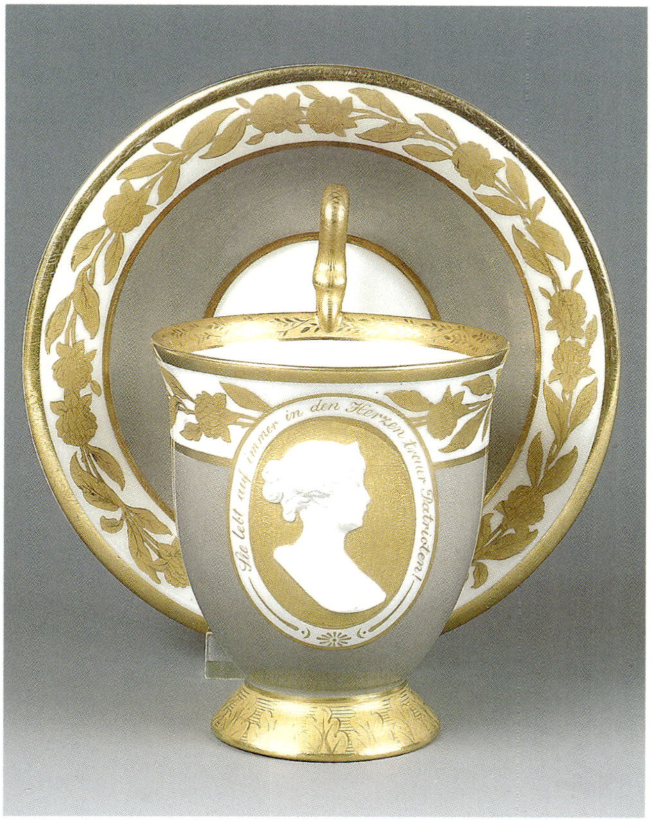

169

Berlin, KPM, nach 1870

»Luisenform«; eingezogener, schräger Rundfuß mit goldradiertem Blattdekor, tulpenförmiger Körper, leicht ausschwingender, vergoldeter Mundrand. Hochgezogener, plastischer Schlangenhenkel. Grauer Fond, oben begrenzt von goldener Ranke auf weißer Borte, schauseitiges Ovalmedaillon mit Bisquitporträt in Relief und rahmender Inschrift »Sie lebt auf immer in den Herzen treuer Patrioten!«
Unterglasurblaue Berliner Zeptermarke, roter Reichsapfel, KPM, Malernummer 125/407.
Dazugehörige Untertasse:
Geschwungene Fahne mit breitem Goldrand und floraler Goldbordüre, die Kehlung mit grauem Fond, der Spiegel weiß.
Unterglasurblaue Berliner Zeptermarke, roter Reichsapfel, KPM, Malernummer 125/407.
H. 11,3 cm/D. 14 cm

DM 2000,–/2200,–

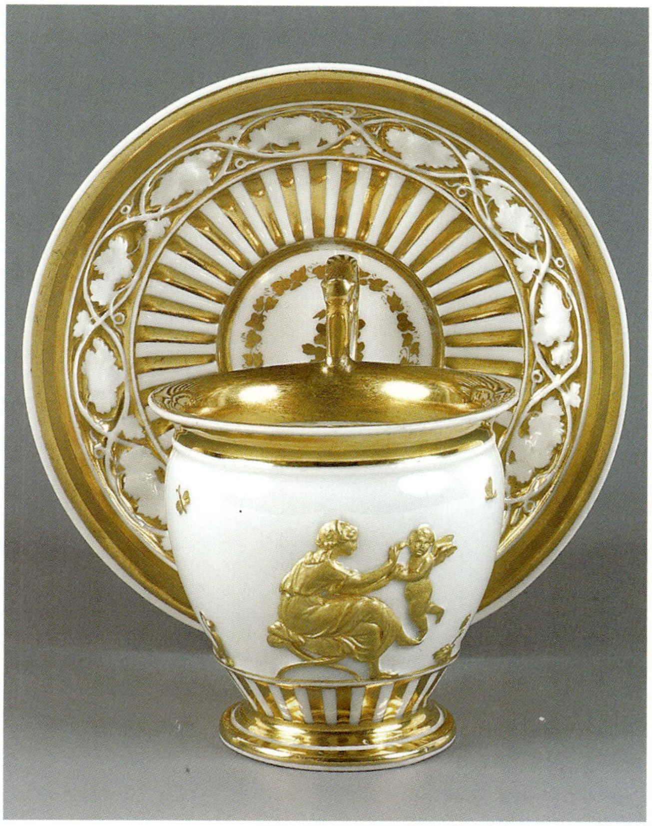

170

Wien, 1834

Tulpenförmig, auf eingezogenem Standring, mit breit vergoldetem, geweitetem Tassenrand; hochgezogener, vergoldeter Henkel. Vergoldete Relieffiguren: Tänzerin, Musikantin mit Triangel und sitzende Frauengestalt mit Putto.
Geprägter Bindenschild, 834, 150, 12, Goldmalernummer 114.
Dazugehörige Untertasse:
Reliefierter Weinlaub-Rankendekor um Goldstreifen, im Spiegel goldener Blumenstrauß in Weinlaubkranz.
Eingepreßter Bindenschild, 835, 40, 47, I.
H. 10,5 cm/D. 15,2 cm

DM 2000,–/2200,–

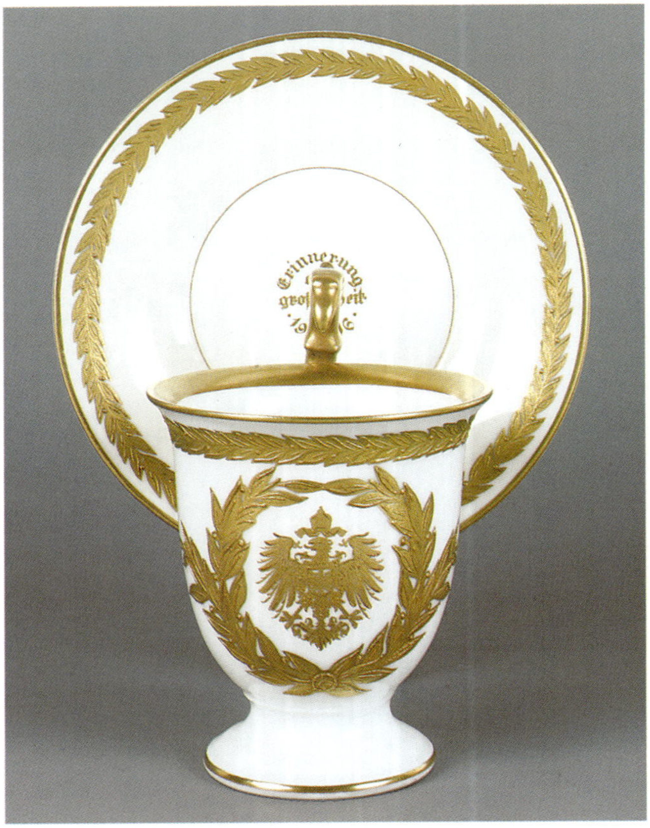

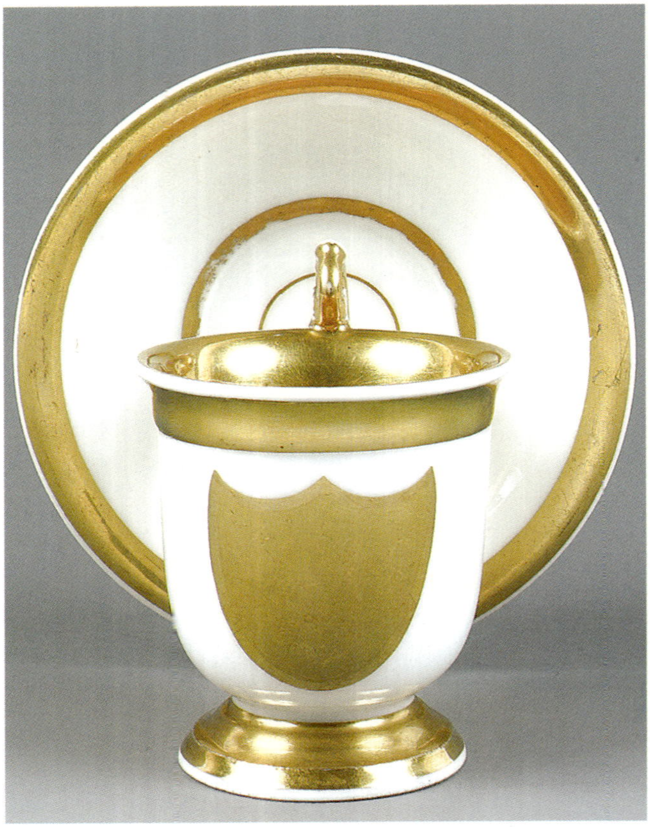

171

Rosenthal Selb Bavaria, um 1916

Hohe, schlanke Glockenbecherform, ausgestellter Standring mit Goldrand; hochgezogener und vergoldeter Reliefhenkel, in Vogelkopfform endend. Lippenrand innen vergoldet, außen reliefierter, mattgoldener Lorbeerfries; schauseitig großer, mattgoldener Reliefgold-Lorbeerkranz um mattgoldenen deutschen Kaiseradler.
Unterglasurgrün »Rosenthal Selb Bavaria«, rote Malernummer 26 und 5222.
Dazugehörige Untertasse:
Goldrand, Reliefgoldbordüre auf der Fahne; im Spiegel »Erinnerung aus großer Zeit – 1914/1916« in Gold.
Unterglasurgrün »Rosenthal Selb Bavaria«, rote Malernummer 26.
H. 8,5 cm/D. 13,5 cm

DM 700,–/800,–

172

Wohl Deutsch, um 1820

Glockenbecherform auf eingeschnürtem, vergoldetem Standfuß; reliefierter, hochgezogener und goldstaffierter Volutenhenkel. Mundrand außen mattvergoldet, innen zu zwei Dritteln glanzvergoldet; im Boden Goldring und Rosette. Schauseitig mattgoldener Schild mit Inschrift »Die Zukunft / kröne Dich«.
Untertasse: Goldränder.
H. 10 cm/D. 14 cm

DM 900,–/1000,–

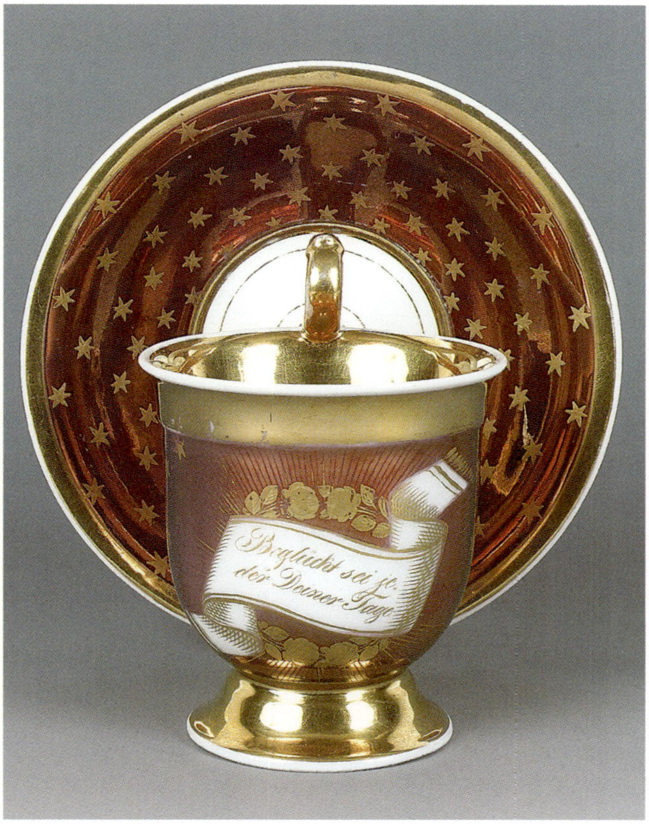

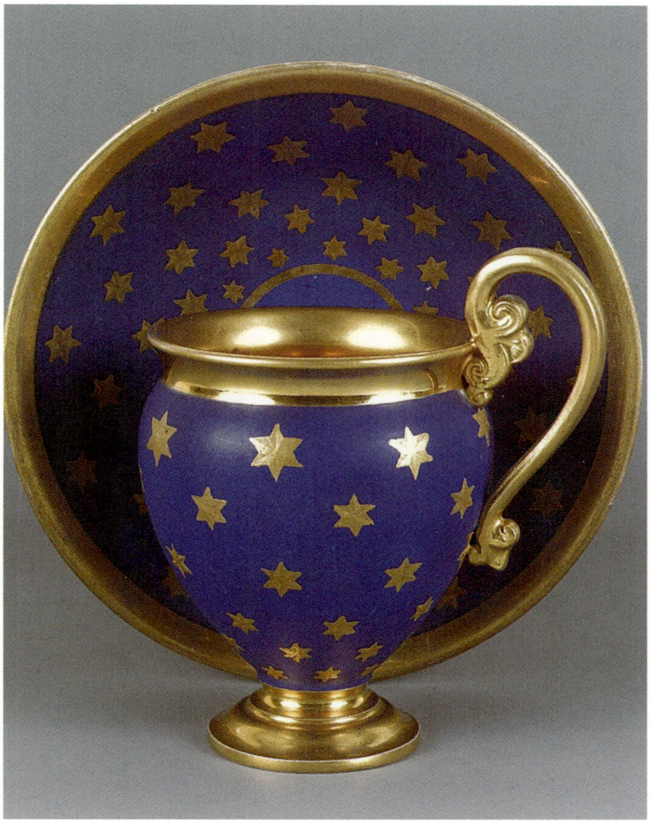

173

Berlin, KPM, um 1830
Glockenbecherform auf eingezogenem, vergoldetem Standring, Innenwand vergoldet; hochgezogener, teilvergoldeter Volutenhenkel. Fond purpur lüstrierend mit Goldsternen. Schriftband in Gold mit goldenem Rosenkranz. Devise: »Beglückt sei je- / der Deiner Tage«.
Unterglasurblaue Berliner Zeptermarke, Prägezahl 10.
Dazugehörige Untertasse:
Fahne mit purpurfarben lüstrierendem Fond, Goldrand, Goldsterne, Spiegel weiß mit konzentrischen Goldkreisen.
Unterglasurblaue Berliner Zeptermarke, Prägezahlen 28 und II.
H. 8,3 cm/D. 14,5 cm

DM 1100,–/1300,–

174

Nymphenburg, 2. Viertel 19. Jahrhundert
Eiförmig auf getrepptem, vergoldetem Rundfuß, ausgestellter, vergoldeter Mundrand; hochgezogener, vergoldeter Volutenhenkel. Wandung mit mattblauem Fond und Goldsternen.
Dazugehörige Untertasse:
Geschwungene Fahne, flacher Spiegel. Goldrand, blauer Fond mit Goldsternen.
Geprägter Rautenschild, Ritzzeichen.
H. 10,5 cm/D. 14 cm

DM 2400,–/2600,–

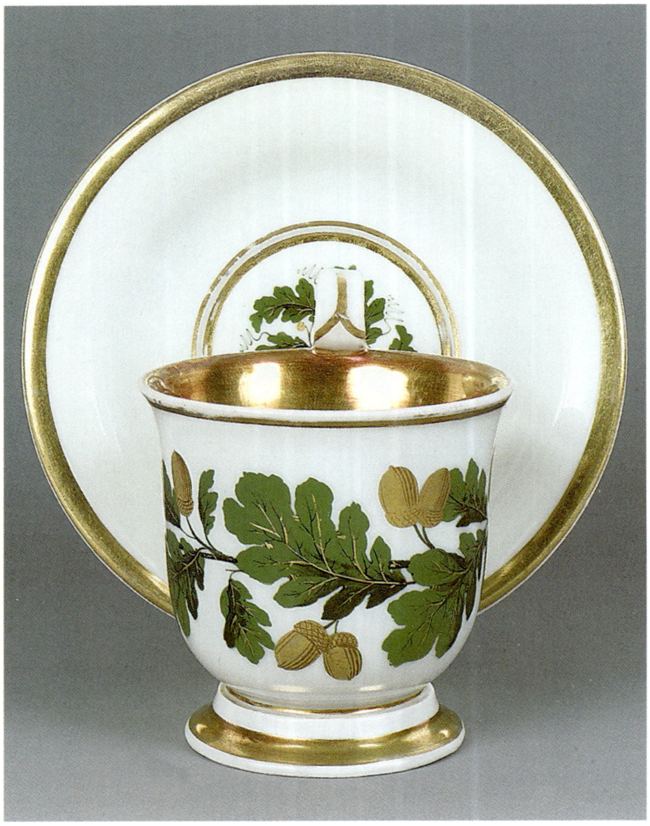

175

Meißen, um 1830
Glockenbecher auf abgesetztem vergoldeten Stand, leicht geweiteter, vergoldeter Lippenrand; hochgezogener, goldgehöhter Volutenhenkel mit Blattansatz. Umlaufende grüne Eichenblattranke mit goldenen Eicheln auf weißem Fond.
Meißener Schwertermarke, unterglasurblau, Preßzahl 7, rote Malermarken.
Dazugehörige Untertasse:
Geschwungene Fahne mit Goldrand, vertiefter Spiegel mit fünfpassiger Eichenlaubrosette.
Meißener Schwertermarke unterglasurblau, Preßziffern 7 und 7, Malermarke 5.
H. 9 cm/D. 13,6 cm

DM 1600,–/1800,–

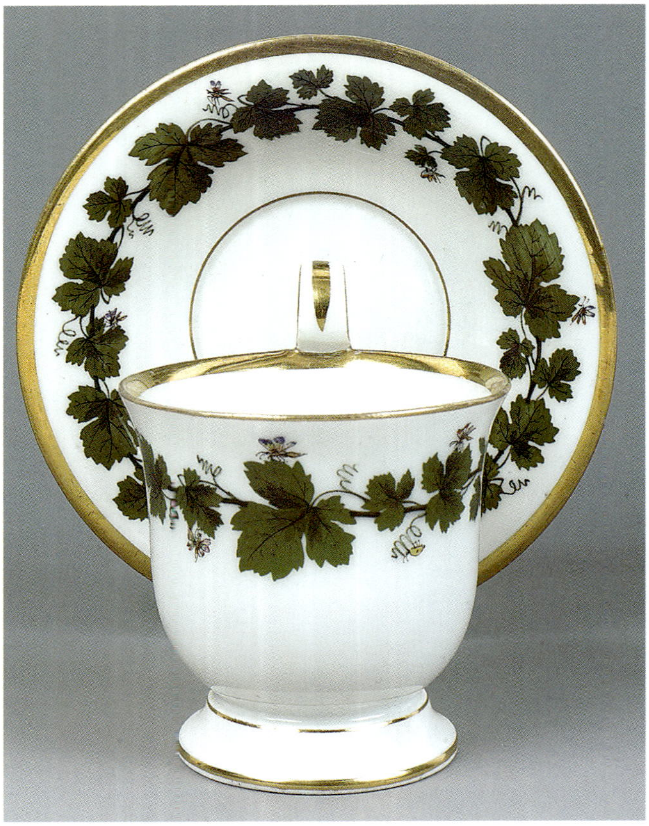

176

Meißen, um 1830
Glockenbecherform mit abgesetztem Standring, hochgezogener, teilvergoldeter Volutenhenkel mit Blattansatz; Lippenrand vergoldet. Umlaufende grüne Weinlaubranke mit bunten Insekten auf weißem Fond. Unterglasurblaue Schwertermarke, Prägezeichen »I« und »O«, Malernummer 3.
Dazugehörige Untertasse:
Fahne mit Goldrand und grünem Weinlaubdekor mit bunten Insekten, weißer Porzellanfond.
Unterglasurblaue Schwertermarke, Prägezahl 28, Malernummer 3.
H. 9 cm/D. 13,4 cm

DM 1600,–/1800,–

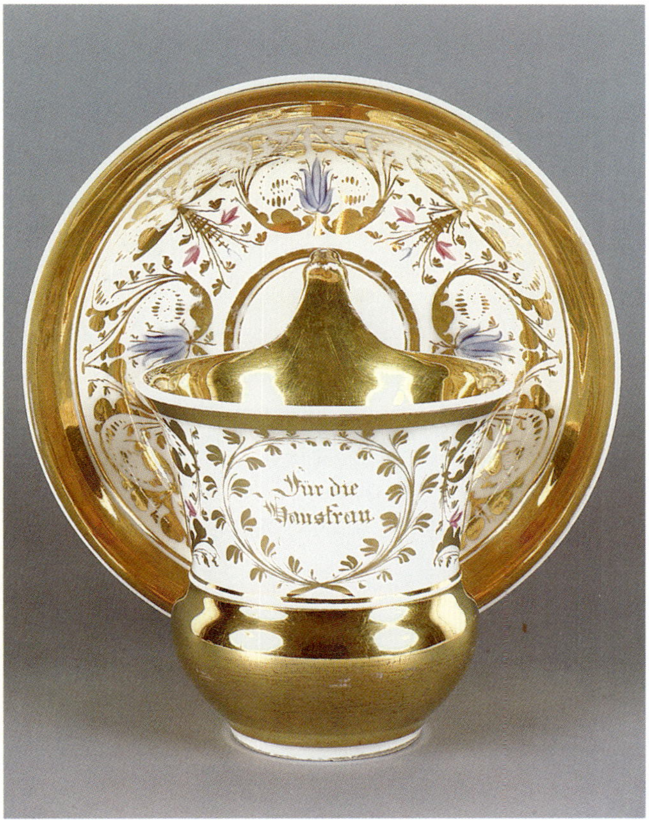

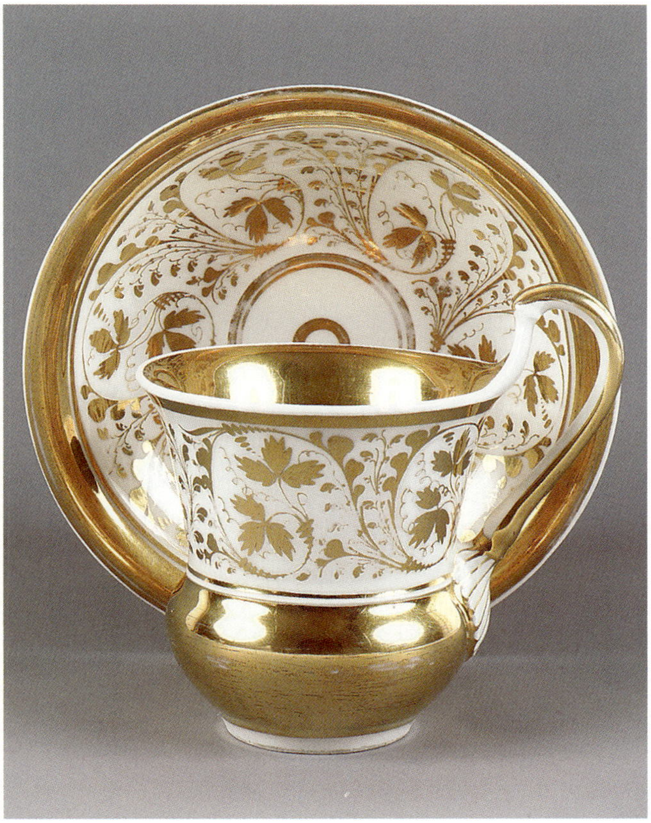

177

Wohl Ilmenau, um 1820
Tassenpaar. Gebauchte Form; Campanerhenkel, Golddekor, Inschrift »Für den Hausherrn« bzw. »Für die Hausfrau«.
Unterglasurblaue Marke, ähnlich der Zeptermarke KPM.
Dazugehörige Untertassen:
Goldrand, reicher goldener Rankendekor.
Unterglasurblaue Marke, ähnlich der Zeptermarke KPM.
H. 7,6 cm/D. 14 cm

Zusammen DM 1000,–/1200,–

178

Wohl Ilmenau, um 1820
Gegenstück zu Kat.-Nr. 177

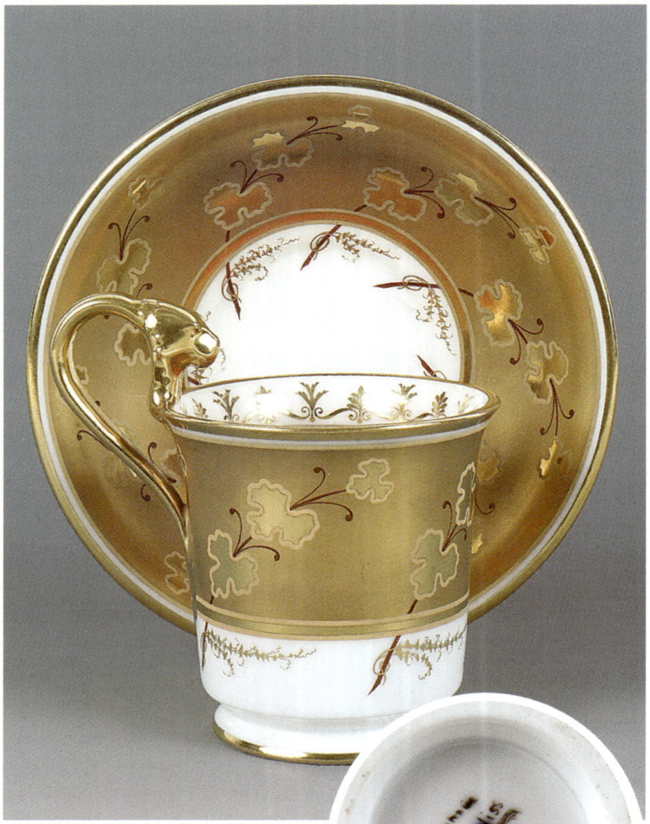

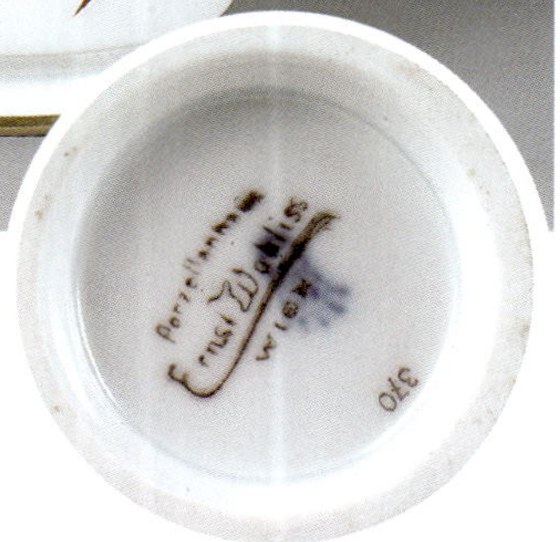

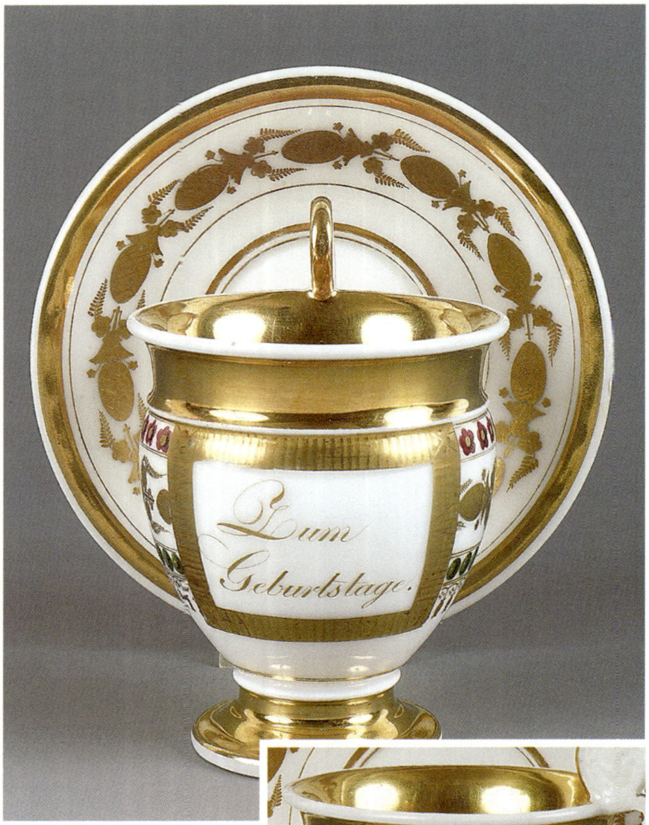

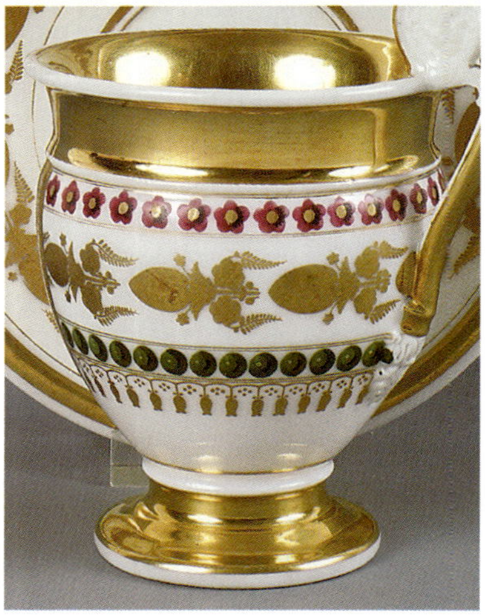

179

Porzellanhaus
Ernst Wahliss, um 1880

Konische Wandung mit leicht eingezogenem Standring und geweitetem, vergoldetem Lippenrand; hochgezogener Henkel mit Löwenkopf. Innen vergoldet, Goldfries am Tasseninnenrand, auf der Wandung Mattgold-Feld mit Weinlaubranken in Dunkelrot und Glanzgold.
Unterglasurblauer, bekrönter Bindenschild, schwarz gestempelt »Porzellanhaus Ernst Wahliss«, Malernummer 370.
Dazugehörige Untertasse:
Mattvergoldete, geschwungene Fahne, Weinlaubdekor in Gold und Rot.
Unterglasurblauer, bekrönter Bindenschild, schwarz gestempelt »Porzellanhaus Ernst Wahliss«, Malernummer 370.
H. 10 cm/D. 14,5 cm

DM 450,–/500,–

Nach einem Modell der Wiener Porzellanmanufaktur, vgl. Kat.-Nr. 148 und die späte Nachahmung, Kat.-Nr. 141.

180

Böhmen, um 1900

Eiförmig, auf eingezogenem, vergoldetem Standring, Lippenrand geweitet und vergoldet; hochgezogener Volutenhenkel mit Löwenkopf. Innenwand halb vergoldet. Rechteckige, goldgerahmte Reserve »Zum Geburtstage.«, flankiert von Bändern aus lila Blüten, goldenem Pinienzapfenfries und grünen Kugeln.
Dazugehörige Untertasse:
Golddekor, Fahne mit Pinienzapfenfries.
H. 9 cm/D. 13,5 cm

DM 500,–/600,–

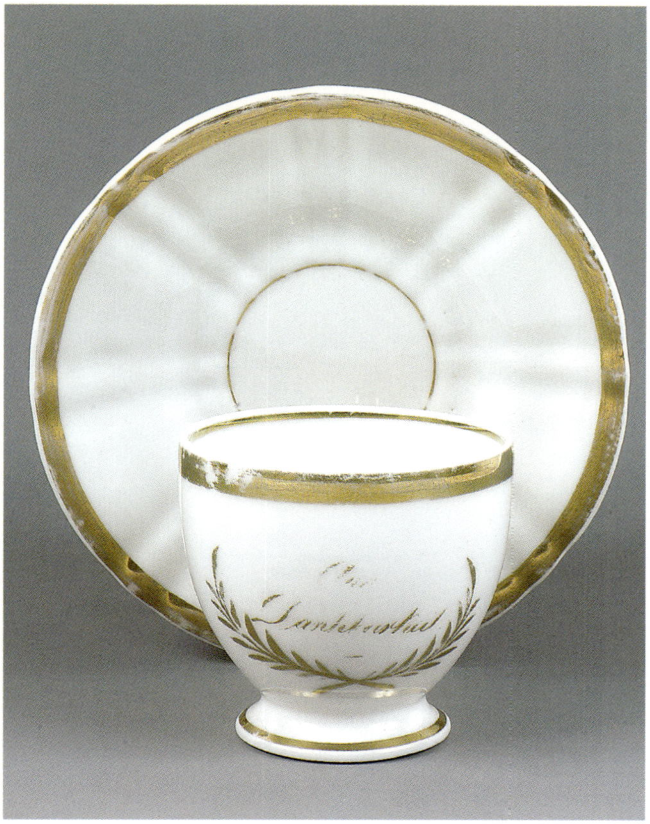

181

Wohl Deutsch, um 1850
Eiförmig auf ausgestelltem Standring; Ohrenhenkel. Goldränder, schauseitige goldene Inschrift »Aus Dankbarkeit«, flankiert von Lorbeer.
Untertasse (nicht zugehörig):
Passig gerippte Fahne, Goldrand.
H. 6,5 cm/D. 14 cm

DM 200,–/250,–

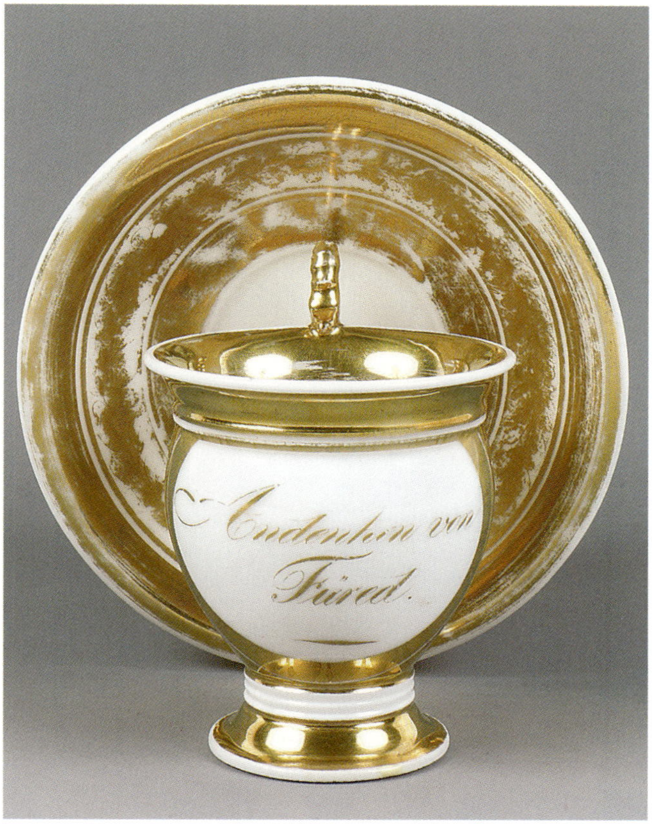

182

Böhmen, um 1850
Gebauchte Form mit geweitetem Lippenrand und abgesetztem Standring; hochgezogener Henkel. Glanzgold, z. T. radiertes Mattgold, weißgrundiges Medaillon mit goldener Widmung »Andenken von Füred«.
Dazugehörige Untertasse:
Golddekor in konzentrischen Kreisen, z. T. berieben.
H. 8,5 cm/D. 14,4 cm

DM 650,–/750,–

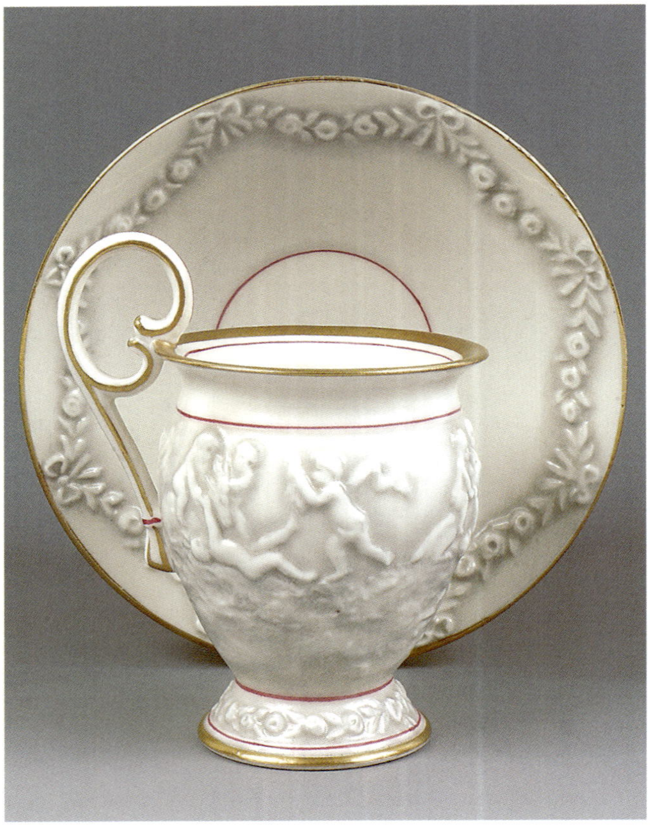

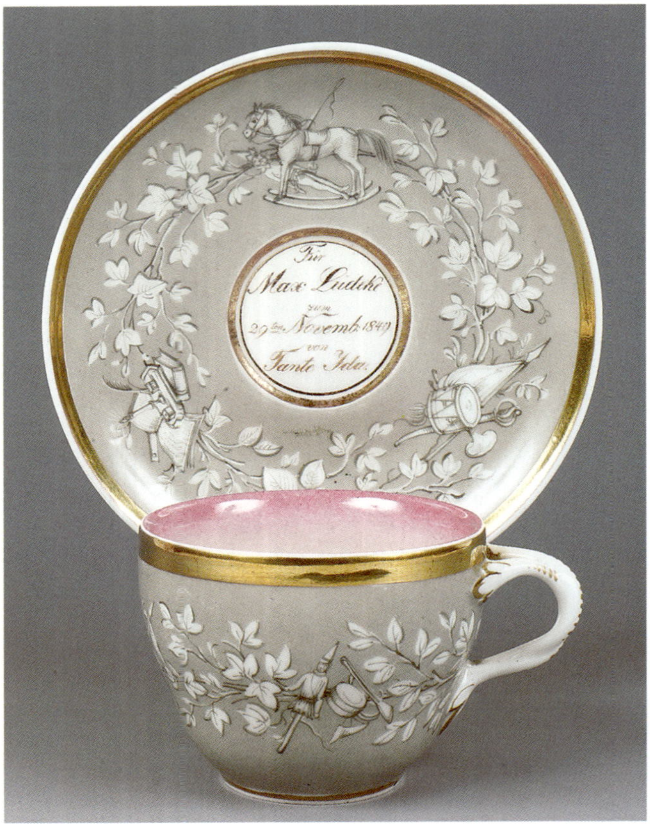

183

Böhmen, wohl letztes Viertel 19. Jahrhundert
Bauchige Wandung auf eingezogenem, getrepptem Rundfuß mit Goldrand; ausgestellter, vergoldeter Lippenrand. Hochgezogener golden und mangan staffierter Ohrenhenkel. Wandung bisquitartig mit Graustich, dreifach wiederholte Reliefszene: vier Kinder, die mit einer Ziege spielen.
Unterglasur N mit Krone.
Dazugehörige Untertasse:
Acht Relief-Festons, Mangankreis auf Spiegel.
Unterglasur N mit Krone, Ziffer 49 in Mangan.
H. 10,5 cm/D. 13,8 cm

DM 200,–/250,–

Nachahmung einer Tasse aus Doccia (siehe Kat.-Nr. 2) mit vergröbertem Reliefdekor.

184

Berlin, KPM, 1847 bis 1849
Gebaucht, mit goldstaffiertem, gedrehtem Asthenkel. Breiter Goldrand, Innenrand rosa verlaufend, auf der Wandung Blattranke mit Kinderspielzeug in Grau über hellgrauem Fond.
Unterglasurblaue Pfennigmarke.
Dazugehörige Untertasse:
Geschwungene Fahne mit Goldrand, grauer Fond mit Blattranke und Kinderspielzeug, vertiefter Spiegel mit goldener Widmungsinschrift »Für / Max Lüdeke / zum 29ten Novemb: 1849 / von / Tante Ida.«
Unterglasurblaue Pfennigmarke, Preßzahl 97.
H. 6 cm/D. 14,5 cm

DM 1500,–/1700,–

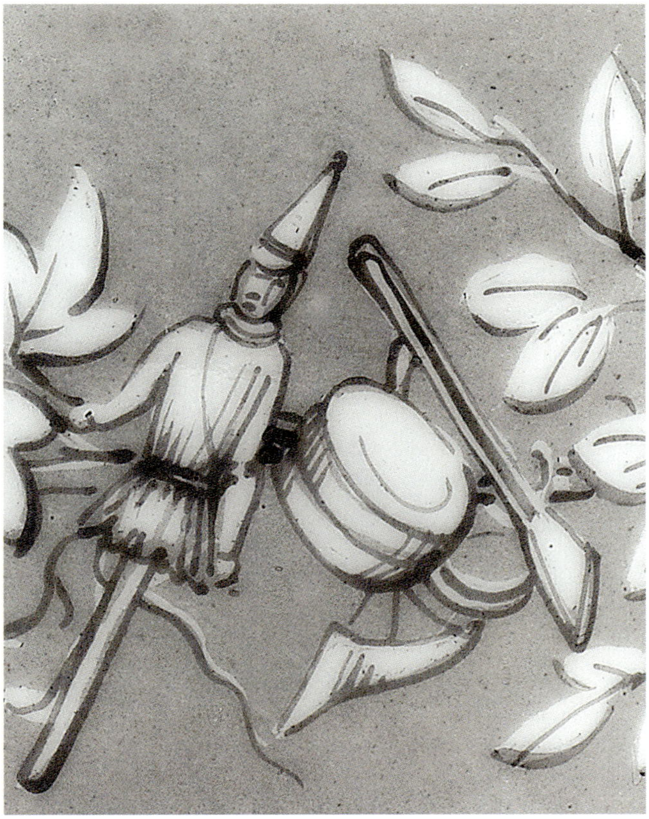

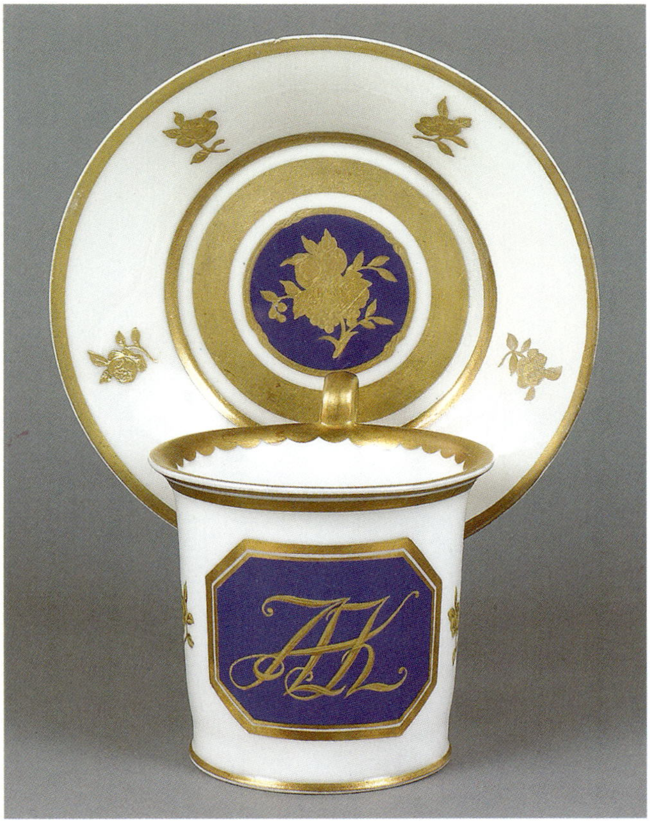

185

St. Petersburg, wohl 1896
Zylindrische Wandung mit geweitetem, mattvergoldetem Lippenrand; hochgezogener, mattvergoldeter und reliefierter Volutenhenkel. Auf der Wandung goldene Rosen, schauseitig oktogonale, goldgerahmte Reserve mit Goldmonogramm »AK« über blauem Fond.
Unterglasurgrüne Marke Nikolaus II 1896.
Dazugehörige Untertasse:
Schräge Fahne, weißer Fond mit fünf goldenen Rosen, flacher Spiegel mit blauem Fond und goldenem Blumenstrauß.
Unterglasurgrüne Marke Nikolaus II 1896.
H. 7,3 cm/D. 14 cm

DM 700,–/900,–

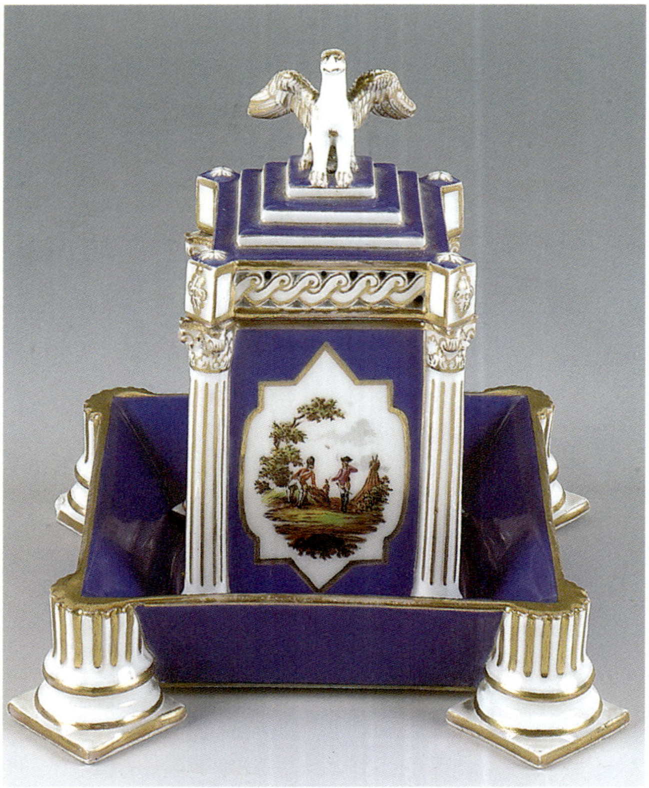

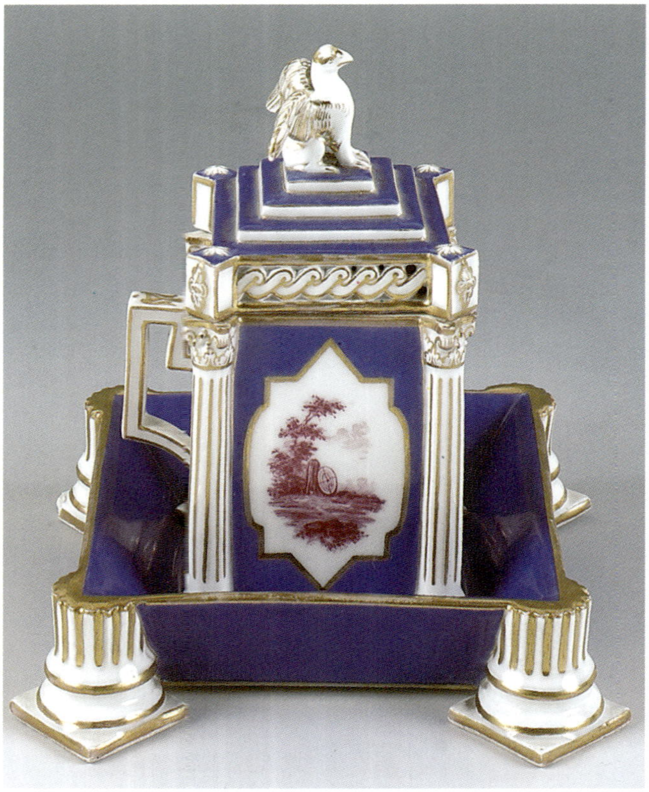

186

Dresden, Wolfsohn, um 1880
Architektonischer Aufbau, vierkantiger Körper mit Ecksäulen, getreppter Deckel, bekrönt mit plastischer Harpye; kantiger Empirehenkel. Königsblauer Fond, schauseitig polychrome Reserve mit Landschaft und Soldaten, seitliche Reserven mit Purpurmalerei: Landschaft mit Zelt, Landschaft mit Schießscheibe.
»AR« unterglasurblau, Augustus-Rex-Marke imitierend.
Dazugehörige Untertasse:
Quadratisch, auf massiven Ecksäulen, königsblauer Fond, im Spiegel polychrome Militär-Szene.
»AR« unterglasurblau, Augustus-Rex-Marke imitierend.
H. 11,5 cm/B. 11 cm

DM 2000,–/2500,–

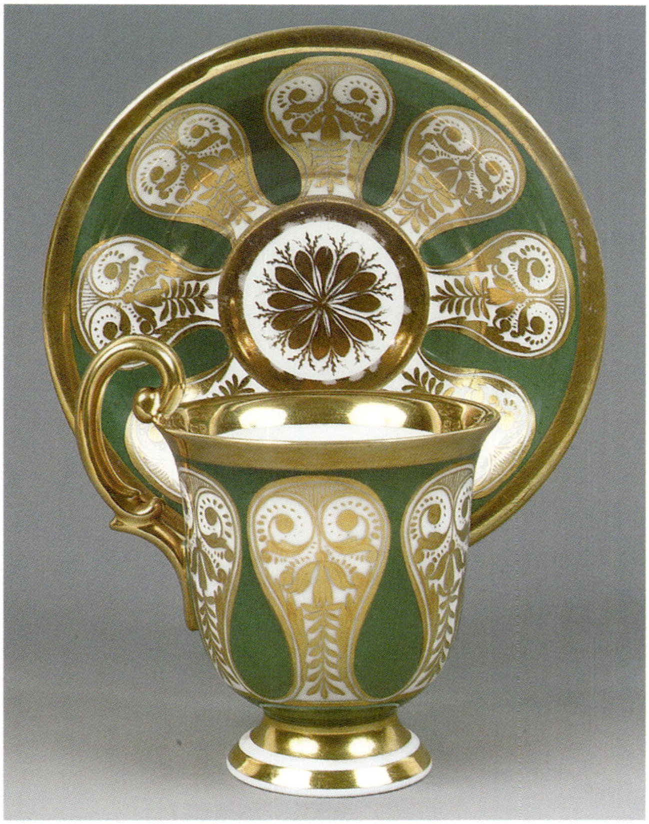

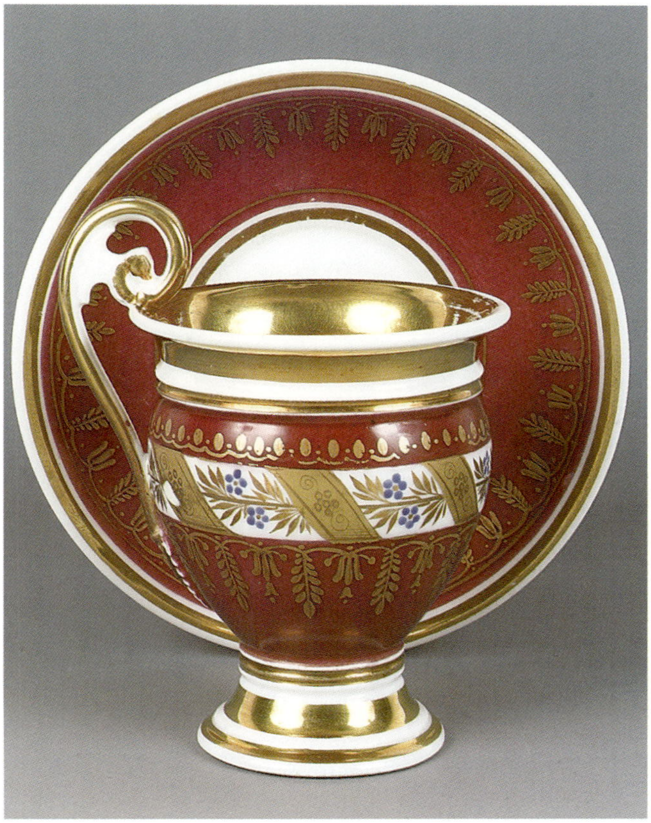

187

Deutsch, um 1830
Glockenbechertasse auf ausgestelltem, vergoldetem Standring; hochgezogener Rocaillenhenkel. Dunkelgrüne Tassenwand mit sechspassigem Golddekor.
Preßmarke »F & B«.
Dazugehörige Untertasse:
Geschwungene Fahne, Goldrand, dunkelgrüner Fond, achtpassiger Golddekor. Im Spiegel Goldrosette auf weißem Fond.
Preßmarke »F & B«.
H. 10,5 cm/D. 14,8 cm

DM 800,–/900,–

188

Wohl Paris, um 1820
Gebauchte Form mit eingezogenem Standring und Hals; hochgezogener Volutenhenkel, teilvergoldet. Innenwand-Hälfte vergoldet, Purpurfond mit goldenen Girlanden und Vergißmeinnicht und goldradiertem Band.
Dazugehörige Untertasse:
Spiegel weiß mit goldenen Kreisen, Fahne mit goldenen Girlanden auf Purpurfond.
H. 8,8 cm/D. 13,5 cm

DM 800,–/1000,–

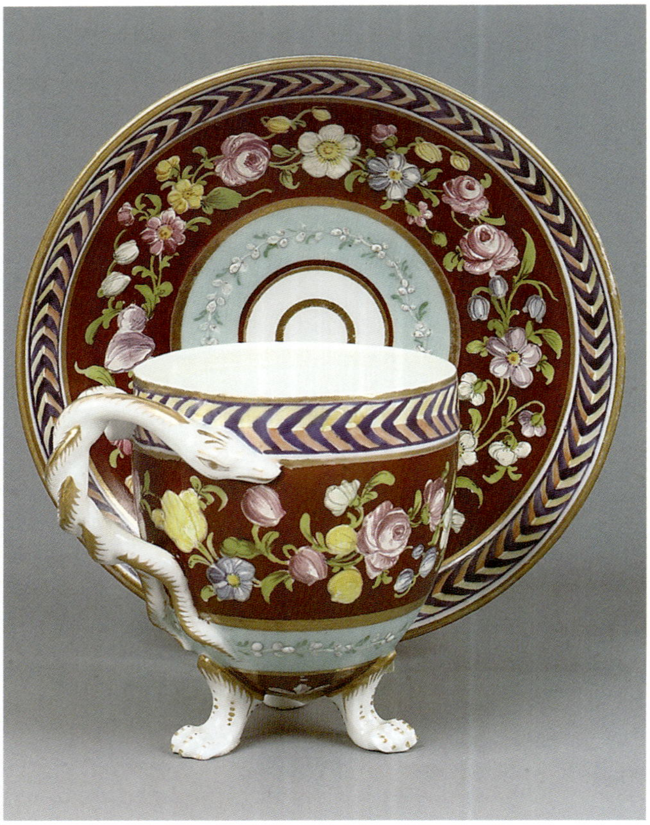

189

Meißen, um 1820
Eiförmiger Körper auf drei goldgehöhten Löwenpranken; seitlich angesetzter Henkel aus zwei Schlangen. Brauner Fond mit bunter Blumenranke, flankiert von Pfeildekor und Blumengirlande über hellblauem Band.
Dazugehörige Untertasse:
Gemuldet, korrespondierender Dekor.
Meißener Schwertermarke, unterglasurblau.
H. 7,6 cm/D. 14 cm

DM 2200,–/2400,–

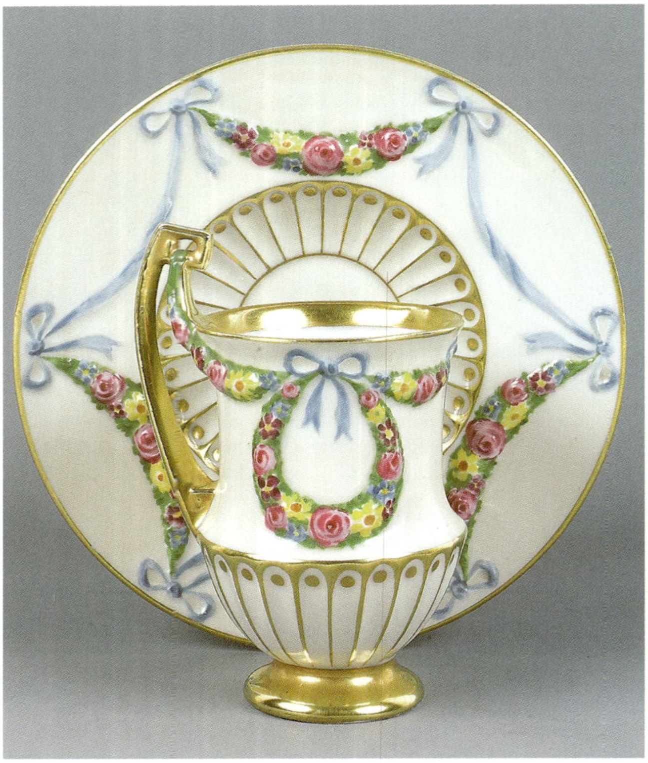

190

Mäbensdorf, um 1900
Ausgestellte, vergoldete Standfläche, vertikal gerippter bauchiger Ablauf und leicht geschwungene Wandung; hochgezogener, vergoldeter Henkel, von dem eine plastische Blütengirlande ausgeht. Goldgehöht und polychrom bemalt.
Schwarze Bodenmarke.
Dazugehörige Untertasse:
Korrespondierender Dekor; goldgehöht und polychrom bemalt.
Schwarze Bodenmarke.
H. 13 cm/D. 17 cm

DM 1200,–/1400,–

Vormals Slg. Heinz Weck.

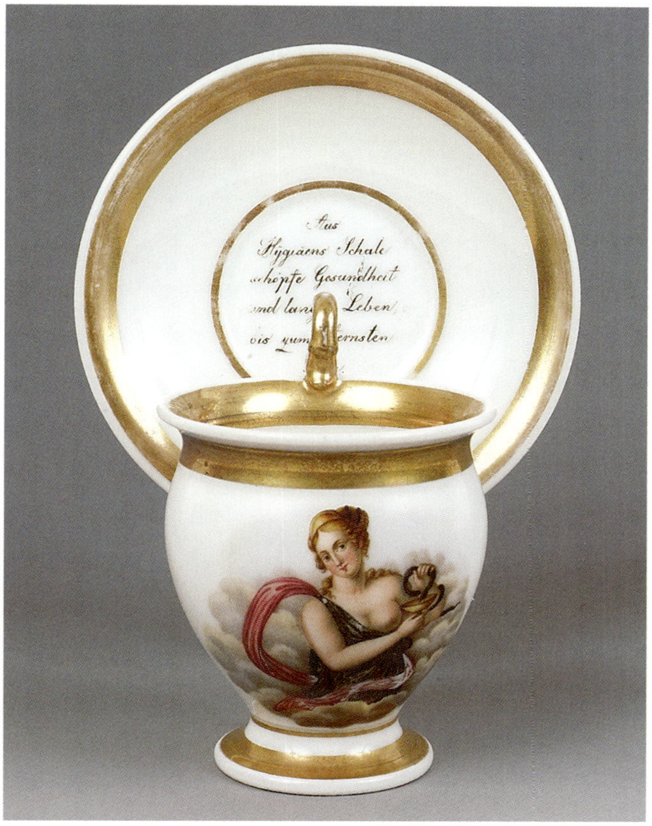

191

Deutsch, um 1829
Gebauchte Wandung auf eingezogenem Rundfuß mit Goldwand; ausgestellter Lippenrand mit Vergoldung. Hochgezogener, goldstaffierter Volutenhenkel mit Maskaron-Ansatz. Schauseitig polychrome, allegorische Frauengestalt mit den Attributen Schlange und Goldbecher (Gesundheit).
Dazugehörige Untertasse:
Geschwungene Fahne mit breitem Goldrand, vertiefter Spiegel mit schwarzer Inschrift: »Aus / Hygeäens Schale / schöpfe Gesundheit / und langes Leben / bis zum fernsten / Ziele«.
Bezeichnet »Zum Andenken an 10ten May 1829«.
H. 12,5 cm/D. 12,4 cm

DM 1300,–/1500,–

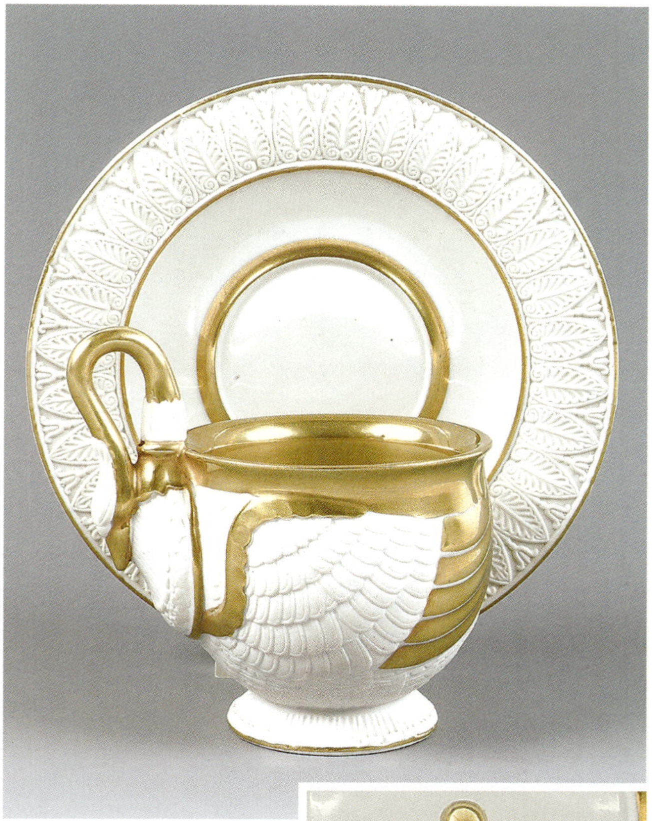

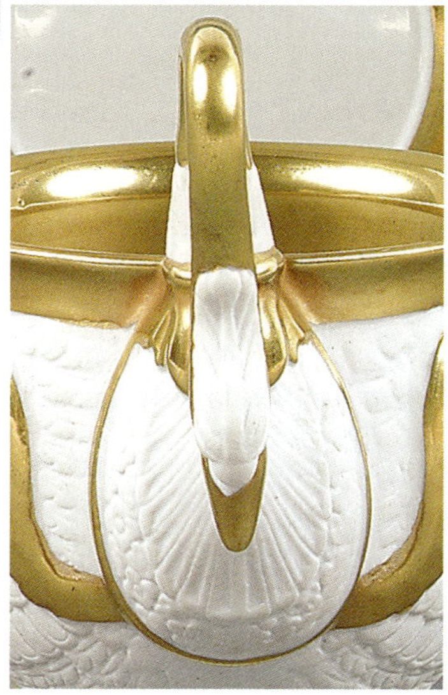

192

Wohl Thüringen, um 1820
Kugeliger Körper auf ausgestelltem Standfuß, reliefiertes Schwanengefieder; der Henkel als plastischer Schwanenkopf.
Bisquitporzellan mit Teilvergoldung.
Untertasse:
Fahne mit reliefiertem Akanthus-Fries, Goldränder, Spiegel weiß glasiert.
Unterglasurblauer Adler mit Lorbeer, R.P.M. und goldenem Punkt.
H. 10 cm/D. 16 cm

DM 1100,–/1300,–

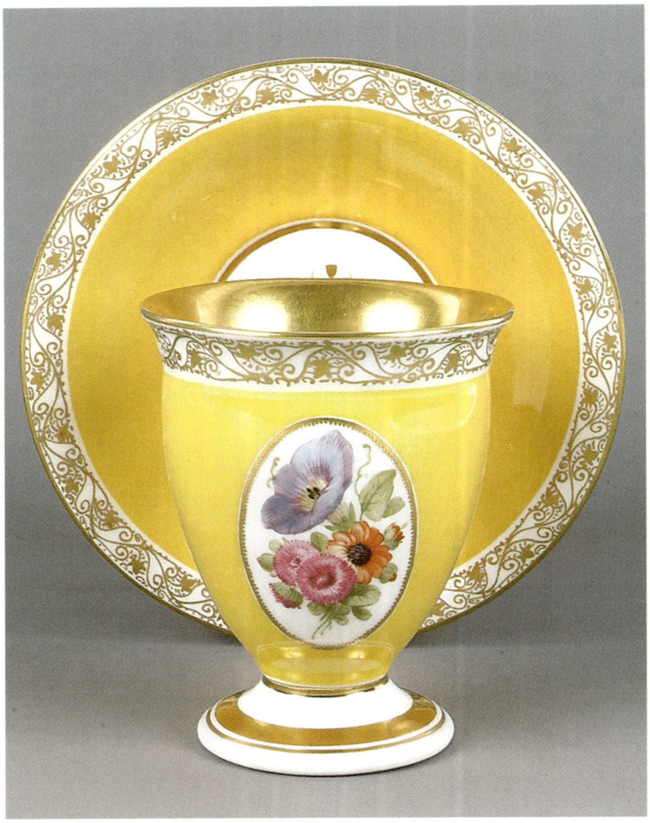

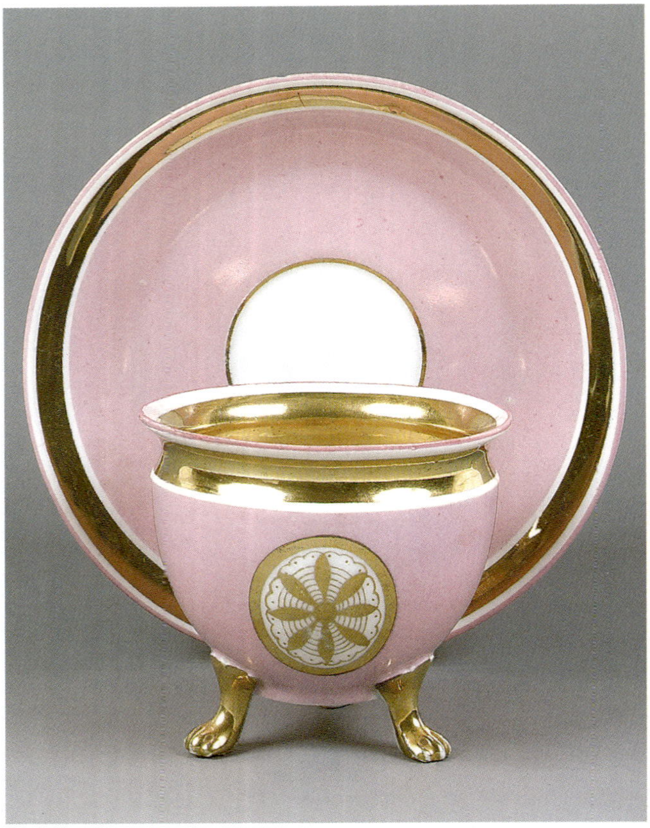

193

Berlin, KPM, um 1915
Birnform auf abgesetztem Standring, eingezogener Hals, Lippenrand innen breit vergoldet, seitlich angesetzter, goldgehöhter, glatter Henkel. Ovalreserve mit bunten Blumen in gelbem Fond.
Unterglasurblaue Zeptermarke, schwarzes Eisernes Kreuz. Prägezeichen.
Dazugehörige Untertasse:
Rand mit feinem Golddekor, Fahne mit gelbem Fond, Spiegel mit Goldrand.
Unterglasurblaue Berliner Zeptermarke, schwarzes Eisernes Kreuz auf Glasur, Prägezeichen.
H. 8,8 cm/D. 13,7 cm

DM 700,–/800,–

194

Böhmen, Anfang 20. Jahrhundert
Halbkugelig auf drei goldenen Löwentatzen; geweiteter, vergoldeter Lippenrand und geflochtener schwarzer Asthenkel. Roséfarbener Fond, schauseitig gerundetes Goldmedaillon.
Dazugehörige Untertasse:
Geschwungene Fahne mit breitem Goldrand, roséfarbener Fond, vertiefter Spiegel mit Goldrand.
H. 7,2 cm/D. 14,3 cm

DM 250,–/300,–

Meißen, um 1790
Leicht gebaucht, auf eingezogenem Standring; bandförmiger, goldgehöhter Akanthushenkel, unterhalb in eine Profilkante übergehend. Bisquitporzellan mit Goldornamenten, auf der Wandung umlaufender Relieffries mit antikisierender Darstellung von Mädchen, im Reigen tanzend. Eingepreßte Schwertermarke im Dreieck mit Stern.
Dazugehörige Untertasse: Konische Fahne, flacher, im Zentrum abgesetzter Spiegel. Goldornamente und profilierter Perlsaum, umlaufender Relieffries mit antikisierender Darstellung von Mädchen, im Reigen tanzend.
Eingepreßte Schwertermarke im Dreieck mit Stern.
H. 7 cm/D. 13,5 cm
DM 3400,–/3800,–

Der antikisierende Reliefdekor lehnt sich an Vorbilder der englischen Manufaktur Wedgewood an. – Vgl. eine fast identische Tasse im Rijksmuseum Amsterdam: Wellensiek, S. 100.

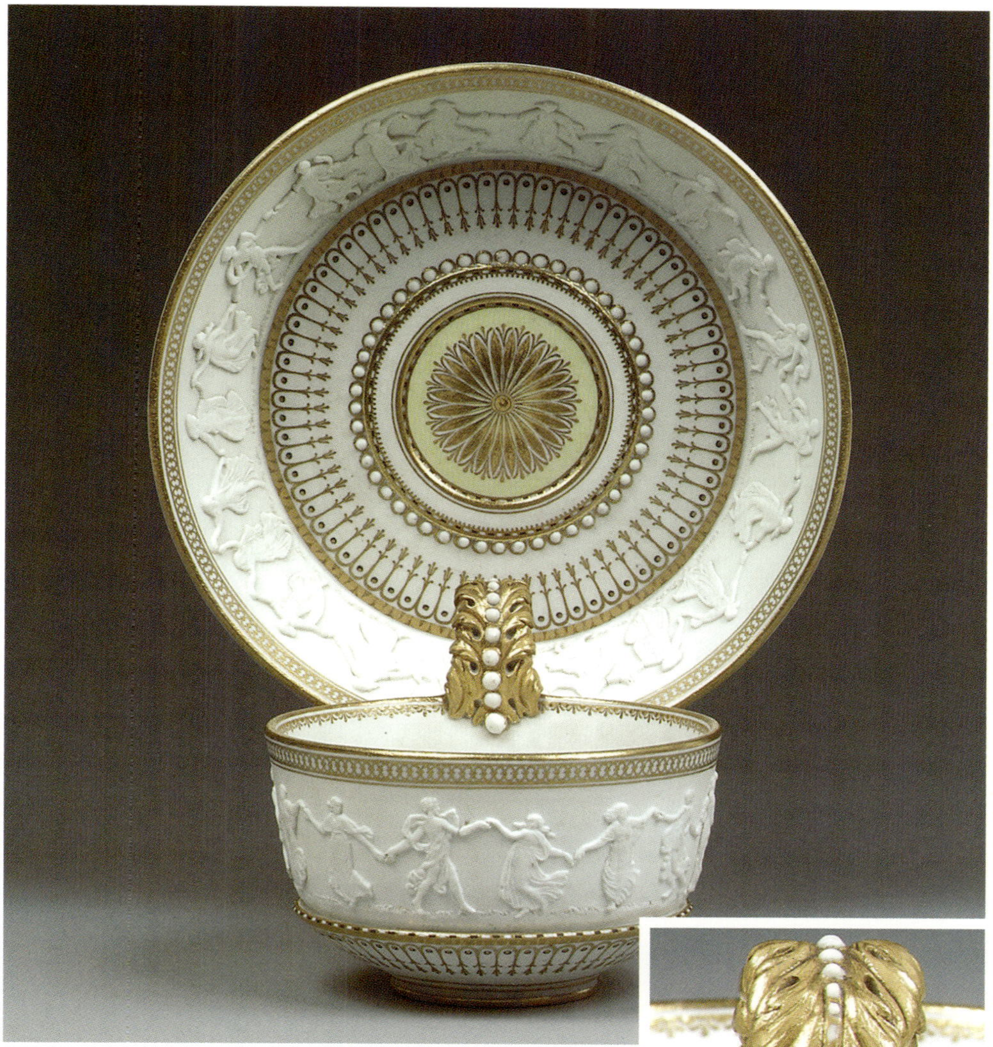

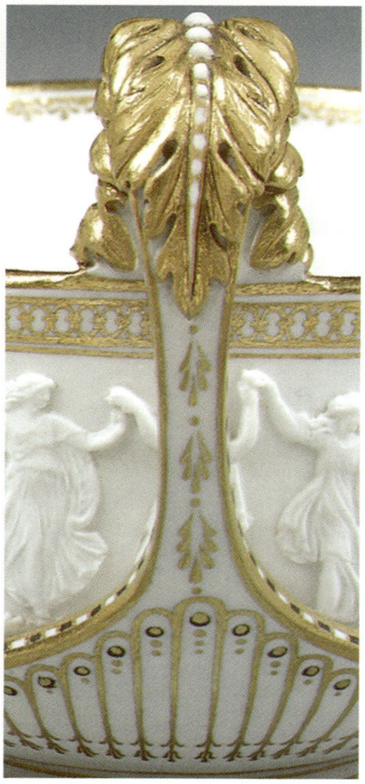

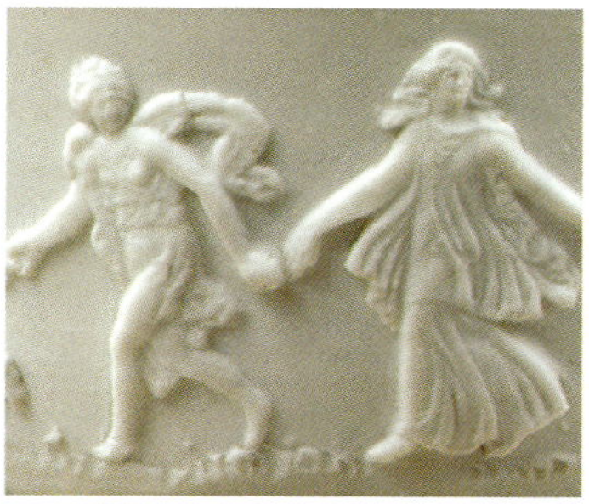

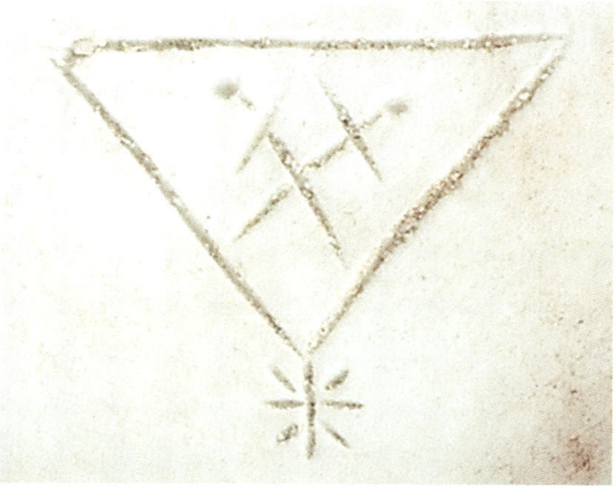

196

Wien, 1800
Konisch; kantiger, goldgehöhter »Louis-Seize-Henkel«. Goldränder, vertikal in Blau und Schwarz gestreift, umlaufende Vergißmeinnicht-Bordüre, von Goldrändern eingefaßt.
Unterglasurblauer Bindenschild, Preßmarke 12.
Dazugehörige Untertasse: Flacher Spiegel, schräge Fahne. Gestreifter Fond, Vergißmeinnicht-Bordüre, Goldränder, Kreisreserve mit Silhouetten-Profilbüste eines Herren im Louis-Seize-Stil.
Unterglasurblauer Bindenschild, Preßmarke 39, Malermarke 86, 800.

DM 4000,–/4500,–

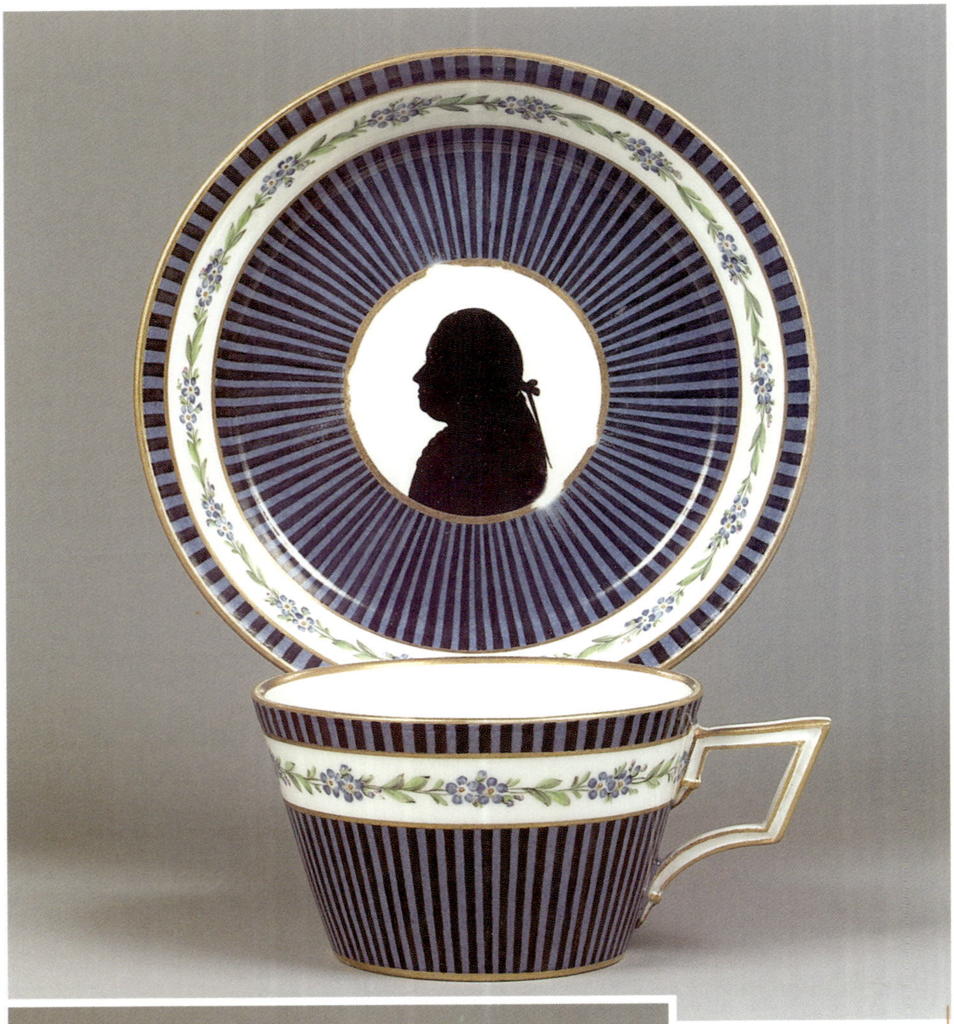

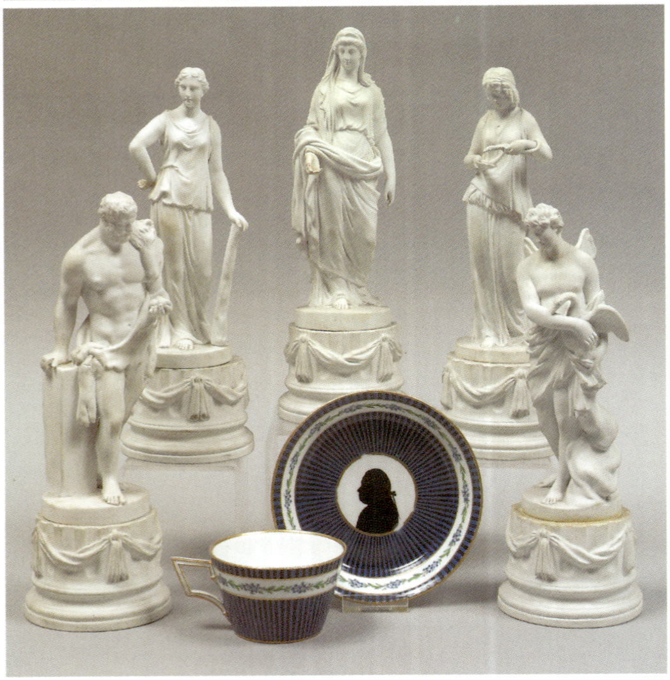

Die Tasse wird gezeigt in einem Ensemble von fünf mythologischen Figuren. Bisquitporzellan, Wien, Jahres-Preßmarken (17)94/95.

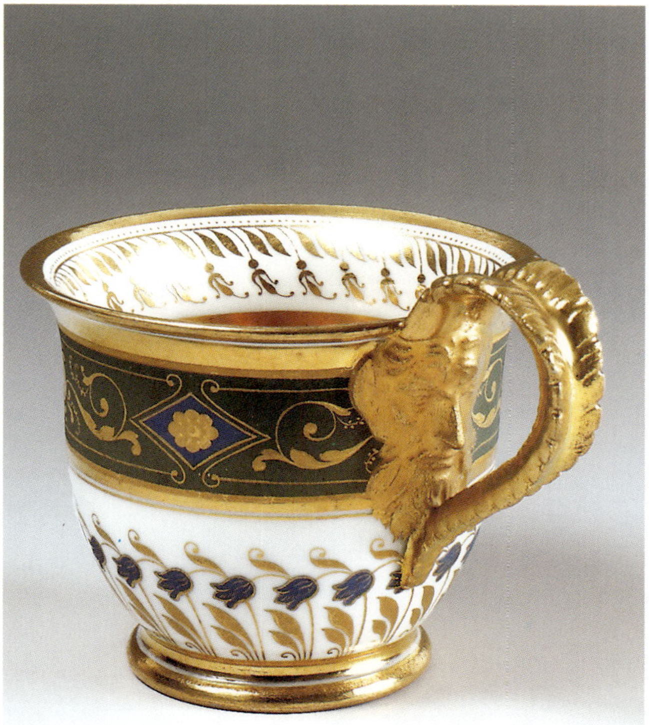

197

Wien, 1816
Glockenbecher; hochgezogener, reliefierter Pan-Henkel. Umlaufende Glockenblumen in Blau und Gold, mattgrüne Bordüre mit feinstem, antikisierendem Golddekor.
Unterglasurblauer Bindenschild, 816, Weißdrehernummer 36, goldene Malernummer 114.
Untertasse (nicht dazugehörig):
Geschwungene Fahne, flacher Spiegel. Vergoldeter Fond mit mattgrüner Weinlaubranke.
Unterglasurblauer Bindenschild, 814, Weißdrehernummer 50.
H. 7 cm

DM 2000,–/2200,–

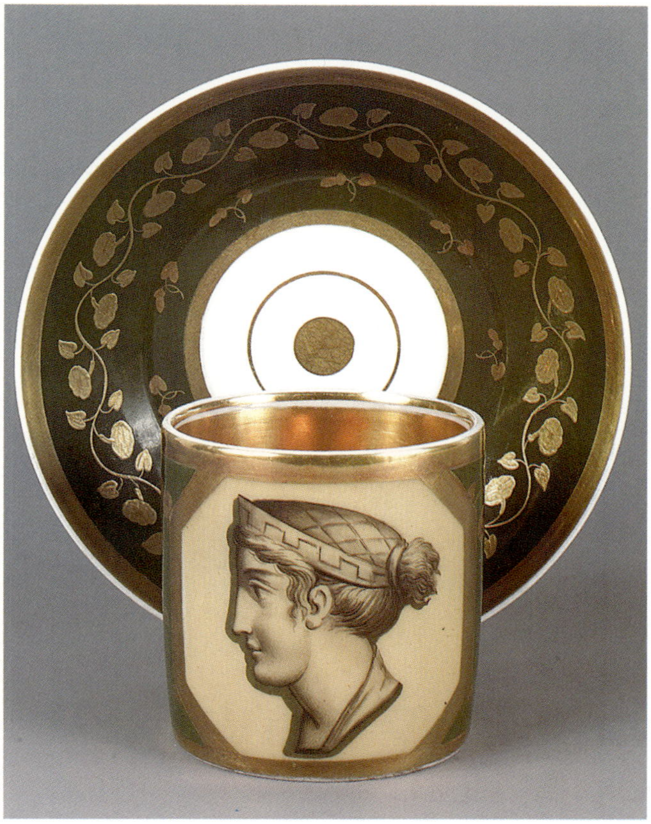

198

Wohl Paris, um 1810
Zylindrisch; geschwungener, goldgehöhter Henkel, Innenwand vergoldet, Tassenwand dunkelgrün mit floraler Goldranke. Schauseitig goldgerahmte, achteckige Reserve mit antikisierendem Frauenprofil über cremefarbenem Grund.
Geprägtes K.
Dazugehörige Untertasse:
Konische Fahne, flacher Spiegel.
Dunkelgrüner Fond mit goldener Ranke.
Geritztes G.
H. 6,3 cm/D. 12,5 cm

DM 1500,–/1700,–

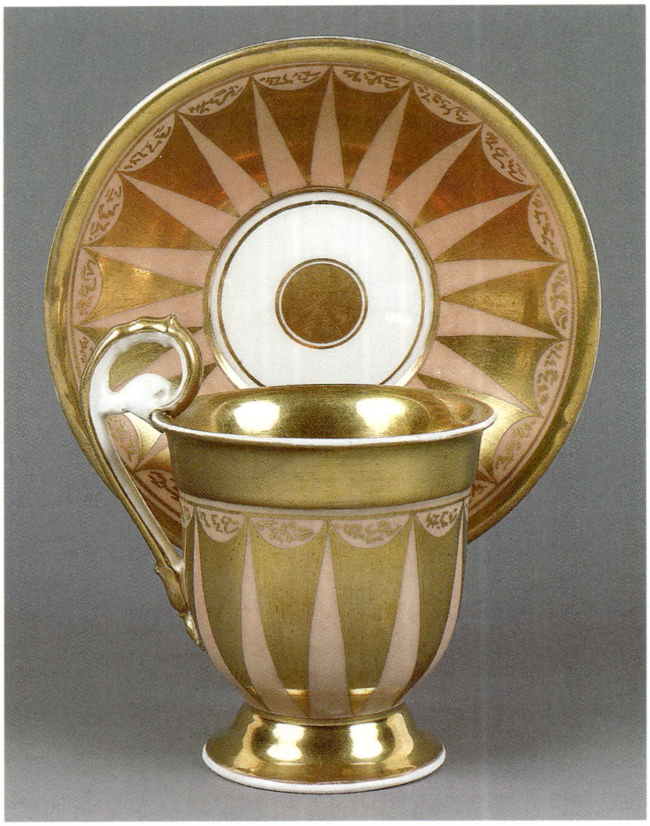

199

Berlin, KPM, um 1820
Glockenbecherform auf eingezogenem, vergoldetem Standring. Tasseninnenrand vergoldet; hochgezogener, teilvergoldeter Volutenhenkel. Fond lachsfarben, spitze goldene Dreiecke mit »arabischen Schriftzeichen«.
Blaue Berliner Zeptermarke.
Dazugehörige Untertasse:
Fahne lachsfarbener Fond, goldene Spitzen zeigen nach innen, »arabische Schriftzeichen«. Im Spiegel goldene Kreise.
Blaue Berliner Zeptermarke, kräftig dunkelblaue Prägezahl 28.
H. 8,3 cm/D. 14,5 cm

DM 2000,–/2400,–

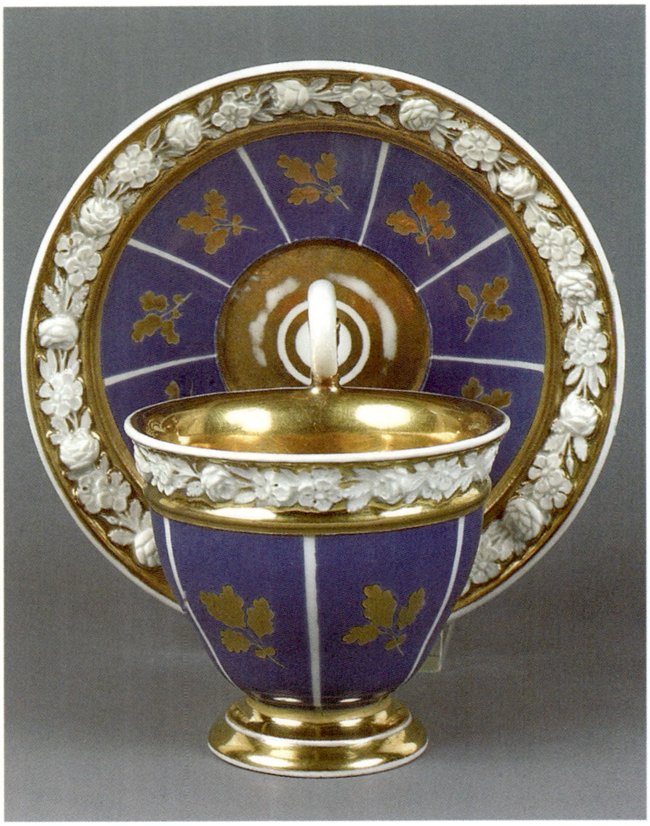

200

Wien, 1823
Eiförmige Wandung auf ausgestelltem vergoldeten Standfuß; hochgezogener, reliefierter Henkel. Unter dem Mundrand ein Blumenrelief auf Goldborte; die Wandung mit blauem Fond, gegliedert in sechs Felder und mit goldenen Eichenblättern belegt. Innen vergoldet.
Unterglasurblauer Bindenschild, 823, Weißdrehernummer 7.
Dazugehörige Untertasse:
Goldgrundiger Rosenrelief-Rand, blaugrundiger Spiegel mit neun Feldern und Eichenblättern.
Unterglasurblauer Bindenschild 823, Weißdrehernummer 25.
H. 9,5 cm/D. 14,7 cm

DM 2300,–/2500,–

201

Wien, 1799/1812
Paar zylindrische Tassen mit goldgehöhten, winkligen und kantigen Henkeln. Sogenannter »Fond-du-Bois«-Dekor (Holzmaserung imitierend), begrenzt von Goldrändern; schauseitige Rechteckskartuschen mit Landschaftsansichten im Stil von Kupferstichen (Bezeichnet »A.Pittner.p. N.o.49. d.g.5.«, »M.Adam.b. N.o.4. d.g.5.«, »A.Pittner.p. N.o.14. d.g.5.«, »M.Adam.b. N.o.7. d.g.5.«). Unterglasurblauer Bindenschild, Preßziffern 99 und 47. Dazugehörige Untertassen: Flacher Spiegel, schräge Fahne. »Fond-du-Bois«-Dekor mit Goldrand, mittige Rechteckskartuschen mit Landschaftsansichten im Stil von Kupferstichen. Unterglasurblauer Bindenschild, Preßziffern 812 und 49. H. 6 cm/D. 13,5 cm

Zusammen
DM 5000,–/5500,–

Tassen mit naturgetreuen Nachbildungen von Oberflächenstrukturen (Holz, Halbedelsteine) erfreuten sich zeitweise großer Beliebtheit. Sehr ähnliche Beispiele wie die hier gezeigten Wiener Exemplare wurden auch in anderen Manufakturen (z. B. Nymphenburg, Frankenthal etc.) gearbeitet.

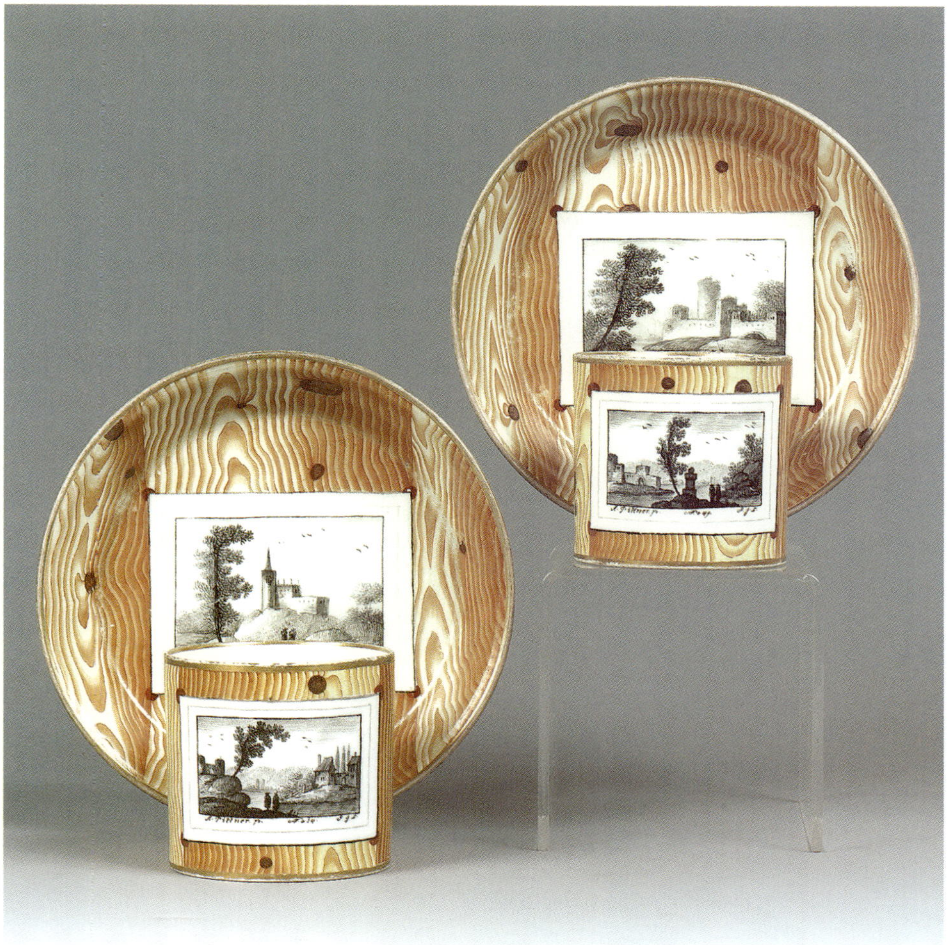

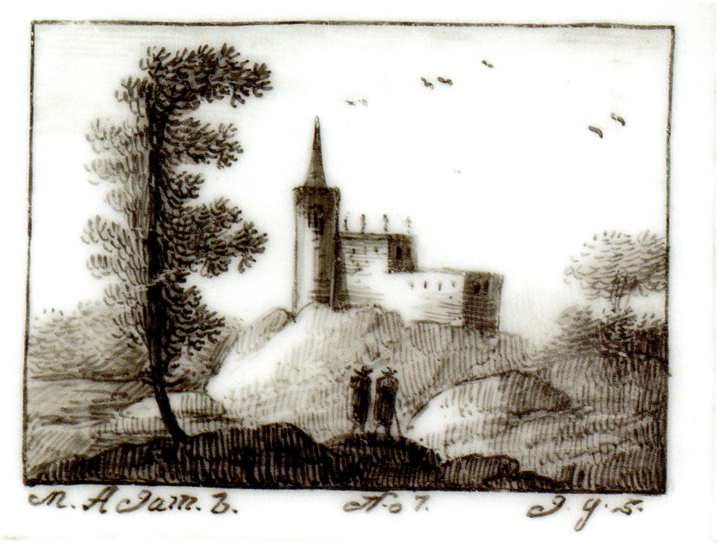

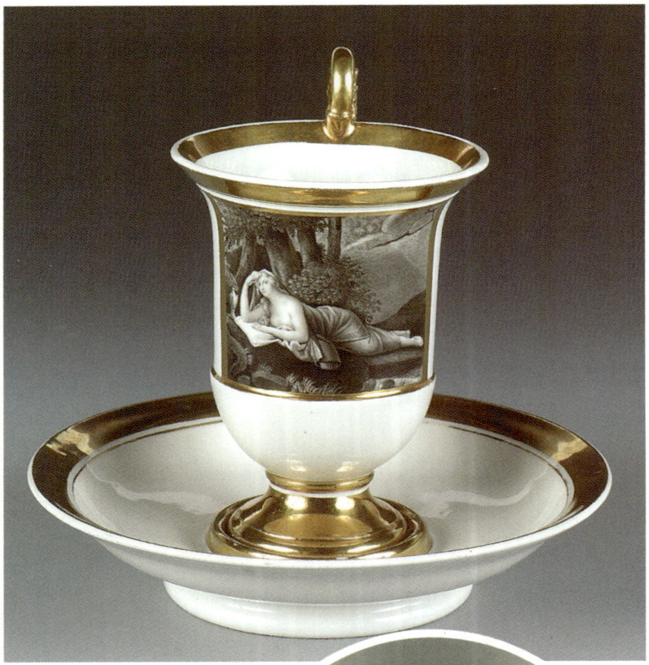

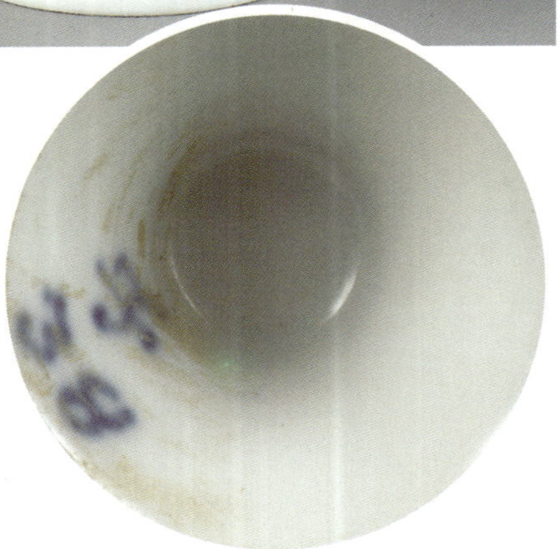

202

Fürstenberg, 1. Drittel 19. Jahrhundert

Hoher Glockenbecher mit geweitetem, vergoldetem Mundrand auf ausgestelltem vergoldeten Standfuß; hochgezogener, vergoldeter Volutenhenkel mit Blattansatz und Löwenmaskaron. Schauseitig goldgerahmte, rechteckige Grisaillemalerei-Kartusche mit der Darstellung einer liegenden Frauengestalt.
Unterglasurblau F und 38.
Dazugehörige Untertasse:
Geschwungene Fahne mit vergoldetem Rand, profilierte, goldgehöhte Tassen-Standfläche.
Unterglasurblau F und 38, 38 geritzt und Ritzzeichen.
H. 12 cm/D. 15,5 cm

DM 2200,–/2400,–

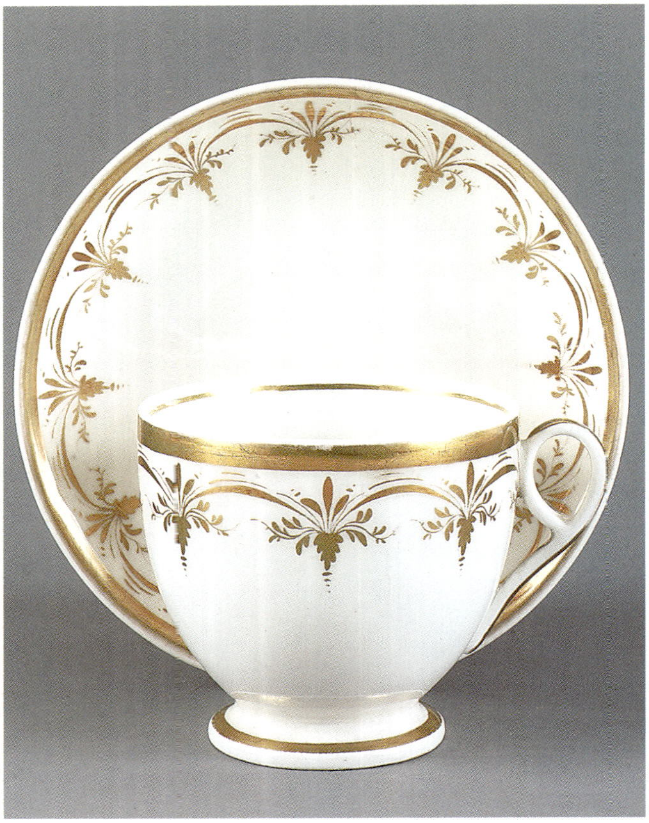

203

Böhmen, 2. Hälfte 19. Jahrhundert

Eiförmiger Körper auf eingezogenem Standfuß, schlingenförmiger, goldgehöhter Henkel. Breiter, oberer Goldrand und goldenes Blattgirlanden-Ornament.
Dazugehörige Untertasse:
Gemuldet, flacher Spiegel, Goldgirlandendekor.
H. 6,5 cm/D. 13 cm

DM 200,–/250,–

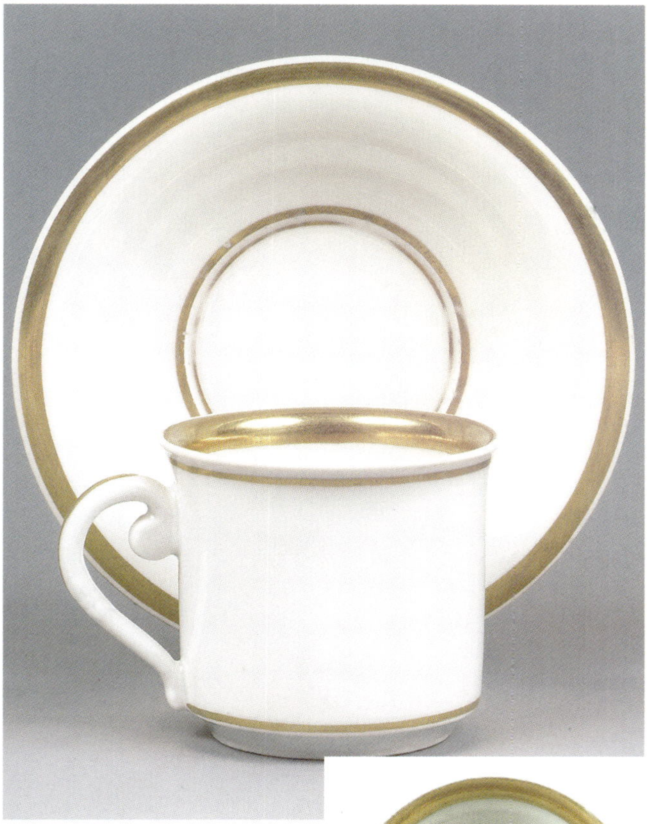

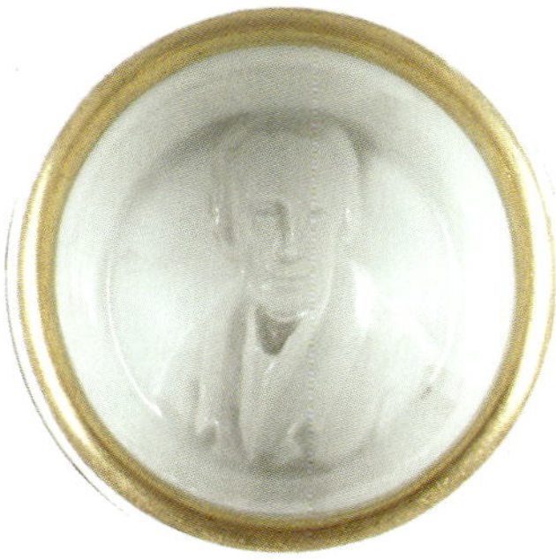

204

Wien, 1836

Zylindrisch, auf eingezogenem Stand mit geweitetem Mundrand; goldgehöhter Ohrenhenkel. Weiße Wandung, begrenzt von Goldringen. Im Tassenboden Brustporträt Kaisers Franz I. von Österreich (1768–1835) mit dem Orden vom Goldenen Vlies in Relief.
Geprägter Bindenschild, Prägeziffern 836, 10, Malernummer 11 in Gold.
Nicht dazugehörige Untertasse:
Weiß mit Goldringen.
Unterglasurblaue Schwertermarke mit Punkt, eisenrote Malermarke, Prägeziffer 15.
H. 6,5 cm/D. 13,5 cm

DM 1100,–/1300,–

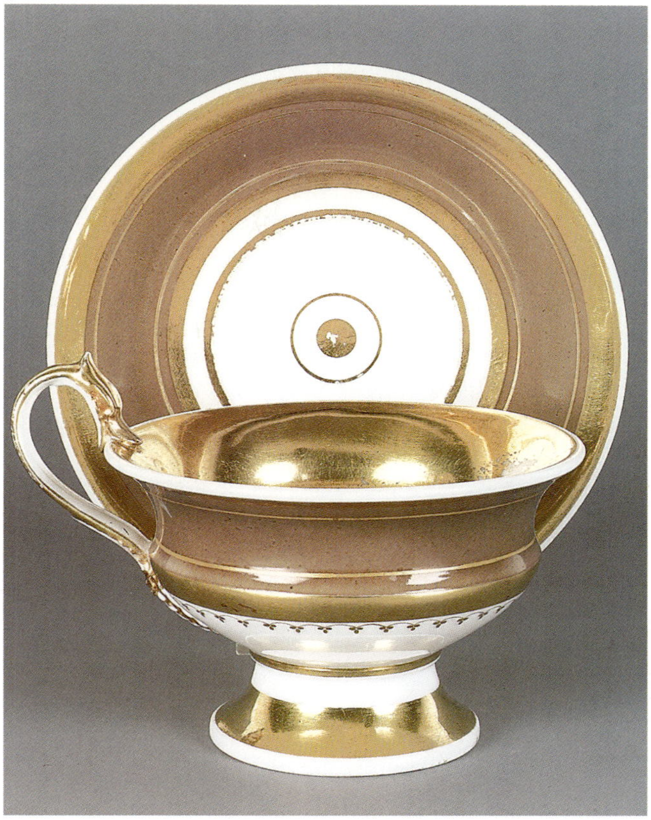

205

Deutsch, um 1840

Flach, gebaucht, auf stark eingezogenem, hohem vergoldeten Standring; stark geweiteter Lippenrand. Hochgezogener Henkel mit Vogelkopf und Palmettenansatz. Brauner Fond, von Goldrändern eingefaßt.
Dazugehörige Untertasse:
Geschwungene Fahne, brauner Fond, Goldringe.
H. 7,5 cm/D. 13,2 cm

DM 700,–/800,–

Vgl. Kat.-Nr. 127 und 206 mit identischer Form.

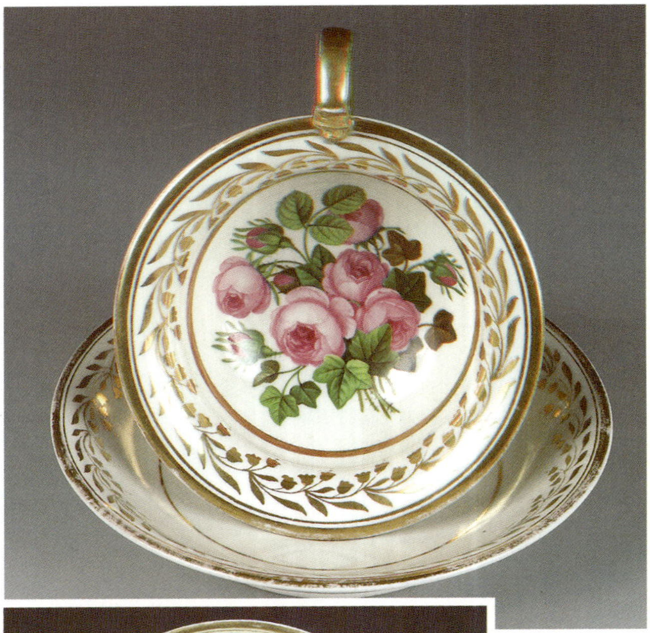

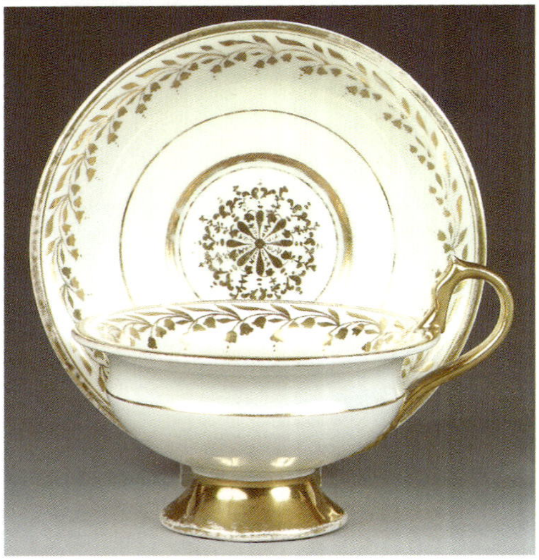

206

Fürstenberg, Mitte 19. Jahrhundert

Flache, gebauchte Schale mit geweitetem vergoldeten Mundrand auf kegeligem, vergoldetem Stand; hochgezogener, vergoldeter Henkel mit Schwanenkopf und Blattansatz. Außen Goldring, im Tassenboden Rosenbouquet in polychromer Malerei, unter dem Mundrand goldener Maiglöckchenkranz.
Unterglasurblaues F und 51.
Dazugehörige Untertasse:
Weiß glasiert mit Goldrand, goldenem Maiglöckchenkranz und mittiger Goldrosette.
Unterglasurblaues F und 45, Ritzziffer 45 und Prägezeichen L 9.
H. 7,5 cm/D. 13,5 cm **DM 1800,–/2000,–**

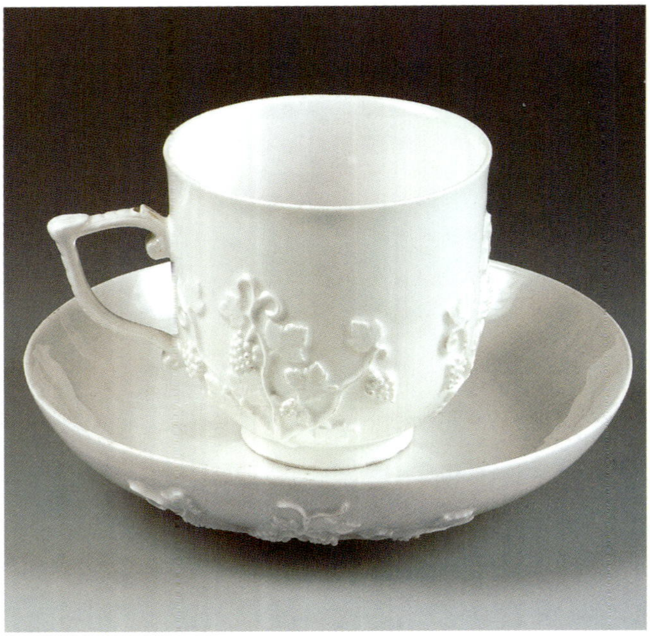

207

Meißen, um 1750/60

Glockenbecher auf eingezogenem Standring; J-förmiger, profilierter Henkel mit aufgelegter Daumenrast, am Ansatz goldgehöht. Weiß glasiert, auf der Wandung plastischer Weinrebendekor.
Unterglasurblaue Meißener Schwertermarke.
Dazugehörige Untertasse:
Weiß glasiert, außen plastischer Weinrebendekor.
Unterglasurblaue Meißener Schwertermarke und Preßziffer 2.
H. 7 cm/D. 13,5 cm

DM 2300,–/2500,–

Weinrebendekor ist sehr selten, häufiger wird nach asiatischem Vorbild der Prunusbaum gezeigt. – Restauriert.

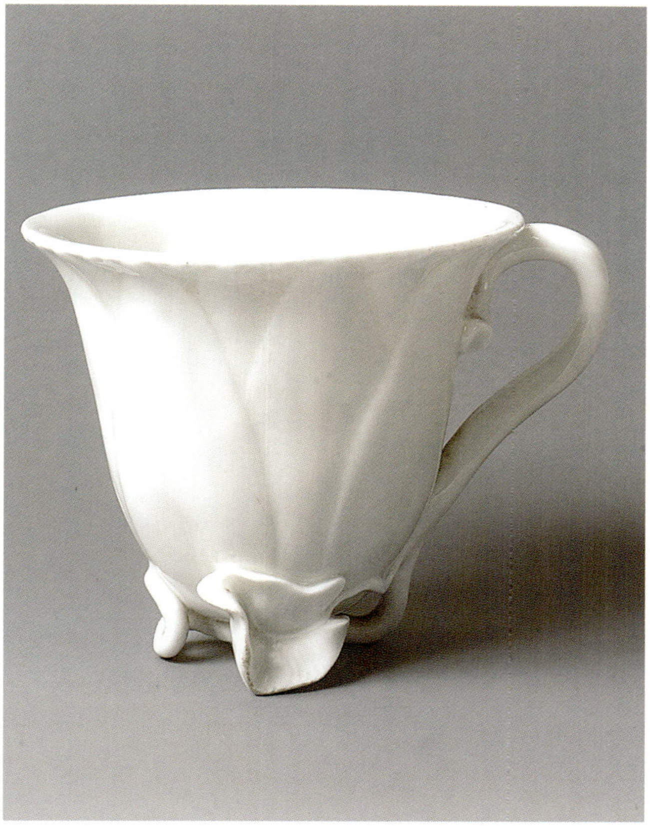

208

Berlin, KPM, wohl 19. Jahrhundert
In Form eines Blütenkelches; der Stand in Blattform und aus einem gewundenen Blumenstiel, der in einem hakenförmigen Henkel fortgeführt wird.
Unterglasurblaue Zeptermarke.
H. 8 cm

DM 1300,–/1500,–

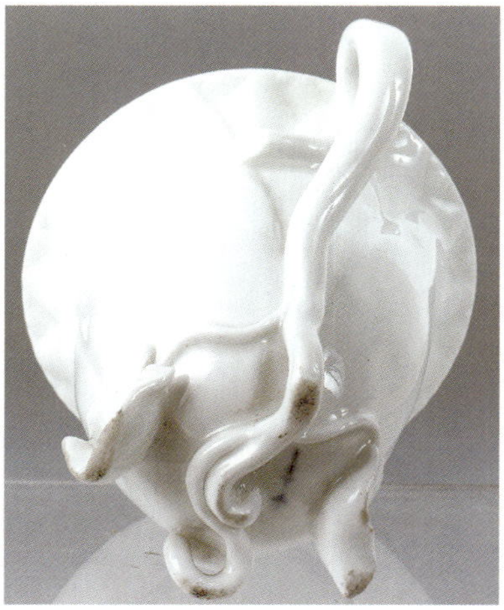

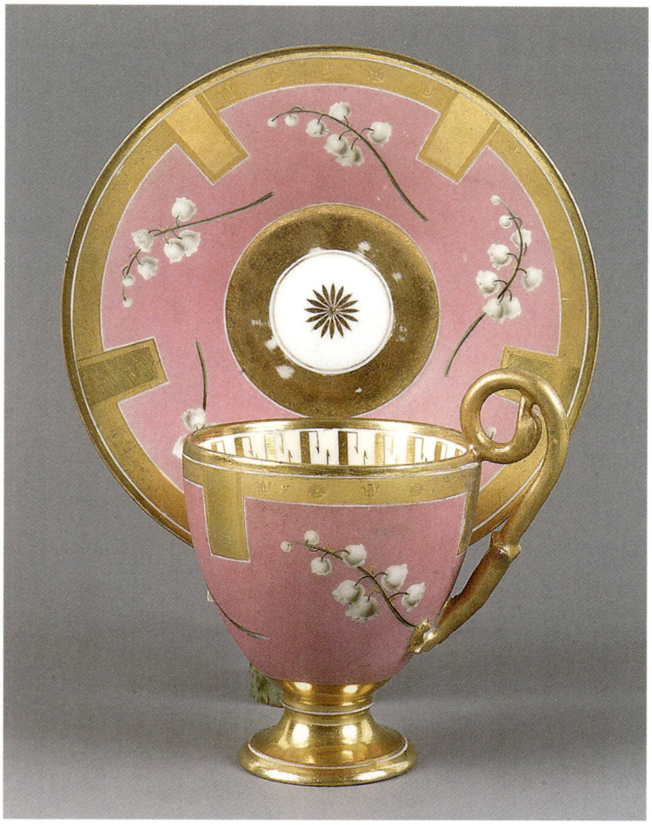

209

Wien, 1811
Eiförmig, auf stark eingeschnürtem, vergoldetem Rundfuß; vergoldeter, hochgezogener Schwanenhenkel. Innen mit geometrischem Golddekor, die Wandung mit matt rosafarbenem Fond und drei Maiglöckchenstielen, darüber mattgold-radierter Dekor.
Unterglasurblauer Bindenschild,
Prägezahlen 811, 23.
Dazugehörige Untertasse:
Flache Fahne mit Blattgold-Dekor, fünfpassig und radiert, matt rosafarbener Fond mit fünf Maiglöckchenrispen; vertiefter Spiegel mit breitem Goldring und Rosette.
Unterglasurblauer Bindenschild, Prägezahlen 811, 60, 64.
H. 9,5 cm/D. 13,8 cm

DM 1500,–/1700,–

Tasse restauriert. – Vgl. zur Form: W. Neuwirth, Wiener Porzellan, S. 355, Abb. 385.

Anhang

Kleines Fachwörterlexikon

Aufglasur	Malerei in Schmelzfarben, aufgebracht über der Glasur.
(Laub- und) Bandelwerk	Spätbarocke Dekoration, hauptsächlich auf Du Paquier-Porzellan (Wien 1718–1744).
Bindenschild	Heraldisches Zeichen von Österreich, verwendet als Marke für Porzellane der Wiener Manufaktur.
Bisquitporzellan	Weißes, unbemaltes und unglasiertes Porzellan.
Blindmarke	Farblose Preß- oder Prägemarke.
blindprägen	Prägung ohne Verwendung von Farbe.
Blindprägestempel	Stempel zur farblosen Markierung.
Blindprägezahl	Farblose, geprägte Ziffern-Markierung.
Blumenrätsel	Bilderrätsel, dessen Lösung sich aus den Anfangsbuchstaben von Blumenspezies erschließen läßt.
Buntmaler (nummer)	Differenzierende Malerbezeichnung im Gegensatz zum Goldmaler.
Camaieu(x) (-Malerei)	Naturalistisch aufgefaßte Darstellung in nur einer Farbe.
Campanerform	Bezeichnung einer Tassenform, ursprünglich nur für Tassen der Berliner Manufaktur, siehe Seite 14.
Campanerhenkel	Charakteristische Henkelform der Tassen in Campanerform.
Drucktechnik	Das Umdruck-Verfahren wurde schon Ende des 18. Jahrhunderts, zunächst vorwiegend in englischen Manufakturen, eingesetzt. Die Druckvorlagen wurden nach Stichen erstellt. Moderne Druckverfahren kamen erst im 20. Jahrhundert auf.
Fahne	Ausgestellte Randflächen eines Tellers.
»Famille Verte«	Gruppe chinesischen Porzellans ab dem 17. Jahrhundert mit bestimmter farbiger Emaildekoration.
Former(nummer)	Former und Weißdreher sind in der Manufaktur zuständig für die Herstellung der Porzellan-Rohlinge.
Formnummer	Einige Manufakturen haben ihr Formenrepertoire numerisch katalogisiert.
Godronen/ Godrons	Gerippter halbplastischer Dekor.
Goldmaler(nummer)	Porzellanmaler, in der Manufaktur zuständig für Dekore in Gold.
Grisaille(malerei)	Naturalistisch aufgefaßte Darstellung nur in Grau.
Kakiemon	Ursprünglich ostasiatischer Dekor mit Pflanzen und Tieren.
Kalathosform	Bezeichnung für eine bestimmte Tassenform, siehe Seite 14.
Koppchen	Kleine, henkellose Trinkschale.
Lambrequin	Dekor mit Girlanden, Festons (Schabracken) und Troddeln.

ligieren	Verbinden von Buchstaben zu einem Signet.
Malernummer	In einigen größeren Manufakturen wurden den Malern Nummern zugewiesen, die sie zur Vereinfachung der Qualitätskontrolle auf der Standfläche der von ihnen bemalten Porzellane anbringen mußten.
Masseritzzahl	Identifikationsziffer für die verwendete Porzellanmasse.
Prägeziffer	Eingepreßte Ziffer mit nach Manufaktur unterschiedlicher Bedeutung.
Preßzahl	Eingepreßte Zahl mit nach Manufaktur unterschiedlicher Bedeutung.
radieren	Gold-Dekortechnik: Die Ornamente werden positiv oder negativ in Form polierter Glanzgold- oder unpolierter Mattgoldflächen dargestellt.
(Rand-)Chip	Muldenförmige Bestoßung der Porzellan-Oberfläche (am Rand des Porzellans).
Reisegarnitur	Ensemble aus Tasse(n), Kanne, Zuckerdose etc. in einem Schmuckkoffer für die Reise.
Reserve	Für Darstellungen »reserviertes« Feld, meist von einem Rahmen gebildet.
Rocaille	Meist asymmetrisches, in schwingenden Muschelformen gebildetes Ornament, Grundelement der Rokokodekoration.
Scherben	Gebrannte Porzellanmasse.
Sepia(malerei)	Einfarbige Malerei in Sepia, einer rotbräunlichen Farbe.
Solitaire	Ensemble aus Tasse, Kanne, Milchkännchen und Zuckerdose für eine Person.
Spiegel	Nicht erhöhte Innenfläche der Untertasse.
Tête-à-Tête	Ensemble aus Tassen, Kanne, Milchkännchen und Zuckerdose für zwei Personen.
Trembleuse	»Zittertasse«. Im 18. Jahrhundert beliebte Tassenform mit hochgezogener Einfassung des Standrings, der die Tasse hält.
unterglasurblau	Kobaltblaue Malerei, aufgebracht nach dem ersten Brand und vor der Glasur.
Weißdreher(nummer)	In der Manufaktur zuständig für die Ausformung der Porzellan-Rohlinge, die auf einer Drehscheibe hergestellt werden.

Ausgewählte Literatur

Mit ❑ gekennzeichnete Titel sind für das Themengebiet besonders empfehlenswert.

ADOLF BEYER, Ansbacher Porzellan, Ansbach 1933.

KARL BERLING, Das Meißener Porzellan und seine Geschichte, Leipzig 1900.

ders., Festschrift zur 200jährigen Jubelfeier der ältesten Porzellanmanufaktur Meißen, 1710 – 1910, Leipzig 1911.

MARGARETE BRAUN-RONSDORF, 200 Jahre Nymphenburger Tafelgeschirr, Darmstadt o. J.

G. E. BRIANT, The Chelsea Porcelain Toys, London/Boston 1925.

KARL H. BRÖHAN, Porzellankunst, Berlin 1969.

LUDWIG DANCKERT, Handbuch des europäischen Porzellans, München 1954 und 1974.

❑ THOMAS DEXEL, Gerät für Tee und Kaffee aus der Formsammlung der Stadt Braunschweig, Braunschweig 1973.

SIEGFRIED DUCRET, Die Zürcher Porzellanmanufaktur im 18. und 19. Jahrhundert, Zürich 1958.

ders., Deutsches Porzellan, Herrsching 1962.

ders., Fürstenberg-Porzellan, Braunschweig 1965.

ders., Meißener Porzellan bemalt in Augsburg, 1718 bis um 1750, 2 Bde., Braunschweig 1971 und 1972.

GLORIA EHRET, Porzellan, Battenberg-Antiquitäten-Kataloge, München 1979.

RICHARD ERNST, Wiener Porzellan des Klassizismus. Die Sammlung Bloch-Bauer, Wien 1925.

FRIEDRICH H. HOFMANN, Das europäische Porzellan des Bayerischen Nationalmuseums, München 1908.

FRIEDRICH HOFMANN, Frankenthaler Porzellan, München 1911.

ders., Geschichte der Porzellanmanufaktur Nymphenburg, Leipzig 1921.

HERRMANN JEDDING, Europäisches Porzellan von den Anfängen bis 1800, München 1971.

ERICH KÖLLMANN, Berliner Porzellan, Braunschweig 1963.

ders., Meißner Porzellan, Braunschweig 1965.

HANNA KRONBERGER FRENTZEN, Altes Bildergeschirr, Tübingen 1964.

MECHTHILD LANDENBERGER, Die Ludwigsburger Porzellanmanufaktur, Stuttgart 1959.

GEORG LEHNERT, Das Porzellan, Bielefeld und Leipzig 1902.

ANNELORE LEISTIKOW-DUCHARDT, Die Entwicklung eines neuen Stils im Porzellan, Heidelberg 1957.

HANS MEYER, Böhmisches Porzellan und Steingut, Leipzig 1927.

KARL MEYER, Wiener Porzellansammlung, Wien 1928.

HUGO MORLEY-FLETCHER, Porzellan aus Meißen, Wiesbaden 1971.

WILHELM MRAZEK/WALTRAUD NEUWIRTH, Wiener Porzellan 1718–1864 (Ausstellungskatalog Österreichisches Museum für angewandte Kunst Nr. 3), Wien 1970.

WALTRAUD NEUWIRTH, Wiener Porzellan, Original, Kopie, Verfälschung, Fälschung, Wien 1979.

dies., Meissener Marken, Original, Imitation, Verfälschung, Fälschung, Wien 1980.

dies., Porzellanmaler-Lexikon, 1840–1914, Braunschweig 1977.

❑ dies., Biedermeiertassen, Formen und Dekore am Beispiel Wiener Porzellans, München 1982.

❑ dies., Weisse Ware, Wien. Zur Typologie der Porzellantassen der Biedermeierzeit, Beilage zur Antiquitäten-Zeitung Nr. 16.

MICHAEL NEWMAN, Die deutschen Porzellan-Manufakturen im 18. Jahrhundert, 2 Bde., Braunschweig 1977.

GUSTAV E. PAZAJREK, Deutsche Fayence- und Porzellan-Hausmalerei, 2 Bde., Leipzig 1925 und Stuttgart 1971.

BERTHOLD PFEIFFER, Album der Erzeugnisse der ehemaligen Württembergischen Manufaktur Alt-Ludwigsburg, Stuttgart 1906.

HELMUT PLATH, Kostbarkeiten für Tafel und Tisch, Ansichtenporzellane aus Hannover und Niedersachsen, Hannover 1970.

ROBERT E. RÖNTGEN, Marks on German, Bohemian and Austrian Porcelain, 1710 to the Present, Atglen PA 1981

RAINER RÜCKERT, Meißener Porzellan 1720–1810, Ausstellung im Bayerischen Nationalmuseum München, München 1966.

ders., Führer Schloß Lustheim, Meißner Porzellan-

Sammlung Stiftung Ernst Schneider, München 1977.

CHRISTIAN SCHERER, Das Fürstenberger Porzellan, Berlin 1909.

ROBERT SCHMIDT, Das Porzellan als Kunstwerk und Kulturspiegel, München 1925.

LUDWIG SCHNORR VON CAROLSFELD/ERICH KÖLLMANN, Porzellan der europäischen Fabriken, Braunschweig 1974.

RUDOLF SCHNYDER, Züricher Porzellan, Zürich 1964.

ders., »Das Portrait auf Glas und Porzellan« im Badischen Landesmuseum, Karlsruhe 1984.

❑ HELGE SIEFERT, Portraittassen, Geschichte mit Goldrand, Vollständiger Katalog (...) zur Ausstellung.

IRENE VON TRESCKOW, Die Jugendstil-Porzellane der KPM – Berlin, München 1971.

OTTO WALCHA, Porzellan, Leipzig 1963.
ders., Meißner Porzellan, Dresden 1973.

GUSTAV WEISS, Ullstein Porzellanbuch, Berlin 1964.

❑ HERTHA WELLENSIEK Hundert alte Tassen, München o.J.

»EY! WIE SCHMECKT DER COFFEE SÜSSE«. Meißener Porzellan und seine Graphik, Ausstellungskatalog Staatliche Kunstsammlungen Dresden, Porzellansammlung im Zwinger, 1991.

»DIE KAFFEEGESELLSCHAFT«. Drei Jahrhunderte Kaffeekultur an der Weser, Katalog Museum der Porzellansammlung Fürstenberg, Sammlung Eduscho, 1992.

❑ SLAVKOVSKY PORCELAN, Kat. Umeleleckoprumyslove Museum Prag und Karlovarske Museum, Karlovy Vary, 1992.

WIENER PORZELLAN. Katalog zur Sonderausstellung aus dem Österreichischen Museum für angewandte Kunst, Wien, Staatliche Museen zu Berlin, Kunstgewerbemuseum im Schloß Köpenick, 1982.

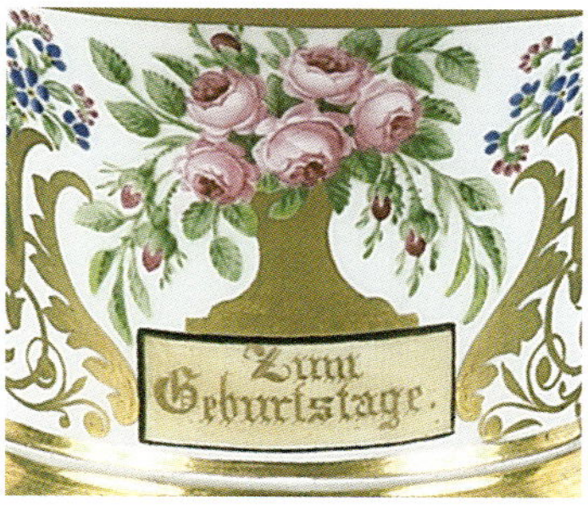

Danksagung

Für ihre freundliche Unterstützung sei gedankt:

dem Stuttgarter Privatsammler, der uns seine Sammlung zur Veröffentlichung überlassen hat,

Herrn Robin Ph. Straub, Inhaber des Stuttgarter Kunstauktionshauses Dr. Fritz Nagel, für die Überlassung des einleitenden Bildmaterials und für die Erlaubnis, die technische Ausstattung des Stuttgarter Kunstauktionshauses Dr. Fritz Nagel zu benutzen,

Frau Kat Mäckle, die die Tassensammlung fotografiert hat,

den Herren Gerd Nagel und Michael Skerstupp für ihre freundliche Beratung.

FACHHÄNDLERVERZEICHNIS

Bamberg	Bamberger Tassenkabinett J. Csonth
Berlin	Hannelore Plötz–Peters Antiquitäten
Heidelberg	Antiquitäten METZ GmbH
Köln	Kunsthaus am Museum Carola van Ham
Stuttgart	NAGEL Auktionen

Zeitschriften

Schwäbisch Hall	Sammler Journal